W9-AHB-603

# La Armonia Del Universo, Ó,
# La Ciencia En La Teodisea...

Juan Nepomuceno Adorno

**Nabu Public Domain Reprints:**

You are holding a reproduction of an original work published before 1923 that is in the public domain in the United States of America, and possibly other countries. You may freely copy and distribute this work as no entity (individual or corporate) has a copyright on the body of the work. This book may contain prior copyright references, and library stamps (as most of these works were scanned from library copies). These have been scanned and retained as part of the historical artifact.

This book may have occasional imperfections such as missing or blurred pages, poor pictures, errant marks, etc. that were either part of the original artifact, or were introduced by the scanning process. We believe this work is culturally important, and despite the imperfections, have elected to bring it back into print as part of our continuing commitment to the preservation of printed works worldwide. We appreciate your understanding of the imperfections in the preservation process, and hope you enjoy this valuable book.

duce un clima de perpetua primavera, en el cual el cambio de las estaciones parece mas adecuado para evitar la monotonía, qué para producir los inconvenientes de los cambios de temperatura.

Sobre esta meseta se levantan en crestas y conos enormes montañas, algunas de ellas cubiertas con nieve perpetua, donde la naturaleza, con constante hielo, imita el clima de los polos. Bajo de aquellas regiones de congelacion y muerte, existe una banda de áridas y despobladas arenas, contrastando con la soberbia riqueza de vegetacion con que están cubiertas las faldas inferiores de esas bellas montañas que presentan ya graciosas y dilatadas florestas, ya imponentes y profundos abismos, y ya en fin, bosques espesos sombreados por encinos, cedros, pinos y otros árboles que en las tierras frígidas y en las templadas desarrollan sus gigantescas dimensiones.

Así, pues, esta grandiosa region disfruta de todos los climas de la tierra, como en ellos goza de la vida y variedad con que una poderosa organizacion la ha enriquecido y adornado, y por lo tanto sus géneros animal y vegetal son tan variados como su clima.

Las cavidades de la tierra son en este pais aun mas admirables si es posible. Una profusion de preciosos metales llena las venas de este suelo, y aun enriquece las arenas de sus rios. El oro, la plata, la platina, el fierro, y en general todos los metales conocidos, son aquí colectivamente mas abundantes que separadamente ó como especialidades en las otras partes del mundo.

La posicion de esta rica tierra, casi perpendicular á los vientos alisios, obtiene por esta circunstancia, aun en la estacion de las lluvias, el diario espectáculo de un descubierto y glorioso sol; y los cielos en ella, claros y trasparentes, se ven esmaltados con el azul mas profundo, el que sirve cual de un fondo de lapizlázuli para dar mayor realce al dorado y brillante resplandor de los astros, como si éstos fuesen á nuestra vista las joyas admirables con que el Criador ornamentara el magnífico manto de la naturaleza.

La trasparencia estraordinaria que la altura del suelo da á su delgada atmósfera, proporciona en sus frescas y despejadas noches un espectáculo grandioso y sorprendente. Millones de astros tachonan el oscuro fondo de los cielos, que á la simple vista parecen aquí mas ricos en estrellas que en otros paises bajos y nebulosos, aun cuando en ellos el ojo se arme de fuertes telescopios. Así es que aquel que mira atentamente un cielo tan privilegiado como el de la hermosa region que describo, pronto eleva su contemplacion hácia los profundos espacios donde el movimiento casi imperceptible de las estrellas viene á rendirlas aparentemente como fijas ó inmobles en sus posiciones recíprocas, contrastando con el rápido movimiento de los planetas, los que ya directa ó ya retrógradamente eclipsan sucesivamente las estrellas que ocultan en su tránsito, y demuestran de un modo absoluto la forma elíptica de sus órbitas, combinada en sus apariencias con la órbita asimismo elíptica de la tierra.

No menos admirables son aquí las lluvias; regulares y periódicas, desenvuelven en pocas horas todos los terribles fenómenos de la electricidad, en tempestades de una intensidad imponente y grandiosa. Los huracanes, el granizo y otros fenómenos naturales son tambien familiares, y aquel hermoso ornamento de la naturaleza, el Arco-iris, brilla muy frecuentemente completo y diáfano, armonizando sus colores con belleza incomparable.

Las erupciones volcánicas muestran asimismo sus maravillas y terrores. Gigantescas montañas perforadas por profundos cráteres, unos activos y otros apagados, manifiestan las huellas del fuego subterráneo, el que sacude en imponentes choques los montes, los llanos y aún todo el continente. Enormes cordilleras, levantadas del fondo de los valles, manifiestan las incontrastables fuerzas de la naturaleza, y convulsiones productoras de un colosal volcan han sido atestiguadas por nuestros mismos contemporáneos en este suelo estraordinario.

Así es como la naturaleza, ya riente, y ya terrible; ya sencilla, y ya magestuosa, ostenta en este pais privilegiado todos los dones con que ha enriquecido al planeta, elevando en éste un suelo de inmenso porvenir, cual un rico dosel entre las regiones que lo circuyen simétricamente. En efecto, el Asia, la Europa, el Africa, la Australia y las Américas septentrional y meridional miran convergentes á esta hermosa region, que con razon forma el orgullo de las últimas, que ven así, casi en su centro, el empório del mundo futuro. ¿Y quién de mis paisanos no mira en esta descripcion la de nuestra hermosa patria, ni quién del estrangero deja de comprender que una pintura semejante solo conviene al rico y variado territorio de México?

En este suelo magnífico ví la primera luz, y sus bellezas despertaron mi inteligencia, desde las primeras ojeadas de la niñez. La universalidad de objetos que rodeó mi cuna, formó mi gusto por la universalidad de ideas, y mi mente se elevaba hácia lo grande y lo maravilloso desde mis juegos infantiles.

Una parte de mi niñez y toda mi juventud se deslizaron en la mansion casi solitaria de una hacienda, cuya posicion marca puntualmente los límites de temperatura donde el trigo se mezcla con la caña de azúcar, y los palmeros con los coníferos. Una hermosa cadena de montañas dominando los valles, festona sus faldas escarpadas, con las encinas y las acacias, con las mimosas y los pinabetes. En su estenso pié, convenientemente colocados, brotan abundantes manantiales de agua límpida que serpentean entre espesos bosques de datileras, y que reunidos forman un considerable arroyo poblado de truchas y mojarras, y aun habitado por algunas nutrias pequeñas que en la tierra ó en el agua huyen de sus enemigos y buscan su alimento. La parte central de su hermosa llanura está bordada por un rio, que en el tiempo de secas retrata en sus aguas trasparentes las copas de los ahuehuetes y sauces de sus frondosos bancos, y en el de lluvias, soberbio y espumoso, corre con rugiente furia cual una prolongada cascada por entre colosales peñascos, llevando en su rápido torrente el tributo de árboles y limo que en cada año le sacrifican los campos á que baña.

¡Cuántas veces en las orillas de este hermoso rio, se agolparon las reflexiones mas profundas á mi mente! ¡Cuántas veces miré los cielos retratados en su corriente diáfana! ¡Y cuántas ocasiones desde las cumbres de las montañas se presentára á mi vista cual un hilo de plata, ó cual un panorama argentino bordando los campos, como el vehículo de la vida y de la vegetacion, ó la arteria poderosa que nutriera las innumerables plantas de los valles!

Las circunstancias mas apremiantes me ligaron dilatados años á aquel lugar, sin poder yo dejarlo ni aun para adquirir instruccion ni posicion social. Algunos libros, colores y pinceles, un telescopio de pequeñas dimensiones, un teodolito, y algunos aparatos físicos y químicos, eran no solo los compañeros de mi soledad, sino los tesoros de mi vida, y así ésta se amenizaba é instruia con la práctica de aquellas ciencias y artes que estaban al aislado alcance de mis recursos. Me dediqué á la geometría práctica, y pronto formé no solo los planos sino el bulto topográfico de los terrenos comarcanos. Me aficioné á la pintura, y mis pinceles retrataron la belleza del paisage. Me ocupé de la astronomía, y las cálidas noches de aquel clima me mostraron prontamente todos los planetas que se perciben á la simple vista; y auxiliado de mi pequeño telescopio, examinaba las manchas del sol, las montañas de la luna, y aunque débilmente, los satélites de Júpiter y el anillo de Saturno. Finalmente, la geología me hacia deliciosos mis paseos por las quebradas y barrancos; la electrología el aspecto imponente de las tempestades, y la ciencia de mis libros me daba motivo de estudio en cada lluvia, en cada terremoto, en cada meteoro, y en fin, en cada cambio ó movimiento que observaba en la tierra, en la atmósfera ó en los cielos.

Así es como la práctica asídua me demostraba las verdades ó los errores de mis libros, y así la naturaleza con el elocuente lenguaje de los hechos elevaba mi alma á la contemplacion de sus arcanos, y era la sabia maestra de mis estudios.

Acostumbrado á guiar mis observaciones por solo la fuerza de los hechos, formé mi gusto independientemente de la autoridad científica, y careciendo de escuela me ví asimismo libre de sus trabas. Me fué forzoso, es cierto, el emprender sumo trabajo y afanes para obtener resultados que sin fatiga habria obtenido por la voz del maestro; pero al lado de estas desventajas mi mente se estendía libremente sin ser contrariada por la opinion agena.

Así es como espero emitir en el trascurso de esta obra algunas ideas filosóficas del todo nuevas, porque guiado en la soledad por solo la naturaleza, la he consultado de un modo peculiar á mi aislamiento, y esto al menos creo será de utilidad á mis semejantes. Haya nuevas maneras de investigacion en la naturaleza y habrá nuevos arcanos descifrados en ella.

De este modo pasó mi primera juventud, y así se deslizaron los años mas bellos de mi vida. ¡Tiempos hermosos que ya no volvereis jamas! ¡En vosotros concebí el amor por la ciencia, y cuando mis ojos miraban el rápido vuelo del águila sobre aquellas colosales montañas, mi mente se elevaba asimismo, y dejando poço á poco los espacios sub-lunares vagaba en las regiones del mundo planetario y aun mas lejos se difundia por el universo estrellado; pero admiradora de su prodigiosa armonía, se humillaba aun mas allá con la contemplacion del Artífice Omnipotente de tantas maravillas!

Aun era jóven cuando uní una esposa á mi destino, la que me hizo padre de una cara familia; pero esta union, no entibió mi gusto por la filosofía, el cual, arrancándome de los campos, me condujo á la capital de mi patria y despues á las mas cultas del estrangero, llevando por todas partes mi pensamiento absorto en las grandes cuestiones filosóficas; y ni los afanes naturales para la subsistencia, ni mis proyectos y trabajos mecánicos, ni mi inclinacion artística, pudieron vencer jamas mi devocion á la filosofía. Independiente en mis opiniones no cultivé éstas en las universidades, pero las procuraba rectificar siempre en la naturaleza, y así la consultaba en mis largos y prolongados viages de once años, siempre encontrando en ella la sabia maestra que enseña sus tesoros profusa y claramente, aunque para la generalidad de los hombres sean arcanos.

Decidido, en fin, á publicar mis observaciones filosóficas con el título de esta obra, pude fácilmente darla á luz en algun lenguaje estrangero que me proporcionase ventajas personales; pero he preferido hacerlo en mi idioma nativo y en mi desgraciada patria, porque sus infortunios, lejos de entibiar mi amor por ella lo aumentan; así es que si he comenzado este prólogo hablando de mí mismo, he estado bien lejos de hacerlo por vanidad, sino movido de admiracion por mi pais natal, y deseando realzarlo á la vista de mis compatriotas, tan dignos ellos mismos de otra suerte mas feliz.

Habiendo comenzado México su existencia política en la época mas fatal de la transicion que agita la humanidad; cuando la filosofía enciclopédica ha destruido, pero no edificado; cuando los pueblos entreven una mejora posible sin atinar aun en los medios de hacerla factible; y en fin, cuando depravadas las ideas se da el nombre de positivismo al goce de los placeres inferiores y físicos, con desden de los superiores y morales, era natural que se lanzase esta desventurada nacion al laberinto de desórdenes, en que sin la brújula de una verdadera ciencia, y sin el hilo ariádnico de las tradiciones, debia confundirse en las tortuosas sendas del mal, donde tan aflictivamente se halla con peligro de perderse.

Yo que partí por la primera vez al estrangero, decidido á servir á mi patria con mis afanes continuos y entusiastas, aunque humildes y oscuros; yo que aun llevaba el alma llena de ilusiones y de esperanzas por mi pais; yo que lo he visto despues sumirse de mas en mas en la desgracia, en el desaliento y aun en la desesperacion, deploraba amargamente el inflexible rigor de las circunstancias que han coincidido de un modo tan funesto para nulificar los grandiosos elementos de riqueza y de ventura con que contaba este pueblo para perpetuarse y ser feliz en esta magnífica region, á donde la naturaleza ha hecho cuanto le tocaba para rendirla bella y poderosa, y donde solo falta que la mano del hombre termine la obra para que ésta resulte perfecta.

Pero tal ha sido, en verdad, el efecto que ha producido en esta sociedad naciente el eco fatal del materialismo que ha emponzoñado los gérmenes mas preciosos del carácter nacional, y ha nulificado los elementos mas ricos de su hermoso territorio. ¿De qué ha servido á nuestro pueblo su docilidad y abnegacion? ¿De qué le ha aprovechado su ilimitada generosidad hospitalaria? ¿De qué lo han valido sus instintos morales y su amor y su amistad sincera? Ultrajado y humillado por solo su desventura, casi ha llegado á desconocer en sí mismo las bellas disposiciones de sus cualidades, víctima de las funestas hipótesis de una filosofía que ha incendiado los paises donde ha fijado sus virulentas teorías.

Tiempo es ya, y en verdad bien reducido, de despertar sus energías y sus virtudes, y de desarrollar los ricos elementos con que la naturaleza ha dotado este hermoso suelo. No desconozcamos sus dones y aprovechemos sus grandiosos tesoros. Si no tiene rios navegables es por su prodigiosa altura, necesaria para hacerlo sano y agradable en medio de los trópicos; pero á nosotros toca el canalizar sus abundantes manantiales de agua permanente: si los caminos son difíciles y deleznables, hay aquí abundantes materiales para cruzarlos en todas direcciones de ferro-carriles: si sus puertos son peligrosos é imperfectos, hay tambien la oportunidad de unir los mares y ejercer la influencia decisiva que da la posicion geográfica á esta nacion privilegiada; y en fin, si sus minas de carbon son escasas y difíciles, es por poseer tantos terrenos primitivos, productores de sus abundantes metales preciosos. Reconozcamos los dones que nos ha prodigado la naturaleza, secundemos sus trabajos preparatorios, completándolos y aprovechando los elementos con que nos brinda para hacer de nuestro hermoso territorio el mas feliz y rico del mundo: si esto es difícil, no es ciertamente imposible: haya órden y union entre los ciudadanos, regenérese la virtud en la sociedad, ámese el trabajo, redóblese la energía, estímense sus habitantes como miembros de una sola familia, confien en sí mismos, y como por encanto vendrá la prosperidad, la poblacion y la felicidad á coronar sus esfuerzos.

Sobre todo, conserve, fortalezca y purifique esta sociedad enfermiza sus sentimientos religiosos, y ellos pueden aun regenerarla y hacerla inmortal. Reconózcase que en la borrasca tenebrosa de las pasiones solo pueden salvarnos los dos faros que el Criador compadecido nos ha dado para guiarnos en las tremendas tempestades de la vida, los cuales consisten en la razon y la religion. La razon ilustrada con la virtud ó sea la alta filosofía y la ciencia, es el mayor bien que Dios ha concedido al hombre; pero hasta hoy, en la imperfeccion de las sociedades, esa felicidad es solo dable á pocos, y una nacion compuesta de filósofos virtuosos es, en nuestro siglo, un imposible. ¿Ni qué podria decir hoy la filosofía á una sociedad desventurada que no se lo diga tambien la religion? ¿Le diria que la union y el órden, que la virtud y el heroismo, que la actividad y el trabajo pueden solo salvarla? Pues la religion se lo dice. ¿Diria al desventurado, consuélate porque tus males pueden calmarse con una sana conciencia, y convertirse en eternos bienes? ¿Diria al poderoso, modérate en tus goces, porque su exageracion, física y moralmente te será funesta; alivia tus semejantes, sé dulce y humano, reparte el bien con liberalidad virtuosa, imita la Providencia beneficiando á los demas como ella te ha beneficiado á tí mismo? ¿Diria al anciano, recuerda las acciones de tu larga vida, y repara los males que hayas hecho; promulga con tu buen ejemplo y la autoridad de tus canas, el amor á la virtud y el horror al vicio; aprovecha los dias que te quedan, como el viagero aprovecha diligentemente la última claridad del crepúsculo para que la noche no le sorprenda entre los precipicios? ¿Diria al niño, sigue el buen ejemplo de los virtuosos, guia tus inclinaciones hácia lo bueno y lo grandioso, respeta tus mayores, honra tus padres, ilustra tu razon, fortifica tu juicio, y no pierdas jamas de vista la luminosa guia de la virtud, porque ella te conducirá aun en medio de las mas profundas tinieblas y tempestades de la vida? ¿Diria á las mugeres, sed fieles y púdicas, sed dulces y benévolas, considerad y procurad la virtud como el mas bello ornato del sexo bello, y con estas cualidades ese sexo débil vendrá á ser el fuerte, el consuelo del desgraciado, el alivio del enfermo, la ventura mayor del dichoso, el encanto de la sociedad y el ornamento de la naturaleza? ¿Diria al moribundo, sufre tus dolencias porque ellas te advierten que tu cuerpo es solo la mansion frágil que aun retiene tu alma, aprovecha tus últimos momentos para preparar el tránsito de tu espíritu inmortal al imperecedero bien, y á conocer esos orbes que tan lejanamente has admirado, ese universo cuya pasmosa armonía has inferido; y sobre todo, ese Dios que has adorado? ¿Diria, en fin, á todos: amaos, porque el amor es el poder á cuyo impulso nada resistirá; uníos con los estrechos vínculos del afecto virtuoso, porque éste constituye los elementos infalibles de la felicidad y del poder, despojaos de las propensiones repulsivas de una débil naturaleza, y purificándola purificad el mundo y sed en él una providencia que secunde y ejecute los designios de la Providencia eterna; y en premio, vuestro suelo se convertirá en un paraiso, vuestro trabajo en bendicion, vuestros sufrimientos en felicidad, vuestra ignorancia en sabiduría, vuestra debilidad en poder, y vuestra esperanza en gloria? Pues todo, todo esto lo dice la religion. Esa doctrina de mansedumbre y de amor, ese conjunto de máximas sublimes, ese tesoro inestinguible de recursos, y ese equilibrio poderoso que tiende á nivelar la sociedad, libre y afectuosamente en la virtud, haciéndola fuerte, unida y morigerada; esa religion sublime tiene en sí todos los resortes que bien aplicados necesita la sociedad.

Mas no por esto se debe ni se puede desechar la razon, la ciencia, la filosofía; apoyada ésta en Dios, es el testigo admirador de la creacion y de su prodigiosa armonía, el correctivo de los abusos, el juez severo de la humanidad y de la historia, el gérmen del progreso físico, moral y social; en fin, es el colaborador de la Providencia para la mejora del mundo, de las instituciones y del hombre, y el conductor de éste hácia la perfeccion y al cumplimiento del alto destino á que lo dedica su Criador, y al que, aunque en humilde esfera, he consagrado mi vida.

Acordes la religion de mansedumbre y de fraternidad, y la filosofía de verdad y de amor Providencial, harian prodigios, porque la ciencia tambien tiene sus milagros. ¡Este suelo regado tantas veces con sangre fraterna, levantaria el estandarte de la union y de la paz, y lejos la discordia y el vicio darian lugar á una crísis saludable! ¡Hermosa perspectiva que cambiaria esta tierra en un eden! La religion y la filosofía reunidas serian irresistibles; á su poder cederian todos los ódios; la ignorancia y el error no oscurecerian la razon; la calma y la felicidad reemplazarian la agitacion y el tormento, y regenerada esta abatida sociedad, apoyada en Dios y en la sabiduría, llegaria á ser una nacion de héroes. ¿Pero qué seria si despreciase la filosofía y la religion? ¡Ah! desechemos de la mente la funesta consecuencia, y esforcémonos todos para evitarla! ¡Demasiado, demasiado avanzada está la obra de destruccion, evitemos con un comun esfuerzo la absoluta ruina de la patria, y revivificado el aliento de su vida, aun puede sorprender al mundo con su vigor y belleza!

Yo, por mi parte, procuro de la mayor buena fé contribuir al bien general con esta obra, producto de mis estudios y desvelos, en ella se encontrarán los principios de una sana filosofía; y en este siglo, en que se arruina la moral en nombre de la razon, sea la razon la que eleve el monumento de la moral, y fortifique esos movimientos espontáneos de la humanidad para acatarla.

Guiado así por mis deseos de ser útil á mi patria y á la humanidad, he procurado estudiar los sentimientos intuitivos del alma, que el género humano presenta como inconcusos por su concordancia y armonía al traves de los siglos y de las distancias. Esos sentimientos innegables se comprueban entre sí porque son en todas partes semejantes y conducen al hombre á las propias tendencias religiosas y morales, aun entre pueblos muy diferentes en civilizacion, que ninguna comunicacion recíproca habian tenido en las generaciones pasadas y que solo puede suponérseles un enlace primitivo en la infancia de la humanidad.

Este estudio, reunido al de la naturaleza material, me ha conducido á presentar la ciencia enlazada bajo una sola fórmula: *la Teodisea;* el Universo producido y gobernado con una sola ley: *la fuerza resultante de la voluntad divina;* la moral basada en una sola tendencia: *la Providencialidad humana;* y por último, el todo derivado de su causa única y suprema: *Dios.*

Estas premisas conducen al conocimiento de inmensos resultados, que cuando se trata de Dios se resumen en la sublime idea *Gloria,* y cuando se refieren al hombre se definen con la dulce y consoladora palabra *Felicidad.*

Así pues, esta obra consistirá en la contemplacion filosófica de tres grandes séres; el primero infinito, el segundo inmensurable, y el tercero indestructible; es decir: la Providencia eterna, *Dios:* el sér transitorio pero Providencial, *la Naturaleza:* y la Providencia derivada é inmortal, *el Espíritu humano.* De este estudio procuraré deducir en cuanto esté á mi alcance aquellos resultados que conduzcan mas directamente á *la gloria de Dios y á la felicidad del hombre.*

Mis propósitos [en tiempos para mí de mas lisongeras esperanzas] fueron el presentar detalladamente los resultados de mis estudios y preparativos para escribir esta obra; pero ¡ay! aquellos tiempos pasaron, y la desgracia y los eventos oprimen y reducen mi mente, por lo que espondré con rapidez mis investigaciones y teorías, presentaré del modo mas conciso mis observaciones y descubrimientos, y éstos al menos servirán de base á mas felices observadores en las generaciones futuras.

Pero buscando mi apoyo en Dios, procuraré elevar el pensamiento hasta donde alcanza la humana mente, y ensayaré ligar las ciencias naturales y las metafísicas con aquellos lazos de observacion y de induccion que creo me ha tocado la felicidad de descubrir.

Despues de contemplar á Dios por sus obras, contemplaré las de la naturaleza y concluiré por estudiar al hombre por las suyas, y espondré de este modo en la Teodisea los actos mas sublimes de la creacion divina constitutores de las leyes que rigen el universo natural, así como procuraré presentar en la forma de un catecismo los elementos mas puros de la Providencialidad humana.

Esta série de estudios me conducirán hácia la religion Providencial, ésta hácia la Psicologia fundamental, y ésta en fin al culto puro y sublime del Sér Esencial y

Perfecto cuya contemplacion [hasta donde he podido elevarla] ha sido el gozo de mi vida y la esperanza de mi alma.

Pero toda esta variedad de objetos se hallará incluida, no obstante la estension que pueda tener, en las digresiones necesarias y episodios de una Teodisea continuada, y como uno de los frutos prácticos de su estudio, presentaré ante la humanidad el *Cuadro sinóptico de la moral intuitiva y Providencial.*

Espero esponer tambien los elementos intuitivos del alma humana, como hechura y semejanza de la esencia Divina, y así contemplaré en el culto Providencial los dos séres sublimes que han ocupado los dias y momentos de mi vida. El Ser Eterno y el Sér Inmortal; la esencia causal, y el espíritu individual; la Providencia infinita y la providencia derivada; Dios y el hombre.... Entre estos dos séres perdurables ¿qué cosa es el universo sino una efímera evolucion de fenómenos transitorios, pero que tambien lo dirigen hácia la perfeccion y la estabilidad indestructible de un astro final ó Paraiso? ¡Oh! ¡Séame dado elevar mi pluma al nivel de mis buenas intenciones, que mis estudios conduzcan al bien y felicidad de la especie humana, y que esta Teodisea promueva entre los hombres el glorificar debidamente á Dios!

Por lo tanto, deseo se conozcan esas mismas intenciones mias. Yo no pienso destruir sino edificar. En casi todas las religiones veo los esfuerzos de la humanidad para obrar Providentemente y rendir á Dios un culto digno; pero en el cristianismo veo ademas esas variadas formas con que la religion *Natural y Providencial* ha ido modificándose, siguiendo el curso progresivo y de perfeccionamiento con que el hombre procura servir á la Divinidad, rindiéndola de mas en mas puras adoraciones y uniendo al culto la moral, objetos preciosos que guían asimismo mi pluma, la que procura trazar sus humildes caractéres sobre las huellas de amor, de benevolencia y de fraternidad que Cristo dejó con su doctrina.

¡Oh religion natural! ¡Oh Providencialidad divina, que fuiste inspirada por Dios al primer hombre, y despues conservada en la tradicion de los Patriarcas, formulada en el Sinay, santificada en la familia de Cristo y sellada con la sangre de éste en el Gólgota: Providencialidad sagrada, guía mi pluma, y que mis débiles conceptos sean útiles á la humanidad y concordes con la doctrina inculcada por el dulce y prodigioso mártir de la cruz!

¡Que no se desunan jamas las máximas de amor y de fraternidad, que hemos heredado del cristianismo, de aquellas que la religion Providencial inculque en los siglos venideros, y cuyo anuncio para el bien general me ha tocado, aunque humildemente, presentar como una buena nueva ante los hombres. ¡Que ella sea la feliz traduccion de las tendencias morales del espíritu humano y la esposicion de los procedimientos de concentracion y perfeccionamiento hácia la estabilidad del Universo, y sobre todo la espresion de reconocimiento y gratitud hácia el Criador, reunidos todos estos conceptos en la constante aunque variada forma de la Teodisea!

# PROLEGÓMENO.

PARA escribir con éxito una Teodisea, necesito ocuparme del orígen, de los medios y de los fines de la creacion; pero como hay consideraciones indispensables y que sin embargo no estarian bien en el cuerpo de la obra, para no perjudicar la unidad de ésta, me veo precisado á presentar ante mis lectores este prolegómeno en que tocaré algunos puntos generales y analizaré, aunque rápidamente, algunas agenas teorías.

Dos son los grandes estremos de todo lo existente: el primero no tuvo principio; el segundo no tendrá fin; el uno es el orígen, el otro es su resultado; uno es el autor, otro el admirador de la creacion. Dios y el espíritu humano, he aquí esos dos estremos prodigiosos que semejantes entre sí forman el círculo misterioso que encierra en su comprension el universo. Así, pues, para estudiar éste es indispensable comenzar por contemplar á Dios y terminar por reconocer el espíritu humano; entre aquèl gran principio y este admirable fin, se debe desarrollar gradualmente el estupendo panorama del universo físico, y en la descripcion de sus prodigios adunar la narracion de su historia, lo criado y la creacion. Uno y otro son congénitos ó inseparables. La existencia sin creacion es imposible, y cada momento de la existencia misma es tambien una creacion.

¿Pero cómo elevar nuestra contemplacion hasta Dios? ¿Tiene el hombre viviente inteligencia suficiente para empresa de tanta magnitud? No: el hombre no puede sujetar á su criterio esta suprema contemplacion; para ella no tiene sino sentimiento; solo la percibe por intuicion, ni la comprende sino por el amor, y éste es la única relacion adecuada entre el espíritu infinito y su semejanza inmortal; fuera de los instintos y afectos sagrados de nuestra alma, no existe nada que pueda elevar al hombre viviente hácia su supremo orígen, así como un átomo seria inadecuado para comprender en sí la medida del universo; ó mas bien, así como lo minuto es imposible se identifique con el infinito.

Sin embargo, los destellos divinos de la intuicion que forma el sentimiento ó intuitismo de nuestra alma, nos proporcionan algunas luces para guiarnos hácia la Divinidad aunque sin conocerla, y encontramos un conjunto precioso de elementos metafísicos que solo pueden pertenecer á ella, y que aplicándose á la contemplacion del Criador, elevan la criatura que es capaz de sentirlos: He aquí la prerogativa del hombre; quien la ignora ó quien la desecha no disfruta de este supremo placer; la fruicion inherente ó intuitiva del alma. La posesion de esta facultad suprema es lo que verdaderamente distingue al hombre, propiamente dicho; quien no la posee, sean cuales fueren sus facultades físicas, solo se halla un escalon mas alto que el orangutan en la naturaleza.

Sentados estos principios, *La Armonía del Universo* comenzará por elevar hácia Dios el raciocinio. De principios sencillos y evidentes se deducirán grandes resultados, y procuraré manifestar aquellas relaciones que existen entre las evidencias de sentimiento y las de reflexion, que unidas constituyen la razon humana por escelencia.

Elevada una vez la contemplacion metafísica hácia la causa suprema, no pueden desconocerse sus efectos grandiosos y necesarios. De una sola causa esencial, de una sola inteligencia y de una sola voluntad, inherentes en el Sér Supremo, se han originado la sustancia, la armonía y la ley. De la primera ha resultado un elemento material, orígen y vehículo de todos los elementos secundarios. De la segunda la correlacion perfectamente concorde de todos los fenómenos. De la tercera la fuerza, y de ésta el movimiento, y por éste la vida y el progreso universal de los fenómenos mismos. He aquí lo que verdaderamente constituye la naturaleza. Esta emana de las leyes divinas, pero no es la divinidad. El panteismo moderno ha deificado á la naturaleza y ha desconocido su orígen, así es que desconoce igualmente los elementos de la ciencia universal: cuyo conjunto es la Teodisea, de la que son un corolario la Psicologia y un episodio la historia natural en su acepcion mas lata.

Sin embargo, el estudio de la naturaleza ha sido siempre una parte muy esencial de la filosofía; el espectáculo del universo tan grandioso, tan sorprendente y tan variado, ha debido llamar la atencion de todos los hombres, y ocupar principalmente á aquellos cuyo génio condujera á la meditacion y á la indagacion de los fenómenos naturales. Indudablemente éstos han despertado en el alma contemplativa los sentimientos internos de su esencia, y las maravillas de la creacion han escitado el pensamiento grandioso de la existencia de un Criador. Pero si bien estos sentimientos elevaban el alma humana desde la infancia de los tiempos hácia la civilizacion y la ciencia, ésta ha progresado lentamente, porque el hombre ha necesitado criarla con sus meditaciones, observaciones, esperimentos y afanes, por lo que han pasado los siglos, y con ellos el lento é incierto trabajo de la humanidad, á fin de alcanzar los destellos de algunas luces metafísicas y los hechos de algunos fenómenos físicos, para guiarse por una senda mas segura hácia la verdad. El descubrimiento de algun hecho bien comprobado ha sido siempre fecundo en resultados importantes, dando pábulo al espíritu generalizador que siempre ha caracterizado á los amantes de la ciencia. Por esta cualidad se han multiplicado los sistemas, de los cuales ha ido estractando la humanidad la parte mas selecta, y ha formado la ciencia sobre cuya historia, genéricamente comprendida, daré una rápida ojeada para indicar en este prolegómeno los principios que en el cuerpo de la obra manifestaré para hacerla fructífera.

La sublime idea de un Criador Omnipotente, ha tocado de tal modo las almas contemplativas, que no han podido jamas figurarse confusion ni desórdenes en la creacion. La unidad de plan, la unidad de movimiento y la unidad de materia han tenido partidarios entusiastas desde la mas remota antigüedad. Los Brahmanes de la India pensaban que la parte mas sutil del fuego constituia las almas, así como la parte mas grosera de él la materia. Thales de Mileto opinaba que el agua era el orígen de todos los cuerpos, Epicuro pensó que lo era el fuego elemental, Aristóteles emitió la teoria de los cuatro elementos, aire, agua, tierra y fuego. Demócrito espuso la de los átomos, y opinó que la materia se componia de particulillas imperceptibles á las que dió aquel nombre. Descartes ideó una materia sutil girando en torbellinos y conduciendo los astros en su movimiento. Los químicos modernos han adoptado definitivamente la idea de los átomos, asegurando que la materia consta de mas de sesenta elementos simples, con propiedades intrínsecas á que llaman afinidades, y que la atraccion de la materia sobre la materia es una propiedad universal de toda ella, cuya fuerza, obrando en grandes distancias toma el nombre de gravitacion, y cuando obra en contacto el de cohesion, opinando en general por la variedad de formas ó poliedros en la variedad de átomos elementales. El Dr. Wolaston ha demostrado la imposibilidad de ser los átomos verdaderos poliedros y ha opinado que son esferas, esferoides, elipsoides ó cuerpos redondeados de diferentes dimensiones.—Estas han sido las nociones genéricas sobre la materia, véamos las que se han versado sobre su organizacion.

Los antiguos no podian, en general, comprender las acciones dinámicas, así es que suponian la tierra como un centro sólido de enorme estension, en torno de la cual giraban los diversos cielos en que existian los astros apoyados, como lo serian sobre ejes ó pínulas, creyendo que dichos cielos eran trasparentes y sólidos como de cristal. Los griegos, antes de Pitágoras, asignaban á cada cielo uno de los planetas por el órden siguiente: Al cielo mas próximo Diana, y despues seguian los de Vénus, Mercurio, Apolo, Marte, Júpiter y Saturno, los que constituian los siete cielos tan célebres. El octavo cielo estaba lleno de agujeros por donde se descubria la morada de los dioses; por lo que las estrellas no eran, en concepto de algunos, sino pequeñas ventanas celestes, y en el de otros, clavos brillantes de los cuales estaba adornada ó tachonada la bóveda del cielo A la via lactea se le consideraba como el límite ó soldadura de los dos emisferios de los cielos, prescindiendo en estas esplicaciones físicas de las doctrinas míticas. En vano algunos filósofos lucharon contra estas ideas bizarras, el vulgo los hacia enmudecer con las persecuciones que jamas ha economizado la ignorancia. La vanidad se ofendia mortalmente á la menor indicacion que hiciese de la tierra y de sus habitantes, objetos menos importantes, menos esclusivos y menos necesarios á la Divinidad. Los dioses no ténian otra ocupacion que el gobierno de la tierra, ni era posible otra creacion que la de nuestro mundo. Para alumbrar éste habian sido criados el sol, la luna y las estrellas. Los planetas no eran sino estrellas errantes sujetas á ciertos movimientos, ya directos y ya retrógrados, de los cuales se rendian una razon muy confusa. Los movimientos de los cielos, tomados en su conjunto, eran para producir el dia y la noche; las estaciones resultaban de escursiones míticas del sol por las constelaciones sodiacales. En fin, el universo entero estaba reducido al servicio del hombre, y todos los esfuerzos de la Divinidad al cuidado y gobierno de la especie humana.

Aristarco de Samos, (que vivia 280 años antes de Jesucristo, segun Archímides y Plutarco citados por Arago), supuso que la tierra era un planeta que gira como los otros planetas al rededor del sol, lo que le valió ser acusado de impiedad. Cleantho, de Assos, 260 años antes de nuestra era, segun Plutarco, fué el primero que procuró esplicar los fenómenos celestes por medio del doble movimiento de la tierra al rededor del sol y en torno de su propio eje. La opinion era tan nueva y contraria á las ideas recibidas, que muchos filósofos pretendieron acusar á Cleantho como lo habian hecho contra Aristarco.

El sistema planetario, tal cual nos lo trasmitió Ptolomeo, consistia en siete círculos concéntricos que indicaban las órbitas de la Luna, Vénus, Mercurio, el Sol, Marte, Júpiter y Saturno. En este sistema se consideraban las órbitas de los planetas como circulares; pero como era imposible el acordar la curva circular con la marcha aparentemente irregular que los planetas ofrecen en sus estaciones y retrogradaciones, y en sus alejamientos y acercamientos con respecto á la tierra, se idearon los epiciclos. El primero que tuvo la idea de resolver el problema de los movimientos planetarios por medio de epiciclos fué, segun Ptolomeo, Apolonio de

Perga, que vivió poco mas de 200 años antes de nuestra era. Los epiciclos consistian en considerar los movimientos de los planetas como ejecutándose por una órbita circular, en cuya circunferencia el planeta hacia evoluciones mas pequeñas asimismo circulares, que respondian en su diferente posicion con relacion á la tierra, á los diferentes movimientos planetarios, los que venian á aparecer como reales en vez de aparentes. Así es que Lagrange, en su Memoria á la Academia de las ciencias de 1772, demostró que por complicadas que fuesen las irregularidades aparentes del movimiento de los planetas, siempre podrian representarse multiplicándose suficientemente los epiciclos.

Pero este sistema, aunque pudiese esplicarse superficialmente no podia sostener un exámen rigoroso, porque la misma complicacion de la idea hacia mas palpable su errónea arbitrariedad; mas los filósofos tuvieron que ceder ante la repulsion con que la ignorancia miraba el establecimiento de la tierra en el rango de los demas planetas, y abrazaba mejor la creencia y complicada confusion de los epiciclos.

Llegó, en fin, el descubrimiento de los anteojos y por su medio la apreciacion de las formas y distancias relativas de los planetas en los diversos lugares de sus órbitas, y como se vió que estos cuerpos en sus estaciones y retrogradaciones no presentaban el movimiento circular epicíclico, el sistema de los epiciclos cayó por tierra, y se manifestó en toda su evidencia el movimiento de traslacion de la tierra. Copérnico compuso al fin su admirable sistema de movimientos celestes, espuesto en su obra inmortal de *Revolutionibus*, donde este célebre astrónomo, refiriéndose á Philola, filósofo Pitagórico, representa al sol en el centro del universo, rotando en torno suyo los planetas todos, en cuyo número contó la tierra, dando al conjunto un arreglo poco diferente de aquel que le asigna la ciencia moderna. No se estableció, y recibió, sin embargo, esta verdad exenta de víctimas. Galileo sufrió pesadumbres y persecuciones en su ancianidad, y el mismo canónigo de Thorn vió condenada su obra como impía y contraria á la Biblia por la congregacion del index.

Para salvarse de estos inconvenientes, Tycho Brahe ideó otro sistema en el cual hacia á la tierra el centro del universo; pero aunque giraban en torno de ella la luna y el sol, los planetas giraban en rededor de éste y por consecuencia en rededor de la tierra. Este sistema menos defectuoso que el de Ptolomeo, no pudo, sin embargo, sostenerse. Las estaciones y retrogradaciones de los planetas permanecian como un invencible escollo para la esplicacion y demostracion; y como era imposible el continuar con la teoría de los epiciclos, el fenómeno venia á quedar inesplicable si no se apelaba de nuevo al sistema de Copérnico.

Pero este último no carecia en sí mismo de error, porque suponia las órbitas de los planetas como circulares, y daba á la tierra tres movimientos: Primero, el de traslacion al rededor del sol, de Occidente á Oriente, en una órbita anual: Segundo, el movimiento diurno en torno de su propio eje, los cuales son verdaderos; pero no conociendo la inclinacion del eje de la tierra con respecto al plano de la eclíptica, y no pudiendo concebir, por las imperfectas nociones mecánicas de su siglo, el paralelismo de éste en toda la periferia de la órbita, ideó un tercer movimiento retrógrado de la tierra, por el cual ésta se volvia por pequeños reculones para conservar el constante paralelismo de su eje y dar así lugar á las estaciones.

Llegó al fin Kepler dotado de génio incontestable, de un amor ardiente por la ciencia y de una cabeza infatigable para el cálculo y la observacion, y privilegiado con estas relevantes cualidades emprendió el estudio de los fenómenos celestes. Para ello comenzó á investigar en la órbita de Marte, sobre observaciones hechas por Tycho su maestro, con suma correccion y esactitud.

Despues de este exámen y, apoyado en un número prodigioso de cálculos, concluyó con enunciar sus tres hechos que se conocen con el nombre de las tres leyes de Kepler, las cuales son:

1.ª Los planetas se mueven en torno del sol en órbitas elípticas, de las cuales el sol ocupa uno de los focos.

2.ª Los planetas recorren en igualdad de tiempos arcos desiguales de la órbita, por manera que considerándose como radio vector cada línea recta tirada del sol al planeta, los espacios comprendidos entre los radios vectores, trazados en igualdad de tiempos, resultan iguales entre sí, es decir, hay igualdad de areas en igualdad de tiempos.

3.ª Los cuadrados de las velocidades de los planetas son entre sí como los cubos de los grandes ejes de sus órbitas.

He dicho que las tres leyes de Kepler son hechos inconcusos, porque despues que se han inventado los micrómetros aplicados á los instrumentos telescópicos, y que por su medio se miden fácilmente las distancias y los diámetros de los planetas en todas las posiciones de sus órbitas, se ve claramente que no describen círculos sino elipses. Así es que la primera ley es evidente de hecho, y á ella están sujetos todos los nuevos planetas que se descubren.

Asimismo se comprueba la segunda, porque los planetas no recorren en tiempos iguales arcos iguales, pues la curva elíptica que describen tiene la propiedad de quedar dividida en arcos desiguales con radios vectores tirados hácia el centro del sol, de manera que dichos arcos son de mayor amplitud cuando los rayos vectores son mas cortos, dando así lugar á la igualdad de areas.

La tercera ley ha sido del mismo modo comprobada por los hechos. Cuantos nuevos planetas se descubren manifiestan su esactitud, pues basta el conocerse los arcos elípticos que describen en tiempos dados para saberse su distancia del sol, por la simple comparacion del cuadrado de los tiempos de su velocidad relativa con los demas planetas, y así se obtiene su distancia del sol con tanta esactitud cuanta permiten los elementos orbituarios, los que despues quedan comprobados y corregidos por los medios trigonométricos.

Los descubrimientos de Kepler pusieron fuera de duda el movimiento de la tierra al rededor del sol. Los escrúpulos religiosos tuvieron que enmudecer ante la evidencia, y luego abordados por los hechos geológicos han convenido, en general, los teólogos, en que los testos bíblicos son, en su mayor parte, metafóricos y en un lenguaje figurado, y que los descubrimientos de la ciencia son los que vienen frecuentemente á descifrarlos; así es como prueban, por medio de la geología, la verdad del Génesis. ¡Feliz era, en que la ciencia puede marchar al lado de la religion sin ofenderla ni temerla!

El triunfo de los descubrimientos de Kepler fué tan completo que no ha cesado de admirarlo la posteridad. Él mismo, lleno del entusiasmo del génio, comprendió la grandeza de sus leyes, así es que al esponerlas, esclamó: "Por fin publico mi "libro, no importa que se le comprenda hoy ó que solo lo comprenda la posteridad, "él aguardará sus lectores. ¡Dios mismo ha tenido que aguardar, por siglos, un "testigo de sus prodigios!"

Respetemos este noble entusiasmo, gérmen de tan brillantes resultados. Kepler fué comprendido en su siglo, y al comprenderlo la posteridad lo contempla sentado en el grupo glorioso de los mas grandes hombres de que se envanece la humanidad. Todos los filósofos que han escrito de Kepler le han tributado el honor debido á su génio, y mi débil pluma procura asimismo trazar estas pocas líneas, como mi parte en el homenaje general que la ciencia ha rendido á la memoria de aquel génio.

Establecida como una verdad incuestionable la centralidad del sol en el sistema de planetas de que la tierra es parte, los astrónomos armados de poderosos telescopios, se han dirigido á investigar en la constitucion física de los astros, en las leyes generales que los ligan entre sí, en su mútua accion, en la economía general del universo, y por último, al descubrimiento de otros planetas, cometas y estrellas.

El primero que se ocupó de esta clase de cuestiones, con un éxito imperecedero fué Galileo. Este grande hombre, colocado por su destino entre dos civilizaciones, fué uno de los agentes mas poderosos para impulsar la humanidad hácia una nueva era de saber y de gloria. Admirable es, sin duda, la infatigable constancia de aquel filósofo; su génio puede calificarse con el doble mérito de la sintesis y del análisis, de la inventiva y del órden. Si por la primera de estas cualidades se lanzaba al estudio de las cuestiones mas difíciles de la ciencia, por la segunda se reducia en el vuelo de sus investigaciones á los sanos consejos de la esperiencia. Así es que Galileo inauguró este sistema esperimental que distingue nuestro siglo, en el cual se hacen conquistas menos atrevidas pero mas ciertas y seguras en la naturaleza.

Galileo fué uno de los primeros constructores de anteojos, y esto le proporcionó hacer las primeras investigaciones sobre la constitucion física de los astros, y en todas sus observaciones trae á la ciencia tan preciosos datos, que apenas puede darse en ella un paso sin referirse en primera línea á aquel ilustre filósofo.

· Una de las cuestiones que el génio inspiró á Galileo fué la ley de la gravedad. Para esto era preciso estudiar la caida de los cuerpos en todos los instantes de su duracion, y como esto no se podia lograr por medio de la caida vertical, á causa de la rapidez con que ésta se verifica, reflexionó que haciendo descender los cuerpos por planos inclinados lograria dar á la caida toda la lentitud necesaria para la observacion, sin alterar las leyes de la gravedad en el descenso de los cuerpos. Para esto ideó el hacer descender por una cuerda tirante un peso suspendido de una polea movible, y así logró cerciorarse de que tomándose una observacion cuidadosa de la caida de un cuerpo dividida en tiempos y en espacios, resulta que en igualdad de momentos los cuerpos recorren una série de espacios en que la velocidad, siempre creciente, se manifiesta como los números impares comenzando por la unidad, deduciéndose de aquí que los espacios recorridos por un cuerpo en su caida, son como el cuadrado de los tiempos empleados en la caida misma.

Atuwod inventó posteriormente una máquina muy ingeniosa, por medio de la cual se confirma y pone fuera de duda la ley de la caida de los graves descubierta por Galileo. Como la descripcion de esta máquina se halla en todas las obras de física, me creo dispensado de describirla.

Newton, con un génio tan grande como su buen sentido y su prodigiosa facilidad para el cálculo, se propuso el estudio, no solo de los hechos de la gravedad sino de sus causas. Se dice que una vez estaba recostado en su jardin, pensando en este su problema favorito y contemplando la luna, cuando cayó á su lado una manzana de un árbol. Entonces el filósofo se hizo esta cuestion; ¿si la manzana estuviera junto á la luna caeria á la tierra? Sin duda, dijo, mas comenzaria á caer con mucha mas lentitud, pero si otra fuerza obrase sobre ella modificaria la accion de la gravedad, y por ambas fuerzas se produciria una nueva resultante.—Este fué el punto de partida de aquel filósofo para emitir su célebre teoría de la atraccion. Observó que la luna en el movimienlo angular de su órbita al rededor de la tierra, recorre con corta diferencia en un momento dado, un espacio igual á aquel que deberia recorrer hácia este planeta, en el mismo momento, impulsada por la sola fuerza de la gravedad.

Así, pues, Newton ideó que la materia tiene la propiedad inherente de atraer á la materia, cuya cualidad obtenida desde la creacion, obra constantemente como una ley invariable de la materia misma. Newton calculó por la amplitud del espacio en que giran los astros, que la fuerza atractiva de los cuerpos entre sí debe estar en razon directa de las masas ó inversa del cuadrado de las distancias. De este modo aquel filósofo estableció á la materia como animada de la propiedad atractiva, intrínseca y universal, propendiendo así á reunirse ó concentrarse en un solo cuerpo, lo que rápidamente tendria lugar si otras fuerzas no lo impidiesen.

Para darse cuenta de estas fuerzas, supuso la existencia del vacío en el espacio, y que siendo la materia inerte por sí misma, un cuerpo aislado en el vacío obedeceria eternamente á un impulso que recibiese. De este modo supuso que los planetas urgidos constantemente por su mútua atraccion, y en principal por la atraccion que la enorme masa del sol ejerce sobre ellos, bien pronto caerian sobre ese astro radiante, á no ser por un impulso primitivo dado por Dios á los planetas. Siendo la direccion de este impulso perpendicular á la línea de atraccion ejercida por el sol sobre cada planeta, deberia modificar ésta, y del conjunto de ambas fuerzas resultar el movimiento planetario. A la primera de estas fuerzas la llamó Newton fuerza centrípeta, porque tiene una tendencia á aproximar los cuerpos hácia el centro de atraccion. A la segunda la llamó fuerza centrífuga, porque su tendencia es alejarlos del centro.

Aplicado este sistema al movimiento planetario, supone sujetos á él todos los planetas, y por consecuencia la tierra. Examinando lo que deberia acontecer á ésta, urgida por ambas fuerzas, espuso Newton que obrando la fuerza centrípeta hácia el sol, y la fuerza centrífuga de Occidente á Oriente de la accion mútua y simultánea de estas dos fuerzas, resulta el movimiento orbituario de la tierra en rededor del sol, de modo que si cesase de estar urgida la tierra por la atraccion del sol, se escaparia inmediatamente por la tangente de la curva que ahora describe, por ser esta línea tangentil la direccion verdadera de la fuerza centrífuga. Igual cosa supuso Newton que existe entre la tierra y la luna. Este satélite está urgido por una fuerza tangentil ó centrífuga de Occidente á Oriente, y ademas por la atraccion que la tierra ejerce sobre él, y de estas dos fuerzas combinadas resulta el movimiento orbituario de la luna en torno de nuestro planeta. Así, pues, los lazos mas estrechos de atraccion sobre la luna son los de la tierra por su cercanía, pues la atraccion del sol se ejerce de mancomun sobre el conjunto ó el grupo que forman la tierra y su satélite.

Se ve bien cuán fácilmente se pudo estender esta esplicacion á todos los planetas y á los complicados sistemas de satélites que giran en torno de ellos. Finalmente, cuando por Herschell y otros astrónomos se ha espuesto asimismo que el sol con toda su série de planetas, satélites y cometas circula en el espacio en una órbita inmensa en rededor de otro centro aun no conocido, la hipótesis de las fuerzas centrípeta y centrífuga bastó para esplicarlo con igual grado de confianza.

Para probar su sistema, Newton observó la cantidad de espacio que un grave recorre en su caida y en un segundo de tiempo sobre la tierra y el nivel del mar, y aplicando la ley del cuadrado de los tiempos dedujo lo que el mismo cuerpo recorreria en el primer momento si su caida comenzase en un punto lejano, como por ejemplo, en la distancia media de la luna á la tierra. Despues sentó que este es el espacio que la luna recorre en su órbita en un segundo de tiempo, y que por la fuerza centrífuga se convierte la accion centrípeta en giratoria; por manera que si una bala de cañon estuviese arrojada en ángulo conveniente y con cuatro veces mas velocidad que la que le da la fuerza de la pólvora, ya no caeria mas sobre la tierra, sino que saldria fuera de la atmósfera terrestre y vendria á convertirse en un satélite de este planeta.

La esplicacion de estos fenómenos resultaria fácil si el movimiento planetario fuese circular, pues entonces se demostraria la estabilidad y la simplicidad del movimiento producido por las fuerzas centrípeta y centrífuga combinadas. No sucede así, porque todos los planetas recorren sus órbitas no en círculos, de los que debería ocupar el sol el centro comun, sino en elipses, ocupando el sol uno de sus focos. Newton no retrocedió ante esta dificultad, y véase aquí cómo pensó salvarla. Supuso que las dos fuerzas desenvuelven su mútua energía del modo siguiente: Cuando la fuerza centrífuga domina, aleja el planeta de su centro el sol; pero entonces la marcha del planeta viene á ser mas lenta, y por lo tanto da lugar á que la fuerza centrípeta obre á su vez con mas energía, y el planeta á su virtud comienza á acercarse al sol; mas conforme se acerca á éste, el movimiento se hace mas rápido, y por ello cuando llega á un cierto punto el mas cercano hácia el sol, comienza la reaccion de la fuerza centrífuga, y por esto el planeta comienza á alejarse del sol hasta que el movimiento se hace tan lento que de nuevo comienza la reaccion por la fuerza centrípeta, y como estas dos fuerzas se hallan compensadás perfectamente, en la mitad de la órbita domina la fuerza centrífuga, y viceversa la centrípeta en la otra mitad, por manera que la figura que por estas dos fuerzas debe describir un planeta no puede ser sino una elipse, de la cual ocupa el sol uno de los focos.

Newton tenia necesidad de sujetar las esplicaciones de su sistema á las tres leyes descubiertas por Kepler, lo cual procuró del modo siguiente:

1ª Los planetas se mueven en elipses de las cuales el sol ocupa uno de los focos.

Para el cumplimiento de esta ley se ha creido suficiente la alternativa preponderancia de las fuerzas centrípetas y centrífuga en todas las órbitas planetarias, así es que en el perihelio la preponderancia de la fuerza centrípeta da lugar al acercamiento del planeta hácia el sol, pero desenvuelve la fuerza centrífuga que á su vez domina en el afelio, alejando al planeta del sol para reproducirse el fenómeno en un movimiento orbituario siempre elíptico.

2ª Los planetas en igualdad de tiempos recorren arcos elípticos desiguales, pero que encierran areas iguales.

Newton demostró que esta era una consecuencia necesaria del movimiento elíptico, en que el afelio es producido por una fuerza continuamente acelerada que propende á alejar el planeta del centro de atraccion, y en el perihelio otra fuerza igualmente retardada de momento en momento que propende á acercar el mismo astro á su centro de atraccion. La compensacion perfecta de estas dos fuerzas no podia menos de describir areas iguales, porque cuando el planeta se halla mas próximo del sol, recorre el espacio con mas velocidad que cuando está mas lejano, pero con tal proporcion que en ambos casos los triángulos mixtos que resultan entre cada dos radios vectores, y los arcos elípticos de la órbita recorridos en igualdad de tiempos, deben encerrar areas iguales entre sí.

3ª Los cuadrados de los tiempos empleados en recorrer los planetas sus órbitas, son entre los diversos planetas como los cubos de los grandes ejes de sus mismas órbitas.

Newton demostró que este fenómeno debia resultar de la ley del cuadrado de las distancias á que obedece la atraccion de la materia, pues obrando con mas energía en los cuerpos cercanos, debia resultar su movimiento orbituario mas rápido en la proporcion de los elementos orbituarios, así es que la velocidad debe ser en proporcion de los cuadrados, cuando las distancias deberian referirse á los cubos de los grandes ejes de las elipses orbituarias.

Para salvar las irregularidades aparentes que resultan del movimiento de los planetas y de los diversos sistemas de satélites entre sí, Newton dedujo que la atraccion obra segun las masas materiales, por manera que los planetas tienen mayor densidad cuanto mas cerca están del sol y viceversa; los mas lejanos son aquellos en que la materia está menos condensada, y por consecuencia tienen un peso específico menor. He aquí por qué se ha sentado que el hombre por el conocimiento de las leyes de la gravitacion, se halla en estado de pesar los ponderosos cuerpos que circulan en el espacio, y que basta saberse que estos obedecen á la ley universal de la atraccion, y que sus movimientos se ejecutan segun las leyes de Kepler, para que conocidos estos y el volúmen de los astros que los ejecutan, pueda deducirse con entera certeza su masa y peso específico. Así, pues, dedujo Newton que si un planeta atrae sus satélites con menos energía que otro, es porque la masa de aquel es menor con relacion á su volúmen que la de este otro.

Finalmente, otras irregularidades de los movimientos orbituarios de los planetas las atribuyó Newton á la influencia que la atraccion de unos ejerce en otros, y á esto se dió el nombre de perturbaciones. Tal es el sistema de la atraccion ó gravitacion universal de que la ciencia es deudora á Newton. Este sistema recibió una fuerza redoblada por la aquiescencia de los astrónomos posteriores, y principalmente por los escritos de Laplace. Este gran geómetra en su mecánica celeste aplicó el cálculo á la estabilidad del sistema planetario, y á la precision de los movimientos orbituarios y de rotacion á los planetas, y halló que las fuerzas centrífuga y centrípeta eran bastantes para satisfacer á estas graves cuestiones, sellando con esto la obra de Newton que fué como un oráculo de la ciencia, y el contradecir la teoría de la atraccion ha venido á ser como una heregía científica.

Sin embargo, se ha visto la dificultad de sostener la propiedad de la atraccion como una cualidad inherente en la materia y al mismo tiempo la inercia de ésta. Si la materia atrae á la materia por una fuerza residente en sí misma dejaria de ser inerte, y si la atrae por una especie de instinto vendria á estar animada, y así es que en física se procura indirectamente salvar de esta dificultad, diciendo: que nada importa que la fuerza de atraccion resida en la materia misma ó que le venga del esterior, porque todo es una misma cosa cuando el desarrollo de las fuerzas de la gravedad se opera segun las masas materiales.

El sistema de la atraccion universal debió tener un éxito absoluto, en una época en que poco se conocian las acciones eléctricas y magnéticas. Luego que éstas han sido mejor estudiadas, no han faltado autores que atribuyan el movimiento de los astros á la electricidad, procurando esplicar la accion de ésta ya positiva ó ya negativamente, ya en mas ó ya en menos, con relacion unos cuerpos celestes á los otros; pero como era de esperarse, no han podido prevalecer estas hipótesis; porque mientras no se sepa qué cosa es la electricidad en sí misma, no podrá decidirse de la universalidad de su accion, y como aun así pudiera suponerse la electricidad como materia, aunque imponderable, sujeta ella misma á la fuerza de atraccion, el sistema de Newton ha pasado hasta nuestros dias triunfante, y como la base universal de los conocimientos científicos.

Yo no solo respeto esta creencia de los sabios, sino que convengo en que es la única que podia abrazarse segun el estado de la ciencia. Admiro como todos el gran génio de Newton, y le tributo mi parte en la gratitud general con que lo honra y glorifica la especie humana; y si alguna corona científica pudiese trazar mi débil pluma, gustoso la emplearia para engrandecer la memoria de aquel inmortal filósofo.

Pero sin disminuir en lo mas mínimo la sinceridad de estos sentimientos hácia aquel grande hombre, no me puedo impedir el pensar de distinta manera sobre las leyes generales de la materia, no solamente porque los conocimientos posteriores me han conducido á creer que no hay atraccion en ella, ni directa ni indirectamente; sino ademas, que aun en tiempo de Newton un exámen profundo de la cuestion hubiera demostrado la falsedad del sistema de atraccion, principalmente con respecto al órden planetario. Al combatir este sistema, no solo me guia el deseo de demostrar otro mas propio á satisfacer todas las indicaciones que los conocimientos modernos exigen en las ciencias físicas, sino tambien alejar á las morales de este escollo terrible de las inteligencias.

Desde el momento que se creyó que la materia poseia en sí misma la fuerza atractiva y las afinidades químicas, cesó de creerse como absolutamente inerte, y en vano se ha procurado decir que estas cualidades las debe al Criador, porque siempre han dado lugar al materialismo, que para desarrollarse solo necesitaba el suponer que la atraccion y propiedades químicas son cualidades propias de la materia y que le son coetáneas y eternas. Así la filosofía moderna se ha visto plagada de esta falsa conclusion, y la degeneracion de la moral y las costumbres, así como el envilecimiento de las ideas filosóficas era una consecuencia necesaria. ¿Qué grandeza, qué dignidad ni qué virtud pueden nacer de sistemas ó de creencias en que se pierde ó disminuye la fé de la creacion material y de la espiritualidad del alma?

Los sistemas astronómicos tal cual se discutieron hasta los tiempos de Newton, se reducian á determinar la clase de los movimientos planetarios. Cuando éstos vinieron á ser definitivamente reconocidos y sus leyes establecidas por Kepler; cuando la esplicacion de estos movimientos, por Newton, fué acogida con tanto entusiasmo por todos los astrónomos, era una consecuencia natural que se procurase conocer si sus deducciones podrian generalizarse y aplicarse á todos los cuerpos celestes inclusos los cometas y las estrellas mas remotas. El cálculo y los hechos han estado de acorde sobre este punto en los descubrimientos posteriores, y se ha reconocido con admiracion que en la naturaleza toda existe esa grandiosa unidad de leyes, y que el universo entero presenta la armonía mas sorprendente

Pero si bien al establecer Newton la teoría de la atraccion ó gravitacion universal dió una clave general, para esplicar al menos los fenómenos celestes con respecto á las fuerzas centrípetas, no sucedia lo mismo con relacion á las centrífugas; el movimiento de impulsion primitiva dado á cada cuerpo celeste por el Criador, no dejaba entrever una ley universal, y esta ley de disyuncion choca con la instintiva persuasion del espíritu humano, que está siempre prevenido á ver un órden maravilloso en la economía general de la creacion. Así es que Laplace, al ver la correspondencia admirable que hay entre la colocacion y los movimientos de los planetas, todos dirigidos en el sentido en que el sol se mueve, todos colocados con corta diferencia sobre el plano de la eclíptica, y la relacion inconcusa que existe entre este y el ecuador solar, esclamó: que se pueden apostar muchos millones de veces contra una, que todo esto no es debido al acaso, sino que en la creacion ha habido un plan y un órden superior, aunque la ciencia no pueda conocer sus detalles.

Este deseo de buscar la unidad en la naturaleza, condujo al astrónomo Bode á investigar en la colocacion de los planetas, y halló que hay entre ellos una regularidad de situacion que parece doblarse de planeta en planeta comenzando por Mercurio. Esta simetría ha estado reconocida solo como una aproximacion por todos los astrónomos, y se la titula: la ley de Bode, la que se espresa numéricamente.

Esta supuesta ley fué descubierta antes de conocerse los planetas telescópicos, situados entre Marte y Júpiter, y consecuentemente antes de descubrirse el planeta superior Neptuno. Así, pues, se halló que la ley correspondia bastante bien con relacion á Mercurio, Vénus, la Tierra, Marte, Júpiter, Saturno y Urano, quedando en esta série un vacío entre las órbitas de Marte y Júpiter. En aquel entonces se recordaron los sabios de que en tiempo de Pitágoras se tenia la tradicion de que entre aquellas dos órbitas, en una época remota, existió un planeta que desapareció. Así, pues, al descubrir Bode la ley de la colocacion de estos, se afirmó aquella creencia de los pitagóricos. Despues se han descubierto treinta y tantos planetas muy pequeños que cruzan sus órbitas en varias inclinaciones y bajo diferentes escentricidades pero cuyas órbitas corresponden sin duda al lugar que la ley de Bode asignó al planeta que debería mediar entre Marte y Júpiter. Sobre este punto se han levantado varias cuestiones altamente filosóficas, de las cuales me ocuparé á su tiempo. ¿Existió y se destruyó en efecto el planeta de los pitagóricos? ¿Son los asteroides de la órbita de Céres los trozos del planeta roto ó destruido? ¿Fué el choque de otro cuerpo celeste la causa de esta catástrofe? ¡O, finalmente, los asteroides son planetas independientes y que jamas han estado reunidos?

La ley de Bode no ha encontrado mucho favor entre los astrónomos, porque no pueden esplicarla ni hallar para ello una causa clara y precisa. Ya en su lugar demostraré esta causa, y que Bode no encontró el verdadero enlace proporcional de las distancias de los planetas, pues la duplicacion de las proporciones no debe referirse á las distancias sino al movimiento de los planetas con referencia al rotatorio del sol, cuya ley se me permitirá enuncie como un descubrimiento mio.

Como era de esperarse, conocido el sistema de los movimientos planetarios con relacion al sol, hizo perder mucho á la importancia relativa de la tierra, y se comenzó á mirar al astro central como mas importante en la economía del universo; pero para esplicar la dependencia ordenada de todos los planetas, el célebre conde de Buffon imaginó un sistema ó teoría de la tierra con que inauguró su historia natural.

Aquel naturalista supuso que el sol es una masa líquida, por el efecto de la enorme cantidad de calórico que lo mantiene en fusion como lo estarian los metales en un horno fuertemente calentados. Por consecuencia, que por la fuerza de atraccion la masa fluida del sol, propendiendo á un centro comun, tiene la forma esférica. En este estado supone que un gran cometa vino á chocar contra él, y por su inmensa velocidad arrojó en el espacio una cantidad considerable de la materia encandecente del sol, que por su fluidez y por la atraccion de sus partículas se dividió en porciones que tomaron la forma esférica. Las mas pesadas y de menos volúmen relativo permanecieron las mas cercanas, y viceversa las mayores y de menor peso específico se alejaron mas del sol. Por el efecto mismo de la atraccion permanecieron algunas pequeñas masas cercanas á otras mayores, y cuando todas se enfriaron lo suficiente, se convirtieron en los planetas y en sus satélites. En punto al anillo de Saturno, la materia líquida circuló en torno del planeta por la fuerza centrífuga y se enfrió y condensó en la forma anular.

Finalmente, Buffon trató de demostrar que el choque del cometa infundió el movimiento general de los planetas á que se da el nombre de fuerza centrífuga, y que por esto todos manifiestan la misma direccion en su marcha y en la de sus satélites. Que la fuerza de atraccion mantiene el equilibrio con la de impulsion, pero que ésta cederá poco á poco, y que vendrán los planetas con el tiempo, á caer de nuevo sobre el cuerpo del sol de donde brotaron y donde se confundirán en el porvenir.

Las objeciones que desde un principio se levantaron contra la teoría de Buffon, son tan fuertes que se ha pensado generalmente que ni el mismo naturalista que la produjo la creyó cierta, y que al esponerla no pensó en otra cosa que en lucir su inventiva y su ingenio, como en un discurso académico ó en un romance.

La pequeña masa de los cometas; su constitucion generalmente nebulosa; sus movimientos en elipses, mas ó menos prolongados; su dependencia del sol; el núcleo sólido y oscuro de este astro, que es observado por medio de sus manchas; y por último, la naturaleza gaseosa de la atmósfera solar, en la que existe esa capa brillante á que se ha dado el nombre de fotosfera, son otros tantos fenómenos de donde brotaban tan fuertes objeciones contra la hipótesis de Buffon, que ésta no pudo en lo absoluto sostenerse. Pero aun cuando no existiesen tantos medios esperimentales y de observacion para combatirla, bastaria el carácter fortuito y casual que da á la formacion de la tierra y los planetas para desecharla. ¿Esta creacion tan llena de maravillas, de órden y de unidad ha podido ser el efecto del acaso y de ün accidente cosmógono? ¿El sol mismo no existió sino para dar nacencia á los mundos por medio de una catástrofe? ¿Serán necesarias catástrofes igualmente gratuitas para esplicar la formacion de los innumerables sistemas planetarios que existen en los orbes sidereales? La razon se resistiria á responder afirmativamente estas cuestiones, aun cuando la naturaleza y la esperiencia no la convenciesen de lo contrario.

Herschell fué uno de los astrónomos de génio, de habilidad y de constancia que mas han enriquecido la ciencia con sus descubrimientos é investigaciones; principalmente fué uno de los que han hecho mayor número de reales adquisiciones en la ciencia sidereal. Armado de sus poderosos anteojos y telescopios descubrió un número prodigioso de nebulosas, y observó que la mayor parte de éstas se resuelven en grupos de estrellas apiñadas, y que por su estrema lejanía solo presentan el aspecto de nubecillas, ó sea de una luz blanquecina de donde derivan su nombre. Pero otras nebulosas no pueden resolverse en estrellas á pesar de los telescopios mas poderosos, y presentan el carácter de un fluido cosmico luminoso, en el cual se opera un trabajo de condensacion hácia el centro, generalmente mas luminoso. Herschell, sin hacer una teoría detallada, llamó á estas nebulosas sistemas planetarios en el curso de su construccion.

Laplace dió á esta idea una estension mayor y mas metodizada. Hace las nebulosas como constituidas por la materia ponderable diseminada en el espacio, la que á virtud de la atraccion se va reuniendo poco á poco y formando núcleos que llegan á ser astros, sujetos con el tiempo á las leyes comunes de la gravitacion universal. De este modo supuso que una gran nébula constituyó nuestro sistema solar; que en esta nébula se reunieron todos los elementos centrales y constituyeron el sol; que despues por las mismas leyes de la atraccion y el trabajo de los siglos se fueron reuniendo en núcleos: primero, los elementos mas cercanos al sol y por consecuencia los mas densos, y así progresivamente los mas lejanos y de menor densidad, originando los planetas por su órden, Mercurio, Vénus, la Tierra, &c., dando así lugar á la diferencia de gravedad específica que en ellos se encuentra. Cada uno de estos planetas antes de consolidarse enteramente, constituyó asimismo una pequeña nébula semejante á la grande solar, y así dieron estas nébulas subalternas orígen á los satélites que circulan en torno de los planetas que las han originado. En cuanto al anillo triple de Saturno, lo hace resultar de la misma materia nebulosa, condensada y solidificada antes de reunirse al núcleo del planeta. Por último, cree que los cometas no pertenecen á la gran nébula solar, sino que son pequeñas nébulas ambulantes dispersas en el espacio, y que la fuerza atractiva del sol se apropia sucesivamente y en todas direcciones. Así, pues, segun Laplace, el equilibrio estático está perfectamente establecido en el sistema planetario, y la gravitacion universal basta para garantizar su continuacion y su órden.

En este sistema hay una parte de observacion que no puede desecharse, pero al lado de ésta se levantan grandes y sérias objeciones. ¿Qué cosa son esas nébulas que han originado los astros? ¿Por qué se hallan diseminados éstos en el espacio? Si la atraccion es universal, ¿por qué no se han condensado en un solo núcleo? O por lo menos, ¿por qué la gran nébula solar no se agregó íntegramente en el sol? ¿De dónde vienen los movimientos orbituarios elípticos de los planetas? ¿Por qué tienen sus movimientos de rotacion análogamente? ¿Por qué los satélites tienen, en general, un movimiento rotatorio que se completa en el mismo tiempo que el orbituario? Todas estas objeciones parecen otros tantos escollos que está lejos de vencer completamente el sistema de Laplace; pero aun cuando pudiera darse una esplicacion plausible á todos ellos, ésta se cifraria en el sistema general de la atraccion newtoniana, y así vendria á envolverse en las dificultades generales en que se envuelve aquel sistema. Nada que parezca gratuito ni casual puede admitirse en la obra grandiosa y sublime de la creacion del universo.

Y de facto: si supusiésemos los astros, planetas, satélites y cometas criados por la Omnipotencia, é impulsados por ésta en el espacio con una fuerza imperecedera, y si el movimiento de traslacion dado así á aquellos cuerpos celestes, modificado por la atraccion universal, se considerase como el resultado milagroso y análogo de las fuerzas centrífuga y centrípeta, se disminuirá la dificultad de la esplicacion, aunque se haria mas metafísica. Pero dejarse, como en el sistema de Laplace, la accion de la gravedad y obrando en la materia cósmica universal antes de condensarse ésta en núcleos, y en vez de concentrarse toda la materia en un solo núcleo dividirla y organizarla en grupos diferentes, es una cosa que se resiste á la razon, á pesar del gran respeto que se debe al Autor de la mecánica celeste.

Pero ya tengo indicado que la teoría de la atraccion no resiste á un exámen severo, y aunque sucintamente procuraré probarlo.

En la naturaleza existe tanta esactitud y constante regularidad en los hechos que conocemos con el repetido nombre de las leyes de Kepler, que en cuantos planetas se descubren de nuevo, solo se estudia la cantidad de su movimiento diurno y los elementos de sus órbitas para saberse su distancia y todos los pormenores necesarios á su colocacion y movimiento en la economía solar. Así lo practicó Herschell al descubrir Urano en 1781; así lo practicó Galle, descubridor de Neptuno, en 1846, por las indicaciones de Le Verrier, y así lo han practicado todos los descubridores de los 33 planetas situados entre Marte y Júpiter. Para la construccion de una órbita, segun las leyes de Kepler, basta un corto tiempo: la observacion posterior de revoluciones enteras, no hace sino confirmar los resultados de la teoría. Esta se halla asimismo confirmada en los movimientos estrellares que hasta ahora se han estudiado.

De este modo, es evidente que si consideramos la fuerza centrífuga como necesaria para la traslacion de los astros en torno de un cuerpo central, y que en éste hay un principio de atraccion que modifica el movimiento tangentil y lo convierte en orbituario, es indispensable concluir que la fuerza centrífuga depende de la centrípeta, porque así lo demuestra incontrastablemente la naturaleza de la proporcionalidad universal que hay entre los cuadrados de los tiempos de las revoluciones y los cubos de los grandes ejes de las órbitas elípticas, establecida en la tercera ley de Kepler. Pero si la fuerza centrífuga fuese un impulso tangentil, que no dependiese en su intensidad de la fuerza centrípeta, unos astros caminarian con una velocidad y otros con otra diferente, sin que fuese urgente como lo es en la naturaleza la proporcionalidad de las velocidades á la longitud de los grandes ejes de las órbitas elípticas.

Pero en medio de esta proporcionalidad de las velocidades y los grandes ejes de las órbitas de los planetas y cometas, hay una variedad absoluta entre ellos con respecto al oblongamiento de las elipses sin haber dos idénticas, y variando desde la forma casi circular hasta aquella elipse en que por su estremo oblongamiento se semejan á la parábola. ¿De dónde viene, pues, esa irregularidad? ¿Y de dónde emana la variedad que existe entre las revoluciones de los planetas sobre sus propios ejes, contrastando con la uniformidad que acerca del mismo movimiento ofrecen los satélites? Cuestiones son estas que no resuelve el sistema de atraccion, que como la ley de Bode, deja inesplicables, y cuyas causas espero evidenciar.

Pero aquel sistema es vulnerable, aun en el análisis del movimiento planetario en órbitas elípticas. Véamos como lo esplicó su autor.

Un planeta se halla urgido por dos fuerzas, la una centrípeta que lo atrae constantemente hácia el sol, y la otra centrífuga que lo impulsa siempre á escaparse por la tangente, y de ambas resulta el movimiento elíptico; porque la fuerza centrífuga cuando obra con mayor intensidad, va alejando poco á poco del sol al planeta hasta que éste llega al estremo mas lejano ó afelio de la órbita; pero en él la marcha del planeta viene á ser tan lenta que da lugar á la atraccion solar á obrar con mas energía, y á su virtud comienza una reaccion atractiva que acerca al planeta en su revolucion poco á poco hácia el sol, hasta el estremo mas cercano ó perihelio de la órbita; pero en este la marcha del planeta viene á ser tan rápida que da lugar á la reaccion de la fuerza centrífuga para alejar de nuevo al planeta hasta el afelio y así sucesivamente. Para dar al cálculo un baño mas complicado se hacen obrar las dos fuerzas alternativamente en espacios pequeñísimos, y así la suma de las preponderancias alternativas de cada una de dichas fuerzas vienen á producir el afelio y el perihelio de la órbita; pero sea cual fuere la manera de desarrollar el cálculo, el resultado se traduce estrictamente del modo que sigue: *Las fuerzas centrípeta y centrífuga de un planeta dominan alternativamente en su movimiento orbituario, de tal modo que la primera obra acercando al planeta hácia el sol, y por este medio desenvuelve la energía de la fuerza centrífuga; y viceversa, ésta obra alejando el planeta del sol, y de este modo desenvuelve la energía de la fuerza de atraccion.* ¿Quién no ve la contradiccion y falta de lógica de esta conclusion? ¿Si estas son dos fuerzas divergentes de cuyo equilibrio resulta el movimiento elíptico, cómo es posible que cuando la preponderancia de la una llega á su máximum no produzca otro efecto que el de escitar la energía de la fuerza opuesta? Verdaderamente que bien examinada esta cuestion se siente uno sorprendido de cómo es posible que haya prevalecido esta esplicacion por mas de dos siglos, escapando su verdadero análisis á tantos sabios astrónomos. Pero á pesar de esto no se puede continuar con la misma creencia, cuando se observa que en dos fuerzas independientes la una de la otra no puede haber esta reaccion, porque la conclusion esactamente lógica seria que si las dos fuerzas pueden desequilibrarse, en la preponderancia de la centrípeta el planeta se acercaria constantemente en espiral hácia el sol hasta caer sobre de este astro, y si la fuerza centrífuga fuese la preponderante, el planeta se alejaria en espiral indefinidamente del sol. Pero hacer preponderar sobre la materia inerte una fuerza, y que cuando llega á su máximum de preponderancia no continúe ésta, y tenga por resultado solamente el hacer preponderar á su contraria, es una conclusion que jamas podrá demostrarse rigorosamente, porque bien examinada esta cuestion dinámica, el solo equilibrio posible entre las fuerzas centrífuga y centrípeta seria el movimiento circular.

Pero puesto que los movimientos orbituarios elípticos existen, éstos deben ser el resultado de fuerzas análogas que obren conformemente en todos los momentos y en todas las distancias, ó mejor dicho, no pueden ser sino el rusultado de una sola fuerza.

Esta fuerza no es la atraccion universal que se supone ejerce la materia sobre la materia, y lo voy á probar asimismo.

1° Observemos que si hubiese una verdadera atraccion en la materia, ésta obraria como lo indica la teoría de Newton en razon directa de las masas é inversa del cuadrado de las distancias; pero esto no es lo que existe en la naturaleza, porque no se encuentra una proporcionalidad en la colocacion de las masas planetarias, pues la pequeña masa de Marte se halla mas lejana del Sol que las masas considerables de la tierra y de Vénus, y las enormes masas de Júpiter y Saturno son mas cercanas que las masas menores de Urano y Neptuno. Esta irregularidad contraría tanto mas la teoría de la atraccion, cuanto que en general lo que se observa es que las grandes masas se hallan mas lejanas del sol que las pequeñas, lo que es enteramente opuesto á la teoría en que la fuerza atractiva que el sol y los planetas ejercen mútuamente debería ser en razon de las masas, y por lo tanto las mayores debian estar mas cercanas. Ni puede tampoco apelarse, para escapar de la dificultad, á decir que las grandes masas se hallan alejadas porque la atraccion se desenvuelve segun el cuadrado de las distancias; y por consecuencia, que aunque los planetas mas pequeños se hallan mas cercanos, en ellos ejerce el sol una atraccion mas poderosa por su cercanía que sobre las masas mayores lejanas, porque se ve que en la medida de la fuerza atractiva se debería considerar ante todo, la enorme masa solar muchísimo mayor que la de los planetas y satélites todos juntos, y porque, si en la cercanía debe obrar con mas energia la atraccion, ¿por qué no caen sobre el sol las pequeñísimas masas del os cometas? Esta objecion es tanto mas fuerte cuanto que en el cometa de 1680, los astrónomos preocupados con el sistema de la atraccion, viendo aproximarse tan rápidamente el cometa hácia el sol, esperaban ver confirmada la teoría, y caer aquel cuerpo en la gran masa solar. Pero contra la espectativa general, la pequeñísima masa del cometa, despues de acercarse en su perihelio hasta la sesta parte de diámetro del sol, volvió á alejarse de este astro, como si en vez de atraer el cometa lo repeliese vigorosamente con gran sorpresa de los astrónomos y del mismo Newton que lo observó, pues creyó, sin embargo, que este cometa necesariamente deberá caer sobre el sol en alguna de sus próximas revoluciones. [*Véase la Astronomía popular de Arago, tomo 2º, pág.* 457.] ¿Y qué se diria del cometa de 1835 que se acercó al sol mucho mas que el de 1680?

La astronomía cometaria está erizada de escollos donde debe sucumbir la teoría de la atraccion. En las revoluciones del cometa de Halley se han observado irregularidades que se han atribuido á las perturbaciones ejercidas por los planetas cercanos al tránsito del cometa. Estas perturbaciones han estado calculadas de avance, de manera que Clairent, que completó los cálculos hechos por Halley para la reaparicion del cometa en 1759, ajustó un retardo de 618 dias á la revolucion precedente, 100 dias á causa de la atraccion de Saturno y 518 por la de Júpiter, cuyo cálculo confirmó el resultado que á primera vista parece confirmar la teoría de la atraccion, pero que bien estudiado la perjudica. ¿Cómo es posible que las pequeñas masas de Saturno y Júpiter puedan detener la marcha del cometa 618 dias, y que la enorme masa del sol no detiene en lo absoluto al cometa, cuya masa es tan pequeña? En buena lógica, si la atraccion solar existiese, como se hace suponer existe en Saturno y Júpiter, es decir, retardando la marcha del cometa, cuando éste llegase al perihelio, debería ó caer sobre el sol ó perder la elipticidad de su órbita, continuando en una curva circular en torno del astro del dia. Por último, lo menos que podia esperarse seria un retardo considerable en su marcha. Pero nada de esto sucede en ninguno de los cometas periódicos, y los elementos de sus órbitas elípticas se calculan como los de los planetas, es decir, con igualdad de áreas en igualdad de tiempos, lo que no podria verificarse si un retardo viniese á tener lugar en el perihelio. Podrá objetárseme, sin embargo, el que verificándose las perturbaciones dan márgen á confirmarse la teoría de la atraccion; pero si bien se estudian los fenómenos de las perturbaciones, se encontrará que por el contrario acumulan pruebas para destruirla. En algunas perturbaciones parece que se verifican por una tendencia de aproximacion, y es otras como si hubiese una verdadera repulsion; pero ni en uno ni en

4

otro caso hay fuerzas residentes en los núcleos planetarios. Tan opuesta á la verdad es la idea de la atraccion como la de repulsion, á pesar de que de esta última manera parecen perturbarse los planetas Júpiter y Saturno. Pero dejando los detalles de esto para su sitio, observemos, no obstante, lo que sucede con la luna. Este satélite se mueve acompañando la tierra en la órbita anual de ésta al rededor del sol: su movimiento, con respecto á este astro, es sinuoso y desigual, de manera que forma en el año poco mas de veintiseis sinuosidades poco desviadas del plano de la eclíptica. En las sinuosidades mas lejanas del sol y cuya concavidad mira hácia este astro, se acelera el movimiento de la luna y avanza á la tierra de Occidente á Oriente; pero en las sinuosidades mas cercanas al sol y cuya convexidad mira hácia éste, el movimiento de la luna se retarda y deja pasar la tierra hácia delante. El resultado de estos movimientos de la luna con respecto al sol, es producir uno orbituario con relacion á la tierra. La órbita de la luna tiene cosa de 5° de inclinacion con respecto al plano de la eclíptica, y completa cada revolucion en 27 dias $\frac{3}{10}$. Pero el disco de la luna se encuentra, aunque en muy pequeña proporcion, aumentado en los cuartos creciente y menguante, y disminuido en la conjuncion y en la oposicion. Véamos como esplican los partidarios de la teoría de la atraccion este fenómeno independientemente de la revolucion de la absides ó retrogradacion de los nódos lunares.

"En la conjuncion, dicen, la luna se halla mas cerca del sol que la tierra, y la atraccion de aquel astro produce el alejamiento de la luna con respecto de ésta. En la oposicion, por el contrario, es la tierra la mas cercana, y por lo tanto atraida preferentemente por el sol, lo que á su vez produce el mismo resultado del alejamiento del planeta y su satélite." No puede en buena lógica seguirse esta opinion, porque el sol no debería atraer estos dos cuerpos aisladamente, sino como componiendo una sola masa; pero aun en la hipótesis de la atraccion, véamos lo que debia suceder. Cuando la luna está en oposicion, no por eso cambia la de la tierra con respecto á la atraccion solar; si algun resultado debia acontecer seria el de acercarse el planeta y su satélite, porque la luna debería sentirse atraida por las fuerzas reunidas del sol y de la tierra, y por consecuencia con disposicion para acercarse hácia ésta: en cuanto á la tierra debería producirse un resultado análogo, porque la atraccion del sol debería disminuirse por la atraccion opuesta á la de la luna. Así, pues, en ambas consideraciones, si hubiese un principio de atraccion tanto en la oposicion como en la conjuncion, deberian aproximarse la tierra y su satélite; pero como sucede lo contrario, es necesario atribuir el fenómeno á otra causa.

La colocacion y movimientos del sistema solar perjudican gravemente al sistema de atraccion. Casini, Bradley, Mayer, Lalande y otros astrónomos habian ya sospechado que el sol se traslada en el espacio con todo el sistema planetario; pero Herschell tomó esta cuestion con aquel vigor que le era propio. Para darse cuenta del movimiento de traslacion del sol, se hizo el raciocinio que sigue: La constelacion hácia la cual se dirige el sol debe aparecer de mas en mas grande, al paso que la constelacion de la cual se aleja debe disminuir de mas en mas á nuestra vista. Bajo de este principio, esacto en sí mismo, se dedicó algunos años á investigar si alguna de las constelaciones presentaban este doble fenómeno, y concluyó que el sol se dirige en su movimiento orbituario hácia la constelacion de Hércules. Despues de Herschell, Prevot, Struve y Argelander, se han dedicado á la misma clase de investigaciones, y han obtenido resultados muy poco diferentes de los de Herschell, por lo que hasta hoy parece que puede tenerse por cierto que es hácia aquella constelacion adonde el sol se dirige. Estas observaciones, demasiado recientes, no pueden darnos sino una idea del primer paso de la curva de la órbita solar. Son los siglos futuros los que conocerán cuál es la ruta que sucesivamente siga el astro luminoso. Pero si bien este trabajo de observacion está encomendado á la posteridad, los astrónomos contemporáneos han pensado en investigar cuál es el centro de atraccion en torno del cual se mueve el sol. Algunos astrónomos, pensando que una sola estrella, y aun el mismo Sirio, no seria suficientemente poderoso para producir la atraccion necesaria para determinar la revolucion solar, han supuesto que este punto de atraccion debe existir en algun grupo de estrellas, y creyeron que probablemente seria el de las Pleyades; puso Herschell la vista en una pequeña nébula descubierta por Halley, en la constelacion del Centáuro, en la cual no se percibe al ojo desnudo ninguna estrella; pero vista con el fuerte telescopio de 12 metros, de Herschell, se le podian contar mas de 14.000, y aquel gran astrónomo pensó que este podia ser el punto de atraccion del sistema solar. He entrado en estos detalles para llamar la atencion del lector acerca de la colocacion del sol con todo su sistema planetario, que es con corta diferencia el centro de la inmensa nébula anular, conocida con el nombre de la via lactea. En ésta las estrellas están tan apiñadas que á la vista no se disciernen aisladamente, y su conjunto parece solo una luz blanquecina. Esta nébula, ó mejor dicho, este conjunto de nébulas forma una especie de círculo meridiano con respecto al plano de la eclíptica, y no puede uno menos de hacer las reflexiones mas obvias sobre este compuesto prodigioso de masas estrellares. Si el plano de la eclíptica fuese el mismo del plano de la via lactea, los planetas parecerian ser atraidos fuertemente por la infinidad de estrellas de la via lactea, y se procuraria sacar partido de esta circunstancia para demostrar el sistema de la atraccion, y aun de la elipticidad y direccion de las órbitas planetarias. Pero esto no es así: en vez de coincidir los planos de la eclíptica y de la via lactea, son casi cruzados el uno y el otro, y solo se intersectan en ángulos casi rectos. Así, pues, ¿cómo podria combinarse la idea de buscar un centro de atraccion á la órbita solar, sin hallar verdaderamente sorprendente el que los movimientos planetarios en nada parecen estar influidos por la atraccion de la estupenda profusion de estrellas que componen la via lactea, y que la colocacion que las órbitas planetarias ofrecen con respecto á esta inmensa nébula, en vez de obedecer á las indicaciones de la teoría de la atraccion, parecen por el contrario coincidir lo menos posible con ella, como si existiese una verdadera repulsion? ¿Es acaso lógico el creer que una pequeña nébula del Centauro sirve de punto de apoyo y centro de atraccion al sol con todo su sistema planetario, cuando la inmensa nébula de la via lactea no parece influir ni aun para determinar el plano de la eclíptica?

En física se han procurado esplicar las oscilaciones del péndulo, como debidas á la accion de la gravedad ó atraccion terrestre (véanse los Elementos de física de Pouillet, cap. 4º) "Un péndulo en quietud, se dice, indica por su posicion vertical la direccion de la gravedad, mas luego que se le desvía de ésta y se le abandona á sí mismo, la accion de la gravedad le hace descender y ascender del lado opuesto casi otro tanto de lo que descendió, para repetir esto muchas veces, siendo las oscilaciones así repetidas isócronas independientemente de su amplitud. Un péndulo simple, se dice, oscilando en el vacío lo haria perpetuamente, y si no lo hace el péndulo ordinario es porque sus oscilaciones van disminuyendo y llegan á estinguirse por la resistencia que le opone el aire y por los frotamientos del punto de suspension." El péndulo presenta varios fenómenos importantísimos, de que me ocuparé en el cuerpo de esta obra; por ahora baste observarse que la deduccion que se concluye en física es errónea, porque suponer que la atraccion obliga al péndulo á descender y ascender para repetir esto perpetuamente, es nulificar la accion de dicha fuerza. El único resultado lógico seria que desviado de la vertical y abandonado á una fuerza constante de atraccion terrestre, reasumiria instantáneamente la posicion vertical cuantas veces se le desviase. Pero en la ignorancia de la causa de las oscilaciones del péndulo (la que á su tiempo demostraré) se ha esplicado del modo posible, envolviéndose la teoría en las fórmulas del cálculo, sin que esto haya podido hacerla consistente.

Tiempo es ya, ciertamente, de que la teoría de la atraccion sucumba. Si despues de la multitud de instrumentos que hoy se poseen y que esperimentalmente pueden demostrar la causa verdadera de la luz, de la gravedad, del calor, de la electricidad, del magnetismo, y de las afinidades químicas, los hombres aun quisiesen sostener la teoría de la atraccion, no parecerian mas sagaces que los peces. Para ilustrar esta comparacion, supongamos por un momento que aquellos del golfo de México, que jamas salen á la superficie del agua, raciocinásen, les parecería sin duda increible el que se les dijera que existen en un elemento casi inelástico aunque fluido y movible; el cual es tan pesado que tiene una sesta parte del peso específico del fierro. Ellos creerian, al ver la facilidad con que se mueven, que se hallan en el vacío, y cuando se sienten impulsados por la corriente de rotacion, con la velocidad de cuatro millas por hora, parecerian muy filosóficos, diciendo que un principio de atraccion en el fondo los estiraba con aquella fuerza. Ahora, supongámos que uno de los peces que salen á la superficie del agua entrase en la discusion, les diria: nosotros no estamos en el vacío sino en un líquido necesario para respirar. En el momento que salimos de él sentimos en el vacío la agonía de la muerte. En cuanto á la fuerza de atraccion, reside en las costas y no en el fondo, porque dicha fuerza tiene una direccion horizontal. Ya veriamos que estos peces tendrian mas conocimientos, sin esplicar con verdad los fenómenos. Tiempo es ya, repito, de conocer el elemento primitivo ó medio imponderable en que existen los cuerpos todos del universo, y este conocimiento alumbrará las ciencias como la luz de un faro en las tinieblas de la noche.

Siguiéndose en esta obra la secuela estricta de proposiciones y sus pruebas, se seguirá la investigacion de consecuencia en consecuencia, y se verá el tránsito necesario que hay entre las premisas metafísicas y los fenómenos físicos, y entre éstos y sus consecuencias. La formacion de los orbes son el necesario resultado de las leyes que actúan un elemento primitivo, así como los movimientos y trasformaciones de los astros son la consecuencia necesaria de su formacion. La astronomía y la geología obtendrán nuevas luces. Ni sus leyes ni sus fenómenos han sido bien comprendidos. No hay fuerzas centrífuga ni centrípeta. Las evoluciones de los astros son debidas á los imponderables, así como las evoluciones de los imponderables no son sino secundarias; el elemento primitivo las ocasiona con su movimiento normal, y así todos los fenómenos astronómicos deben á él su orígen. Él alimenta el diástole y sistole del universo, él obedece la inmediata ley de la creacion; todas las fuerzas que de él se derivan son las evoluciones armónicas de la naturaleza; pero el orígen de todas las fuerzas es la voluntad divina; ésta no puede jamas dejar de producir efectos absolutos y universales; el mas pequeño momento y el fenómeno mas sencillo son resultados de la voluntad suprema, que con sus actos constituye la absoluta duracion de los tiempos y la vida del universo entero. Lo máximo y lo mínimo, en estension ó duracion física, son igualmente un punto y un momento; si se comparan con lo infinito y lo eterno, su diferencia es solo relativa. ¿Podré acaso demostrar estos fundamentos universales? Espero que sí: afortunadamente la sencillez de las causas y la grandeza prodigiosa de los efectos es lo que distingue esencialmente las obras del Criador, y conocida una verdad fundamental, conduce la luz sobre el universo cual una antorcha prodigiosa que con su claridad demuestra que ni hubo caos ni hay misterios.    Él espíritu, apoyado en Dios, puede fácilmente investigar en la creacion y en la sublime naturaleza.

Así pues, se verá que un solo elemento material ha bastado para la formacion del universo físico; los imponderables son secundarios; ternarios los elementos químicos; cuaternarios los regularizados, y quinarios los organizados.    Preparados con la secuela esperimental que demostrará estos resultados podremos emprender el estudio de la vida, y se verá que nada hay muerto en la naturaleza.    La destruccion de un organismo origina otros organismos, y así la Biología viene á ser una ciencia universal; el estudio de cada sér físico vendrá á ser el estudio de su vida.

De esta manera, despues de los fenómenos universales, estudiaremos la vida astronómica.    El sistema planetario á que pertenece nuestro globo nos facilitará el conocimiento de sistemas mas complicados, y las leyes absolutas de los cuerpos celestes, la unidad de su conjunto y el fin á que se dirige su portentoso compuesto. Nuestro sistema solar como mas accesible á nuestros instrumentos nos demostrará la verdadera causa de la escentricidad de las órbitas planetarias.    Las órbitas circulares no son imposibles, y si los cuerpos celestes describen órbitas elípticas es solo por peculiaridades propias á ellos mismos, así es que la elipticidad y escentricidad varían en cada cuerpo celeste como sus revoluciones sobre sus propios ejes. Las perturbaciones son fenómenos que deben su orígen á causas inversas que las que le señala la ciencia actual.    No hay atraccion universal, ni es necesaria para esplicar los fenómenos de la gravedad; éstos y su causa pueden demostrarse por medio de instrumentos y con esperimentos tangibles.    Las fuerzas celestes son tan portentosas por su magnitud como por su simplicidad; todas son el resultado del movimiento primitivo de la materia, y la consecuencia absoluta de la formacion de ésta.    Así es que la formacion de los núcleos celestes dió orígen necesario á su movimiento y á la lenta evolucion de sus trasformaciones.

Estas se encuentran evidenciadas en los fenómenos geológicos, y la gradual aglomeracion de elementos armoniosos es conducida por un plan admirable.    La vida orgánica es absoluta; ella se refiere á todo el universo si se atiende á la armonía del conjunto.

En estas consideraciones generales tendremos una guía segura, porque las leyes de la creacion del universo son inmutables, pues las mismas fuerzas y leyes que lo formaron lo conservan.    Esto trae consigo una doble ventaja, porque con el conocimiento práctico de los fenómenos podemos llegar á conocer las leyes que los originan, y con el de éstas las leyes de la creacion.    Por último, conocidas las leyes primitivas, nos encontramos guiados por ellas ante la presencia inefable del Criador.

Pero al obtener este resultado tendremos otro tambien muy importante, y es la distincion que existe entre las obras de Dios y las de la naturaleza; las primeras son inmutables, las segundas son dirigidas especialmente á una infinidad de cambios y trasformaciones.    La causa de esto es obvia.    Dios ha puesto ciertas leyes inmutables que sirven de base al sistema general del universo, y afortunadamente es fácil encontrarlas, así como sus resultados constantes: á éstos insusceptibles de cambio llamo las obras de Dios, porque aunque las leyes y fenómenos que produce la naturaleza son tambien la obra del Criador, sin embargo, estos últimos tienen la propiedad de producir cambios que continuamente modifican la naturaleza misma y que muchas veces son producidos por la accion de séres dotados de libertad, como el hombre.

Sentado esto, hallaremos que en donde quiera que dirijamos nuestras investigaciones, encontramos con fenómenos que ceden fácilmente á nuestra inteligencia ó industria, y otros que son inmutables á la accion reiterada de todos nuestros esfuerzos. Entre estos últimos se hallan hasta hoy los fenómenos que nos presenta la materia orgánica y el organismo.

Cuando se comenzaron á sujetar al análisis los cuerpos, se creyó por los primeros químicos que llegarian á sujetarse á operaciones analíticas, cuerpos que han resistido á todos los esfuerzos de la química y que ha tenido que calificarlos como elementales. Sin embargo, por mucho tiempo se creyeron elementales las nueve tierras á que llamaron bases alcalinas, como la potasa, la sosa &c., hasta que Davis les aplicó la pila galvánica, y encontró que no eran sino óxidos metálicos; este resultado hizo mas cautos á los químicos, y hoy se dicen elementales aquellas sustancias que la química no puede descomponer, pero nadie afirma que sea imposible el descomponerlas. Puede decirse que la química es el arte de obtener con igualdad de procedimientos igualdad de resultados; así es que esta ciencia que ha producido efectos maravillosos en las artes é industria humana, tiene sin embargo el carácter de empirismo que necesariamente le da el deber todas sus resultas y deducciones á la esperiencia.

En punto á la sintesis, se hallan los químicos mucho mas ligados que en el análisis, porque generalmente hablando, solo pueden producir compuestos binarios, es decir, de dos elementos, despues de haberlos separado por medio del análisis: por ejemplo, sujeta el agua á una corriente eléctrica se obtienen de ella los gases oxígeno é hidrógeno que la componen, y si se inflaman estos gases así desunidos, vuelven á unirse y componer el agua. En la mayor parte de los casos, aun los cuerpos binarios despues de separados por medio del análisis no pueden volverse á reunir por la sintesis, y para obtener el compuesto es indispensable haberlo de otros cuerpos.

Pero si estas dificultades se pulsan en las composiciones binarias, muchísimas mas se encuentran en las ternarias, y por consecuencia en la materia orgánica, que por lo menos, en los casos mas sencillos, consta de oxígeno, de hidrógeno y de carbono, á lo que se dice en general hidrocarburo.

Al principio creyeron los químicos llegar por medio de su ciencia á conocer todos los fenómenos de la vida; pero el desengaño es tal, que ha llegado hasta decirse por muchos que la química orgánica no existe.

De facto, parece tanta la sencillez de los componentes, y tan inmensa la variedad de los compuestos orgánicos, que viene á ser fabuloso el análisis en este punto, porque sin duda nosotros no podemos asegurar que los elementos químicos que encontramos sean los únicos componentes de la materia orgánica, sino mas bien que ésta, en los diferentes procedimientos del análisis, asume ciertos tipos elementales en que genéricamente se convierte, de modo que nosotros al analizar la materia orgánica, no sabemos si hacemos una verdadera sintesis elemental.

En efecto, parece que la variedad de los compuestos orgánicos es infinita, pero que destruido una vez el organismo que se sostiene por la vida del sér organizado, sus partes componentes se van reduciendo á grupos atómicos normales, que en el último análisis obtienen formas y circunstancias generales. De este modo, por ejemplo, en la descomposicion de un animal se pueden dividir sus partes en materias, fibrosa, adiposa, serosa, caseosa, oleosa, albuminosa, &c.; pero todas vienen casi á reducirse á los cuatro elementos químicos, hidrógeno, oxígeno, carbono y azoe. ¿Podremos decir que el análisis de estos elementos es absoluto y que no puede ni simplificarse ni complicarse? No, ciertamente: y si la ciencia filosófica tuviese por límites la química, habria que reducirnos á dudar si los elementos que ésta obtiene, son susceptibles ó no de division ó simplificacion, aguardando la resolucion de este problema á los esperimentos y sus resultados mas ó menos remotos. Pero en las investigaciones filosóficas, sin salir del sistema esperimental, podemos estudiar los fenómenos de la vida y del organismo en la escala gigantesca del universo, y espero demostrar esta verdad: que todos los compuestos que en él existen son el resultado de la infinita variedad de agrupamientos de que son capaces los átomos del elemento único y primitivo que da origen á todos los elementos químicos que conocemos, y aun al número estupendo de los que nos son desconocidos.

La filosofía no puede circunscribirse á los recursos de una sola ciencia, sino apoyarse en los de todas. Cuando cesa la percepcion de los fenómenos físicos, de indicarnos la causa que los produce, nos resta el recurso del análisis químico, y cuando éste se hace á su vez impotente, podemos apelar al análisis geométrico y al dinámico; y por último, éste nos conduce á los límites de la reflexion, y percibimos las verdades de intuicion, las que no debiendo su orígen á los sentidos, son de una simplicidad y esactitud absoluta, como sentidas metafísicamente por nuestra alma.

Pero para encontrar esta série de verdades es preciso investigar en las leyes que actúan el universo, y en ese caso la filosofía vendrá á ligar las ciencias que hoy están si no desunidas, al menos emancipadas en la clase de sus medios esperimentales. Ya en el dia se reconoce la necesidad que hay de esta union y la correlacion precisa que debe ligar las ciencias para apoyarlas mútuamente. De facto, se sabe cuán necesarias son las matemáticas para el estudio de la astronomía; el de ésta para el de la física; el de la física, para el de la química; el de la química, para el de la filsiología; y por último, el de la fisiología para el de la biología. ¿Pero podrán jamas estas ciencias darnos ideas universales sin profundizar en la metafísica?

Los fenómenos que presenta la simple investigacion de la composicion de la materia orgánica nos demuestran la imposibilidad de marchar en las ciencias por la sola guia de los esperimentos. La sencillez estrema de los elementos químicos que se encuentran en los cuerpos orgánicos no responde á la infinita variedad de sus resultados, por mas que se apure la combinacion de los números en las diversas proporciones de que son susceptibles dichos elementos, al menos hasta donde alcanza la escala esperimental.

Y de facto, nosotros podemos hallar químicamente que la mayor parte de las sustancias animales se encuentran reducidas á los elementos siguientes, que dan un compuesto cuaternario:

$$\left.\begin{array}{l}\text{Oxígeno.}\\\text{Carbono.}\\\text{Hidrógeno.}\\\text{Azoe.}\end{array}\right\} \begin{array}{l}\text{Acido carbónico.}\\\\\text{Amoniaco.}\end{array}\Biggr\} \text{Carbonato de amoniaco.}$$

¿Y podremos decir que al lograr el carbonato de amoniaco en nuestros laboratorios hemos logrado formar alguno de los infinitos compuestos orgánicos? No, ciertamente. Para que haya organismo es necesario que haya vida. ¿Luego qué cosa es la vida, y cuáles las leyes que la producen? ¿Puede acaso la química hacerse esperimentalmente poseedora de estas leyes?

En el reino vegetal los compuestos elementales son mas simples que en el animal. En los vegetales los principios constituyentes mas comunes son el carbono, el oxígeno y el hidrógeno; el azoe es mas raro; se encuentran tambien en mas ó menos abundancia el fósforo y el azufre; asimismo el calsio y el potasio que se descubre casi en todos, principalmente en las cenizas; el sodio que existe en general en las plantas marinas; el silicio, el aluminio y el magnesio son mas raros; el hierro es mas comun; el cloro, el iodo, y el bromo lo son tambien en las plantas marinas; pero

si bien estos elementos se encuentran en el análisis, la síntesis no puede sacar partido ninguno de ellos para producir la materia orgánica, y aun bajo el influjo de la
vida vienen á ser sus misterios incomprensibles para la ciencia esperimental.

Se sabe que cultivada una planta de alga marina sobre un plato de porcelana,
y regada solamente con agua destilada, crece con sus mismas formas, y produce los
mismos elementos constituyentes. ¿De dónde, pues, obtiene el clorato de sodio de
que ella abunda? ¿Y el polluelo encerrado aún en su cascaron, de dónde obtiene el
fosfato de cal que tan abundantemente se halla en sus huesos? ¿Se encuentran acaso el fósforo y el calcio en el albumen? Es evidente, que químicamente hablando,
no, porque el albumen es un compuesto de gases.

Ciertamente que para investigar en los fenómenos de la vida, es necesario espe-
rimentar en una escala incomparablemente mayor que la de nuestros laboratorios.

Todas las sustancias que químicamente hallamos en los vegetales, las encontramos asimismo, escepto el aluminio, en los animales; pero si en aquellos la base general son los hidrocarburos, en las sustancias animales esta base es comunmente
cuaternaria como se ha dicho: En los animales superiores y en el cuerpo humano
estos elementos se hallan acompañados del azufre, principalmente en los pelos, la
albumina y la materia cerebral; del fósforo especialmente, en los huesos, los dientes y el cerebro; del fluor, sobre todo en los huesos y los dientes; del potasio, el sodio, el magnesio y el calcio, principalmente en los huesos y los dientes; de la manga-
nesa y el silicio, con particularidad en los pelos; y en fin, del fierro, principalmente
en la sangre, el pigmento negro y el cristalino del ojo.

Pero si bien en el análisis encontramos estos elementos químicos, ¿podremos decir que existen en el cuerpo viviente? ¿No podriamos asimismo establecer que ellos
se forman por las operaciones del análisis mismo? Las calidades humorales de los
séres organizados, no solamente son distintas en el sér viviente y en el muerto, sino
que tambien varian en la disolucion que sobreviene despues de la muerte. En unas
circunstancias sobrevienen la fermentacion ó putrefaccion; en otras la carboniza-
cion, y en otras, en fin, la desecacion y la petrificacion. Los huesos espuestos á un
hervor prolongado, en una olla de papin, casi enteramente se convierten en jaleti-
na, y por consecuencia en principios gaseosos, al paso que calcinados lentamente
producen, casi en su totalidad, el fosfato de cal, y por lo tanto elementos sólidos.

Pero si bien estas consideraciones hacen ya presumir que la materia orgánica
tiene sus circunstancias elementales que le son propias durante la vida, mucho mas
nos confirma en esta creencia el que los químicos mas profundos han luchado en
vano por producir al menos uno de los infinitos compuestos orgánicos; y si bien la
química puede obtener elementos determinados en el análisis del organismo, no puede en lo absoluto formar ningun sér orgánico. Se ha creido, sin embargo, el producir la uréa tratando el cianite de plomo por medio del amoniaco líquido; pero
ademas de que al resultado no podremos sin peligro de error calificarlo como verdadera uréa, ésta no es, propiamente dicho, un cuerpo orgánico, sino mas bien una
escrecion como la orina, en la cual sin duda se encuentran sales ó compuestos binarios, como el clorato de sodio y el amoniaco, de los que se desprende el sér orgánico por medio de los riñones que en el organismo tienen el oficio importante de
purificar la sangre de aquellos cuerpos estraños que en vez de ser ellos mismos orgánicos, son nocivos al sér viviente. Otro tanto podremos decir del ácido úrico y
del fosfato calizo que suele concretarse en varias partes del sér orgánico, y principalmente en los órganos urinarios, cuando éstos no pueden desprenderse de ellos
por medio de una perfecta secrecion.

Por todo lo espuesto se puede venir en conocimiento de que en la naturaleza no
hay una verdadera division entre la materia inorgánica y la organizada, sino que

entre estas dos grandes secciones que solo existen en la ciencia, hay la diferencia del reposo y del movimiento molecular. Así, pues, al estudio de la materia inorgánica podremos calificarlo propiamente con el título de estática molecular, y al de la materia organizada lo calificaremos con el de dinámica molecular.

En el momento que se hace esta division, se percibe cuán difícil es operar químicamente en el organismo, porque para encontrar elementos estáticos, hemos aniquilado antes los dinámicos, pues indudablemente hemos destruido el movimiento molecular del ser orgánico, es decir, su vida. Asimismo vemos por qué no puede hasta ahora la síntesis producir la materia organizada, porque para esto necesitaria la ciencia conocer y producir el movimiento molecular, al menos en el organismo que pretenda ejecutar, y desgraciadamente estamos hoy muy lejos de este conocimiento científico.

Pero ni aun podemos aplaudirnos de haber obtenido por la casualidad la formacion artificial de la materia organizada (principalmente en el reino animal), provenida de la inorgánica. Algunos observadores pretenden sin embargo haber visto animálculos producirse en el agua destilada ó en infusiones encerradas en frascos con tapones ajustados herméticamente; pero en buenas observaciones no se ha podido verificar jamas esto sin que quede la duda de deberse á gérmenes depositados en el polvo, ó flotantes en la atmósfera ó en la infusion misma.

Así pues, parece que la materia inorgánica, solo puede trasformarse en orgánica vegetal por medio de la accion del movimiento molecular ó sea de la vida; pero para trasformarse la materia en un organismo animal es necesario que sea por lo menos preparada por la vida vegetal. El movimiento vital puede asimilar en sus corrientes propias otros movimientos mas débiles de la materia; pero parece que lucha en vano cuando hay que vencer el absoluto reposo de ésta, si no es cuando fijo sobre ella la actúa constantemente, como un vegetal actúa con la accion de su vida el suelo en que se fijan sus raices.

Antes de la invencion del microscopio se creia generalmente que habia generaciones espontáneas en los pantanos, en las infusiones, y en todas las partes donde se verifica la putrefaccion; pero despues, ya por la estructura de los animales infusorios vistos con el microscopio, y ya por la manera de reproducirse ellos mismos, ha sobrevenido la duda de si la materia orgánica al descomponerse puede por su propio movimiento producir séres vivientes de otro género, ó si solo puede actuar como alimento de gérmenes derivados de séres semejantes En la lucha que esta duda produce en los grandes observadores de buena fé, parece que es á la filosofía y no á la ciencia empírica á quien toca, al menos en lo pronto, el dirimirla.

Pero si en los animálculos, infusorios allá en los confines del movimiento molecular, cabe esta duda, no tiene absolutamente lugar en los animales de algun volúmen, en que para existir necesitan de una considerable cantidad de materia organizada, que asimilada al movimiento germinal continúa el incremento del ser orgánico, y cuando ha llegado á su maximum ó casi á él, puede en su superabundancia producir gérmenes semejantes, que susceptibles de incremento análogo, continúen la secuela de la vida y de la reproduccion. Pero aquí se ven esas líneas de demarcacion intraspasables y que parecen las obras de un plan marcado en la creacion. El movimiento reproductor no se verifica sino por estímulos existentes en un mismo individuo, ó en individuos de una misma familia pero de sexos diferentes. Así las semillas y los gérmenes constan de partes positivas y negativas, análogas y concordantes, sin cuya coincidencia la reproduccion no tiene lugar; y si se verifica en movimientos análogos pero no concordantes, cesa de tener aptitud para nuevas reproducciones; así es como las especies se califican por la facultad reproductora, y así es como las mulas son inútiles para la reproduccion. La accion de una voluntad suprema y criadora pone límites en la naturaleza á la evolucion de cambios á que ésta está destinada. La filosofía necesita levantar su vuelo para conocerla, pero mas aún para distinguir esa accion omnipotente que la limita.

¿Podremos decir, sin embargo, que las especies vivientes tienen un término absoluto, y que ellas han sido determinadas para no ser jamas alteradas ni aun para mejorarse? No, en verdad, y por el contrario, parece que en el plan del Criador estuvo el disponer la naturaleza para que por sí misma marchase hácia la perfeccion. Si consultamos las diversas épocas geológicas, vemos esa marcha gradual de mejora en mejora, desde los séres mas simples hasta los mas complicados, y se puede seguir el hilo de las analogías desde los moluscos hasta los cuadrumanos. ¿Podria esto argüir en contra de la omnipotencia y sabiduría del Criador? Ciertamente no, y antes bien demuestra esa accion continua y admirable que siempre actúa sobre sus obras y que las destina á un bienestar y perfeccion, cuyos elementos deben desarrollarse necesariamente y cuyos resultados son infalibles.

Así es como se ve que desde la formacion de los núcleos astronómicos hasta la creacion del sér humano, libre, inteligente y providencial, hay esa cadena portentosa que jamas se interrumpe en el gradual desarrollo de séres destinados á la preparacion estupenda de un fin prodigioso. ¿Podremos nosotros conocer este fin, podremos sentirlo en nosotros mismos? ¿Es la formacion de las almas humanas, es decir, de espíritus individuales y libres, capaces de investigar en la creacion, de adorar y admirar al Criador, y por último, susceptibles de la inmortal gloria de la divinidad? ¿Son los hombres los únicos séres destinados á ella, ó en otros núcleos planetarios y estrellares existen séres mas ó menos perfectos que los hombres?

¿Fué la vida un medio ó el objeto del Criador al organizar la materia? La vida pasa continuamente de evolucion en evolucion, por infinitos cambios que la alimentan y la destruyen, que la engendran y que la matan. ¿Seria este continuo producir y destruir el fin del admirable plan de la creacion? Por poco que se observe en la naturaleza, se verá que no está limitada á esto la accion criadora del Sér Omnipotente. Una secuela no interrumpida de labores conduce la naturaleza en todos sus prodigios hácia un fin mas noble, mas grandioso que la vida sujeta al término fatal de la muerte. Séres mas permanentes, mas dichosos, mas perfectos, brotan de las preparaciones naturales, y la inmortalidad está dispuesta en los misterios de la muerte.

En la formacion de los astros hubo vida y la hay en la continuacion de sus movimientos: su secuela y su progreso se observan en las capas concéntricas que la tierra nos manifiesta en sus entrañas. Pero no es el fin de la creacion la multiplicidad de astros ni de los séres que los pueblan, porque aquellos se han visto perecer y las especies extintas entumbadas en la tierra son numerosísimas; tampoco lo es la vegetacion colosal, porque selvas inmensas forman el lecho subterráneo de continentes enteros; ni lo es la produccion de animales gigantescos, porque la tierra deposita los restos de los mastodontes, de los megaterios y de tantas otras especies extintas, ya acuátiles, ya anfibias y ya terrestres que han obtenido dimensiones estupendas; por último, no lo es la del poder físico, porque los animales feroces sucumben, así como sucumbió la extinta especie del anfibio alado que perseguia su presa en la tierra, en el agua y en el aire. ¿Cuál es, pues, el fin de la creacion y de la preparacion continua que se ejecuta en las evoluciones de la vida? Sin duda ese fin debe ser superior á la materia. ¿Podremos encontrarlo en las investigaciones biológicas?

Cuando nosotros observamos los cielos poblados de millones de estrellas, y calculamos la prodigiosa multitud de planetas y satélites que deben circular en torno de ellas, no vemos sin embargo sino una creacion preparatoria, núcleos subsistentes por su propio equilibrio, y que sujetos á leyes generales reciben y comunican el movimiento que despues se convierte en agente de una vida mas activa y complicada. Cuando estudiamos las rocas y metales que cubren nuestro planeta, no vemos en ellas tampoco sino elementos preparatorios, y que con la variedad de ellos constituyen las sustancias que por su combinacion armoniosa dan orígen á la simétrica disposicion de los cuerpos regularizados ó cristales. Si observamos éstos, reconocemos desde luego asimismo las evoluciones preparatorias en que la naturaleza comienza á manifestar el movimiento circulante con que los átomos materiales toman las formas geométricas y se adaptan á una simetría visible, pero simple, análoga, y reotilínea. La misma naturaleza nos manifiesta en los vegetales las evoluciones de la vida preparatoria, que estrayendo en su primer periodo su nutrimiento de la tierra en que se hallan implantados, disponen la materia orgánica para nutrir séres locomotores, que desprendidos del suelo no pueden vivir sino á costa de la materia organizada y preparada por la vegetacion ó por la animalizacion. Por último, si examinamos el reino animal vemos esa multitud prodigiosa de géneros de especies y de individuos cuya ley comun es: vivir, crecer, multiplicarse y morir, como si con su existencia preparasen asimismo la de un sér superior destinado á fines mas sublimes.

Viene por último el hombre ante la investigacion filosófica, ¿y qué vemos en su físico sino un sér perecedero, análogo en muchos respectos á los animales que domina, y que mas cruel y feroz que ellos les sobrepasa en el abuso de la fuerza? Pero el hombre físico no es tampoco sino preparatorio del hombre moral, de ese principio superior y providencial que corrige las propensiones asimilantes y por lo mismo destructivas de la materia, y que eleva en sí mismo un espíritu semejante á la Divinidad, agente de su Providencia, y capaz de participar de la gloria del Criador, investigando y modificando la creacion, como el Hijo del Espíritu Eterno, de quien recibe las cualidades eminentes que pueden conducirlo á ser asimismo una divinidad. En vista de este sér, con la conciencia do poseerlo, con el sentimiento de serlo nosotros mismos, es como comprendemos el fin de la creacion sobre la tierra y el objeto del Supremo Artífice, que ha preparado con tantos prodigios este planeta para la formacion de espíritus capaces de participar su gloria eternamente. Así es como vemos desaparecer las obras frágiles, deleznables y continuamente cambiantes de la naturaleza, y elevarse la obra imperecedera y eterna del Criador. Pero para que existiese el espíritu del hombre, era necesario que se preparase lentamente por medio de las evoluciones materiales, y hé aquí el trabajo de la naturaleza. Era indispensable que en el individuo material se construyese la Divinidad, libre, inteligente, poderosa, inmortal, como una pequeña miniatura ó semejanza del Criador, capaz de comprender la gloria de éste, de acompañarle en la eternidad, de atestiguar sus obras prodigiosas, de secundar sus estupendos designios y de ser el socio eterno de su Omnipotencia. Hé aquí la obra de Dios.

Mas para obtener este resultado supremo, este cúmulo de poder y de gloria, el hombre viviente necesita ganarlo con sus merecimientos, y corregir la materia de que consta su cuerpo y cuantos séres existen en el planeta que habita, constituyéndose así un agente de la Providencia, y siendo en fin, el artífice preparatorio de su propio espíritu. Para esto era indispensable que el hombre estuviese dotado de libertad, y que pudiese elegir entre las propensiones materiales y las indicaciones de su espíritu. El hombre elige entre éste y la materia, é infaliblemente labra su suerte, ó material y perecedera, ó espiritual y eterna.

Así es como en la Armonía del Universo nos encontraremos conducidos á la parte psicológica; pero antes de entrar en este prolegómeno al exámen preparatorio de algunas consideraciones relativas á la naturaleza humana, demos una ojeada retrospectiva que rehaga la unidad en el plan general de esta obra.

Como una verdad fundamental no puede descubrirse sin que sus inmediatas con-secuencias se hagan palpables, se comprende inmediatamente que la formacion del elemento primitivo, y la constitucion íntima de la naturaleza, trajo por resultado inmediato la formacion de los orbes, y las corrientes del mismo elemento primitivo concretivas y espansivas originan la gravedad, el calórico y la luz. Las interferen-cias de las mútuas corrientes producen el magnetismo y la electricidad. De los imponderables así constituidos, se reconocerá la reproduccion de los gases, y de és-tos la de los líquidos; finalmente, de los líquidos la de los sólidos. Del conjunto de elementos de esta vida universal, resulta la vida de los cuerpos organizados. ¿Podré probar éstas que en abstracto parecen hipótesis? Sí, porque con la secuela de los hechos espondré la de los esperimentos, y éstos tendrán ya el reducido laboratorio del gabinete, ya la estension absoluta del planeta, ya la movible mole de sus mares, ya el volúmen dilatado de su atmósfera, y ya en fin, el campo profundo que presenta el telescopio.

Pero si en la secuela de esos fenómenos se encontrare alguna originalidad, será debida al giro debido á las investigaciones, y éste se hará asimismo descubridor en el anfiteatro. Los misterios de la vida no son impenetrables; el gérmen conduce sus lecciones de desarrollo, y la vida del feto descifra el enigma de la generacion. ¿El sistema ganglionar del gran simpático, destinado á la vida orgánica, es complemen-tario del sistema nervioso destinado á la vida animal? ¿El uno emana de un sexo asimismo colaborador del sexo á que el otro pertenece? ¿Los gánglios semilunares son los que desarrollan en el huevo el sistema duplo del gran simpático antes de la nacencia, y preceden desde el feto los movimientos involuntarios del organismo? ¿La monade germinativa en su desarrollo constituye un cerebro y una médula espi-nal en miniatura, que se descubren siempre en los cuerpos cuadrigéminos en union de la glándula pineal y del cordon pituitario? ¿Son estas partes engrandecidas y desarrolladas las de la monade germinativa que se debe al otro sexo? ¿Entre la monade germinativa y los gánglios semilunares debe haber en el huevo similitud y concordancia, sin lo cual es infecundo? ¿El predominio del sistema nervioso ó gan-glionar determina el sexo del nuevo sér?

Cuestiones son todas estas que se tratarán debidamente en la forma comun de la biología moderna, es decir, por el método esperimental, y el escalpelo del anatómico no se separará del raciocinio del filósofo; afortunadamente ambos son los apoyos que mútuamente se conducen en las investigaciones cuidadosas, y por mas abnegacion que exista en el ánimo del físico, no puede evitar el hacer hipótesis aun cuando solamente procura obtener datos.

De facto: cuando he tenido en el anfiteatro á mi vista el cadáver, no he podido menos de preguntarme: ¿Dónde está el hombre? ¿Lo será acaso ese conjunto de materiales corruptibles que en su putrefaccion exhala tanta fetidez? ¿Lo serán esos órganos destinados unos á la locomocion, otros á los sentidos y otros á la reproduc-cion? ¿Lo será ese cerebro adonde terminan todos los nervios que conducen el sen-timiento, y de donde emanan todos los que ejecutan la voluntad? ¿Lo será, repito, ese sistema nervioso ganglionar cuya misteriosa accion cumple sus objetos, no solo sin conocimiento, mas aún, á despecho de la voluntad? En fin, ¿lo será el conjunto de todas estas partes deleznables? No: el hombre no está en el cadáver; el sér sin--tiente, el sér deliberante, el sér actuante ha desaparecido; la vida y el movimiento que lo revelaban no existen ya, y ha dejado abandonada esa vestidura asquerosa que servirá de vehículo ó de alimento á numerosos séres, aun los mas viles, mien-tras que la vida se reviste de nuevas formas y desarrolla fuerzas diversas. ¿Pero dónde encontrar la verdadera escala de la vida? ¿Dónde investigar en sus misterios? Sin duda no en los órganos esteriores, pues ocultan en formas, ya análogas y ya enteramente disímbolas, vida é inteligencia diferentes.

Algo mas se puede investigar en la cadena misteriosa de la vida cuando la buscamos en el sistema nervioso, en ese centro adonde van á terminar y de donde emanan todos los fenómenos de la vida misma. De facto: en los moluscos y en una gran parte de crustáceos y de insectos, solo existe el sistema ganglionar cuya accion no se remite á un sensorio especial, y cuyos movimientos no producen la conciencia. En los pólipos el sistema ganglionar provee á la reproduccion por la seccion del individuo. La centralizacion del sistema nervioso solo se comienza á observar en especies mas avanzadas en la escala animal. Los tubérculos cuadrigéminos nos anuncian ser el orígen del cerebro, y podremos seguir el desarrollo de éste, desde la monade microscópica de la semilla y su incremento gradual en el feto de los animales inferiores, hasta las multiplicadas y voluminosas circunvoluciones del cerebro del hombre adulto. En las formas esteriores de tantos y tan diversos séres, nos perderiamos como en un laberinto dedálico, pero no nos perderemos en el exámen de la constitucion y construccion nerviosa. En los peces hallaremos que los tubérculos cuadrigéminos huecos y poco pronunciados constituyen casi toda la masa encefálica, y que las protuberancias cerebrales no aparecen sino como simples indicaciones ó ligeros repliegues, á veces pares y á veces impares. En los reptiles la organizacion mas avanzada del cerebro nos anuncia un aumento de vida y de inteligencia. En los pájaros, los tubérculos cuadrigéminos huecos, aun mas voluminosos, dan, sin embargo, orígen á un cerebro poco desarrollado y sin circunvoluciones. En los roedores, las circunvoluciones existentes ya, y el cerebelo aislado y reducido manifiestan aun el predominio de la masa central. Por último, en los animales superiores, la diferencia entre el volúmen de los tubérculos cuadrigéminos y el de los hemisferios cerebrales, va cambiando en favor del cerebro derivado, hasta que por último, en el hombre los lóbulos del cerebro son los mayores, no solo con respecto á los tubérculos cuadrigéminos, sino tambien con relacion al cerebelo y á la médula espinal.

Pero si bien existe esta cadena de mejora que se observa en el sistema nervioso comparado, no por eso podremos considerarla como la esencia de las diferencias vitales. La vida y actividad intrínsecas se ven en una escala mayor, y en verdad, su graduacion abraza todos los séres del universo. En nuestro planeta se la ve manifestarse desde la simple aglomeracion de partículas elementales en los cristales, hasta la materia organizada y los séres que ésta origina, desde el vegetal mas simple hasta el zoofito mas imperfecto, y desde éste hasta el hombre físico.

En la escala animal se demuestra fácilmente que el desarrollo de la inteligencia depende de la actividad de la vida, independiente del volúmen germinal de la masa encefálica; porque de facto, las monades seminales son mayores en los animales inferiores que en el hombre, y descendiendo de éstos á aquellas se ve que los lóbulos cerebrales, es decir, la parte derivada de la masa encefálica, disminuyen hasta casi nulificarse en los peces; así es que naturalmente debe deducirse que en los animales superiores, la fuerza vital de las monades es mucho mayor, y que por lo tanto tiene esa energía de desarrollo que produce un cerebro de mas en mas voluminoso, hasta que en el hombre llega á su maximum. Luego el volúmen del cerebro no es la causa de la fuerza vital, sino que por el contrario, ésta determina el volúmen derivado del cerebro, y por lo tanto que no es este órgano el verdadero sensorio, y que sí lo es el alma ó principio vital cuya actividad lo determinó.

Así es como en el cuerpo de la obra nos encontraremos guiados á un estudio psicológico, en el cual los esperimentos y la biología comparada nos conducirán hácia el exámen de las fuerzas vitales de todos los séres de la naturaleza. Esta empresa, aunque difícil, no lo será tanto cuando se hayan demostrado los principios del movimiento y la clase de fuerzas que lo producen, porque entonces la vida aparecerá por sí misma activa y continuamente progresando y produciendo séres de mas en mas perfectos, para lo cual son indispensables la existencia y la muerte.

Sin embargo, en el hombre moral encontraremos interrumpida la cadena vital, y repentinamente hallaremos un sér diverso que estudiar. No será ya cuestion de buscar la inmortalidad de la especie, á pesar de la muerte de los individuos que ella produce, sino que vendrá por sí misma la contemplacion de un sér individualmente inmortal. El espíritu humano aparecerá como el resultado del elaborado y admirable trabajo de la creacion, y la naturaleza cesando su continuo juego de produccion, reproduccion y destruccion, dejará enteramente descubierta la obra de Dios en el sér providencial é inmortal, que susceptible de participar eternamente de la gloria del Criador, está dispuesto para atestiguar y regir con éste las maravillas de todo lo criado.

El hombre, por la calidad de su alma, es un sér tan estraordinario y tan superior á todos los animales, que en vano se han querido buscar en su físico las indicaciones y las causas de la inteligencia, comparada entre los individuos de una propia raza. La frenología ó craneología, ha envuelto frecuentemente las tertulias en un laberinto de ilusiones; pero sin contar con la multitud de juicios erróneos de los frenólogos y los fisonomistas, no podemos conceder esactitud de raciocinio á ninguna de estas dos maneras de investigacion, en que no solo no se pueden distinguir las fuerzas y actividad del espíritu, mas ni aun siquiera la clase y abundancia de las circunvoluciones cerebrales. El esterior del cráneo no coincide con éstas, ni indica sino las regiones generales del cerebro, pues muy frecuentemente el espesor diverso de la parte huesosa y de la piel, hace formar juicios erróneos aun sobre el volúmen verdadero de la masa encefálica.

Es cierto, sin embargo, que en la série ascendente del reino animal se ve aumentar este volúmen, y así se consigue, en alguna manera, el deducir consecuencias importantes (como se ha dicho) sobre la calidad y fuerza de la vida, por el desarrollo que ésta verifica del sistema nervioso y en particular del cerebro propiamente dicho. Así es como se ve que el feto humano presenta esa série de desarrollo, en que al principio asume la forma general del cerebro de los peces, despues la de los reptiles, mas tarde la de los cuadrúpedos y cuadrumanos, y al último esa forma y ese volúmen esclusivos de la especie humana. Pero ni aun así se consigue el determinar la medida de la inteligencia, comparada entre los individuos de una misma especie, porque muy frecuentemente se ve que hay una actividad mayor en cerebros de un volúmen menor; y como el volúmen y la abundancia de las circunvoluciones cerebrales son el resultado de la actividad vital, no podemos buscar la causa de ésta, en aquello que por el contrario solo es su efecto.

Por otra parte, el hombre en su organizacion física reune todas las organizaciones de los séres inferiores y aquellas que le son peculiares. Él presenta en algunas de sus membranas mucosas el movimiento vibratil de los corales y madréporas; tambien reune el sistema ganglionar de los moluscos, de los crustáceos y de las numerosas especies de insectos en las cuales éste domina; asimismo el sistema muscular fibroso apoyado en un armamento oseoso de los vertebrados, y en fin, el sistema nervioso que excita las acciones vitales y locomotivas, de mas en mas concentradas hácia un punto central del cerebro en los mamíferos y principalmente en los animales superiores. Pero esta graduacion en la escala vital, demuestra ese laborioso trabajo de la naturaleza para concentrar la vida y hacerla depender mas íntimamente de la integridad del organismo; mas no esplica las altas funciones del espíritu humano, sino que mas bien desvia al entendimiento de conocerlas, cuando esclusivamente queremos atenderlas de un modo empírico, y no se comparan metafísicamente estas funciones con las del alma ó principio vital del hombre y de los animales; porque si solo examinamos el organismo material del hombre, únicamente vemos en él una simple mejora ó un escalon mas alto que en el organismo de los cuadrumanos.

Así es que desalentados los anatómicos y fisiológicos de poder obtener resultados absolutos por medio del escalpelo y de la ciencia esperimental ó empírica, dejan (cuando investigan de buena fé en las funciones psicológicas) la solucion del gran problema del espíritu humano á la filosofía, así como ésta tiene que encargarse tambien de resolver las dificultades que la química encuentra acerca de la materia organizada.

Pero la filosofía no tiene otro recurso para conocer la naturaleza y peculiaridades del alma humana, sino el estudiar sus funciones espirituales, y analizarlas al través de los tiempos en la historia de la filosofía, y de los hechos y propensiones de la humanidad.

De facto, si remontamos hasta los siglos mas lejanos adonde alcanzan la historia y la tradicion, ó si penetramos entre las tribus salvajes, encontraremos siempre ese espíritu investigador en el hombre, que le conduce á raciocinar sobre Dios, sobre la creacion y sobre la espiritualidad é inmortalidad del alma humana; así es que bajo este punto de vista todos los hombres son filósofos.

Entre las tribus nómades, el hombre ha sentido y siente esa propension de su alma á buscar á Dios como Criador, ya en un sér especial ó ya en la creacion misma. Las escasas luces de una civilizacion naciente no han podido generalmente conducirla á conclusiones sublimes, y el resultado ha sido la idolatría, la adoracion de objetos materiales y muchas veces viles; el politeismo con todos sus caractéres contradictorios, debió resultar de estas primeras ideas sobre la Divinidad.

En la India, una religion ya escrita en el libro llamado de los Vedas, hace de su dios Brahma la sustancia única, la sola realidad, la sola esencia; lo que no es ella es solamente un sueño ó una ilusion; las ilusiones de los sentidos se llaman Maya, por las cuales nos parece que hay varias cosas distintas, pero realmente no existe sino un Sér, principio y fin de todo lo existente. Este Sér es triple en sus funciones pero no en su esencia, y así es Brahma como criador, Vichnou como conservador, y Siva como destructor y renovador de la materia. El alma es inmortal, pero trasmigra en el concepto de los brahmanes; cuando ella ha sido viciosa pasa á compurgarse en los cuerpos de los animales inferiores, y cuando ha sido virtuosa va á reunirse con la Divinidad, siendo absorvida en el espíritu universal ó Brahma.

Entre los chinos existe la idea del caos ó la confusion de todos los elementos; y así Tao, su criador, no es sino el organizador de la materia eterna, aunque informe. En sus filósofos, relativamente modernos, y especialmente en Confusio, se encuentran no solo las ideas de la espiritualidad é inmortalidad del alma, sino tambien las de las virtudes y la moral mas puras.

Los persas creyeron en el dualismo, y supusieron un dios bueno, Ormuzd, orígen de todo lo bueno y criador de los buenos génios, y Ahriman, orígen de lo malo y productor de los génios malos. Ambos séres con sus huestes respectivas, se disputan el imperio del mundo y la influencia sobre el hombre; hé aquí la causa de la desgracia; pero creen vendrá un dia infalible en que con el triunfo de Ormuzd, no habrá sino felicidad y bienestar.

En el Egipto, la historia natural, la teología y la psicología eran figuradas, y formaban una mitología para el pueblo y una ciencia para su gobierno teocrático; pero en cuanto al alma, creian en la metempsícosis.

Los griegos, iniciados en los misterios de la India y del Egipto, trasportaron sus dogmas al pais de la libertad, donde no podian éstos, como una planta exótica, echar raices profundas, y así dejaron libre el campo á la filosofía. Pitágoras y los primeros filósofos de la escuela Itálica, enseñaron, bajo la sombra del misterio, á imitacion de los egipcios; pero en la escuela jónica comenzaron á ventilarse las cuestiones filosóficas públicamente. Para conservarse el misterio habrian sido necesarios los geroglíficos, mas era imposible el guardarlo con el arte de escribir de los griegos. Así, ellos nos conservaron las tradiciones antiguas y los usos de las naciones mas poderosas de las civilizaciones primitivas, y por ellos podemos cerciorarnos de que desde la mas remota antigüedad de los tiempos, es constante la inclinacion del hombre para adorar á Dios y reconocer la inmortalidad del alma, y que en la infancia de las sociedades se veia de manifiesto aquel sentimiento con que la humanidad buscaba al autor de la creacion para adorarle, y aunque se equivocaba en los conceptos que formaba de Dios, manifestaba no obstante una invencible tendencia á rendirle sus adoraciones. Así es evidente, que si mil veces se perdiese entre los hombres la idea de Dios, mil veces renaceria en ellos, pues es indudable que la simple observacion del universo físico con la prodigiosa armonía de sus partes, medios y fines, produciria continuamente en la humanidad las ideas de un supremo artífice de tantas maravillas. Esta sola observacion, sin embargo, hubiera bastado para impedir que Aristóteles emitiese, en oposicion de Sócrates y Platon, la célebre doctrina de: "Nada hay en la mente que antes no haya estado en los sentidos," si hubiese reflexionado que la idea de un Criador no existe en la creacion, y que nuestros sentidos, si bien pueden advertirnos del artefacto, no nos demuestran el artífice estando éste fuera del alcance de las percepciones. Aristóteles no defendió la inmortalidad del alma.

Sócrates no creia que las ideas son producidas por las sensaciones, sino que los sentidos promueven la actividad del alma, y que ésta tiene ideas propias que los sentidos solo ayudan á desenvolver, así es que aquel filósofo decia que *pensar es recordar*. ¿No podriamos nosotros deducir que el espíritu tiene como la materia organizada sus instintos que le son peculiares, y que éstos se desenvuelven con tanta mas actividad cuanto mas perfecta es la organizacion individual? Y acaso de este modo, la viveza con que Sócrates sintiera la fuerza de esos instintos, le hiciera elevar su mente estraordinaria hácia todas las grandes cuestiones morales y percibir las ideas de lo bueno y de lo malo, de lo justo y de lo injusto, de la virtud y del vicio, con tal vehemencia, que imaginase que estas ideas mismas son innatas en nuestra alma.

Platon, á quien se dió el magnífico epíteto de divino, no solo siguió la opinion de su maestro, sino que formó un universo de las ideas. Estas, en el concepto de aquel gran filósofo, son lo que hay de real y de necesario, son la verdadera concepcion de los objetos y los tipos preexistentes de todas las cosas, así es que éstas solo desenvuelven por medio de nuestros sentidos el criterio de las ideas que existen como cualidades necesarias de nuestra alma.

Pero ni Platon ni Sócrates negaron la existencia real de la materia y sus fenómenos esenciales y ocasionales, ni Aristóteles, al negar las ideas innatas, negó las consecuencias morales y metafísicas que emanan del raciocinio. Aquellos preconizaron las ideas, el tercero al entendimiento.

Exagerado el principio emitido por los primeros, vino á ser en muchos filósofos, y especialmente en Timon y Berkeley, el punto de partida para el idealismo absoluto con que han negado la existencia del mundo corpóreo, suponiendo á las sensaciones como meras ilusiones de nuestro espíritu, y á los fenómenos físicos como modificaciones psicológicas.

Exagerado asimismo el principio de Aristóteles, ha causado el sensualismo de Epicuro, de Lucrecio, de Loke, de Condillac y de Hume, porque suponiendo el sensorio humano, al tiempo de nacer el hombre, como una tabla rasa en que nada hubiese escrito, ó como una estátua con solo la facultad de recibir impresiones, lo han revestido poco á poco de éstas y han materializado la razon, envolviendo así la consecuencia tácita ó espresa de que todas las sensaciones que se despiertan con el uso de la vida se aniquilan con la muerte, y que el sensorio, formado con la organizacion y las fuerzas vitales, se destruye con la putrefaccion del organismo ó la cesacion de aquellas. El materialismo es el necesario resultado de este modo de raciocinar.

Pero si reflexionamos algo mas, encontraremos que hay ideas metafísicas y verdaderas creaciones del espíritu humano que no pueden ser el resultado de las impresiones de los sentidos, y que aun cuando se supusiese que estas impresiones, una vez recibidas, se combinan y activan entre sí para la creacion de los prodigios de la imaginacion, siempre es preciso conceder el que hay un agente diferento de las sensaciones mismas que las combina y coordena, al punto de producir ideas que no han sido percibidas por los sentidos. Esta última hipótesis es la de Aristóteles, la que seduce de tal modo, que los escolásticos de la edad media, á pesar de la sutileza que caracterizó aquella escuela, la adoptaron, desechando las ideas innatas de Platon.

Pero admitiendo de un modo absoluto este raciocinio, se deja un profundo vacío en la psicologia, porque así se supone á el alma humana sin cualidades propias ó activas; y no siendo sino simplemente un sensorio, como el alma de los animales, vendriamos á encontrarnos con la misma dificultad de no saber cómo calificar ni cómo esplicar la inmensa diferencia que hay entre el hombre moral y los brutos superiores.

Para salvar esta dificultad, se ha supuesto existir en los animales un principio necesario, pero involuntario, que los conduce á procurar lo que les beneficia y evitar lo que les daña, á que se ha dado el nombre de instinto, lo que se ha exagerado de tal modo, que Descartes vino á considerar los animales como verdaderas máquinas. Supuesto así el instinto como el único y mecánico móvil de los brutos, se ha dicho existir en el hombre un espíritu superior y deliberante, hijo de su alta constitucion y libertad del alma humana, á que se ha llamado inteligencia. Pero en estas dos calificaciones se han desatendido circunstancias sumamente importantes. Por ejemplo: si el instinto es esclusivo de los animales, ¿cómo calificaremos los movimientos tan perceptibles de las plantas para obtener lo que les conviene y evitar lo que les daña? ¿Cómo definiremos las afinidades químicas y movimientos propios de los cuerpos que esta ciencia considera como elementales? Y si la inteligencia es esclusiva del hombre, ¿cómo calificaremos las operaciones que con tanta sagacidad y espontaneidad ejecutan los animales altamente organizados?

Así es como con la sola ambigüedad é imperfeccion de las palabras instinto é inteligencia, se ha ocasionado ese cúmulo de disputas y ese laberinto inesplicable de opiniones opuestas. Unos han hecho de los animales simples autómatos, y otros han abatido al hombre hasta el nivel de los brutos. En medio de esta confusion de ideas abstractas ha venido la ciencia esperimental, y no hallando nada en el microscopio, en el escalpelo ni en los electro—imanes que le enseñe las diferencias psicológicas, ha abandonado la cuestion, de la cual se han apoderado los materialistas, y el panteismo debia de ser su resultado.

Yo debo seguir un rumbo diverso, y puesto que las voces instinto é inteligencia no cumplen con las indicaciones químicas, físicas y psicológicas que es necesario satisfacer, buscaré otras nuevas y las aplicaré al propósito deseado. Para eso es necesario tender rápidamente la vista hácia todos los séres de la creacion, y en la escala gradual de los fenómenos que presentan, para trazar en esa gradería de peculiaridades algunos rasgos característicos que los califiquen, y haga distinguirlos á la primera ojeada.

Los séres todos del universo pueden dividirse en cuatro grupos ó grados. El primero es el de los séres susceptibles de regularidad geométrica ó armonizacion: el segundo, el de aquellos capaces de sensacion: el tercero, el de los que poseen la facultad de reflexion; y el cuarto, de los que perciben la intuicion.

Al primer grupo ó primer grado lo compone el elemento primitivo, y en consecuencia todos los elementos químicos, pues siendo todos el resultado de los agrupamientos geométricos de aquel, tienen sus moléculas, formas mas ó menos adecuadas para combinarse con otras formas y dar orígen á otras nuevas, originadas por el compuesto armonioso que de su combinacion resulta. Así es como se ve que dos sustancias análogas ó armonizables pueden mezclarse en multitud de proporciones, sin que haya una verdadera sintesis molecular, por ejemplo, el agua y la azúcar ó la sal; pero cuando la analogía molecular es absoluta, los componentes solo pueden mezclarse en una constante proporcion, lo que verifican con tal rapidez, y en general con tanta esplosion, que parecen como animados de una avidez intrínseca en ellos, ó como si estuviesen dotados de una voluntad irresistible. Tal es el espectáculo que ofrecen el hidrógeno y oxígeno que instantáneamente se mezclan para producir el agua, ó el potasio y el oxígeno para producir la potasa. En estas evoluciones, unas veces se combinan en formas absolutas; otras abandonan formas menos análogas, para combinarse con aquellas con que tienen mayor analogía; y otras en fin, dan lugar á la formacion de cuerpos aglomerados análogamente, hasta producir poliedros sólidos que suelen obtener grandes dimensiones, entre los cuales existe el enorme número de las sales y cristales.

De este modo se deduce que todos los cuerpos de la naturaleza son armoniosos, pero no todos pueden tener sensaciones ni conciencia de esa misma armonía.

Para poder calificar los cuerpos que pertenecen al primer grado, observemos que aunque se hallen envueltos en el movimiento universal de la materia y en el particular del planeta, no tienen un movimiento molecular, resultado de una fuerza residente en ellos mismos, y que la misma regularidad de sus formas, como se observa en los cristales, se debe á la accion de fuerzas esteriores que por lo tanto les imprime formas de aglomeracion, produciendo poliedros correspondientes ó resultantes á las formas ó partículas componentes.

Los cuerpos del primer grupo, abandonados por las fuerzas esteriores resultantes de la evolucion química, quedan en reposo y constituyen por esta carencia de movimiento la estática molecular, que como indiqué, es aplicable á la materia que hoy se llama inorgánica. Así es que toda ésta constituye el primer grupo, y como solo tiene la sustancia y la forma capaz de armonizar con otras formas, diremos que este grupo posee el armonismo, cuya palabra califica la facultad universal de la materia para armonizar.

El segundo grupo corresponde á todos los cuerpos en movimiento, pero principalmente á la materia organizada. He dicho que este grupo lo componen los cuerpos capaces de sensacion, y debo agregar que esta sensacion puede ser meramente mecánica y sin la menor conciencia de ella en el sér sintiente, como puedo demostrar. Un elemento químico, en el acto que siente la presencia ó contacto de un reactivo, se pone en movimiento, se apodera de una sustancia con la cual se conforma, y generalmente abandona otra que le es menos armónica; pero luego que ha terminado su composicion, queda en reposo molecular: entre estos fenómenos se comprenden todas las afinidades químicas, pero hay circunstancias en que no puede aplicarse esta voz, y por consecuencia no puede ser suficientemente genérica para adoptarse en un sistema absoluto.

Así, pues, vemos que aun en la materia mas simple hay la sensacion mecánica de la fuerza y la forma, cuyas evoluciones producen las afinidades químicas, pero cuyos movimientos son sumamente pasageros, pues brevemente asumen el reposo. En la materia organizada esta sensacion existe; pero como el organismo es el resultado de la vida y movimientos propios del sér organizado, no solo éste es sensible á las fuerzas esteriores, sino que su sensacion mecánica es afectada por las fuerzas residentes en su vida particular. · Así pues, vemos, por ejemplo, que una infusion sacarina, comienza un movimiento espontáneo de trasformacion, y primeramente obtiene la fermentacion alcohólica, despues la acetosa, y al último la pútrida, abandonando mas ó menos pronto la vida orgánica los elementos que la constituyen á la atmósfera, á la tierra ó á el agua.

En las plantas altamente organizadas, la sensacion mecánica ofrece fenómenos sumamente remarcables. El girasol vuelve su corola hácia el sol que la beneficia. El cacahuate se agarra con sus hojas espinosas de la tierra para hundir sus flores que así germinan, y depositar en ella sus simientes. Algunas plantas marinas se desprenden del lecho del océano en la época de la germinacion, para dar lugar á que en la atmósfera se separen los polvos de sus estambres para fecundar así sus pistilos. Por último, una planta cultivada en un cuarto oscuro, en donde penetra la luz por un agujero, dirige hácia éste sus tallos.

En todos estos movimientos y en la variedad de los que ofrecen las mimosas, solo hay la sensacion mecánica y no la conciencia de ella; y siempre que se profundiza en el exámen de estos fenómenos, se observa que es la conveniencia del movimiento molecular que constituye la vida orgánica, la que determina las sensaciones y sus efectos.

En los animales se ve un principio semejante en todas las acciones instintivas. La conveniencia de la vida determina la necesidad de movimiento, y los movimientos propios para obtenerlo. En las numerosísimas especies de animales inferiores á esto está reducida la vida, y con ello satisfacen las sensaciones que conducen los individuos á vivir, crecer y multiplicarse. En la infancia del hombre mismo solo es la sensacion mecánica la que determina sus movimientos. El niño llora cuando una sensacion contraria le estimula, y chupa el pecho materno cuando siente el hambre, haciéndolo indistintamente de cualquier objeto que se le presenta, porque sus movimientos son independientes de la conciencia, que aun no existe en él.

Así, pues, al fenómeno de sensacion que presentan todos los séres del segundo grupo, le doy el título de sensitismo, es decir, la facultad, pero no la conciencia de la sensacion, y se ve que la materia en el estado estático ó de reposo de sus moléculas posee el armonismo, y que en el estado dinámico ó de movimiento molecular presenta el fenómeno del sensitismo.

El tercer grupo lo componen todos los animales altamente organizados y adultos que son capaces de reflexion. Para esto es indispensable que en su constitucion física haya un centro ó sensorio adonde se remitan todas las sensaciones ó impresiones producidas por los fenómenos esteriores é interiores, y trasmitidas por órganos especiales.

Estas sensaciones, como diversas, son percibidas por medios diversos, entre los cuales hay los cinco sentidos de ver, oir, oler, gustar y tocar, y ademas otros medios íntimos del organismo, pertenecientes al sistema ganglionar del gran simpático, que hacen percibir al animal por medio de los nervios céfalo-raquideos las necesidades imperiosas de la vida orgánica, como son las del hambre, de la sed, de la respiracion, de la circulacion de los humores y de la propagacion. Las misteriosas sensaciones ganglionares no se pueden desechar sin que sobrevenga la ansiedad, la alteracion de las funciones normales, la decadencia de las fuerzas, el dolor, y por último, la muerte del individuo. Así es que hay sensaciones que se perciben inmediatamente por el sensorio y se trasmiten por los nervios del sistema céfalo-raquideo, y otros en que este sistema no tiene imperio, y que solo por su induccion con el gran simpático percibe. De estos dos sistemas de nervios, el último es el único que existe, ó al menos el que predomina en los zoofitos, en los pólipos, en los moluscos y demas animales inferiores, y por lo tanto, aunque susceptibles de sensacion y de accion mecánica, no lo son de reflexion.

Para que las sensaciones conduzcan al sér viviente al acto de reflexionar, son necesarias dos cosas: primera, que haya un órgano especial en que las sensaciones se conserven como verdaderas impresiones; y hé aquí el oficio del cerebro, en que estas impresiones recibidas en su centro se mueven constantemente de él á la periferia, y este movimiento lento y gradual constituye la existencia de las impresiones y consecuentemente la memoria: segunda, que haya un principio activo é independiente de las sensaciones mismas; que busque éstas, que las halle, que las compare y que decida lo conveniente; y este principio que constituye el sensorio, es la vida, es el organismo, ó corriente imponderable, que con fuerza, forma y movimientos peculiares á cada especie y á cada individuo, constituye el alma material del sér viviente, y hace que éste tenga su fuerza, su forma y sus movimientos propios. Esta es la obra mas perfecta de la naturaleza; por ella la materia no solo es capaz de armonizar y de sentir, sino tambien de reflexionar y de decidirse por aquello que le agrada ó le conviene: así es que á la facultad de reflexionar la llamo reflectismo.

El reflectismo es una facultad de todos los animales altamente organizados y del hombre. Por ella se ven los prodigios de sagacidad de los perros, de los elefantes, de los caballos, y en fin, de todos aquellos séres susceptibles de elegir entre un medio ú otro para obtener lo que les agrada ó les conviene.

Pero si bien se manifiesta la facultad de reflexionar en los animales, es evidente que ella aumenta conforme se asciende en la escala progresiva de estos séres, hasta que en los cuadrumanos se encuentran acciones debidas á la reflexion que nos admiran, por la estraña sagacidad que suele descubrirse en ellas.

Por último, el hombre posee la facultad de reflexionar, en tan alto grado, que nos hace dudar del orígen verdadero de ella: pero esta duda, que debió existir cuando solo se calificaban sus cualidades mentales con la palabra inteligencia, no tiene lugar cuando se dividen estas cualidades propiamente.

La facultad de reflexionar ó raciocinar en el hombre se puede dividir en tres ramas principales: primera, la comparacion de las sensaciones presentes ó pasadas, percibidas por los sentidos: segunda, las sensaciones esclusivas del espíritu: tercera, la combinacion de ambas. Mas adelante hablaré de las dos últimas, y ahora solo me ocuparé de la primera.

La mayor parte de los raciocinios del hombre resultan de la comparacion que él hace en su criterio, de objetos de los cuales le han avisado los sentidos. El historiador refiere los hechos que ha visto ú oido; el viagero los paises que ha atravesado; el químico los hechos que ha obtenido con sus procedimientos; el físico los fenómenos que los esperimentos y la observacion le han enseñado en la naturaleza; y por último, aun el mismo geómetra calcula con las formas y los números, que antes que en su entendimiento han estado en sus sentidos. Por toda esta série de reflexiones ó pensamientos, el hombre no es sino el sér físico mas adelantado en la escala animal, y su sensorio no muestra sino un órgano mas estenso, mas activo, mas poderoso que el de los demas animales, ausiliado y secundado con el uso de la palabra; sin duda el hombre así constituido es la obra maestra de la naturaleza, es el sér que domina los demas, que asimila á su vida propia cuanto le agrada y conviene, y su sensorio es el alma de los brahmanes y de los egipcios, el entendimiento de los aristotélicos, epicureos, el yo de los panteistas, y el sér activo ó el principio de la vida de Condillac y de Hume; pero con todas estas cualidades, él no seria si- no un escalon mas alto que el orangutan en la naturaleza, y su sensorio material y resultado de la vida orgánica, pereceria como el de los brutos con la muerte del or- ganismo.

Así es que por solo la facultad de reflexionar sobre objetos materiales, el hombre no se eleva del tercer grupo, es decir, de los animales altamente organizados y que poseen la facultad de reflexionar, ó sea el reflectismo.

El cuarto grupo lo compone esclusivamente la especie humana, ó mejor dicho, el espíritu humano, porque solo él es susceptible del intuitismo, que es aquella facul- tad por la cual el hombre percibe de una manera efectiva, pero no definida, las propiedades espirituales y causales de la Divinidad, y siente la esencia de su propia alma.

Esta facultad es tan perceptible, que Sócrates y Platon creyeron que habia ideas innatas en el espíritu, el cual las deriva directamente de la Divinidad. Pero yo no puedo conceder la existencia de las ideas innatas en el rigor de la acepcion de esta voz, porque para que fuesen innatas las ideas, deberian ser primero universales en toda la humanidad, y segundo perfectas en sí mismas. Creo, sí, que el espíritu hu- mano siente la existencia de Dios como su orígen, aunque de un modo indefinido y que deja al raciocinio el cuidado de investigar en la perfeccion de los atributos de Dios y de las cualidades del alma.

El hombre, destinado á ser un testigo admirador y secundador libre de las obras de Dios, debe obtener de sí mismo los elementos de su destino sobre el planeta, y es evidente que no tendria libertad si sus ideas fuesen perfectas, porque serian irre- sistibles. El hombre debe buscar la perfeccion, hallarla y aprovecharla física y moralmente, y hé aquí el plan del Criador, segun se presenta en la constitucion hu- mana. Dios ha querido que el mérito de su obra se completase por ella misma, y así ha constituido el espíritu humano con la capacidad de comprender la esencia eterna y la esencia inmortal, y colocarse él propio por su merecimiento en esta se- gunda y asimismo divina categoría. El intuitismo es susceptible de perfeccionarse ó de estinguirse en el individuo, pero es esencial é inherente en la especie humana.

El intuitismo es lo mismo que el sentimiento sagrado por el cual nuestra alma es capaz de calificarse á sí misma, y una vez deificada con la elevacion y la concien- cia de su inmortalidad, es asimismo susceptible de sentir la perfeccion del Criador, de amar á éste sobre todas las cosas, de atestiguar sus prodigiosos hechos, de se- cundar sus designios providenciales, y en fin, de gozar de su gloria eternamente.

Si por el reflectismo el hombre raciocina sobre todos los objetos materiales de que le han avisado los sentidos, por el intuitismo investiga en las propiedades espi- rituales de que le advierte su alma. Por esta facultad eminente distingue que hay mérito separado de las facultades y fuerzas físicas, y á éste lo califica de bondad: que hay defectos mayores que la debilidad y deformidad personales, y los anuncia con el nombre de vicios: que hay castigos mas grandes que el tormento material, y los llama remordimientos; y en fin, que hay placeres mas sublimes, mas puros y grandiosos que todas las satisfacciones corporales, y les llama virtud, honor, y so- bre todo, amor divino. Despojado el hombre por su depravacion del intuitismo, viene á ser un ente perverso, egoista, cruel, y peor mil veces que las fieras. Per- feccionado el hombre por el intuitismo, es el sér providencial y la obra de Dios, la construccion que éste ha hecho de la Divinidad inmortal y el partícipe eterno de su gloria.

Así es, que si el raciocinio derivado de los sentidos ó reflectismo, hace del hom- bre el historiador, el físico, el astrónomo, el químico, el geómetra, y en fin, el poseedor de la ciencia empírica, por el raciocinio derivado del espíritu ó intuitismo, el hombre viene á ser el metafísico, el legislador, el filósofo y el poeta eminente que enriquece con sus propias creaciones la humanidad, que regulariza sus costumbres, que eleva sus pensamientos hácia los principios mas sublimes del sentimiento, y principalmente hácia Dios, como el objeto absoluto de sus adoraciones y de sus fines..

De la combinacion del reflectismo y del intuitismo resulta la razon humana por escelencia; la combinacion de los conocimientos físicos y morales, es decir, la ciencia absoluta.

Reasumiendo estas ideas, diré: que el hombre posee las propiedades de los cuatro grupos ó grados de séres que he descrito, y que en sí mismos forman la escala del progreso ascendente de la creacion; es decir, el armonismo, el sensitismo, el reflectismo, y esclusivamente el intuitismo, cuyos elementos son el orígen del instinto, de la inteligencia y del sentimiento. La inteligencia puede depravarse y engañarnos, pero el instinto y el sentimiento jamas nos engañan; éstos constituyen la esperanza; la pérdida de ellos hacen el suicida. ¿Qué podria, pues, la inteligencia en la fatal catástrofe de la pérdida absoluta de la esperanza, y de los instintos corporal y espiritual que la sostienen?

Pero una vez indicadas así las investigaciones psicológicas, deben deducirse todas las consecuencias de la existencia del espíritu humano. El hombre no aparece ya como el sér puramente animal urgido esclusivamente por la ley comun de vivir, crecer y multiplicarse; su destino es mas elevado y grandioso. ¿Podremos conocerlo y deducir el destino colectivo de la humanidad? Examinemos:

Para conocer el objeto con que está criado un sér, es necesario estudiar sus tendencias, porque en las obras de la Divinidad no hay cosa alguna que deje de dirigirse al fin que la destinó el Criador, pues todo sér está identificado con las leyes que obedece. Así, pues, véamos cuáles son las tendencias humanas, y conoceremos el destino del hombre.

Cuando todos los animales se contentan con vivir y multiplicarse; cuando á este fin esclusivo dirigen todos sus esfuerzos ya asociados y ya solitarios; cuando en ello emplean toda su sagacidad é inteligencia, el hombre se eleva infinitamente sobre estas propensiones puramente físicas, arregla su sociedad y forma sus leyes, erige sus ciudades y se apropia todos los objetos que pueden proporcionarle comodidad ó placer. Todos los sentidos estimulan en el hombre el génio creativo. Ve los cielos, los campos y los séres todos de la naturaleza, y comprende que con claros y sombras y el colorido que sabe proporcionarse, puede imitar sobre una superficie plana las bellezas del bulto, de la luz y del paisaje, y así produce los prodigios de la pintura, ante los cuales se extasía el gusto y se engaña la vista. Oye el canto de las aves, el murmullo de las aguas, el trueno de la tempestad y las voces de los animales, y los imita todos con su prodigiosa laringe, y auxiliando ésta con instrumentos criados por su industria, produce sonidos cuyos melodiosos acordes sobrepasan cuantos ofrece la naturaleza, y así llega á combinar notas que los representan y reproducen, y forma el lenguaje universal de la música, á cuya melodiosa elocuencia no hay pasion noble que no se despierte, ni sentimiento elevado que deje de percibirse. Siente las sinuosidades de la forma y la configuracion del bulto, percibe su tersura ó aspereza, é imita con diversos materiales, pero principalmente con el mármol y el bronce, las bellezas que admira, y reuniendo en una sola cuantas proporciones y formas agradan á los sentidos, eleva la escultura esas estátuas maravillosas que fascinan los ojos que lloran no poder infundirles el soplo de la vida. Fabrica sus edificios, erige sus templos, ornamenta sus altares y palacios, y así levanta la arquitectura esas moles prodigiosas que son la historia de los siglos, el pasmo de los que las visitan y la calificacion esacta de las generaciones que las han erigido. Culto y preciso el hombre en sus palabras, observa el poder del método y claridad al producirlas, estudia las combinaciones con que aquellas dos necesarias cualidades pueden armonizar entre sí, y descubre la fuerza y belleza de la elocuencia, á cuyo poder nada resiste, y que pone en accion todas las pasiones, abate al orgulloso, reprime al atrevido, castiga al perverso, promueve las virtudes, suscita los remordimientos, reanima el abatido espíritu del moribundo, y finalmente, hace no solo soportable sino aun complaciente la muerte misma. Reune el génio la elocuencia á la armonía, da melodía y cadencia al lenguaje, eleva los conceptos y los adorna con las bellezas del buen gusto, y así levanta el colosal poder de la poesía, cuyas creaciones y ficcion son tan persuasivas como las realidades, y arrancan entusiasmo al entendimiento, aplauso á la admiracion, lágrimas á los ojos, y dan deleite al espíritu, que exaltado sobre toda la naturaleza y elevado con la sublime y sacra poesía, se acerca al trono de la Divinidad.

Pero sin detenerse en estos goces, busca otros físicos é intelectuales; remonta su espíritu á la contemplacion del universo, cria la filosofía y las ciencias con la infinidad y variedad de ramos que abrazan, observa las armonías del tiempo, del espacio y de los números, y produce las ciencias matemáticas. Dirige su vista hácia los cielos y encuentra un inmenso conjunto de astros, observa sus movimientos, mide sus distancias, predice sus fenómenos y funda la astronomía. Impera en la superficie del planeta, y los tres reinos, mineral, vegetal y animal, le rinden sus riquezas; enérgico y laborioso, da la impulsion activa y vivificadora de que resultan las ciencias naturales, el comercio, la agricultura y la navegacion. Pero no es suficiente á sus empresas el esterior del planeta; penetra en sus entrañas, se apropia de lo que le conviene y estudia lo que le agrada é instruye, y así obtiene la minería y la geología. Mas no bastaba tampoco á la actividad del hombre el apropiarse los objetos naturales, cultivarlos, dirigirlos, modificarlos, aumentarlos, disminuirlos y aun estinguirlos á su voluntad; era necesario ademas, para dar pábulo á su génio, el hacer verdaderas creaciones, y de aquí resultan la mecánica, la física y la química, hijas de sus investigaciones y combinaciones sobre la materia. Así ha llegado á las maravillosas creaciones de su industria, dispone de la fuerza ilimitada del vapor, corre los continentes con la velocidad de la saeta, atraviesa los mares mas rápidamente que los delfines, se eleva en la atmósfera á mayor altura que el águila, y por medio de un hilo metálico anonada las distancias para su accion, sus palabras y sus pensamientos. Pero con todo este poder físico del hombre, seria aún bien poca cosa sin su admirable facilidad de investigar en la abstraccion y en la metafísica: por ella dirige sus pensamientos al interior de su mismo sér, escudriña en sus propensiones, calidad y propiedades mentales; encuentra los gérmenes de la virtud y del vicio; reconoce aquellos instintos que de comun con los otros animales le conducen á su conservacion y multiplicacion; aprecia hasta dónde deben ser justas sus acciones, y distingue el abuso á que puede lanzarse en el ejercicio de sus facultades. Halla en sí mismo un principio superior que le eleva sobre los intereses físicos, y en cuyo obsequio está dispuesto á hacer los sacrificios mas grandes, y le parecen pequeños los de las privaciones y aun el de la vida, cuando los pone en paralelo con el sacrificio del sér superior que constituye su alma; encuentra, en fin, los verdaderos placeres y dolores del alma; reconoce en los primeros las virtudes y en los segundos los vicios, y este maravilloso descubrimiento le manifiesta que hay un premio y un castigo independientes del sér físico, y son la satisfaccion moral y los remordimientos. La primera endulza aun las penas mas crueles del cuerpo, y los segundos hacen un suplicio de los goces mas refinados de los sentidos. Pero aun todas estas eminentes cualidades del sér humano, no son, sin embargo, las supremas; ellas pudieran encontrarse, y se encuentran en efecto en el materialista. Lo que engrandece mas al hombre y lo que constituye la parte mas elevada y preciosa de su sér, es aquel sentimiento sublime que le conduce á buscar en el infinito y en la eternidad un orígen á su alma: entonces halla que hay algo superior y distinto á la materia; que hay algo que no tuvo principio ni tendrá fin: un afecto supremo le liga á ese sér espiritual, y de esta liga prodigiosa de su propio espíritu con el sér infinito, deduce la inmortalidad de su alma.

Así es como el hombre, hijo de Dios, halla descifrado su destino sobre la tierra; así es como reconoce por qué tiene tanto poder físico y moral; y así, en fin, encuentra que el destino de la humanidad, es ser el agente de la Providencia en el planeta que habita.

Mas este hermoso programa, este soberano derecho, tiene obligaciones asimismo grandes. Pero como Dios no necesita de nada, esas obligaciones son dirigidas al bien de la humanidad misma á quien obligan, y de lo cual la advierte una fuerza irresistible, un poder que la urge y que urge al hombre individual desde la cuna hasta la tumba.

Así es que está obligada: primero, á cultivar el planeta que habita: segundo, á formarse su propia felicidad: tercero, á adorar á Dios.

En estos tres deberes está asimismo identificado el destino del hombre individual, pues se ve que éste incesantemente busca nuevos goces, sin satisfacerse nunca de los que posee, cuya primera propiedad le obliga á cultivar el planeta. Asimismo aspira incesantemente á ser feliz, sin que jamas le satisfaga ningun estado de felicidad relativa; él está constantemente anhelando la felicidad absoluta; luego es una ley de su sér el formarse su propia felicidad. Por último, el hombre indaga constantemente en la creacion, venera al Criador, é irresistiblemente le rinde sus adoraciones; luego tambien es una ley identificada con la humanidad el adorar á su Dios.

Pero aun cumpliendo con estos tres deberes, no seria el hombre el agente de la Providencia sobre el planeta, si le faltase una cualidad, la mayor de todas y la mas poderosa, pero que está enteramente encomendada á su voluntad como á un sér libre é independiente. Esta cualidad maravillosa y potente, á cuya accion y con cuya fé allanaria el hombre las montañas, dominaria los mares y sujetaria los elementos; esta cualidad admirable que serviria para realzar todos los goces en la prosperidad y para endulzar todas las penas en el infortunio; este recurso sublime que reuniria en sí mismo el poder y el placer, el bienestar y la fuerza, la virtud y el premio; esta cualidad suprema, es el amor. Ninguna ley obliga á amar, porque sin libertad no habria amor, así es que lo siente el hombre segun su propia capacidad y segun el hábito de amor que la instruccion y la reflexion le producen; pero como el amor es el resultado de la libertad, es asimismo lo que rehusa el hombre mas frecuentemente, y aun aquello que la humanidad en general ha rehusado hasta el dia. El hombre ha hecho en los siglos de fervor el sacrificio de sus placeres, de su libertad y aun de su vida: cuando ha amado se ha hecho divino; pero raras veces ha amado.

Así, pues, sin el amor pierden su mérito todas las acciones humanas, porque vienen á resultar urgidas por leyes irresistibles, y solo el amor, hijo de nuestra libre voluntad, les da su realce, porque entonces es nuestro propio mérito el que las produce.

Casi no parece necesario el decir que cuando hablo de amor, no es en el sentido que generalmente se comprende, es decir, la pasion á veces demasiado violenta con que los dos sexos propenden á reunirse, porque para esto no se necesita del estímulo generoso de nuestra alma, libre é inmortal, sino simplemente del movimiento instintivo de nuestros sentidos.   Los animales todos, aun los mas feroces, sienten el amor de la propagacion;.pero éste, aun en el hombre, no solo no le conduce á generalizar su afecto, sino que lo hace celoso, cruel, egoista y muy frecuentemente criminal.   Como el estímulo de la propagacion es una ley que obra poderosamente en nuestro físico, no somos libres para sentirla ni para desecharla; lo mas que consigue la sociedad es regularizarla segun el estado de la civilizacion; y desgraciadamente está muy lejos de haber tocado á la perfeccion, porque la mayor parte de los crímenes, y las dificultades mas grandes para obtener la felicidad, se deben á la imperfeccion de las instituciones sobre este particular.

El amor espiritual es aquella benevolencia, aquel afecto ilimitado con que deberian estimarse los hombres los unos á los otros; aquella unidad de sentimientos y de propensiones que formaria el alma de la sociedad; pero sobre todo, aquel supremo afecto de nuestro espíritu hácia su omnipotente orígen.   Por esta clase de afecto que podemos llamar sentimiento, ama el hombre los campos, los animales, el trabajo y los bellos resultados que por éste obtiene; ama la naturaleza que le rodea, ama la ciencia, y por último, ama la patria universal de la humanidad; ama el planeta y lo cultiva.   El galardon del hombre por este amor así generalizado, seria el convertir la árida roca de la tierra en un verdadero paraiso, y hacerla su patrimonio de delicias.

Por el sentimiento ama el hombre á sus semejantes generosamente, compadece y simpatiza con el desgraciado en vez de oprimirlo ó de mofarlo; ama tambien la familia como una trasmision de su alma al alma universal de la sociedad; ama á ésta en general, y esta liga del amor de todos los individuos formaria la solidaridad espiritual, el alma de la humanidad, á cuya fuerza irresistible obedeceria la naturaleza toda.   El premio del sentimiento, llevado á este punto, seria el vencer cuantos obstáculos se oponen á la felicidad, cesaria de existir el crímen, la ciencia multiplicaria sus creaciones, la naturaleza descubriria sus arcanos, desaparecerian las enfermedades endémicas, se curarian fácilmente las accidentales y epidémicas; la verdadera felicidad seria el tesoro universal del hombre, que libre de crímenes y de males, sin las dolencias del cuerpo y del espíritu, alargaria prodigiosamente su vida, y cuando la pagase su tributo final, y cuando su muerte no fuese el caso de un accidente, dejaria de existir en la ancianidad dulce y calmamente como la luz á quien poco á poco falta el gas que la alimenta.

Pero el mas elevado ejercicio del sentimiento es el amor supremo dedicado á Dios, á ese orígen omnipotente y bondadoso de nuestra alma inmortal, á ese conjunto prodigioso de perfecciones, cuyo amor es el placer indefinible y mayor que el hombre puede sentir.   Ese placer puro y que no solo calma todos los dolores, sino que desarma de sus horrores aun la misma muerte, y cuando ésta llega, hace de ese momento solemne el fin de un cuerpo perecedero en una vida inferior, y el nacimiento de un sér superior á una vida inmortal en el seno omnipotente de ese mismo Dios á quien nos reunirá el amor.   Al sentimiento así perfecto, podremos llamarlo sentimiento sagrado, y éste tiene en sí mismo el premio que merece.   El hombre que posee el sentimiento sagrado, es superior á todas las desgracias y á todas las dolencias; la mayor tiranía no podria arrancarle la felicidad, y aun la muerte mas cruel y el martirio mas espantoso, le pareceria el mayor de los bienes, que, á trueque de momentáneos sufrimientos, le garantizaria la satisfaccion eterna.   El sentimiento sagrado suple los talentos, suple el poder, suple la ciencia, y no solo da la felicidad, sino que haciendo benevolente el corazon, engendra el amor de la humanidad y el sentimiento universal, disponiendo la especie humana por una mejora continua, á aquella perfeccion que formando el alma de la humanidad, haria de ella el agente de la Providencia sobre el planeta que habita.

Pero antes de entrar al exámen de la armonía universal, permítaseme tender la vista en este porvenir de felicidad. Permítaseme, repito, este ligero desahogo, ó por mejor decir, este consuelo con que el hombre que vive tan desgraciado en el siglo XIX, calma al menos sus penas al pensar que vendrán dias mas venturosos para la especie humana. ¡Oh, sí, yo los siento acercarse, y en el fondo de mi alma existe una profunda conviccion de que llegarán! Para pronosticar la mejora que aguarda á la humanidad, no es necesario la ciencia de la adivinacion, no es indispensable un espíritu superior que lea por un órden sobrenatural en el porvenir; basta solo el conocer la naturaleza y la historia de los séres que encierra; basta el sentir la influencia é irresistible encanto del sentimiento sagrado que nos hace confiar en un Dios infinitamente poderoso é infinitamente bueno; el que ha establecido tan eficaces leyes á la naturaleza, que en el mismo órden de la creacion, está marcado su progreso infalible de mejora en mejora, hácia una perfeccion que podrá estar mas ó menos lejana, pero que necesariamente llegará.

Desde las tribus errantes salvajes, sin domicilio y sin agricultura, hasta los cultos habitantes de las capitales suntuosas de las naciones civilizadas, hay la diferencia que igualmente se marca en la historia de la humanidad entre los siglos mas remotos y aquel en que vivimos, y aunque el progreso de la civilizacion no ha seguido un ascenso perfectamente gradual, se nota sin embargo esa mejora en que el hombre ha ido haciendo adquisiciones de bienestar, ya físicas y ya morales. Se encuentra, en fin, el siglo XIX, en el que se han hecho tan grandes y simultáneos descubrimientos, que ya se toca una época en que el poder humano no será comparable con el que poseia en los siglos anteriores. Se ven, sí, se ven ya esos elementos desarrollarse en una escala gigantesca.

Pronto la humanidad podrá comunicarse de un estremo al otro del mundo, casi instantáneamente; las líneas telegráficas submarinas, proporcionarán las facilidades necesarias para hacer el círculo metálico de la tierra, y por medio de estos hilos maravillosos se ramificará la accion y el pensamiento, como el arroyo divino de la inteligencia. Los agentes del vapor, de la electricidad y del magnetismo, del calor terrestre, de la combustion y de las detonaciones, proporcionarán al hombre fuerzas prodigiosas. Las descomposiciones y recomposiciones gaseosas y la electricidad, le darán luz intensa con que reemplazará en la noche á la del dia, y con la cual alumbrará las escavaciones que practique en la tierra, ó los abismos á que descienda en el océano. Las fuentes artificiales le proporcionarán irrigacion cómoda y fecundante para sus campos; y perforaciones semejantes, pero mas profundas y de mayores dimensiones, le permitirán obtener con el ausilio de la mecánica, manantiales de fuego ó volcanes artificiales que le prestarán despues el calor necesario para obtener el vapor de agua y su prodigiosa é indefinida fuerza. Las distancias anonadadas por la locomocion á vapor, hecha, segura y estremamente rápida, prestará á los viajes mas estensos una facilidad estremada. Los mares, cruzados por prodigiosas embarcaciones, ó mejor dicho, por ciudades flotantes, habrán perdido todos sus terrores, y sus olas jugarán en la quilla de los bajeles gigantescos, como las de los rios se deslizan hoy bajo nuestros vapores. La aerostacion perfeccionada, subsirviente de la humanidad, completará el cuadro de la locomocion y del poder humano. Los edificios del porvenir, portátiles, elegantes, cómodos, ligeros y al mismo tiempo fuertes y colosales, harán que se vean nuestros palacios, pesados, toscos y pigmeos como hoy miramos las ruinas de Mitla ó las grutas escavadas á las orillas del Ganjes. La fotografía trasladará no solamente el aspecto de la naturaleza, sino tambien la historia y las comunicaciones privadas. En fin, la agricultura, la minería, la industria, el comercio, las artes y las ciencias, harán tales progresos y obtendrán tan prodigiosa mejora, que no hay imaginacion fuerte lo bastante para poder idear hoy, como un sueño dorado, lo que llegará á ser la realidad un dia. El sistema de asociaciones, que ya hoy hace capaces de comprenderse todos los proyectos útiles, y que proporciona con poco gasto goces esquisitos, tomará necesariamente las grandes dimensiones del progreso general. Las fortunas así divididas, irán nivelando las clases y haciendo desaparecer la miseria. La educacion alcanzará á los obreros, y aun á los jornaleros de los campos, y así llegará á ser un capital seguro el talento donde quiera que se halle. ¿Parece esta descripcion una utopia impracticable? No, ciertamente: cualquiera que esté al alcance de las mejoras ya obtenidas, y de los esfuerzos que se hacen por obtenerse otras mayores, verá que no he sido exagerado en mis previsiones, y que un solo paso media entre la civilizacion actual y la que tengo descrita. ¡Nadie niega, pues, la marcha del progreso físico! ¡Todos lo ven aproximarse! ¿Será tan infeliz la especie humana que no pueda esperar igual progreso moral? ¿Serán tan mal formados los corazones de los hombres, que sea imposible que sientan el amor los unos por los otros? Examinemos:

Mientras el egoismo y la hipocresía fueren los elementos mas marcados de la humanidad, se verán en ésta triunfar la sagacidad y la malicia, mas la virtud, la sencillez y la inocencia serán oprimidas. Los goces estarán reservados á pocos, y el trabajo y el sufrimiento á muchos. Pero este será un estado violento, anormal y transitorio, y traerá frecuentes revoluciones de escenas sangrientas; podrá durar mas ó menos tiempo, pero las continuas agitaciones que ocasione traerán algun dia una catástrofe tan terrible, que vendrán á conocerse al fin los errores de un método semejante. El estado normal de la sociedad, será el bienestar general; el trabajo moderado y la buena educacion para todos, el nivel de las fortunas y la afeccion mútua amalgamada en las instituciones. En una felicidad semejante, las revoluciones y la guerra serian imposibles. Pero tal estado de perfeccion no puede ser el resultado de la fuerza, porque el afecto jamas se prestará á obedecerla. El hombre querrá mejor ser mártir, que amar compelido por la fuerza. Diré mas: tal estremo, tal situacion, seria imposible. Para que haya amor, es indispensable que haya libertad para continuarlo ó rehusarlo. Tampoco podrá llegar el estado normal de la sociedad por solo el efecto de las instituciones; si ella no estuviese preparada para recibirlas, se revelaria contra esas mismas instituciones y las desecharia como una calamidad. Ni menos podria resultar el estado normal de una revolucion sangrienta, porque ademas de hallarse los mismos inconvenientes, se encontrarian ademas los ódios, venganzas y resentimientos que por mucho tiempo subsistén despues de los grandes sacudimientos políticos, y que terminan casi siempre por producir terribles reacciones. Como un ejemplar de estas verdades, supongamos por un momento que á virtud de una revolucion se levantasen instituciones tales que nivelasen las fortunas y mezclasen todas las clases de la sociedad para vivir reunidas indistintamente, y que se dictasen reglas mas ó menos adecuadas para el servicio alternativo y cómodo de todos. Si los elementos morales y de educacion no fueran muy análogos, si hubiese mezcladas gentes bien educadas á otras ásperas, unas buenas y otras viciosas, unas activas y otras perezosas, todas sufririan en una reunion semejante; los tormentos mas crueles y la misma muerte, serian preferibles á la comunidad de una vida tan tumultuosa y terrible; el abandono, la miseria, el vicio y aun el crímen serian las primeras consecuencias de tal reunion ó comunismo; el desnivel de las fortunas y el despotismo, rápidamente llegarian á ser las segundas; y despues de esto, ¡luengos años de nuevos esfuerzos, de nuevos ensayos y de nuevos sacrificios para regenerar la civilizacion y la moral, que sufririan profundamente en tal catástrofe!

Solo á la educacion, al espíritu de asociacion sabiamente protegido pero jamas obligado, á la libertad de nuestros afectos, á la equidad de la justicia, y á la natural amalgamacion de las clases análogas, está reservado el resolver el problema de la igualdad y de la felicidad general, apoyadas en el desarrollo del afecto y del sentimiento, en los prodigios de la industria y la mecánica subsirviente del hombre, en los milagros de las artes y las ciencias; pero sobre todo, en el sentimiento sagrado que haga conocer al hombre su alto destino, su divina procedencia, y la esperanza, la confianza de la inmortal gloria preparada por Dios á los dignos. Este, este seria el estado normal de la sociedad, esta la vida dignamente prolongada y feliz del hombre; el trabajo moderado en vez de ser visto como maldicion llegaria á ser el mayor de los placeres; los hombres dichosos profundamente reconocidos y amando humilde y entusiasmadamente á la divinidad, le rendirian un culto agradable al Criador mismo, le entonarian plegarias armoniosas, no solo al emprender las obras gigantescas, sino en las labores cuotidianas; y al lograr un resultado en las empresas y al disfrutar las diarias recreaciones, elevarian sus himnos de gratitud á ese mismo Supremo Sér, que fecundando con su sabiduría divina el alma de la humanidad, presidiria con su bendicion omnipotente, las empresas y los goces de los hombres, agentes de su Providencia sagrada sobre el planeta convertido en un verdadero paraiso.

Pero, ¿cómo conocer la verdad de este cuadro delicioso, de esta promesa gloriosa, sin la fé, sin la comprension y sin el conocimiento de la Armonía del Universo? Ensayaré la obra grandiosa de esta educacion y complemento de la moral y de los conocimientos humanos. Mis investigaciones serán incompletas, imperfectas, humildes, pero de buena fé y llenas del sentimiento afectuoso por la humanidad, é inaugurarán un porvenir, una ciencia que la posteridad completará y perfeccionará.—Sobre todo, espondré los elementos intuitivos de la religion y de la moral Providencial, y demostraré la diferencia entre las pasiones naturales y facticias, para que los hombres tengan las seguras y precisas vias que deben conducirlos hácia el culto Providencial y la felicidad en la vida, como preparatoria de la gloria sempiterna á que la bondad y misericordia de Dios los destina.

---

# EPÍLOGO.

Armonismo, sensitismo, reflectismo é intuitismo. Hé aquí los elementos del sér humano, deducidos por sus prodigiosas cualidades, instinto, inteligencia y sentimiento. La materia y la organizacion por sí solas no le harian superior á los animales, y solo le darian instinto é inteligencia. El sentimiento es el verdadero distintivo del hombre, pues le revela su espíritu. El sentimiento sagrado, es el complemento del sér inmortal y la elevacion de sus elementos hácia la divinidad de donde emanan.

Cultivar el planeta, formarse su propia felicidad, adorar á Dios. Hé aquí los deberes de la especie humana, derivados del instinto, de la inteligencia y del sentimiento. Ser representante de la Providencia sobre el planeta terrestre, es al mismo tiempo el destino y el galardon de la humanidad. ¿Cuál es, pues, el destino y el galardon del alma individual, espiritual é inmortal del hombre? ¿Cuál la susceptibilidad de su esencia para el premio ó el castigo eternos? ¿Y cuál, en fin, la justicia eminentemente perfecta é infinita que decide de este eterno porvenir? Esperemos, para entrar en estas sublimes cuestiones, á que *La Armonía del Universo* haya elevado nuestro estudio hácia Dios, y deducido de Dios el conocimiento de la materia y del espíritu.

¡Cuántas luces nos proporcionan para lograrlo el conocimiento de los deberes y del destino de la humanidad! Cultivar el planeta es la ley del progreso físico; á ella se deben todas las artes y ciencias industriales. Formarse su propia felicidad, es la ley del progreso social; en ella se descubren las bases mas sanas de la filosofía, y la eliminacion de la blasfemia con que el error ha hecho emanar el mal de la divinidad. Si el mal existe, es tan solo porque la humanidad aun no cumple sus deberes ni llena fielmente su destino. Adorar á Dios, es la ley del progreso moral y religioso, es el complemento de las hermosas cualidades de la humanidad. Ser una providencia en la tierra, es el destino y el premio de la humanidad misma, es la construccion de la Divinidad, que eleva á los humildes elementos humanos hasta su propia semejanza. Así es como se encuentra verificada la circunferencia misteriosa, cuyos estremos se tocan: el primero de éstos es el Criador, el segundo es el hombre que cumple su destino providencial, y llega á ser el digno hijo de Dios. La liga de estos dos estremos, es el amor; el sentimiento sagrado es la armonía divina.

De este modo, en el título de mi obra, por Armonía del Universo, comprendo aquel órden, aquella série siempre adecuada y prodigiosa que ha existido y existe en la creacion, desde la inmediata produccion por el espíritu divino de un simple elemento material, y las elevoluciones y composiciones progresivas de aquel elemento primitivo, hasta la admirable estructura del hombre, donde se construye el espíritu individual é inmortal que le anima. Así, pues, nuestro estudio será desde la Providencia inherente y eterna, es decir, Dios, hasta la providencia inmortal ó derivada, es decir, el hijo de Dios, el sér humano por escelencia, entre ambos séres la creacion y el universo. Este estudio de la divinidad y de la creacion, será, en cuanto quepa á mi alcance, el objeto de esta obra. ¡Sea ella la espresion de la verdad en una continuada Teodisea adunada á la Psicologia; bendígala Dios, y resulte en su alabanza y en bien de la humanidad!

# LA
# ARMONIA DEL UNIVERSO,

o

# LA CIENCIA EN LA TEODISEA.

---

## PLEGARIA.

¡Causa primera y suprema de todo lo existente! ¡Sér esencial y necesario que bastándote á tí mismo constituyes la infinidad y la eternidad como orígen del espacio y del tiempo! ¡Perfeccion absoluta que inherentemente reunes en tí todas las perfecciones posibles como atributos inseparables de la perfeccion misma! ¡Padre universal y providente, á tí levanta mi espíritu su débil aunque fervorosa contemplacion, apoyada en el sentimiento intuitivo que te has dignado conceder á la frágil y efímera especie humàna, cual promesa suprema de gloria y de inmortalidad, premios del justo!

¡Ah! ¿Cuál seria del hombre mísero la oscura vida, si no tuviese en el alma la luz de la intuicion peculiar á su especie y goce de su espíritu? Débil y errante por incultas selvas, no encontraria por ligas entre él y sus semejantes sino las pasiones del apetito y los materiales goces, y cruel, y feroz, y formidable, hallaria placer tan solo en la destruccion de sus rivales; y una raiz, una versa ó un hueso descarnado, serian para su voracidad casos de muerte y conquistas sanguinosas!

¡Pero tú, maravilloso Sér, tú que dotaste á la humanidad de libertad de accion y libertad de pensamiento, le diste asimismo el sentimiento intuitivo de su mision Providencial sobre la tierra, y este sublime corrector lc guia como un seguro faro en medio de la oscura noche de su ignorancia, y le alumbra misericordiosamente el puerto prodigioso de su destino! Por éste el hombre suaviza sus costumbres y protege á sus semejantes; por él organiza sus sociedades y levanta el sólio sagrado de la justicia; por él reconoce que el fundamento de la moral es una ley real de su sér y no una quimera de su imaginacion; y así se forma ideas seguras del contraste existente entre la virtud y el vicio. Por aquel destino sublime la humanidad divide, organiza y embellece su trabajo, y reconoce al fin en su penosa tarea el gérmen de la felicidad y el orígen de su gloria; y cuando armado el hombre del omnipotente apoyo de la Fé, recorre los diversos periodos de la vida, halla con deleite supremo que el bien es solo el que le acompaña en su momentánea carrera al atravesar la efímera existencia mortal, y entreveé la eterna bienaventuranza. ¡Idea magnífica y creadora del supremo bien sobre la tierra. . . . la Esperanza. . . !

¡Entonces, sí, entonces halla los lazos preciosos que le ligan con sus semejantes, y espansivo y entusiasta por el bien procomunal de su especie, conoce que no puede hallar la felicidad en el aislamiento, aun cuando éste sea el de la riqueza y el fausto, y mira como en una profecía gloriosa el tiempo mil y mil veces feliz en que los hombres realicen la mayor de las virtudes: el amor mútuo, digno y providente. . . . la Caridad!

¡Fé, Esperanza, Caridad! ¡Divinas virtudes cuando se dirigen á la creencia de tu prodigioso Sér, á la confianza en tu bondad misericordiosa y á la adoracion dulce y consoladora de tu gloriosa esencia!

Fortificado el hombre con el goce sublime de aquellas grandes virtudes, encuentra asimismo las que le ligan con sus semejantes, y que un dia formarán el perfeccionamiento y la dicha universal de la especie humana.

Sí, Dios de bondad; tú has ennoblecido con los sentimientos intuitivos del alma los resortes mas preciosos y seguros del mútuo bienestar. Así es como las virtudes que deben ligar la humanidad entera, son por tu Paternal piedad, la Conveniencia, la Justicia, el Amor y la Misericordia, y todas ellas ejercitadas con la práctica del maravilloso destino del hombre, y espresado éste con la sublime palabra: ¡Providencialidad!

Aquellas virtudes son, ¡oh Dios mio! el gérmen y la espresion del porvenir humano, preparado por tu bondad divina, pues la Conveniencia origina á la Libertad, la Justicia á la Igualdad, el Amor á la Fraternidad, y la Misericordia á la Solidaridad de la especie humana.

¡Virtudes prodigiosas que convertirán la tierra en un Eden, en que se traducirá asimismo la Providencialidad por la Felicidad en el simultáneo esfuerzo de todos los hombres, para acercarse hácia la perfeccion que les indica en los íntimos y benéficos impulsos del intuitismo de sus almas inmortales!

¡Oh Sér Supremo, Sér infinitamente bueno y paternal, Sér providente, cuán deliciosa es la creencia firme y eficaz de tu existencia maravillosa! Por ella mira el hombre disiparse las tinieblas de su misterioso destino, y con ella ve alumbrada la naturaleza toda como el magnífico panorama de un viage encantador hácia la region dichosa del absoluto é imperecedero bien; y desarmando los espantosos sueños de la fatalidad y del hado, arranca sus fatídicos terrores aun á la misma muerte, y encuentra el camino de la virtud, no como una pendiente penosa llena de zarzas y de espinas, sino como el perpetuamente florido jardin que conduce al eterno paraiso de la bienaventuranza.

¡Oh Criador Omnipotente! ¿Cómo podrian estudiarse tus criaturas sin encontrarse en todas ellas la impresion de tu fuerza y el sello peculiar de tus maravillosos hechos? Así es que desde los orbes que ruedan en magestuosas y lentas revoluciones por los inmensos cielos, hasta la frágil y vistosa florecilla de microscópica planta, y aun todavía en la ruda é informe arenilla de los mares, se hallan los caractéres de la vida que tú les has prestado, y preconizan con elocuente voz que á tí tan solo, á tí la deben.

Y cuando se concentra el espíritu en las regiones inmensas y poderosas del pensamiento, cuando profundiza en ese fanal de eterna luz residente en el poderío incontrastable de las almas virtuosas y Providencialmente sábias, mira traducidas en sus discursos y hechos las bondadosas luces que intuitivamente les has comunicado; ¡luces divinas que posee la humanidad toda, y que solo fructifican en aquel que sabe cultivarlas en medio de la libertad de su albedrío!

Así es como el hombre que acata el intuitismo que le ha cabido de dote en la herencia universal de la especie humana, y cultiva aquella preciosa cualidad de su espíritu, ve la ciencia toda alumbrada por una sola antorcha: ¡tu Esencia! la naturaleza entera gobernada por una sola fuerza: ¡tu Omnipotencia! el universo con todas sus estupendas evoluciones dirigirse á un solo fin: la perfeccion de una estabilidad absoluta; y todos los objetos que lo constituyen, con su pasado, su presente y su futuro, preconizar una sola historia: *la creacion;* una sola epopeya: *la armonía universal,* y una sola ciencia: *la Teodisea!*

¡Sí, eterno Dios! Tú con tu infinita sublimidad te ocultas ante la miope vista del entendimiento humano; pero por tu intuicion misericordiosa te reflejas en tus hechos maravillosos, y facilitas un sentimiento de amor y de veneracion hácia tí al sencillo mortal que alcanza á percibir la evidencia de tu sér con el corazon, cual guia segura de su mente en el mas grandioso de todos los objetos de su reverente contemplacion: la Teodisea!

¿Pero cómo podrá mi mísero lápiz trazar el dibujo de esa inmensa pintura que tiene por objeto tu Sér, por límites el infinito, por medida la eternidad, y por episodio el universo? ¿Cómo escribir pues una Teodisea?

En verdad que es imposible trazar el retrato de tu Sér, así como el conocer la naturaleza absoluta de la infinidad y de la eternidad, porque ningun otro sér te iguala, y ni el espacio ni el tiempo dan una idea del infinito. De este modo solo pueden aplicarse en la descripcion de algunas de tus facultades las ideas intuitivamente metafísicas que tiene el hombre de la perfeccion absoluta; pero esta segura guia de la humana contemplacion está reducida al limitado alcance de la vista intelectual aunque colectiva de la humanidad, y mas reducida aún cuando el individuo osa levantar los ojos del alma hácia el inmenso resplandor de tu aureola de luz que lo ciega en tan atrevida empresa.

Así es que esa infinita luz solo puede sentirse indirectamente en objetos menos resplandecientes, y entonces el alma se extasía con la brillantéz que reflejan las ideas intuitivas encontradas en sí mismo y en los séres criados por tí en el ámbito estenso del universo.

Semejantes son, oh Dios mio, los medios que pondré de mi parte para escribir esta Teodisea; ellos serán infinitamente inferiores á su objeto absoluto; pero mínimos cual sean para elevarlos hácia tí, los procuraré espresar como la interpretacion de los sentimientos de mi adoracion reverente á tu divina esencia. ¡Válgame, gran Dios, en esta empresa infinitamente superior á mis fuerzas, el sentimiento de amor y veneracion que guia mi pluma, y la intuicion misericordiosa que te suplico me concedas!

Pero si la ciencia es única, si ella debe considerarse cual una verdadera y continuada Teodisea, ¿cómo podré trazar en propios periodos el débil bosquejo que ocupa la limitada estension de mi mente? ¿Cómo preparar y pulir su tosca superficie? ¿Me atreveré, Dios mio, á suplicarte me ausilies en esta empresa para retratar en adecuada tela aquella pequeñísima parte de tus prodigiosos hechos que percibo, y los que cual pulimentado cristal reflejan tu imágen soberana envuelta en el sublime velo de tu gloria?

¡Oh! ¡quién supiera dividir propiamente los párrafos sublimes de una hermosa Teodisea! ¿Deberé considerar como un adecuado principio el exámen del método analítico, seguido de las contemplaciones sintética é intuitivamente metafísicas que percibe el alma cuando dirige á tí esclusivamente el pensamiento? ¿Continuaré despues esponiendo la teoría á priori del universo, para prepararme á tratar del hombre psicológicamente, y examinar los recursos y el poder de su alma como un sér Providencial orígen de la moral, de la justicia y de todas las virtudes de la humanidad? ¿Me deberán conducir estas grandiosas premisas al descubrimiento de los derechos y deberes, así como de las virtudes y faltas, cual indicantes sociales de la futura purificacion de la humanidad con imperio de la verdad y del mérito? Por último, Dios mio, ¿deberé tratar episódicamente la ciencia esperimental y empírica?

Estos son, en medio de mi propia pequeñez, los periodos en que pretendo dividir mi obra. ¿A quién dedicarla, á quién dirigirla cuando la vida es tan corta para terminarla? Me dirijo ¡oh Dios mio! á tí, para que te dignes recibir esta pequeña ofrenda de mi adoracion; la consagro á tí que aceptas las pequeñeces del humilde y que desechas los tesoros del soberbio; la ofrezco á tí que miras en lo profundo de mi alma y que conoces la recta intencion que guia mi pluma; á tí que tienes bajo tu poder el frágil hilo de mi vida, y siempre me parecerá justa la época en que te dignes cortarlo; á tí que sabes la estension de mis ideas Providenciales, y que pequeñísima cual sea esa limitada estension, si se disminuye con la cesacion de mi vida ó de mi escasa inteligencia, estaré siempre seguro de haber depositado mis incultos conceptos en tu sabiduría y benevolencia infinita, que los acogerá bondadosa, por las tendencias sanas que en mí los producen.

Sí, Dios mio, á tí te dirijo tímidamente mi dedicatoria en esta fervorosa, sencilla y humilde plegaria. ¡Que sea mi obra útil á mis semejantes y aceptable á tu misericordiosa indulgencia, y yo habré gozado del supremo bien de cumplir con el destino que siente mi espíritu ante tu soberana presencia!

# INTRODUCCION PREPARATORIA

## AXIOMA PRIMERO.

¿Hay Dios? ¿Cuáles son sus atributos? ¿Cuáles son sus hechos?

Hé aquí tres preguntas á las que apenas puede responderse, y que para meditarse, hasta donde le es dable á la mente humana, requieren la ciencia universal. Y sin embargo, ¡oh pobre ciencia! ella seria impotente para dar contestacion satisfactoria á la absoluta exigencia de las tres interrogaciones que preceden!

¡La ciencia universal! ¡Oh! ¿Podemos siquiera definir la ciencia universal? ¿Podré decir que ella es el saber de todos los hombres en los siglos pasados, presente y futuros?

La ciencia universal así comprendida seria la capacidad absoluta de toda la humanidad para la sabiduría. ¡En verdad que la inmensidad de esta medida rechaza á la presuncion del individuo, y aun el mas atrevido se encuentra sobrecogido de terror al contemplar la distancia que hay entre el saber del hombre y el de la humanidad, y entre la sabiduría de nuestro efímero siglo y la de los siglos á venir!

Pero la humanidad misma, y su ciencia de todos los siglos que pase ella sobre este planeta, ¿qué serian para responder satisfactoriamente á las tres sencillas preguntas: ¿Hay Dios? ¿Cuáles son sus atributos? ¿Cuáles son sus hechos?

Porque de facto: el hombre que apenas conoce lo que toca en este planeta y lo que mira del universo hasta donde alcanzan su vista é instrumentos, ¿cómo podria conocer todos los hechos de Dios entre los cuales no sabe cuántos estarán fuera del alcance de todos sus sentidos?

Y sin embargo: al escribir una Teodisea tengo que ocuparme de Dios, de sus atributos y de sus hechos, protestando que no es la presuncion, sino el sentimiento de un deber, quien guia mi pluma.

Para lograr mi objeto necesito resignarme á la imperfeccion necesaria de mi obra, esperando solo que la humanidad reciba mi humilde tributo hácia la unidad de la ciencia, lo que he procurado hasta donde mi pequeñez me permite, esperanzado en que el método que seguiré y los descubrimientos que creo haber logrado, sean útiles.

Para abrir los estudios y demostraciones que compondrán las páginas de esta obra, ha sido indispensable el indicar en mi prolegómeno las cualidades de la perceptibilidad del hombre; y así, he sentado que éste posee el *armonismo*, el *sensitismo*, el *reflectismo* y el *intuitismo*, siendo los dos primeros necesarios para el desarrollo y funciones perceptivas de su cuerpo, así como el segundo para las de su entendimiento; el último para percibir las emociones peculiares de su espíritu, y todos para formar un sólido raciocinio.

Y de facto: preguntad á un hombre sencillo aunque de clara inteligencia: ¿hay Dios? ¿Cuáles son sus atributos? ¿Cuáles son sus hechos? Y en el acto, guiado por el intuitismo natural de su alma, os responderá: sí hay Dios.... sus atributos son los de la perfeccion, y sus hechos el universo..... Preguntadle en seguida: ¿Por qué creeis esto? y él os responderá: Porque el Universo no puede haberse formado á sí propio, y por lo tanto todas sus perfecciones se deben á un Sér mas perfecto, puesto que ha sido capaz de concebirlas y ejecutarlas, y ese Sér Supremo es Dios.

Al responderos de ese modo el hombre descansa en el testimonio de su conciencia intuitiva, y si le forzais con nuevas preguntas podrá responderos con mas ó menos estension, pero siempre tendrán un límite sus respuestas, mas allá del cual se disgusta, porque pronto palpa que la cuestion es infinita; y por esto, si conserva y acata su intuitismo, os dice: *"yo lo creo así aunque no puedo esplicármelo,"* y la tranquilidad sobreviene á su alma; pero si su creencia vacila, abandona la cuestion á la indiferencia; mas la absoluta indiferencia es imposible conservarla, pues ella se alterna con la duda, y las congojas que de ésta sobrevienen conducen al caos del escepticismo. Así se ve que ha formado nuestro sér para que sea guiado por los cuatro elementos de nuestra perceptibilidad, y por eso es necesario elevarle nuestra creencia apoyada en el sentimiento producido por nuestro intuitismo en la conciencia, resultado de nuestro reflectismo, en la esperiencia producida por nuestro sensitismo y armonismo, y en fin, en la ciencia obtenida por todos los manantiales de la perceptibilidad y del saber humano.

Guiado por estas convicciones, he querido manifestar el método que he seguido para contemplar en Dios, en sus atributos y en sus hechos, esperando que mi obra sea útil á mis semejantes, y que Dios se digne aceptarla misericordiosamente, al menos por la sinceridad de mis buenos deseos.

Cuando he tenido acopiados en mi memoria algunos estudios y raciocinios, he procurado seguir en mis investigaciones el mismo espíritu de análisis que ha debido verificar la especie humana al dirigirse con el trascurso de los siglos hácia las altas cuestiones de la filosofía.

El hombre indudablemente tuvo desde su orígen el intuitismo natural y peculiar de su alma, y por él sus investigaciones debieron conducirlo bien pronto á la creencia de un Sér Supremo, Criador del universo; pero en la ignorancia de las primeras generaciones fué muy fácil que por falta de ciencia se desviasen del sentimiento puro y sublime de aquella creencia, para colocar sus adoraciones en séres indignos, por lo que la purificacion de sus ideas con respecto á la Divinidad debia resultar del constante estudio de todos los fenómenos del universo, para dirigirse despues con mejores raciocinios hácia su Criador.

Los primeros conocimientos que la humanidad ha debido tener al dirigirse rectamente en sus observaciones, fueron los de la historia natural, comenzando por estudiar aquellos séres que le fueron mas familiares, y despues aquellos que raras veces se presentaban ante sus observaciones. ¿Qué debió resultar de éstas? Que el hombre percibió multitud de séres distintos entre sí y sin una coherencia general que hiciese palpable, ó al menos posible, la procedencia de todos como emanada de la inteligencia de alguno de ellos.

Pronto reconoció que la tierra solo era el cuerpo inerte, aunque de enormes dimensiones, en que todos los séres que la pueblan se hallan colocados. De estos séres reconoció una multitud de variedades, todas adheridas á la masa comun y sin presentar movimiento ni incremento espontáneo, por lo cual los llamó fósiles.

Distinguió otros séres con vida propia conservada por la nutricion y circulacion de jugos especiales, apropiándose de ellos en la tierra, el agua y la atmósfera; pero dichos séres, "á que llamó vegetales," se hallaban asimismo adheridos á la tierra ó á las rocas, bien fuese bajo de la atmósfera ó bajo de las aguas.

Estudió asimismo los séres dotados de una vida mas perfecta, desprendidos del suelo comun y provistos de órganos locomotores para trasportarse adonde su voluntad ó sus necesidades lo reclamasen, moviéndose espontáneamente, segun su organizacion, en la tierra, en el agua ó en el aire. A esta clase de séres les supuso poseer un principio vital mas ó menos bien organizado á que llamó alma, y por eso los denominó animales.

Halló que entre los fósiles y los vegetales, y que entre éstos y los animales no habia límites completamente marcados, y que por el contrario, se podia seguir una escala ascendente de organizacion, desde los metales mas inertes hasta los animales mas perfectos, por lo cual le fué difícil hacer divisiones esactas para clasificar los diversos séres materiales, teniendo que conformarse siempre con su deficiencia en este punto.

En fin, se contempló el hombre á sí mismo, y se halló en su organizacion física como el sér mas perfecto de la naturaleza; pero aunque con modificaciones notables en su construccion oseosa, muscular y nerviosa, encontró en sí el tipo general de los animales superiores.

Empero no halló lo mismo con relacion á su inteligencia. Esta se eleva prodigiosamente sobre el nivel del principio vital productor de los instintos de los animales, y pronto reconoció en sí mismo la existencia de un sér superior y capaz del dominio aun de su propia organizacion física, á cuyo sér le dió el nombre de alma, y encontró que ésta poseia propiedades peculiares, las que tenia que estudiar en las funciones mismas de su actividad física y moral á que llamó pensamiento.

Halló tambien que habia en su alma ciertas tendencias utilitarias y de proteccion para los demas séres, á la cual lo conducia un impulso espontáneo y á veces irresistible, aun cuando fuese no solo en contra de su interés individual, sino tambien con peligro de su vida.

Estas tendencias, gérmen de la moral y de todas las ciencias sociales y metafísicas, lo condujeron bien pronto á investigar sobre la causa de todos los séres y aun de su propio sér, y encontró que ninguno de los de la naturaleza podia tenerse por orígen de los demas, ni el conjunto originarse á sí propio; porque sujetos todos á nacimiento, incremento, reproduccion y destruccion, y existiendo en todas estas evoluciones mutualidad de agencias y de fuerzas actuantes, no era posible esplicarse por los fenómenos reproductores la existencia de las agencias y fuerzas primitivas.

Así, pues, el hombre, guiado por solo el conocimiento de la historia natural, aun en la infancia de esta ciencia, formuló la conclusion siguiente: "Ninguno de los séres naturales puede haber originado á los demas, ni el conjunto de éstos originádose á sí mismo; porque todos los fenómenos prueban la imposibilidad de esto: luego todos los séres naturales nos debemos á un sér superior orígen de la naturaleza. Así, pues, existe un Sér supremo y criador de todas las cosas."

Pero no se suspendió aquí el hombre; se dedicó á la observacion de los astros fundando la astronomía, y observando que todos ellos se hallan á considerables distancias de la tierra, que todos se mueven libremente en el espacio, y que en sus movimientos y relaciones físicas guardan una armonía prodigiosa, la que revela proporciones y dimensiones precisas é indispensables al conjunto, y concluyó diciendo: "El universo, por grande que sea, tiene forma, y por consecuencia límites. ¿Qué cosa hay mas allá? No lo sé: pero como lo limitado es posterior á lo ilimitado, se debe á éste. Luego el Criador es infinito."

Contempló despues el hombre la duracion, y observó que todos los fenómenos del universo se pueden considerar en su acepcion mas sencilla como representados por la estension y la duracion, es decir, por la forma y el movimiento de la materia ó sustancia comun, y que los límites de la duracion, así como los de la forma y la sustancia, son necesarias; pero que el movimiento requiere un principio indispensablemente coetáneo ó posterior á la creacion de la cosa que se mueve, por lo cual el hombre concluyó diciendo: "Todos los fenómenos finitos necesitan existir en una duracion absoluta: luego el Criador infinito del universo lo es asimismo de su movimiento ó duracion: luego el Criador es eterno."

Estudió despues la naturaleza de la materia ó sustancia, y halló que pues ésta se halla sujeta á la forma y al movimiento, no podia ser en sí misma orígen de estos fenómenos; que por consecuencia es inerte, y que aquellos debian referirse á la fuerza, que es necesariamente resultado de otro agente autor asimismo de la forma y el movimiento, cuyo agente debia ser distinto de la materia ó sustancia, la que es en sí misma inerte, y así por antítesis lo llamó espíritu ó esencia, y concluyó: "El Criador infinito y eterno del universo es espiritual y activo por sí mismo."

Con el estudio de los diferentes séres del universo, observó el hombre que todos ellos son perecederos, y que ninguno hace falta total en el conjunto; que bien podrian eliminarse ó hacerse abstraccion de todos ellos y aun del mismo universo como sér criado, pero que su ecsistencia no traeria consigo la necesaria extincion del Criador, porque así como éste precedió á sus criaturas, las puede sobre existir, por lo que concluyó diciendo: "Todos los séres son contingentes como criaturas, pero el Críador, eterno, infinito y espiritual, es un Sér necesario."

Examinó el hombre despues todos los séres como sujetos á variedad de estado, y con la general servidumbre de nacimiento, incremento y destruccion, repetida y variada constantemente, y concluyó: "Todas las cosas criadas como actuadas son mutables, luego el Criador como activo en sí mismo es inmutable."

Despues observó la prodigiosa belleza de los fenómenos, y que todos ellos revelan un plan bueno y perfecto; pero no pudiendo los séres del universo ser orígen de su misma perfeccion, ni reasumir en sí todas las perfecciones de los otros, concluyó: "Todos los séres del universo son perfectos para el objeto con que están criados; mas el Criador ha dispuesto la perfeccion relativa de aquellos: luego él es la perfeccion absoluta, reuniendo por lo tanto en sí mismo la bondad, la omnipotencia, y en fin, todos los atributos de la infinita perfeccion."

No se conformó, sin embargo, el hombre con estas conclusiones sencillas é inconcusas; quiso ademas indagar en las cualidades accidentales de la materia; se dedicó á la física, á la geología y á la química; procuró estudiar la naturaleza intrínseca y molecular de los cuerpos; pero sus ensayos no han sido hasta ahora suficientemente satisfactorios, y la duda ha venido á ser su resultado.

Para salir de esta posicion de incertidumbre, véamos cuál es la série mas cuerda y lógica del análisis, y cuáles las conclusiones que de éste puede formular la ciencia.

El punto de partida del análisis debe ser la Astronomía; cuando los fenómenos naturales no pueden estudiarse ya en esta ciencia, se pueden continuar en la Geografía astronómica. Esta cede su puesto á la Geología; ésta á la Física, y ésta á la Biología. Cuando la Biología no puede darnos ya un análisis mas detallado de la materia intrínsecamente, debe aquel continuarse en la Química, y cuando ésta viene á ser impotente, nos quedan los poderosos recursos de la geometría y de la dinámica fundamental.

Procuraré dar una rápida ojeada hácia los resultados de estos diferentes análisis de los fenómenos del Universo.

La Astronomía nos enseña que éste se halla poblado de cuerpos que en general han tomado la forma esférica ó la anular, es decir: *aquella que debe haber resulta-do de la aglomeracion de partículas impulsadas hácia un centro comun.* Dichos cuerpos, á que se ha dado el nombre de astros, son de dimensiones sumamente varias. Unos hay de estupenda y pasmosa magnitud; otros de grandes ó medianas proporciones, y otros de volúmenes relativamente pequeños; pero todos movidos con tanta regularidad y órden, y con tal armonía en su colocacion y accion mútua, que no puede ocultarse al estudioso que existen en ellos leyes comunes, y que son actuadas por la unidad de un agente universal que preside sus movimientos, y que por una necesaria secuela de procedimientos, ha precedido á su primitiva construc-cion, ó mas bien, que ésta se hubo efectuado de tal modo, *que los actuales movi-mientos tan relacionados entre sí del conjunto de los astros, no pueden ser sino la conti-nuacion de las mismas leyes armoniosas que precedieron á su construccion.*

¿Qué objeto ha tenido la formacion de los astros? Luego se percibe que son los asientos ó vehículos en que caminan por el espacio séres de mas en mas complica-dos en las funciones vitales. ¿Pero acaso carecen de vida los astros? No; ellos mismos están dotados de todas las funciones que caracterizan una vida armoniosa y de admirable relacion mútua. Ellos se mueven unos en torno de los otros; éstos en el de mas complicados sistemas, y todos hácia un centro comun, no porque co-nozcamos éste, sino porque es indispensable que exista por las relaciones de armo-nía que los une á todos y que conservan entre sí, ya con respecto á su colocacion, y ya con relacion á su movimiento con una precision matemática. La vida de los astros es asimismo de nutricion, y se miran las nébulas cósmicas dirigir su sustan-cia hácia la concentracion de los núcleos centrales, y considerado el universo mis-mo como una gran nébula, se comprenden muchos de los movimientos de los astros, y se percibe que todos ellos se dirigen en un periodo prodigiosamente dilatado há-cia la construccion de un astro final, en donde se concentrarán todos.

De este modo la vida de la nutricion astronómica es como todas las de la natu-raleza, por asimilacion. Los mas pequeños serán asimilados á los mayores, ó sea sus respectivos centros; éstos serán precipitados á su vez en otros centros mas com-plicados y grandiosos, y todos en fin en el centro comun.

La multiplicidad de los astros necesariamente trae la multiplicidad de agencias vitales, y por consecuencia su inestabilidad y la necesaria secuela de las vidas pro-ducidas por la naturaleza, es decir: nacimiento, incremento, decadencia y muerte.

Pero la muerte de los astros no puede ser sino la aglomeracion de éstos para constituir otros mayores, en donde necesariamente la influencia de vidas diferentes será menor, y las fuerzas asimilantes en menor número; y por consecuencia, los nue-vos astros tendrán una vida mas dilatada que los actuales; ellos darán orígen á otros de mayor longevidad, y finalmente, todos vendrán á constituir el astro final, que no teniendo influencia vital ninguna en contra de su vida propia, ésta será absoluta, es decir: que obtendrá la perfecta estabilidad en donde ya no puede haber ni incre-mento, ni decadencia, ni reproduccion, ni muerte.

El análisis astronómico así contemplado, no es una creacion de la fantasía, es sí, la estricta deduccion del estudio de los fenómenos que se presentan ante nuestras observaciones.

En cuanto á los séres que pueblan los astros, deben resultar fenómenos análogos. Ellos se encuentran actuados hoy por la estupenda variedad de vidas asimilantes que nutren la suya, la cual á su vez nutrirá otras con la rápida accion productora, reproductora y destructora de la naturaleza.

Pero todos estos séres, que pueden considerarse como vidas parásitas en la vida de los astros, deben seguir la secuela de estabilidad de éstos, y por consecuencia, en la perfecta estabilidad del astro final tambien ellos obtendrán su estabilidad peculiar, y no podrá haber para ellos necesidades asimilantes, y por lo tanto destructivas.    Es decir: tampoco ellos estarán sujetos á las funciones de alimentacion, reproduccion ni destruccion.

He aquí las consecuencias que brotan del análisis astronómico:    *El universo ha sido glorioso á su Criador por el plan prodigioso con que lo concibió, y por la pasmosa armonía con que lo conduce en sus trasformaciones, progreso y perfeccionamiento relativo; así es que le será eternamente glorioso cuando lo haya constituido en la inmortal perfeccion á que lo destina.*

¿Queremos mas detalles del análisis de los fenómenos pasageros de la vida universal?    Pues debemos buscarlos en los del planeta que habitamos.

¿Qué nos enseña acerca de esto la geografía astronómica?    Que el cuerpo del planeta tiene la forma casi esférica que necesariamente ha debido darle la asimilacion de los materiales que poco á poco lo han ido formando, y que aun lo circundan con la misma relacion de vida y de actividad.

Este planeta presenta un cuerpo lleno de asperezas y prominencias sólidas que forman sus continentes y sus islas, llenando el líquido de sus mares las partes mas bajas.    Ambos materiales sólidos y líquidos están envueltos en los gaseosos de la atmósfera, los cuales son tanto mas densos cuanto mas se acercan al núcleo general, al paso que son tanto mas enrarecidos cuanto mas se alejan de aquel, hasta perderse por su tenuidad en el espacio.

Todo indica en la tierra que está sostenida en su aislamiento por un fluido que se dirige hácia ella con una velocidad continuamente creciente, y que por un efecto necesario de reaccion y de equilibrio se aleja de ella con una velocidad continuamente diminuente, conservando así un diástole y sístole perpetuo.

La necesaria consecuencia de la existencia de aquel fluido, es que él ha precedido á la formacion de la tierra; que él ha dado á ésta su forma y estructura, y que él, en fin, la conserva aislada y la conduce en armoniosas curvas por el espacio.

Pero la tierra no está aislada en su vida propia; y así como las curvas que ella describe en sus movimientos están en relacion secundaria con las que describe otro astro (el sol) un millon de veces mayor que su volúmen, así tambien preside los movimientos de otro (la luna) cincuenta veces menor.

Estos núcleos forman parte de un conjunto numeroso de astros (el sistema planetario), todos ligados entre sí por la armonía, belleza y relacion de sus movimientos, demostrando así que todos ellos son sostenidos, actuados y conducidos por el mismo fluido que la tierra, el cual evidencía con la precision de sus leyes, que sostiene, actúa y conduce de la misma manera todos los astros del universo.

Pero ninguno de los astros puede estar en el fluido universal con sus corrientes propias sin interferir en las de los demas, y de la combinacion de las corrientes de todos, resulta esa pasmosa armonía que liga los mundos en un prodigioso conjunto de movimientos relacionados entre sí.

Ni tampoco dejan de influir en la clase de movimientos que la tierra describe, la forma y colocacion de sus continentes, islas y mares.    Dirigiéndose á ella la cantidad que le es propia del fluido universal, y refluyéndose hácia el espacio despues de haberla tocado, una porcion de él penetra el núcleo terrestre para salir por el opuesto lado; pero, como es natural, penetra con mas facilidad la parte líquida del planeta que la sólida, y reflejándose vice versa.

A esta circunstancia se reune la necesidad dinámica de colocarse las partes mas salientes del planeta hácia los polos de rotacion, donde sufren las menores perturbaciones posibles, cuyas dos circunstancias, reunidas al impulso que el sol ó astro central del sistema dirige hácia su ecuador por el principio del movimiento centrífugo á sus núcleos secundarios ó planetas, que como la tierra les siguen en sus movimientos orbituarios, resulta que la tierra tiene el eje de su rotacion diaria inclinado con respecto al plano de su órbita anual, y ésta viene á ser elíptica en vez de circular.

Así, pues, como el maximum de inclinacion del eje de la tierra solo podia ser 90° y el minimum 0°, entre estos dos estremos debia la inclinacion del eje terrestre ser proporcional á la diferencia que hay entre las superficies de sus mares y sus terrenos descubiertos, lo que de facto es así, pues esta diferencia está en razon de 90 á 23½, que es la inclinacion efectiva del eje terrestre.

En cuanto á la escentricidad de la órbita terrestre, resulta asimismo esactamente relacionada con la permeabilidad relativa de los mares y de los continentes con respecto al fluido universal.

La luna como satélite de la tierra gira en torno de ésta, así como la tierra gira en torno del sol; pero en su movimiento orbituario, la luna, ademas de sus corrientes propias del fluido universal, es actuada por las corrientes solares que del mismo fluido le van del sol directamente, y aquellas que la tierra le envia por refleccion; compensándose esactamente estas dos variedades de corrientes, resulta que la luna presenta á la tierra siempre el mismo hemisferio.

La tierra se encuentra asimismo actuada por la influencia de las corrientes solares y lunares, y esto produce el fenómeno conocido con el nombre de flujo y reflujo de los mares.

Finalmente: así como el tránsito de la luna entre las corrientes del fluido universal que relacionan la tierra y el sol, produce el fenómeno de la retrogradacion de los nódos de la órbita lunar, al cual se da el nombre de nutacion, así tambien el tránsito de la tierra por entre las corrientes del sol y la estrella que le es coarmónica, origina la retrogradacion de los nódos de la órbita terrestre, á cuyo fenómeno se da el nombre de precesion de los equinoccios, todo lo cual se conoce por los varios fenómenos que he observado de la luz zodiacal.

Pero las perturbaciones á que se deben la nutacion y la precesion de los equinoccios, no obran de la misma manera en la parte fluida de la tierra que en la sólida; así es que siendo mayores los mares en el hemisferio austral, y mayor la superficie sólida en el boreal, sufre ésta una constante perturbacion, y el eje de la tierra describe hácia los polos un movimiento cónico de 47° de amplitud, retornando al mismo punto de partida en los 25,800 años que dura el periodo de la precesion de los equinoccios, y en todo ese movimiento cónico va describiendo asimismo pequeñas elipses, cada una de ellas de igual duracion que la nutacion de la luna, ó sea veintitres lunaciones.

Estos fenómenos, coincidiendo tan armoniosamente con la inclinacion del eje terrestre, manifiestan la inmensa importancia que tiene, en los movimientos de la tierra, la diferencia entre sus mares y terrenos secos, y la configuracion y prominencias de éstos. Sobre todo, demuestran que las fuerzas actuantes todas son esteriores, pues afectan el movimiento general de la tierra, las perturbaciones que ocasionan sus eminencias á las corrientes normales.

He aquí cómo el análisis de las influencias producidas por la situacion, estension y recíproca forma de los continentes, islas y mares de este planeta, produce fenómenos que están en armonía con todos los del universo, y demuestran que las fuerzas que sostienen y conducen el planeta en su órbita, no residen en él, sino que le vienen del esterior por las corrientes del fluido universal armonio, en el cual existen todos los astros, y conduce los fenómenos con la misma precision hácia la perpetua estabilidad que tengo indicada.

Se han visto ya las conclusiones deducidas de los análisis astronómico y geográfico; pero si queremos penetrar mas en el conocimiento de la armonía universal, debemos estudiarla en el análisis geológico.

La tierra presenta en su estructura íntima multitud de materiales de muy vária antigüedad. Los unos parecen casi inalterables á la simple accion de los tiempos, al paso que los otros continuamente sufren modificaciones, ya en su manera relativa de estar, y ya en su intrínseca naturaleza. Pero al través de todas estas circunstancias se distingue la sucesiva aglomeracion de materiales venidos del esterior, formados y conducidos por el fluido universal armonio, construyendo un núcleo central y agregando á éste despues por capas concéntricas, materiales mas y mas elaborados.

De las diversas observaciones geológicas que se han hecho en la mayor parte del planeta, puede deducirse: 1° Que el núcleo primitivo es metálico y casi inalterable á la accion ordinaria de los agentes que lo circundan. 2° Que otros metales de mas en mas alterables por dichos agentes, se han ido aglomerando en torno del núcleo primitivo. 3° Que las vetas, filones y mantos que las fuerzas naturales han levantado de aquellos metales hácia las capas esteriores, nos demuestran la existencia de ellos á mayores profundidades. 4° Que el fierro forma la masa esterior de las capas metálicas apareciendo frecuentemente en la superficie en grandes masas. 5° Que sobre las capas metálicas se depositaron por aglomeracion, venidas del esterior, las masas cristalinas. 6° Que en las masas mas profundas de esta clase, predominan el fierro, el silicio y el aluminio, así como en las mas esteriores, el calcio, el magnesio y el sodio. 7° Que en las alteraciones de las capas provenidas del esterior, se observan las variedades producidas por la accion volcánica, por la de la atmósfera, por la de las aguas y por las de la vida individual ú orgánica en todas sus variedades. 8° Que así la vida general del planeta ha obtenido poco á poco mayor grado de organizacion y perfeccionamiento, dando orígen á los fósiles, vegetales y animales, siendo el hombre el mas moderno y perfecto de estos últimos.

¿Qué conclusiones deben deducirse del análisis geológico así estudiado? Sin duda ninguna debemos comprender que en la construccion y modificaciones de este planeta ha existido y existe una maravillosa armonía, que manifiesta un plan admirablemente relacionado en el orígen, medios y fines de este mundo terrestre con los demas mundos que pueblan el espacio.

Para indagar aun mas en aquellos medios y fines de la creacion, pasemos del análisis geológico al físico.

En física se analizan principalmente los fenómenos producidos por la gravedad, el calórico, la electricidad, el magnetismo y la luz, cuyos agentes se habian creido resultar, el primero de la fuerza de atraccion que segun se decia la materia ejerce sobre la materia, y los otros tres se atribuian á otros tantos fluidos imponderables. Pero bien observados todos estos fenómenos, he encontrado que ellos son los indicantes mas marcados de la prodigiosa armonía que existe entre todos los astros por las mútuas relaciones que entre sí los ligan, por estar todos sostenidos, equilibrados y conducidos por el fluido universal é imponderable armonio.

Este fluido llena el universo, y por la necesaria limitacion de sus corrientes se demuestra que éste es limitado asimismo, y por consecuencia: *que el Sér infinito es distinto del universo material.*

Para no complicar nuestras consideraciones acerca del armonio, me limitaré en lo pronto á manifestar el análisis de sus corrientes con respecto á la tierra.

El armonio es un fluido inelástico é incompresible, pero de una prodigiosa movilidad, superior á la de todos los líquidos y gases ponderables.

Las partículas del armonio á que doy el nombre de esférides, son todas esféricas, todas perfectamente iguales entre sí, y del menor tamaño posible.

Jamas el armonio está inmóvil, y guarda en sus corrientes el movimiento perpetuo, obedeciendo continuamente el impulso primitivo, que Dios le imprimió en el principio de la creacion.

Aquel movimiento fué de concentracion y formó los astros, por ejemplo, la tierra; pero despues de formada ésta, tiene que conservar aún el movimiento primitivo como una ley de su sér, y por lo tanto se dirigen sus corrientes del espacio hácia el núcleo terrestre, y al tocar éste por una necesaria reaccion, se reflejan de la tierra hácia el espacio. Las corrientes que se dirigen hácia la tierra constituyen la gravedad, y las que se dirigen de la tierra hácia el espacio el calórico. Las primeras constituyen un fluido cuya tendencia es de solidificacion de todos los materiales ponderables, y por lo mismo lo llamo Compresor, y las segundas originan un fluido cuyas tendencias son naturalmente inversas, y por lo tanto lo nombro Dilator.

Al acercarse el compresor hácia el núcleo terrestre, van encontrando sus corrientes un espacio de mas en mas reducido, y necesita por lo mismo acelerar su movimiento segun el cuadrado de las distancias; pero al convertirse en dilator y alejarse éste de la tierra, van hallando sus corrientes un espacio de mas en mas ámplio, y por esto tienen que retardar su movimiento asimismo segun el cuadrado de las distancias; pero como el momento de prioridad es de concentracion, la resultante de la gravedad es segun los números impares; es decir, que cualquier cuerpo que se halla abandonado á sí mismo en medio de las corrientes del compresor terrestre, es arrastrado hácia la tierra con una velocidad continuamente creciente segun los números impares.

Se ha visto que el mismo fluido armonio constituye con sus corrientes de radiacion al compresor, y con las de irradiacion al dilator terrestre: pero una parte de las corrientes comprimentes penetra la tierra y la atraviesa de un estremo al otro de su superficie, es decir, que las corrientes que la penetran deberian salir en el punto antípoda, si los movimientos generales de la tierra en torno de su eje y en torno del sol no modificasen aquellas corrientes. Esta circunstancia hace que el dilator se escape del centro de la tierra por los lugares donde halla menos presion, y por eso se dirige hácia las grietas que quedan en las montañas que se han elevado por las esplosiones gaseosas subterráneas, y una vez concentrado el dilator en dichas abras ó grietas, incendia en ella aun las mismas rocas fundiéndolas en corrientes de lava; y hé aquí la causa de los volcanes, sin que para esplicarse éstos sea necesario suponer un fuego central. El escape del calórico es asimismo protegido por el movimiento terrestre, y por esto los volcanes son mas abundantes hácia el ecuador, donde hay la mayor suma de movimiento rotatorio de la tierra.

Los polos de ésta tienen el menor grado de movimiento, por lo que en ellos hay la mayor facilidad de penetracion de las corrientes armónicas terrestres. Pero no era posible que éstas se verificasen sin una permuta interior y esterior de las corrientes de los polos sur y norte, y así es como resulta del mismo armonio el magnetismo, el cual no solo obra en la grande escala del planeta, sino tambien en los diversos metales en que su estructura molecular permite la permuta continua de las corrientes magnéticas sur y norte, y por esto una aguja ó cuerpo magnético en equilibrio toman sus polos la direccion de los polos magnéticos de la tierra, con la marcada tendencia á conservar el mismo órden de sus corrientes en la continua permuta de sus elementos sur y norte, por lo que las corrientes semejantes se repelen como impermutables, y las distintas se atraen por su misma tendencia á permutar sus moléculas.

Cuando se magnetiza un metal, y principalmente el acero, por medio de frotamientos, no se hace otra cosa que establecer en su estructura molecular la permuta de las corrientes magnéticas de la tierra, así como ésta con sus corrientes normales las ha establecido permanentemente en los imanes naturales.

Mas no podian suspenderse aquí los fenómenos producidos por las corrientes armónicas, pues estando la tierra entre las corrientes de todos los astros é interceptándolas con su volúmen, es indispensable que la interferencia que en ellas produce, resulten variedades de imponderables tan numerosas como los astros mismos, segun su magnitud y lejanía. Pero las corrientes que mas influyen en la tierra son las del sol y las de la luna; aquellas por su magnitud, y éstas por su cercanía.

De los movimientos combinados de aquellos luminares, resulta una permuta de corrientes armónicas, que á la inversa de las magnéticas, tienen su maximum hácia el ecuador terrestre, y su minimum hácia los polos, envolviendo á la tierra en corrientes permutantes circulares, paralelas á su ecuador, y hé aquí la electricidad en que uno de sus elementos permutantes se asimila á la vitrea, ó *en mas del sol*, y el otro á la resinosa, ó *en menos de la luna* por la permuta general de las corrientes solares y lunares.

Cuando las corrientes eléctricas están en su estado normal, no se perciben los fenómenos de perturbacion ó concentracion de la electricidad; pero cuando ésta se aglomera en un cuerpo no conductor, como un disco ó trozo de cristal ó de resina, las corrientes se perturban, suspenden su general permuta, y al recobrar el equilibrio de ésta, lo hacen con una rapidez destructora y detonante.

El simple frotamiento de los cuerpos no conductores perturba las corrientes normales eléctricas, no pudiendo penetrar dichos cuerpos rápidamente por la falta de analogía en la forma de sus partículas; así es que cuando la electricidad se perturba, se aglomera y se reune recobrando el equilibrio rápidamente luego que se les presenta un cuerpo conductor, sobre el cual se precipitan.

En las descomposiciones ó composiciones químicas moleculares, la electricidad obra como un agente poderoso, y así sus corrientes permutantes en mas y en menos, ó sean positivas y negativas, se dirigen hácia los cuerpos en que se opera la alteracion química y se establecen los circuitos eléctricos, que tienen por resultado las baterías á que se ha dado el nombre de galvánicas.

Como el armonio es un fluido inelástico é indestructibles sus partículas, donde quiera que sus corrientes suficientemente concentradas atraviesan un cuerpo, destruyen la estructura química de éste y cambian su estado molecular. Por el mismo motivo, las corrientes magnéticas del armonio siguen la necesidad dinámica concentrándose hácia los polos, así como las corrientes eléctricas se concentran hácia el ecuador.

De la doble permuta de las corrientes eléctricas y magnéticas, resulta, que cuando un conductor magnético y otro eléctrico se ponen aislados en equilibrio libremente bajo un mismo punto de suspension, se colocan en el acto en ángulos rectos. Esto ocasiona que luego que se hace circular una corriente eléctrica en torno de un metal magnetizable, principalmente el fierro, se desenvuelve inmediatamente el magnetismo en éste, cuyo fenómeno da orígen á la multitud de aquellos que se califican con el título de electro-magnéticos.

Este se percibe en la naturaleza en grande escala. Las corrientes eléctricas y magnéticas de la tierra se permutan oscura y silenciosamente sin cesar; pero en las perturbaciones meteorológicas aparecen las tempestades magnéticas ó aureolas boreales, principalmente hácia los polos, y las tempestades eléctricas principalmente hácia la zona tórrida.

La tierra misma puede en cierto modo considerarse como un enorme electro imán, en que se determinan sus polos magnéticos, por el circuito eléctrico formado por las corrientes solares y lunares de mas y de menos, como la batería poderosa y constante del sistema de fuerzas de este planeta.

Me quedan por indicar aquí los fenómenos de la luz, como producidos por el mismo fluido universal armonio.

Este, compuesto de partículas ó esférides, todas esféricas y todas iguales é inalterables, tienen intersticios ó huecos entre sí, que están llenos de la fuerza asimismo universal, continua y activa, la cual, por medio de cualquier impulso que se le imprima, debe hacer sentir su influencia en el mismo instante en todo el universo. Los movimientos comunicados á la fuerza universal así comprendida, constituyen la luz como fenómeno absoluto.

De este modo, si no hubiese en la fuerza un movimiento continuo de accion y de reaccion, sino que en medio de su reposo total se comunicase á ella un movimiento repentino, la luz producida por éste seria sentida isócronamente en el universo entero. Pero como las ondulaciones luminosas por emision ó emitentes, son opuestas á las ondulaciones por reaccion ó remitentes, es indispensable que sufran un retardo, el que por las esperiencias hechas acerca de la luz de los satélites de Júpiter, observada en su reaparicion despues de ser eclipsada por el planeta, resulta que tienen las ondulaciones entre dichos satélites y la tierra, la prodigiosa velocidad de setenta y siete mil leguas por segundo de tiempo; pero debe tenerse presente que la luz no puede tener un movimiento uniforme, pues debe seguir la ley universal de la estension, lo que la afecta segun el cuadrado de las distancias, y ademas, las interferencias que se ejercen recíprocamente los múltiples cuerpos luminosos que ocasionan los fenómenos de la escintilacion.

Así es que la luz, en su estado normal ó de equilibrio, resulta con ondulaciones en que se percibe un solo color uniforme, y que en los diversos cuerpos luminosos tienen tintes mas ó menos cercanos al blanco. Pero luego que el equilibrio de las ondulaciones se pierde, resulta la influencia peculiar del cuerpo luminoso.

En la luz del dia se perciben cuatro ondulaciones principales. Las emitentes y remitentes solares, y las emitentes y remitentes terrestres. Las primeras dan los tintes amarillo y azul, y las segundas el rojo y el violado, siendo el amarillo un tinte análogo al rojo, aunque mas intenso en fuerza emitente, y el azul una variedad del violado, aunque mas intensa en fuerza remitente.

Cuando se presenta convenientemente un prisma á la luz solar, se distinguen divergentemente las ondulaciones amarillas y rojas de un lado, y las azules y violadas del otro, con una pureza y precision notables; pero luego van aumentando en divergencia por su tendencia á recomponer la luz neutralizada ó blanca, y se mezclan primero las tintas análogas, y así aparecen del amarillo y el rojo el naranjado, y del azul y el violeta el añil. Despues se mezclan las tintas centrales, y resulta del amarillo y el azul el verde, cuando llegan á su mayor brillantez y variedad para debilitarse despues las diversas tintas, hasta desaparecer por la recomposicion de la luz blanca los cuatro colores primitivos y las tres mezclas, que componen las siete tintas del espectro.

Aquellos colores son normales en todos los que producen las ondulaciones de los diversos cuerpos luminosos, combinadas con las peculiares de este planeta; pero hay que notar que las tintas son mas ó menos débiles segun la intensidad de la respectiva luz, y que vistas con un microscopio presentan rayas resultantes de las peculiares interferencias que sufren y que son diversas en cada cuerpo luminoso.

La grande variedad de fenómenos en que se perturban las ondulaciones luminosas produciendo las eoloridas, impide que hable yo aquí de ellas, y solo presento la teoría general en el suscinto análisis que trazo.

Pero el fenómeno de la luz no es solo de ondulacion de la fuerza libre que llena el universo en los intersticios de las esférides que componen el armonio, pues dichas ondulaciones se modifican con las corrientes comprimentes y dilatantes de este fluido que constituyen la gravedad y el calórico, por lo que la luz misma tiene su efecto emisivo en la mayor parte de los casos, y remisivo en otros. En el fenómeno ordinario del fuego se observa que cualquier cuerpo que sufre cierto grado alto de temperatura, irradia calor y se hace luminoso, á la par que en la electricidad vitrea los penachos de luz son emisivos; pero en la electricidad resinosa remisivos. Este fenómeno es distinto de la refleccion comun de la luz.

El sonido no solo coincide en demostrar la existencia del fluido universal armonio, sino que proporciona pruebas muy eficaces de su manera de ser y de moverse. Las vibraciones que una cuerda tirante ejecuta, solo pueden resultar de la reaccion sobre ellas de las ondas movibles de un fluido inelástico. Los alongamientos y reducciones que ofrecen en union del sonido, las vergas de vidrio frotadas en el sentido de su longitud con un trapo húmedo, y en fin, la multitud de instrumentos de música, manifiestan que los materiales mas sólidos, lo mismo que los mas ligeros, están actuados molecularmente por el fluido universal, el que mueve y pone en vibracion sus moléculas.

Así es que los sonidos armoniosos son dependientes de la proporcionalidad de las ondas sonoras que los producen, y esa proporcionalidad se puede apreciar numéricamente cuando se investiga en el volúmen de dichas ondas, aunque la longitud de las cuerdas vibrantes no sean esactamente comensurables entre sí, pues la longitud de cada una de ellas solo puede considerarse como la raiz cúbica de su onda respectiva.

Pero como el armonio consta de esférides inalterables á toda fuerza, no puede producir el sonido sino á espensas de la materia ponderable, por lo que ésta es al mismo tiempo la sostenedora y conductora del sonido, siéndolo tanto menos cuanto mas dispersas están sus partículas. Así es que el aire es en general poco sustentante y conductor del sonido, y lo es menos en proporcion á su enrarecimiento.

La concision y brevedad con que debo en este lugar enunciar las diversas fases del análisis, me impide estenderme á detallar la multitud de fenómenos que presentan los imponderables; básteme por ahora llamar la atencion, para que se observe que el mismo fluido armonio y la fuerza que llena los intersticios de sus partículas ó esférides, producen con su variedad de corrientes todos los imponderables.

En los fenómenos del universo primero debió existir la luz, porque ésta fué el resultado de los primeros movimientos del armonio. En seguida resultó la gravedad como generadora de los núcleos celestes ó estrellas. Despues el magnetismo como producido en la tierra por la combinacion de sus corrientes propias, y finalmente, la electricidad, resultado de las corrientes del sol, en torno del cual la tierra gira, y de la luna, que gira en torno de ésta.

Así, pues, se percibe que del mismo modo que el aspecto y aun la naturaleza de la luz se modifica con la del cuerpo luminoso, así se modifican todos los imponderables con las corrientes de cada núcleo celeste, y debe haber tantos distintos imponderables cuantos astros pueblan el armonio. De este modo es indudable que todos los cuerpos son luminosos; pero, nosotros no podemos percibir la luz varia de cada cuerpo celeste, porque no tenemos microscopios suficientemente poderosos para estudiar las franjas del espectro colorido, y de la misma manera carecemos de instrumentos para apreciar los imponderables que resultan de los diversos astros. Hace poco tiempo que apenas se conocian los fenómenos tan notables de la electricidad, del magnetismo y del electro-magnetismo, y yo tengo esperanza de que pronto se distinguirán las influencias de los imponderables de las principales estrellas, denominándoseles Sirio, Antaresio, Aldebario, etc., por pertenecer á las corrientes de Sirio, de Antares, ó de Aldebaran, etc.

Pero entre las corrientes imponderables, hay unas, como las de la luz y el calor, que se perciben fácilmente, y otras, como el magnetismo y la electricidad, que solo se perciben con los instrumentos, ó en los casos de perturbacion ó tempestad; finalmente, la de la gravedad, que se percibe por la accion continua que ejerce en la materia toda del universo.

El análisis físico, tratado (aunque tan someramente) de la manera que antecede, nos conduce por sí mismo al análisis biológico.

Ya he dicho que, propiamente hablando, todos los cuerpos del universo tienen vida; pero ahora no me ocuparé sino en consideraciones muy generales acerca de la vida de aquellos séres susceptibles de nacimiento, incremento, reproduccion, decadencia y muerte. En estos séres hay el movimiento molecular en el primer grado; el orgánico en el segundo grado, y el voluntario en el tercer grado. El movimiento molecular puede existir en una variedad inmensa de fenómenos en que los elementos químicos reasumen espontáneamente cambios en su naturaleza y modo de estar; así vemos formarse la mayor parte de los óxidos ó bases metálicas, así como los ácidos y las sales resultantes de ambos. La presencia de un óxido en un metal promueve la oxidacion del resto, y el contacto de los ácidos y las bases promueve tambien la formacion de las sales, en cuyos fenómenos de evoluciones y cristalizaciones vemos los primeros rudimentos de la organizacion, ya en las mismas cristalizaciones y ya en la actividad, á veces violentísima y aun esplosiva, que sobreviene á la materia para reasumir su composicion y forma. Pero en el movimiento molecular hay una irregularidad estrema; unas veces la evolucion vital es momentánea y efímera para dar lugar á compuestos ó resultantes de una inmovilidad prolongada indefinidamente, y en muchas ocasiones sumamente resistente á los agentes esteriores. Otras veces el movimiento molecular es sumamente lento y sus productos se van formando con el trascurso de los años, como sucede en el nitrato de potasa, que se forma lentamente en los parajes oscuros y húmedos; y sin embargo, ese mismo compuesto pierde fácilmente su manera de ser, y por esto da orígen á mistos esplosivos.

El movimiento molecular sirve indudablemente de preparacion de la materia para el movimiento orgánico. En éste la vida no solo consiste en una evolucion simple terminando la accion dinámica por un producto estático, sino que en la vida orgánica la accion dinámica es continua, y no cesa de existir activamente bajo un sér ó forma determinados, sino para convertirse en séres y formas distintas.

En la vida orgánica comienzan á aparecer las formas redondeadas y la circulacion con la formacion de vasos absorventes y exhalantes, así como los órganos asimilantes de materiales nutritivos y espelentes de los inútiles ó dañosos.

Mas en la vida orgánica hay una estupenda variedad de séres desde los mas sencillos hasta los mas complicados. Una simple célula de materia organizada suele verse que crece, se subdivide por estrangulacion, y se multiplica rápidamente mientras tiene jugos análogos que la nutran y se halla en circunstancias propicias. La muerte de esa clase de séres suele ser la simple desecacion de sus jugos.

Pero se puede seguir la secuela de la organizacion desde la célula mas sencilla y las plantas criptógamas y las fungosas, hasta las mas complicadas en que comienzan á verse como en las mimosas, los movimientos espontáneos ó voluntarios.

En las plantas hay variedad de maneras de reproducirse y de medios favorecedores de la reproduccion. En general, una misma planta puede reproducir sus semejantes por medio de sus semillas, ó se puede lograr lo mismo haciendo criar raíces á cualquiera de sus ramas plantándola en la tierra. Finalmente, la implantacion de la rama de un arbusto ó árbol en el tronco de otro diferente, da lugar al fenómeno conocido con el nombre de *injerto*, en que se modifican con la nueva sávia los productos del ramo injertado.

Así es como la vida simplemente del movimiento y analogía de formas, y sus productos de agregacion y justaposicion de éstas, circunscribe los resultados del movimiento molecular á medios preparatorios del movimiento orgánico; mas de la misma manera el movimiento orgánico produce medios preparatorios del movimiento voluntario.

En éste los séres que lo disfrutan son de una variedad prodigiosa en sus órganos y manera de existir y de reproducirse. Los unos, como los zóofitos, parecen simplemente vegetales desprendidos del suelo, y su reproduccion es como la mas simple de éstos, sectoria; pero en otros los órganos son variadísimos, la vida activa y sagaz, sus movimientos rápidos y enérgicos, y en su reproduccion manifiestan pasiones vehementes y aun terribles.

En esa admirable variedad de séres dotados de voluntad á que llamamos animales, se ve una série pasmosa de progreso, encaminado, bien podemos decirlo, hácia el logro de la inteligencia.

De este modo, el análisis biológico nos enseña que los medios de la naturaleza son dirigidos hácia el logro de un sér en quien se reflejen todos los fenómenos de ésta, y que comprendiéndolos sepa apreciarlos y buscar inteligentemente su orígen; y hé aquí, pues, al hombre.

Pero éste no se conforma con indagar el orígen de las cosas en los séres tal cual los encuentra en la naturaleza. Toma el escalpelo, abre las órganos palpitantes de los animales y los simplifica en tipos comunes de asimilacion, de circulacion, de mocion y de refleccion.

No satisfecho aún con esto, sujeta á su prolijo exámen los vegetales, y su inmensa variedad la reduce asimismo á los tipos comunes de asimilacion y de circulacion.

Finalmente, desciende á los fósiles, y encuentra en ellos como tipo comun la asimilacion y justaposicion de formas.

Busca, sin embargo, los tipos generales del todo, é investiga químicamente en sus materiales componentes, pero como el Alejandro de la ciencia, llora al término de sus conquistas encontrándolas todas reducidas al hallazgo de sesenta y dos sustancias que resisten á todas sus ulteriores investigaciones y esfuerzos.

Empero continúa ardientemente en busca de tipos generales que le presten una luz para proseguir investigando en ellos, y así halla que una de esas sustancias á que llama *oxígeno*, combinándose con cuarenta y siete de las otras sustancias, forma con ellas unos compuestos á que llama óxidos, tierras ó bases. Mas el mismo oxígeno combinado con las otras catorce sustancias, forma con cada una de ellas compuestos á que dá el nombre de ácidos. De este modo á las primeras cuarenta y siete principales sustancias les da el nombre de metales, así como á las quince restantes, incluso el oxígeno, el de metaloides.

Pero ¿son los metales y los metaloides tipos de forma y de agrupamiento molecular? Todo indica que de facto así lo son, mas la humanidad carece hoy de arbitrios esperimentales para investigarlo y demostrarlo, y así apela para comprenderlo al cálculo y á la geometría. Imagina la teoría de los equivalentes químicos; procura darse razon de los átomos materiales y de sus formas, pero para esto tiene que entrar en el terreno de las conjeturas. ¿Podré yo sacarla de éste y practicar un análisis riguroso de los hechos? Lo ensayaré al menos.

Las partículas ó átomos de todos los elementos químicos, pueden considerarse como poliedros semejantes, reunidos entre sí por justaposicion y mantenidos en contacto por la presion de fuerzas esteriores. Los cristales ó formas regulares que asumen los cuerpos simples ó sus compuestos mas sencillos, nos muestran que la primera parte de la proposicion es esacta, y tambien se demuestra que las fuerzas que actúan dichos materiales son esteriores, ya porque cuando cristaliza una sustancia si se le deja en quietud, bajo la influencia de las fuerzas actuantes, asume los cristales mayores y mas perfectos, lo que no sucede cuando se le precipita, ya en fin porque se observan los fenómenos de agregacion plástica cuando las sustancias metálicas se sujetan á las corrientes eléctricas.

¿Tenemos de este modo un dato ó punto de partida para asegurarnos de que la materia toda es inerte y simple en sí misma, y que todas las fuerzas que la actúan son asimismo esteriores? Yo creo que sí, y que se puede aun impulsar el análisis geométricamente hasta conocer esta verdad.

La esfera puede dividirse en dos sistemas, el uno cuadrangular y el otro pentagonal, á que doy el nombre de *armoesferios*. En el primero, con nueve círculos maximos *equiarmónicos*, se divide la superficie de la esfera en cuarenta y ocho triángulos rectángulos iguales. Estos originan: 1º El tetraedro ó cuerpo regular de cuatro caras, cada una de ellas triangular equilátera, resultado de doce triángulos rectángulos del armoesferio. 2º El cubo ó poliedro regular de seis caras, cada una de ellas cuadrada y compuesta de ocho triángulos rectángulos del mismo armoesferio. 3º De la propia manera éste origina al octaedro ó cuerpo regular de ocho caras triangulares equiláteras, cada una de ellas compuesta de seis triángulos. 4º Asimismo produce el duodecaedro rombal ó poliedro regular de doce caras ó rombos, cada uno de ellos con cuatro triángulos.

Este armoesferio no solo comunica su armonía al esterior de los poliedros que origina, sino tambien á su interior composicion. Suponiendo un cubo inscrito en el armoesferio, y que sus círculos equiarmónicos son secciones de la esfera, y que necesariamente se interceptan todas en el centro de ésta, resulta que el cubo inscrito en ella queda tambien dividido con dichas secciones, atravesando cada una de sus seis caras con líneas que primero forman los cuadrados de éstas, y despues cruzan cada cuadrado por dos líneas dividiendo por mitad sus lados, y otras dos dividiendo por mitad sus ángulos.

Las seis caras del cubo así divididas, producen en el interior de éste el octaedro inscrito, y el tetraedro asimismo inscrito; mas invirtiendo los ángulos sólidos del mismo cubo y adaptándolos por justa posicion sobre sus seis caras, resulta el duodecaedro rombal circunscrito. Pero hay mas, los ángulos sólidos que resultan de los dos poliedros, el tetraedro y el octaedro inscritos en el cubo, generan una série complementaria, y dentro del mismo cubo se encuentran los poliedros componentes de cuatro octaedros idénticos con el central, y completando el volúmen del cubo con ocho tetraedros, cada uno de ellos ocho veces menor en volúmen que el tetraedro central inscrito.

En el segundo armoesferio ó sistema pentagonal, los círculos sectores son quince, y dividen la superficie de la esfera en ciento veinte triángulos rectángulos iguales. Estos generan al duodecaedro pentagonal ó poliedro regular de doce caras, cada una de ellas formada por un pentágono, dividido en diez triángulos. Tambien origina al icosaedro ó polígono regular de veinte caras, y cada una de éstas triangular equilátera, dividida en seis triángulos. Finalmente, origina al tricontriedro ó polígono regular de treinta caras rombales, y cada una de ellas compuesta de cuatro triángulos. Estos tres cuerpos no solo se alternan y originan mútuamente por medio de los círculos sectores del armoesferio, sino que asimismo coarmonizan con los poliedros originados por el armoesferio ó sistema cuadrangular, siendo el tetraedro el poliedro de transicion de un sistema á otro.

Así, pues, estos dos armoesferios con sus sistemas de poliedros, originan no solo los cuerpos regulares, sino tambien los semi-regulares y los irregulares, y á ellos pueden referirse todos los de la naturaleza.

Tambien resulta la conmensurabilidad de los sólidos regulares inscritos ó circunscritos en la esfera no solo demostrable sino perceptible á la simple vista, como se puede observar en los sólidos geométricos de bulto que yo mismo he construido, y que presento á los que gusten examinarlos.

Un duodecaedro rombal inscribiendo á un cubo es el duplo de éste. Un cubo inscribiendo á un tetraedro es dos terceras partes mayor en volúmen. Un tetraedro inscribiendo á un octaedro es el duplo de ésto. Así es que tomando por unidad al octaedro es la mitad del tetraedro, la sesta parte del cubo, y la duodécima parte del duodecaedro, que los inscribe á todos.

El sistema rectangular y el pentagonal resultan asimismo conmensurables á la simple vista, pues un cubo y un icosaedro que inscriban á una esfera de igual diámetro, resultan ser el primero al segundo como veinticuatro á veinte, ó lo que es lo mismo, como seis á cinco.

La esfera misma, á pesar de la inconmensurabilidad del diámetro á la circunferencia, se percibe que no es lo mismo con respecto á los sólidos, pues se observa que la superficie de la esfera es igual á la del cubo que tenga por cada una de sus seis caras un cuadrado igual al inscrito en un círculo maximo de la misma esfera, y el volúmen de ésta es la mitad del del cubo que la inscribe. Estos últimos resultados difieren muy poco de los que hasta ahora se han obtenido por los métodos empleados.

Tal armonía y tan perfecta correspondencia de todas las formas en su orígen, indica sin duda que la esfera es la medida comun y el cuerpo único componente ó complementario absoluto, lo que de facto se demuestra á la simple inspeccion de varios sólidos que he formado con pequeñas esferas, reunidas entre sí por una sustancia adherente.

Solo el cubo tiene la propiedad de formar con ocho cubos iguales otro cubo de dobles dimensiones generadoras; y así se pueden aumentar ó disminuir éstas sin cambiar su forma, ni emplear para ello otra forma complementaria.

Mas el tetraedro no puede duplicar sus líneas generadoras ni octuplicar consecuentemente su volúmen sin emplearse el octaedro, ni éste puede lograr dicho aumento sin la concurrencia del tetraedro su complementario. Pero en los octaedros y tetraedros compuestos de esferas, el aumento es indefinido y obtenido con el mismo elemento esférico. Así, la esfera viene á ser, tanto en éstos como en los demas poliedros regulares, el complementario absoluto, y por consecuencia, el orígen de todos los poliedros posibles.

Una vez obtenida la medida comun por medio de la esfera, se encuentra la clave de la unidad material. El elemento universal armonio, resulta ser por necesidad geométrica, el único capaz de constituir todos los cuerpos ó sustancias de la naturaleza.

El armonio así se reconoce como el único elemento primitivo; pero sus partículas ó esférides, todas iguales, todas esféricas, y todas tan pequeñas como es posible, tienen sin embargo entre sí intersticios, y en ellos se halla la fuerza libre ó Psiquio, la que medida por las esférides en contacto en el arreglo cúbico, dan igualdad de fuerza libre ó alma, y de esférides ó materia inerte en el universo. Aquella conserva perpetuamente el movimiento primitivo y ésta lo obedece, y sus resultados son la vida universal, produciendo: 1º La luz, como formada por las ondulaciones de la fuerza psiquia y del movimiento de la materia ó esféride. 2º La gravedad ó compresor, como provenido por el movimiento de concentracion hácia los núcleos celestes del armonio. 3º El calórico ó dilator, resultante de la irradiacion ó movimiento inverso al de compresion ó gravedad. 4º El magnetismo, producido por la permuta de las corrientes peculiares de cada cuerpo celeste. 5º La electricidad, resultante de la permuta de las corrientes peculiares de los núcleos celestes con respecto á otro determinado.

La materia ponderable solo es el resultado del aglomeramiento de las esférides, y así ella ha contraido las formas de tipos, ya generales, ya especiales. Los tipos generales son: 1? El de los astros cuya forma comun es aquella que debia resultar de la venida hácia un centro de materiales llevados hácia él por las corrientes del compresor ó gravedad. En los materiales así reunidos se hallan los sólidos y los líquidos. 2? El tipo general de los materiales sujetos al dilator; estos materiales son principalmente los gases, cuya dilatabilidad es indefinida, y solo se encuentran contenidos en la atmósfera por la fuerza de prioridad del compresor,

Entre los tipos especiales existen los poliedros compuestos de esférides agrupadas en diferentes sistemas, y al aglomeramiento de poliedros semejantes se deben: 1? Los elementos químicos, que son los metales y metaloides: 2? Los regularizados, como son los óxidos, los ácidos y las sales sus resultantes, susceptibles todas de reasumir la regularidad de los cristales.

De la reunion armoniosa de los elementos químicos en mayor ó menor número con los imponderables se producen los tipos biológicos, en que el movimiento vital está sostenido mas ó menos dilatadamente por la recíproca accion de aquellos elementos y de la fuerza universal, que se individualiza con el nacimiento del sér ó tipo viviente, y que continúa en él sus evoluciones, su incremento y su reproduccion, hasta que al fin lo abandona por falta de idoneidad para continuar este movimiento normalmente, y ocurre la muerte del cuerpo; pero su alma puede volver al elemento ó fuerza universal ó psiquio, puede trasformarse y subdividirse con las metamórfosis de la materia ponderable, como sucede en la muerte de los animales, ó puede conservarse inmortalmente, como acaece en el hombre, conservando el tipo de su sér viviente, sus movimientos ó individualidad, sus impresiones ó memoria, y sus facultades perceptivas, aun despues de muerto el individuo corpóreo.

Con el análisis así comprendido, aun la misma geometría sufre una modificacion importante: cesa la necesidad de considerarla abstractamente. El punto viene á ser una esféride; la línea una série de esférides en contacto; la línea recta una série de esférides, en que vistas por un estremo, la primera oculte todas las otras.

Así, el punto es estenso y su volúmen el de una esféride; la línea tiene el espesor de una esféride; el plano es un grupo de esférides con el espesor de una línea; y por último, el sólido viene á ser un grupo de esférides en longitud, latitud y profundidad.

En las funciones no hay necesidad de imaginar líneas inmóviles ó abstractas. Las mismas corrientes de las esférides presentan hechos prácticos tan variados como se pueden desear, con la generacion de todas las líneas, ya rectas proporcionales, ya curvas posibles.

Finalmente: en la elevacion á potencias y en la estraccion de raíces, la misma naturaleza ejecuta continuamente combinaciones tan variadas y armoniosas, que el hombre queda estupefacto al contemplarlas mentalmente, y se humilla al compararlas con la pequeñez de sus trabajos matemáticos.

Pero el cálculo infinitesimal cesa de tener esa importancia que le da el hombre. Lo infinito en matemáticas viene á ser lo indefinido. En la naturaleza física no hay infinito. El minimum es una esféride, y el maximum es la estension asimismo esférica del universo.

Así vienen necesariamente los problemas dinámicos como el último grado del análisis; mas démoslos por resueltos. La fuerza es el solo elemento necesario. De las fuerzas opuestas iguales y antagonistas, resulta la neutralizacion de ellas, es decir, la inercia. De la oposicion de un sistema general de fuerzas todas vergentes hácia un centro comun, y todas las mas pequeñas posibles, debió resultar una esféride como la unidad, y del conjunto de todas las esférides, la esfera total del universo. Pero los intersticios de ellas quedaron llenos de la fuerza libre, y así el universo viene á demostrarse finito. ¿Qué hay mas allá de él? ¿Qué hay pues en todo lo existente? 1º Un sér necesario, pero cuya naturaleza nos es desconocida, porque el análisis no nos proporciona el conocimiento de la infinidad ni de la eternidad. 2º La fuerza libre é inmaterial, término medio entre la materia y Dios y la primera creacion de éste. 3º La fuerza neutralizada ó inercia, es decir, la materia.

Así es como el análisis podia conducirnos hasta hallar el límite de todas las cosas criadas y reconocer la esencia y existencia necesaria de Dios.

¿Pero seria posible tan laborioso análisis con todos los esperimentos y detalles de la ciencia empírica? No; la vida y la ciencia de todos los hombres serian impotentes para semejante tarea, y todos los esfuerzos de la humanidad vendrian á quedar reducidos en sus resultados finales al sencillo raciocinio que se hace á sí mismo el hombre de buena fé, guiado por el intuitismo ó instinto natural de su alma: HAY DIOS; SUS ATRIBUTOS SON TODAS LAS PERFECCIONES POSIBLES, Y SUS HECHOS EL UNIVERSO....!!!

En verdad no encuentro otro medio espedito y posible en el individuo para elevarse á la altura á que lo conducen estas consideraciones tratadas rigurosamente y á priori, que el método sintético.

Para esto es indispensable comenzar por sentar, cual principio fundamental, un axioma reconocido por la filosofía, y de él deducir lógica y estrictamente los resultados universales. Hé aquí por qué elijo el siguiente, como fundamento absoluto de la verdad.

## AXIOMA PRIMERO.

No hay efecto sin causa.

### DIGRESION.

El anterior axioma no necesita demostracion; él constituye la proposicion mas evidente que puede concebir la razon humana.

En los axiomas matemáticos cabe alguna dificultad para concedérseles la simplicidad intuitiva, pero en el anterior ésta es rigurosa. Por ejemplo: cuando decimos, *el todo es mayor que cualquiera de sus partes*, emitimos una proposicion que los matemáticos califican de axioma. Pero si se observa que un todo debe ser absoluto é indivisible, y que un compuesto de partes y un todo absoluto no pueden ser sinónimos, por lo menos se verá que este axioma no está bien espresado, ó la palabra *todo* bien definida. Pero cuando se dice: *No hay efecto sin causa*, se espresa una idea completa y que puede servir de base metafísica para probar la existencia del

Sér Supremo mejor que cualquier otro principio ontológico. De facto, si decimos: "eliminando todos los séres contingentes, nos hallamos obligados á reconocer la existencia de un Sér necesario," nos erigimos en calificadores de esos mismos séres, y acaso, despues de eliminar todos los de la naturaleza, no faltaria quien contradijese la eliminacion de la materia primitiva, calificando ésta como el sér necesario; pero cuando consideramos los efectos como originados de sus causas, tenemos un apoyo lógico de firmeza incontrovertible. Así el universo aparece simplemente como fenomenal; podrá trasformarse, modificarse ó extinguirse. La materia misma, con su primitiva inercia y simplicidad absoluta, aparece como un efecto que podrá anonadarse con la cesacion de las leyes que le dan su forma y su impenetrabilidad; pero la causa de todos estos fenómenos subsistiria sin la menor dependencia de ellos. Por último, el espacio y el tiempo, como simples leyes de capacidad y de duracion, dejarian de existir cuando no hubiese ni cuerpos ni sucesion de fenómenos; y sin embargo, la causa de esto seria sin duda la que hubiese originado las leyes de la forma y de la sucesion de momentos, como la única capaz de revocarlas.

El axioma que llevo espuesto, es la idea metafísica mas antigua de la humanidad. Diré mas: ella es la que ha debido presentarse antes que otra ninguna á los hombres para iniciarse en sus almas el dogma sublime de la creacion. ¿Este universo, esta tierra, estos séres tan variados no han tenido una causa? ¿Esas especies que se reproducen de un modo tan diverso de aquel con que debieron producirse las especies originarias, no son el resultado de una causa diversa de ellas? ¿Esa materia que compone los cuerpos, no es asimismo causada por un Sér superior? Tales han debido ser las indagaciones primitivas de los hombres, y la consecuencia fué sin duda la creencia de un Criador. En fin, el axioma que nos ocupa es tan evidente y necesario por sí mismo, que yo no puedo menos de creer que en los séres inteligentes que pueblen otros astros ó cualquiera otra sustancia del Universo, este axioma debió ser tambien su primera idea para dirigirse espóntáneamente al Criador.

### PROPOSICION 1ª

Las causas se encuentran tanto mas simplificadas cuanto mas se estudian.

### DEMOSTRACION.

Nuestros sentidos perciben una maravillosa variedad de objetos; pero éstos solo son efectos, porque aun en física, todos los fenómenos son resultados de otros mas simples. Por ejemplo, la grande variedad de vejetales que describe la botánica, debe su composicion molecular á la reunion de un corto número de elementos químicos, y todos los cuerpos que el hombre conoce en la naturaleza los ha encontrado hasta hoy la química reducidos en su composicion á unas sesenta y dos sustancias, que ha calificado de simples; pero este número, con mejores observaciones, se verá reducido aun en los laboratorios, porque en realidad no se ha necesitado para la consecucion del universo sino de un solo elemento material, y aun éste, por estar sujeto á leyes, solo es un efecto y no una causa.

### PROPOSICION 2ª

No puede haber muchas causas.

### DEMOSTRACION.

Si se supiese que los sesenta y tantos elementos que hoy conoce la química, fuesen eternos, inalterables, impasibles y con propiedades inherentemente intrínsecas, ellos serian otras tantas causas; pero se ve por el contrario, que ellos son inertes, que están sujetos á leyes, que sus movimientos, alteraciones y modificaciones, son el resultado constante de las combinaciones de unas sustancias con otras, en cuyas evoluciones intervienen fuerzas que ellas mismas pudieran tenerse por causas, si no fuesen resultantes de otras mas generales. Pero en las mismas fuerzas que obran en la naturaleza cabe la propia simplificacion; porque á pesar de su prodigiosa variedad, no pueden emanar sino de una sola fuerza, y aun ésta no ser causa, sino simplemente el resultado de una ley suprema.

PROPOSICION 3ª

No puede haber sino una sola causa.

DEMOSTRACION.

Si pudiésemos imaginar dos causas diferentes, éstas deberian tener propiedades diferentes, lo que traeria por consecuencia inevitable, el neutralizar sus mútuos efectos; por ejemplo, supongamos que hubiese dos causas de igual poder, la una que lo criase todo y la otra que todo lo destruyese; contínua é instantáneamente ejercerian esas facultades, y el resultado infalible seria la nada. Si por el contrario, suponemos que de dichos dos poderes el uno fuese superior al otro, traeria esto envuelta una contradiccion, porque si el poder superior bueno permitiese obrar al malo, aquel resultaria malo asimismo, y si el poder malo fuese el mayor y dejase obrar al bueno, vendria á ser asimismo bueno. Pero ni aun de este modo puede admitirse la existencia de mas de una causa, porque si hubiesen dos causas con diferentes propiedades, anterior á ellas, habria otra causa de aquellas diferencias. Por lo tanto, solo puede existir y existe una causa, que denominaremos con el título de única ó suprema.

PROPOSICION 4ª

La Causa Unica y Suprema es distinta de sus efectos.

DEMOSTRACION.

Toda causa, aunque solo lo sea accidentalmente de alguna cosa, es distinta de ésta, sin que pueda encontrarse en toda la naturaleza un solo efecto idéntico á su causa, pues luego que dos cosas fuesen idénticas, seria imposible que la una causase á la otra.

Mas esto que es tan obvio con respecto á las causas y efectos fenomenales, es de absoluta evidencia cuando se compara la causa única y suprema con la prodigiosa variedad de los fenómenos del universo que ha originado, pues no se puede imaginar sin absurdo el que se identificase con ellos causándolos.

El absurdo es no solo con relacion á la multiplicidad de los efectos de la misma causa, pues lo seria igualmente el imaginar el que ésta se identificase con cualquiera de sus efectos individuales, porque perderia en el acto el carácter de causa, no solamente actual, sino retroactivamente, cuya circunstancia aumentaria, si es posible, el absurdo.

## PROPOSICION 5ª

La Causa Unica y Suprema no puede trasformarse en sus efectos ni confundirse con ellos.

### DEMOSTRACION.

Un fenómeno que se trasforma en otro bien analizado, no lo causa. Por ejemplo: un árbol da orígen á sus semillas, y éstas á otros tantos árboles; mas á pesar de la visible diferencia entre el árbol y la semilla, solo pueden considerarse como variedades de un mismo fenómeno en que la série de incremento y de reproducción están ligadas con leyes indefectibles que jamas se contradicen en la misma especie. Por lo tanto, es indispensable buscarles un orígen, y solo puede conseguirse físicamente, suponiendo la existencia del primer árbol ó de la primera semilla. ¿Pero quién ha ocasionado la vida del uno ó de la otra? No puede decirse que la misma vida, porque si así fuese, todas las vidas posibles serian idénticas; mas en la inmensa variedad de séres vivientes existen general é individualmente leyes que sujetan á la misma vida, en sus trasformaciones, en sus alteraciones y en sus modificaciones. Luego la causa de todo esto es superior á los fenómenos y á la vida de que disfrutan, y por lo tanto *no puede trasformarse en sus efectos.* Tampoco puede confundirse con ellos, porque estando sujetos todos los fenómenos á leyes invariables, y siendo las leyes que los conservan las mismas á que deben su orígen, es indispensable convenir en que la misma causa que originó esas leyes, conserva su eficacia; y pues no pudo causarlas y constituirse en ellas, tampoco puede sostenerlas y confundirse con ellas: lo que si es evidente con respecto á las leyes que originan los fenómenos, lo es mucho mas con relacion á los fenómenos mismos, y por tanto: *La Causa Unica y Suprema no puede confundirse con sus efectos.*

### DIGRESION.

El panteismo, ademas de pernicioso es absurdo, pues una causa universal que se trasformase en los fenómenos que origina, no es posible, porque para que lo fuese, ella misma estaria sujeta á las leyes constantes y admirables de estos mismos fenómenos, y por lo tanto deberia sus trasformaciones y evoluciones á otra causa superior á las leyes y á los fenómenos que las obedecen. Así pues, el panteismo nos obligaria á buscar una causa suprema, orígen de las trasformaciones del Universo, y de este modo, por lo menos, seria una teoría redundante y absurda.

## PROPOSICION 6ª

La causa suprema es infinita y eterna.

### DEMOSTRACION.

La causa suprema es infinita y eterna, porque si hubiese algo que la limitase ó la hubiese limitado, dejaria ella de ser causa absoluta, pasaria al rango secundario de efecto, y ese algo limitante vendria á tomar el carácter de causa suprema, y por lo mismo infinita y eterna: cuyo razonamiento seria una redundancia absurda.

### COROLARIO.

La idea de la infinidad y eternidad del Sér Supremo es de un carácter particular, y que en nada puede confundirse con las ideas relativas de duracion, forma ó magnitudes materiales. La perfeccion absoluta es la única que puede comprender en sí la cualidad infinita; pero por su misma peculiaridad no puede comprenderse por medio de ninguna comparacion física, sino solo sentirse intuitivamente.

La intuicion da á nuestra alma ideas absolutas, cuyo análisis se escapa á la averiguacion sensible y reflectiva, pero que invenciblemente se afirman en el sentimiento íntimo del alma como axiomas incuestionables.

Los séres finitos como relativos, asombran poco al espíritu, el que pronto se familiariza aun con los mas estupendos prodigios de la naturaleza. ¡Tal es la sublimidad del alma humana, que solo se pasma ante la inmensidad y eternidad del Sér perfecto! Todo lo demas es diminuto y efímero ante el espíritu inmortal del hombre, limitado en verdad, pero engrandecido con la intuicion suprema.

Cuando nosotros apelamos en nuestras investigaciones á la ciencia empírica, abatimos el vuelo del espíritu y sujetamos éste al poder reducido y precario de nuestros sentidos. El geómetra algo se sobrepone al límite lamentable de éstos; pero solo el ideólogo es el que se eleva con la omnipotente fuerza del espíritu sobre la materia. Nuestros ojos se humillan ante la contemplacion de una cercana y colosal montaña; pero la geometría nos demuestra que las mayores profundidades del océano reunidas á las mas altas cordilleras, comparadas con la esfera del planeta, apenas pueden semejarse á las arrugas de una naranja muy fina. Sin embargo, la astronomía nos demuestra, que la tierra no es mayor que un grano de pimienta, si se compara con un globo de un pié de diámetro que represente al sol. Este mismo astro esplendente llevado á la distancia de una de las estrellas mas cercanas, no aparecería sino como una de segunda magnitud. La cabra, no obstante ser estrella de la primera magnitud, solo ha dado una paralaxe tan pequeña, que apenas forma con el diámetro de la órbita terrestre un ángulo de 0°, 0', 0" 043, y por consecuencia ofrece la prodigiosa distancia de 4,484,000 diámetros de la misma órbita, ó sean 170,392,000,000,000 de leguas. ¿Cuál será, pues, la distancia de tantas estrellas que no presentan ninguna paralaxe sensible? ¿Y cuál, por último, la distancia de aquellas apartadas nebulosas que no pueden resolver en estrellas los mas poderosos telescopios? Y sin embargo, tal es el poder analítico del espíritu humano, que no se detiene ante esa prodigiosa estension; la traspasa, la comprende límites necesarios, y dice: *El Universo es un compuesto, porque es el agrupamiento de séres fenomenales y limitados, luego él tiene forma; luego tambien tiene límites. Y una vez que éstos existen, poco importan sus dimensiones totales: el universo, por lo tanto, es diverso del Sér infinito, que el espíritu humano siente con el afecto sagrado de la intuicion.*

Y esto que se dice con respecto á la forma y la estension, puede del mismo modo asegurarse con respecto á la duracion. Tomemos por medida del tiempo la menor que conoce la ciencia empírica y es la que proporciona la velocidad de la luz; ésta recorre setenta y siete mil leguas en un segundo de tiempo, es decir, 385 millones de varas. ¿Cuál seria, pues, el estupendo número de fracciones naturales de esos millones de varas, cuando el de una sola vara pasma la imaginacion y no hallamos guarismos para espresarlo, si pensamos en la divisibilidad de la materia, y por consecuencia en los fenómenos vibratorios de la luz que deben verificarse en solo un segundo de tiempo en que apenas late una vez el corazon humano?

Así es como esta corta fraccion de tiempo que influye poco aun en la vida efímera del hombre, es, sin embargo, una época dilatada para multitud de fenómenos naturales.

¡En verdad, la velocidad de la luz es prodigiosa! y sin embargo, emplea 8 m. 17" para llegarnos del sol, y mas de setenta y un años para que percibamos la que nos ha enviado la cabra. ¿Cuál será, pues, el tiempo que dilate en recorrer la distancia de las mas lejanas nebulosas á la tierra? Algunas de esas épocas se han calculado en doce mil años.... ¿Pero qué importan los guarismos al espíritu? En ellos no ve éste sino la relativa duracion de los fenómenos, y á todos éstos los considera bajo la idea genérica de las duraciones efímeras mientras él se eleva intuitivamente á la contemplacion de la infinidad y de la eternidad.

Sin embargo, las ideas de infinidad y eternidad, como relativas á la estension y duracion, no convienen propiamente á la Causa primera. Nosotros no podemos formarnos un concepto adecuado del Sér supremo, sino intuitivamente, es decir, cuando no lo comparamos con ninguna de las cosas finitas. ¿Cuál es bajo este punto de vista la idea de la infinidad? Aquella que nos hace sentir la realidad de un Sér existente en sí mismo, y por lo tanto ilimitable é indefectible. Para este Sér no hay pasado, ni presente, ni futuro; no hay estension ni duracion, ni influyen sobre él los fenómenos que origina.

### PROPOSICION 7ª

La Causa única y suprema es inmutable.

### DEMOSTRACION.

La mutabilidad necesariamente es fenomenal; porque para que una cosa se cambie en otra es indispensable una causa que la obligue á ello, lo que es inaplicable á la Causa primera y única. Esta puede ser, y es en efecto activa por sí misma en grado eminente, como Causa suprema; pero su actividad solo debe sentirse en los fenómenos ó efectos que origina, sin rehacer su energía sobre sí misma, porque si esto se verificase perderia el carácter de Causa suprema y pasaria al grado secundario de sér fenomenal, y sujeto á otra causa, lo que es absurdo. Así pues, *la Causa única y suprema es inmutable.*

### COROLARIO.

La actividad intrínseca de la Causa suprema es inherente en sí misma como sus demas atributos, y por lo tanto no puede originar mudanza alguna en el sér en quien existe, pues si fuese posible la mutabilidad en él, cesaria de ser activo por sí mismo, y así se palpa el absurdo de suponer que su actividad ocasionase su inactividad, porque toda contradiccion es imposible en el Sér único y supremo.

### PROPOSICION 8ª

El tiempo y el espacio son cualidades fenomenales que no existen por sí mismas, y que en nada influyen con respecto á la suprema Causa.

### DEMOSTRACION.

Siendo la suprema Causa ilimitable, en nada tiene relacion con el espacio que marca la estension y la forma; y siendo inmutable, tampoco está sujeta á la medida del tiempo. Por manera que antes de haber fenómenos existió solo la Causa primera, y ella existiria si los fenómenos se anonadásen, por lo que el espacio y el tiempo, que solo son las relaciones de estension y duracion de los fenómenos mismos, son estraños é inútiles en la consideracion del Sér supremo.

11

## DIGRESION.

Nada ha hecho tanto mal á la ideología como la teoría de la existencia del espacio y del tiempo como realidades esenciales, ni nada ha perjudicado tanto á la física como el creer en la existencia del vacío. Así es como se ha venido á suponer el espacio, y dentro de él la materia ó la nada.

Algunos ideólogos, para salvarse de tal absurdo, han supuesto el espacio que llaman puro, como atributo de la Divinidad, haciendo así una divinidad con cualidades pasivas, y sujeta á los fenómenos físicos, lo que es tambien absurdo.

En física se enseña, que nosotros podemos suponer, por ejemplo, un libro con sus tres dimensiones, de longitud, latitud y profundidad, y asimismo el anonadamiento de dicho libro, pero no el del espacio que ocupa, el que subsistiria subsecuentemente. Esta doctrina es arbitraria y pueril. En la naturaleza no puede destruirse un fenómeno, sin la produccion de otro. El anonadamiento absoluto de todos los fenómenos del universo, no puede verificarse sino por una ley del Sér supremo, y entonces quedarian solamente los resultados de la misma ley.

Con respecto al tiempo, se dice que correria igualmente aun cuando los fenómenos del universo se anonadasen. Pero siendo el tiempo un fenómeno de relacion entre las duraciones respectivas de los diversos fenómenos naturales, ¿cómo podria subsistir una vez anonadados éstos, ó por mejor decir, anonadadas sus relaciones fenomenales? Indudablemente el espacio y el tiempo son enteramente inadecuados para esplicar los atributos de la Causa suprema, infinita y eterna.

## PROPOSICION 9.ª

El espacio y el tiempo no dan ninguna idea esacta con relacion al infinito.

## DEMOSTRACION.

Se ha dicho por algunos filósofos que lo infinito es solo lo indefinido, lo que es cierto en física y en matemáticas, pero absurdo en metafísica. El infinito esencial, ó sea la Causa suprema, es lo único que hay de evidente para el espíritu contemplativo. Todas las cosas finitas que constituyen los fenómenos físicos, pudieran ser simplemente ilusiones del espíritu pensante, pudieran ser cambios continuos ó evoluciones de la inteligencia; pero la Causa suprema de estos fenómenos, seria siempre la misma y que subsistiria por sí misma. Y en tal caso, ¿qué serian el espacio y el tiempo, sino meras ilusiones? Del mismo modo, el mundo positivo es solo el conjunto de fenómenos que tienen una relacion directa con la forma y la duracion, y por consecuencia, el espacio no es sino la relacion de la forma, y el tiempo la de la duracion.

Estas relaciones son evidentes, porque son diferentes en la variedad de fenómenos; pero ellas dejarian de existir si el universo fuese un solo fenómeno, porque no habria términos de comparacion ni en su duracion ni en su forma. Hé aquí por qué ni el espacio ni el tiempo dan una idea esacta del infinito, porque siendo fenomenales son limitados, y por consecuencia inadecuados para demostrar la esencia única é infinita.

Esto se percibe mas claramente cuando observamos que el universo físico se compone de partes heterogéneas, que en sus evoluciones y movimientos se adaptan y completan mútuamente en la forma y en la duracion; luego es evidente que del conjunto de formas resulta una forma determinada, y del conjunto de duraciones una duracion no interrumpida; pero por grandes que sean dichos fenómenos, ¿qué son comparados con la infinidad y la eternidad, conforme las supone el espíritu humano? Con respecto á la primera, el universo no seria sino un punto; y con respecto á la segunda, la duracion solo seria un instante. Así, pues, las relaciones de lo finito son inaplicables á lo infinito.

Nosotros podemos concebir la estension del universo como inmensa, podemos alejar sus límites, pero no anonadar éstos sin caer en el absurdo. Y mas allá, ¿qué hay? ¿Un espacio vacío y pasivo, sujeto á la ocupacion ó desalojamiento de los cuerpos?. No: y no podemos admitir tal hipótesis sin caer en otro absurdo. Y sin embargo, la idea del infinito es evidente, pero incapaz de comprenderse, si lo comparamos con lo limitado.

Por lo tanto, es indispensable concluir: que hay un Sér superior, cuya constitucion nos es desconocida, y que existente en sí mismo, y por sí mismo, no está sujeto ni á la forma ni á la duracion; y por lo mismo, que son inaplicables con respecto de él las ideas de tiempo y de espacio; y que por el contrario, el tiempo y el espacio son sus creaciones, así como todos los demas fenómenos del universo.

¿Preguntaremos ahora cuál es la naturaleza de ese Sér soberano? No, porque no habria para ello respuesta precisa y esacta. Nuestra alma siente la presencia de este Sér; siente su influencia protectora; siente la necesidad de su esencia y de su existencia; siente, en fin, la absoluta verdad de esa Causa primera ó infinita de todo lo existente; pero no puede raciocinar sobre ella, ni aun comparándola con los elementos mas simples de relacion, cuales son el tiempo y el espacio. Estos, como creaciones, son distintos del Criador. Así, pues, el infinito no solo es necesario, sino lo único de que nuestra alma no puede hacer abstraccion, apoyada en el sentimiento íntimo de su existencia, de la cual le avisa el instinto del espíritu, á que he dado el nombre de intuitismo, y que solo puede compararse al instinto ó sensitismo con que una planta manifiesta que percibe la existencia y presencia de la luz, aunque sea incapaz de definir y calificar el astro portentoso que la irradia.

### DIGRESION.

Si se me preguntase: ¿qué cosa es el infinito? responderia sin titubear: no lo sé, porque no me lo dan á conocer los fenómenos finitos, ni tampoco los de relaciones de forma y duracion, es decir, ni el tiempo ni el espacio, que solo son accidentes de los fenómenos finitos. Pero si se me pregunta: ¿existe el infinito? mi respuesta seria aun mas firme, y producida por una conviccion mas profunda. Responderia sí; porque de ello me avisan mi alma y mi razon. Mi alma siente la existencia de ese Sér supremo, infinito y eterno, con un sentimiento de afecto y veneracion superior á todo raciocinio, y por consecuencia mas convincente que ninguna evidencia emanada de mis sentidos. Del mismo modo mi razon me demuestra que lo finito necesariamente se deriva del infinito, es decir, de la existencia indefectible de la Causa suprema; así, el alma y el raciocinio, elevan en mí la conviccion absoluta de la existencia del Sér supremo, por débiles y pequeñas que sean mi alma y mi razon para definirlo.

### PROPOSICION 10ᵃ

La Causa única y suprema es perfecta.

### DEMOSTRACION.

La imperfeccion de las cosas solo está en nuestra manera de juzgar de ellas, por lo que reflexionando imparcial y profundamente, solo puede haber imperfeccion en nuestros juicios, siendo todas las cosas perfectas para el objeto con que están criadas, y aun aquellas que creemos imperfectas se dirigen constantemente hácia un estado de perfeccion perceptible aun al limitado alcance de nuestro juicio.

De este modo, siendo perfectos los fenómenos y estando relacionados con una prodigiosa armonía independiente de ellos mismos, es evidente que esa perfeccion y esa armonía la deben á la Causa única y suprema, y por consecuencia, que ella es perfecta al infinito como orígen absoluto de todas las perfecciones finitas.

Esto se percibe mejor cuando reflexionamos que el universo entero como finito es solo un punto comparado con el infinito, y que todas las duraciones reunidas en una sola duracion no interrumpida, son un solo momento en comparacion de la eternidad. Del mismo modo todas las perfecciones derivadas son con relacion á la Perfeccion absoluta, como lo finito es al infinito.

### PROPOSICION 11ª

La Causa única y suprema carece de todo defecto.

#### DEMOSTRACION.

Ninguna cosa es defectuosa en sí misma, pues los defectos consisten solo en nuestro juicio acerca de las cosas. Diré mas, encomendado el hombre, como sér providencial, de conducir el progreso de la creacion sobre la tierra, percibe los fenómenos que deben modificarse y aun extinguirse por haber dejado de ser convenientes en la secuela de las operaciones necesarias de la naturaleza.

Así, pues, aun en el juicio del hombre los defectos son solo los avisos que percibe en sí mismo, para conducir el progreso de la creacion en la parte que le está señalada.

Por lo tanto, no existiendo defectos en los fenómenos, es evidente que infinitamente menos existen en la suprema Causa que les ha dado la existencia, pues con ésta misma prueban que no pueden proceder de un orígen defectuoso.

#### COROLARIO.

Pueden aún suponerse defectos en los fenómenos ó efectos, sin que esto implique el que existan en su Causa suprema. Para esto basta reflexionarse que la creacion es continua, y que los fenómenos solo son preparatorios de otros mejores, hasta que por medio de este progreso universal se obtenga la estabilidad y perfeccion á que la suprema Causa destina sus obras, percibiéndose así que ningun defecto existe sino en el juicio erróneo con que el hombre juzga de los medios sin investigar que ellos son necesarios para los fines á que los dirige la suprema Causa. Siendo así evidente que aun cuando en la transitoria actualidad existiesen defectos, solo serian éstos con relacion á los fenómenos, pero inaplicables á la Causa primera, que como incapaz de contradiccion en sus atributos, solo pueden éstos tener los caractéres de la mas absoluta unidad, armonía y perfeccion.

### PROPOSICION 12ª

La Causa única debe tener una admirable variedad de atributos ó propiedades intrínsecas, sin que esto implique variedad de causas.

### DEMOSTRACION.

La estupenda variedad de objetos que existen en el universo, manifiesta la prodigiosa armonía de las facultades de la suprema Causa que lo ha creado; pero habiéndose demostrado que no puede haber dos causas, (porque entonces necesariamente serian contradictorias) así tambien se demuestra que no puede haber contradiccion ninguna entre los atributos de la suprema Causa, y que por variados y múltiples que ellos sean, deben ser igualmente perfectos y armoniosos entre sí.

### PROPOSICION 13.

Los atributos de la Causa única le son inherentes.

### DEMOSTRACION.

La inherencia absoluta solo puede comprenderse en la Causa suprema, porque ella es inseparable de sus atributos, constituyendo éstos un solo Sér pefecto. Puede muy bien razonarse sobre alguno de estos atributos, pero solamente en un sentido abstracto, acomodado á la limitada inteligencia humana. Así, cuando decimos que la Causa suprema es necesaria y eminentemente sábia, buena, justa y poderosa, raciocinamos sobre cualidades que consideramos como inseparables de la Perfeccion absoluta; pero esta subdivision de atributos no puede existir realmente en el Sér perfecto, en quien todas las cualidades de la perfeccion no son otra cosa que maneras diversas de comprenderse una sola cualidad; es decir, la perfeccion misma. Esto demuestra tambien que fuera de ella no puede haber nada perfecto sino de un modo relativo, y que la perfeccion absoluta solo existe en la Causa suprema, ó sea en la inherente reunion de los atributos supremos.

### PROPOSICION 14.

Los atributos de la Causa suprema son todas las perfecciones posibles.

### DEMOSTRACION.

Si hubiese en la Causa suprema alguna carencia de perfeccion, ella seria imperfecta y defectuosa, lo que es imposible, pues como Causa única no puede tener cualidades contradictorias. Por lo tanto, siendo sus atributos todos inherentes en ella misma, y solo distintas maneras de comprender el mismo sér, ellos deben ser asimismo todas las perfecciones posibles, como constituyentes de la unidad absoluta de la perfeccion, ó mas bien, como distintas maneras de percibir intuitivamente nosotros la perfeccion absoluta.

### PROPOSICION 15.

La Causa suprema y perfecta es infinitamente inteligente, poderosa y buena.

### DEMOSTRACION.

Siendo la Perfeccion absoluta el conjunto necesario de todas las perfecciones posibles, es por lo tanto inteligente, poderosa y buena, pero como los atributos de la suprema Causa son solo diversas maneras de considerar el Sér infinito, todos ellos están identificados asimismo con la infinidad.

### DIGRESION.

Imposible seria para el hombre el enumerar los atributos necesariamente armoniosos de la suprema Causa, porque siendo ésta el conjunto de todas las perfecciones posibles, ni la imaginacion ni la razon humana tienen poder para idear ó conocer ese Prodigio causal, que en su conjunto así como en sus detalles, no solo es so-
brehumano, sino infinitamente superior á cuanto pudieran comprender todos los
séres criados é inteligentes en todos los núcleos que pueblan el espacio.  Por lo
tanto, solo he hablado de los tres atributos que espresa la anterior proposicion como radicalmente generadores, no de los demas atributos de la suprema Causa, sino
de nuestras ideas metafísicas para comprenderlos en medio de la limitacion de
nuestro espíritu.

Y de facto: nosotros podemos referir á la omniciencia todos los atributos consec-
cuentes con la Inteligencia suprema, así como todos aquellos que se revelan por sus
obras prodigiosas podemos referirlos á su omnipotencia.  Finalmente: todos los que
se relacionan con su providencia, su justicia y su misericordia, los deducimos propiamente de su bondad infinita.

### PROPOSICION 16.

La Causa suprema y perfecta es impasible.

### DEMOSTRACION.

Si la Causa suprema fuese susceptible de sufrir, seria necesario imaginar la causa de su sufrimiento en su propio sér ó fuera de su sér.

Suponer que hubiese alguna cosa en su propio sér que la hiciese sufrir, es un
absurdo imperdonable, porque como tengo demostrado, no puede haber otra causa
en paralelo de la suprema, ni los atributos de ésta ser contradictorios; luego si la
Causa suprema es única, y sus infinitos atributos armoniosos y perfectos, no son
sino la definicion de su sér prodigioso; éste no puede sufrir por sí mismo.

Fuera de la Causa suprema no hay sino sus obras ó efectos, y por lo mismo es
imposible que éstos rehagan su accion en contra de la Causa absoluta á que se deben, siendo tan inferiores á ella y estando sujetos á sus leyes; porque de facto, todos
los fenómenos del universo son los armoniosos resultados de la Perfeccion, que como
Causa suprema los ha originado, y por lo tanto, seria absurdo el imaginar que la
Causa omnipotente pudiese sufrir por el limitado poder de sus efectos.

### DIGRESION.

Así como debe definirse la Perfeccion absoluta por *el Sér que inherentemente
posee todas las perfecciones posibles,* puede inversamente definirse, como ya indiqué, por *el Sér que carece de todo defecto posible.*  De aquí emana en la contemplacion humana lo radical de la proposicion que antecede, porque siendo la Causa suprema impasible, ella no puede tener ni la debilidad ni las pasiones que causarian
un sufrimiento radicado en su propio sér; ella no puede ser colérica, ni vengativa,
ni parcialmente afeccionada, porque todos estos y cuantos defectos pudieran hacer-
ta sufrir, son imposibles en ella, quedando demostrado que suponerle tales defectos es absolutamente absurdo.

## AXIOMA SEGUNDO.

La Causa suprema y perfecta es un sér necesario.

### DIGRESION.

La evidencia axiomática de la proposicion que antecede es incuestionable, porque siendo la Causa suprema necesaria para la verdad subjetiva y objetiva de todos los efectos que encontramos en el universo, su sér es evidentemente necesario.

Al considerar así este axioma ontológico como segundo, se le depura de toda la arbitrariedad que tengo indicada en la digresion del axioma primero, porque de facto: si eliminamos abstractamente todos los efectos en el universo, es evidente que no podremos sin absurdo eliminar su Causa absoluta, porque ésta puede existir así como existió independientemente de sus efectos antes de haberlos producido, así como tampoco puede el entendimiento imaginar de manera alguna su anonadamiento.

### PROPOSICION 17.

El Sér necesario goza de una existencia real y efectiva.

### DEMOSTRACION.

Todos los fenómenos del universo pudieran suponerse ser una ilusion, ó mejor dicho, una creacion múltiple del entendimiento, y al entendimiento mismo una múltiple manifestacion de un sensorio comun y universal, pero la causa de todos estos fenómenos existiria con una verdad absoluta; y si esto decimos cuando se trata de ilusiones supuestas abstractamente, ¿cómo no deberiamos deducir la real y efecttiva existencia del Sér necesario y supremo de la real y efectiva existencia del universo como objetivo, atestiguada por nuestro entendimiento como subjetivo y comprobada por la conformidad de todos los entendimientos humanos y la correlacion de todos los fenómenos con sus relaciones constantes ó cambiantes de tiempo y de lugar?

Así, pues, la existencia real y efectiva del universo atestiguada por los sentidos y el testimonio pasado y presente de la humanidad es incuestionable, sin que pueda decirse que es la ilusion múltiple de un sensorio comun, porque con la misma fuerza con que la conciencia de nuestro sensorio nos demuestra su individualidad, nos avisa asimismo de la ninguna coherencia ó simultaneidad de sensaciones entre nuestro propio sensorio y los de nuestros semejantes aun los mas íntimos.

Esta individualidad de raciocinio de cada hombre, hace que sea un enigma el pensamiento de los unos para los otros.

Luego no siendo ilusoria sino real y efectiva la existencia del universo y la de nuestro entendimiento, y siendo la complicada série de todos sus hechos subdividida y heterogénea, es de incontestable evidencia que ellos son fenomenales, y que pudieran dejar de existir, mientras que la existencia intrínseca del Sér necesario es la mas incuestionable verdad de cuantas puede concebir y descubrir nuestra mente al través del universo como al través de un velo que ocultase con sus brillantes colores al mismo artífice que lo fabricase si con él se cubriera.

PROPOSICION 18.

Todos los séres son diferentes del Sér infinito y necesario, aunque éste los contenga en sí mismo.

DEMOSTRACION.

Como el hombre no conoce por el testimonio de sus sentidos sino efectos ó fenómenos, halla que unos son diferentes, otros semejantes y otros idénticos. Esto dimana de la naturaleza derivada de los mismos fenómenos; pero esta misma circunstancia nos demuestra que el sér que reune las cualidades de la infinidad, de la continuidad, de la homogeneidad y de la indivisibilidad, (aunque necesariamente contiene en su seno el universo) es diferente de todos los fenómenos de éste, cuyos caractéres son esencialmente inversos, pues los constituyen la fenomenalidad, la multiplicidad, la heterogeneidad y la divisibilidad.

PROPOSICION 19.

El Sér causal contiene necesariamente la existencia fenomenal, sin confundirse en ningnn punto con ésta.

DEMOSTRACION.

Siendo el supremo Sér infinito, contiene necesariamente á lo finito, dando á este último la forma y estension que le ha marcado como la primera de sus leyes. Pero como el·infinito está identificado con la Existencia suprema cual complemento de la perfeccion absoluta, ella contiene lo finito como á la fuerza ó naturaleza criada por su propio poder, sin confundirse en ningun punto con su creacion ni identificarse en ningun punto con ella, lo que se evidencia, por ser imposible la identidad ó confusion entre la Causa única y sus múltiples efectos.

PROPOSICION 20.

La Causa suprema es un espíritu puro.

DEMOSTRACION.

Habiendo demostrado que la Causa suprema es diferente de los fenómenos ó efectos que ha originado, se demuestra tambien que ella es distinta de la materia. Así pues, aunque nos sea imposible describir directamente la naturaleza del espíritu, nos basta consagrarle una palabra que lo distinga de todo otro sér; por esto la proposicion califica la naturaleza evidentemente efectiva de la Causa suprema con el nombre de Espíritu, y como en él no puede existir contradiccion ni mezcla alguna de otro sér fenomenal, se le añade el adjetivo de *puro*.

Mas como solo podemos estudiar la naturaleza del Espíritu puro indirectamente, estudiando las de la naturaleza material, debo emitir como continuacion de ésta la siguiente:

PROPOSICION 21.

El espíritu es la esencia causal existente por sí misma, activa por sí misma y bastante á sí misma.

### DEMOSTRACION.

Habiendo demostrado que el Sér necesario goza de una existencia real y efectiva, al asentar ahora que aquel supremo Sér es espiritual, resulta que la idea del espíritu trae consigo la necesidad de adunarla á todos los atributos que tengo indicados como necesariamente pertenecientes á la suprema Causa, y cuando en la proposicion actual asiento que: el espíritu es la esencia causal, es por precisar mas la idea de la Causa suprema y eliminar en la parte que es posible el lenguaje de abstraccion.

Y de facto, puesto que la Causa suprema existe, necesariamente debe ser su existencia mas evidente, mas efectiva y real que la de ningun sér derivado. Pero aunque la naturaleza del infinito nos es desconocida, podemos concluir al menos: 1°, que no teniendo límites el espíritu, carece de forma; 2°, que siendo eterno existe por sí mismo; 3°, que no debiendo á otra cosa su poder es activo por sí mismo; 4°, que no derivando de otra cosa su existencia tampoco necesita de nada para conservarse, y por lo tanto, se basta á sí mismo.

Los atributos de la Divinidad no pueden convenir sino al espíritu, por ejemplo, la infinita y suprema inteligencia necesita identificarse con la unidad absoluta del espíritu, lo que comprende el hombre luego que indaga fisiológicamente en el agente, aunque limitado, de su propia inteligencia. Este no lo constituyen los órganos de los sentidos, porque éstos, privados de sus nervios, no perciben las sensaciones. Tampoco lo constituyen esos nervios, porque se observa que solo son conductores de las sensaciones ó impresiones á un depósito comun, el cerebro. Ni está constituido por el cerebro, porque si éste percibiese todas las impresiones que guarda, sobrevendria la confusion mas completa por su simultaneidad. Luego el alma ó sensorio comun del hombre no solo es un sér fluidísimo y activo, sino inteligente que conserva la vida de los órganos materiales, mientras éstos conservan su integridad ó aptitud, y por último, que investiga en las impresiones que conserva el cerebro, trasmitidas por los sentidos; que elige de ellas las que le convienen para la ordenacion y ejercicio de la memoria, y que por la comparacion y el juicio decide sus resoluciones en el ejercicio de su poder. Tal es el alma humana á semejanza del Espíritu divino. Así, pues, el alma es distinta de la materia.

Y si esto decimos de un sér como el hombre, en que armonizan el alma y la materia, y en el que mientras dura la vida no pueden separarse las funciones de la una de las de la otra, ¿qué no diremos del Sér necesario, en el que nada puede haber de material para el ejercicio de su inteligencia?

En efecto, puesto que la materia es fenomenal, y se debe á la Causa suprema, ésta en nada puede derivar su sér infinito del sér material y finito.

Por lo tanto, el espíritu puro, como Sér inmaterial de su única y esclusiva naturaleza, es: *La esencia causal, existente por sí misma, activa por sí misma y bastante á sí misma.*


## AXIOMA TERCERO.

La Causa suprema es Dios.


### DIGRESION.

El anterior axioma no necesita demostracion; él no constituye una verdad nueva, sino un nombre, un significado de la verdad misma. La palabra Dios reune en una

voz sola las ideas mas sublimes, grandiosas y sagradas; ella no tiene significado
ninguno, sino escita en nosotros los afectos mas ardientes y el respeto mas profundo.
Cuando esta hermosa palabra no se halla acompañada del sentimiento intuitivo,
ella no espresa nada, es indeterminada y vaga.   La palabra Dios debe recordar
la Causa suprema de todas las cosas; la infinidad, la omniciencia, la omnipotencia,
la providencia, la bondad y los demas sublimes atributos de la suprema Causa, y
la unidad absoluta de la cual no puede razonarse sino abstractamente sobre esos
mismos atributos que le son inherentes, y que se demuestran en las leyes admirables de la razon y la creacion por la simplicidad estrema de los medios y la variedad infinita de los resultados.

La palabra Dios no escita los propios pensamientos en todos los hombres, pero
todos pueden sentirla igualmente.   El sabio y el ignorante, el ingenioso y el estú-
pido no saben comprender de la misma manera los atributos de la Divinidad, ni conocer del mismo modo las maravillas de la creacion del universo pasado, del que
nos rodea, y el progreso de el del porvenir.   Pero tampoco puede haber hombre
que comprenda dignamente la palabra Dios, pues para eso seria necesario ser asimismo una divinidad.   Mas no es la ciencia absoluta la que Dios exige de nosotros, sino el amor, el sentimiento sagrado, y éste puede estar al alcance del grande
y del abyecto, del dichoso y del infortunado, del rico y del miserable, del bello y
del deforme, del filósofo y del salvage, y aun parece que cuanto mas afligido, cuanto mas oprimido, cuanto mas aislado se encuentra el hombre, tanta mayor capacidad tiene para el amor sagrado, para ese sentimiento admirable que no solo es el
consuelo mas dulce en las desgracias, sino que constituye por sí mismo la felicidad.
Por él se entrega el mártir á los tormentos, el cobarde se siente armado de valor,
el enfermo tolera sus dolencias, el oprimido soporta los grillos, el desgraciado recobra
la esperanza, el fuerte redobla su energía, el virtuoso se afirma en la virtud, el va-
cilante se abstiene del crímen, el criminal retrocede de la carrera del vicio, y por
último, el moribundo ve tranquilamente apagarse la llama de su vida material y
extinguirse las fuerzas de su cuerpo deleznable para dar en el último aliento libertad al espíritu inmortal que le anima.

Así es como la palabra Dios no puede ser entendida, pero sí sentida en el alma;
para comprenderla no tenemos inteligencia sino afecto.   ¿Ni cómo podria existir
una inteligencia suficiente á comprender á Dios?   Si miramos la belleza y magnificencia de nuestro planeta, sus hermosos campos, sus mares anchurosos, sus colosales montañas, su riente ó terrible naturaleza, sus escenas de plácido contento ó
de terror sublime, se anonada la inteligencia que sabe que este enorme globo de
la tierra no es sino uno de los planetas mas pequeños que circulan en torno del sol.
Si admiramos la belleza de este astro, su maravillosa luz, su poder calorífero, su influencia sorprendente en los fenómenos de la vida, su agencia poderosa para dirigir
los planetas que consigo conduce en la enorme elipse de la órbita que describe, nos
abismamos al saber que ese astro magestuoso solo nos parece grande por su cercanía y por la comparacion que hacemos de él con el pequeño globo que habitamos,
pero sabemos que ese mismo esplendente sol no es sino una pequeña estrella, y
casi un grano de arena comparado con otras muchas estrellas.

Si ponemos nuestra admiracion en éstas, si en una calma noche gozamos del bello espectáculo de nuestro plateado satélite la luna, rodeado de millones de puntos
brillantes que festonan los cielos y que velan de tiempo en tiempo los trasparentes
y ambulantes vapores de la atmósfera, si nos fatigamos en vano por contar el número de estrellas que se presenta en un pequeño campo de la vista, ó en buscar su
paralaxe para calcular su distancia, ó en fin, en imaginar el tiempo que debe haber tardado su luz para llegar de ellas á nosotros, nos vemos asimismo humillados

cuando el telescopio nos advierte que esa enorme cantidad de soles que nos descubre la noche no son sino una corta porcion de los que existen, que hay un mucho mayor número que no descubre la escasa fuerza de nuestra vista desnuda, y que sin embargo existen en ese universo prodigioso que se estiende en torno de nosotros. Si nos entusiasmamos al aspecto portentoso de éste, á la contemplacion de su maravillosa armonía, á la idea de los movimientos combinados con que giran en él los millones de astros, de planetas y de cometas que le pueblan, á la enormidad de sus dimensiones para cuyo cálculo la órbita de la tierra se anonada, y aun la velocidad de la luz viene á ser insuficiente. Si nos pasma la prodigiosa multitud de soles que encierra este gigantesco universo, y que cada sol tiene su variado sistema planetario, y todos con esa infinita profusion de séres que hace aun de una sola gota de agua un mundo de criaturas vivientes. Si queremos, en fin, exaltar nuestra inteligencia con la contemplacion de ese universo, por grande y portentoso que sea, nos confundimos al contemplar que solamente es un punto armonioso comparado con la infinidad, y que ésta se halla en esa suprema Causa, cuya perfeccion, cuya bondad y cuyo afecto sagrado debe hacernos sentir en una indecible fruicion la sublime palabra: Dios.

Pero si ésta idea anonada nuestra inteligencia, eleva y engrandece en la misma proporcion el sentimiento sagrado de nuestra alma. Por este instinto moral nuestro espíritu siente que emana de Dios, de ese Espíritu perfecto y poderoso al infinito, de esa Causa suprema de todas las cosas, á quien nos reunirá la inmortalidad y la virtud. Por el sentimiento sagrado conocemos que la ley primera de nuestra alma es amar á esa Divinidad de cuyo paternal amor nos asegura su perfeccion misma.

La palabra consoladora, Dios, es sinónimo de padre y de providencia, y con estas dulces voces se comprenden los atributos de su Sér, de ese Sér tolerante y bueno, que recibe el amor en las adoraciones sinceras, y virtudes providenciales que le tributan el filósofo y el ignorante, el próspero y el mísero, y envia sus paternales dones igualmente sobre todos, y compadecido de la ignorancia y del error, acelera la época de la civilizacion humana, y hace brotar de humildes elementos destellos de luz que acerquen al hombre al conocimiento de su alto destino y de sus admirables cualidades. Así es que cuando el hombre contempla que este hermoso destino es ser el representante de esa Providencia suprema en la tierra, cuando conoce que no solo es susceptible de perfeccion, sino que lejos de ser un sér maldito tiene en sí todos los elementos de poder y de gloria que le garantizan el grandioso título de hijo de Dios, entonces alza su cabeza hácia los cielos que se abren á su esperanza, confia en esa Providencia que debe imitar, y se siente capaz de todos los esfuerzos morales que le hacen tan superior á la materia, eleva su sér emancipado á la contemplacion del infinito y se reconoce por el heredero de este planeta, que bajo su imperio divinizado se convertirá en un vergel, donde en medio de la felicidad, se adorará pura y dignamente á la Causa suprema, espresada con la portentosa palabra: *Dios*.

### PROPOSICION 22.

La libertad de Dios es absoluta.

### DEMOSTRACION.

¿Quién podria coartar la libertad del Sér omnipotente? ¿Quién seria capaz de imaginar siquiera alguna cosa ó alguna ley que fuese superior á Dios? El que pretendiese ó promulgase tal absurdo, estaria énagenado de la razon y seria incapaz de raciocinar metafísicamente..... Porque de facto, si no puede haber dos Causas supremas, y si la única existente es necesariamente perfecta, y por lo tanto, poseedora de todos los atributos ó perfecciones posibles, ¿cómo sin absurdo podriamos suponer á Dios esclavo de ninguna causa ó ley? Porque en verdad, Dios no puede estar sujeto ni aun á una ley dictada por sí mismo, porque con la misma voluntad con que la hubiese dictado, podria revocarla, y como en su prevision y sabiduría divina no puede haber tampoco ley alguna digna de revocarse, ¿qué deberemos concluir acerca de las leyes que obedece el universo? Que ellas son buenas y agradables á Dios, y que éste por la absoluta libertad de su Sér, las sostiene con su voluntad omnipotente, y he aquí por qué cada instante de la existencia del universo es una verdadera creacion, porque es una ratificacion que la voluntad de Dios verifica de sus leyes, pues siendo el universo fenomenal y resultado de las combinaciones y evoluciones de la fuerza, luego que Dios dejase de quererla, el universo quedaria instantáneamente anonadado.

He aquí, pues, cómo la proposicion que nos ocupa es evidente; mas ella por sí misma produce multitud de principios igualmente axiomáticos, ó que no se pueden contradecir sin absurdo.

### COROLARIOS.

Los que brotan de la anterior proposicion son de una variedad prodigiosa, pues parece que de facto, aunque la libertad absoluta es un atributo de Dios, con ella se pueden identificar todos sus demas atributos causales y esenciales, y por lo tanto, *la libertad absoluta* es solo una definicion ó un sinónimo de la suprema y perfecta Causa.

Pero para conducir esta obra mas adecuadamente, espondré las siguientes conclusiones como corolarios indispensables.

1ª La libertad de Dios se identifica con su sér, voluntad y perfeccion absoluta.

2ª La libertad de Dios es sinónimo de su omnipotencia.

3ª La libertad de Dios no puede ser coartada por ninguno de sus propios atributos.

4ª La libertad de Dios no puede ser limitada ni aun por su prevision del futuro, considerada como necesaria ó absoluta en sí misma.

5ª Dios puede preveer ó no preveer el futuro, segun su voluntad.

6ª Dios puede dejar de preveer aquellas acciones futuras de sus criaturas, que convengan á su libertad y gloria.

7ª De la libertad de Dios se deriva la de las criaturas que en el supremo plan de la creacion deberian gozar y gozan de libertad.

8ª Dios puede preveer si gusta aquellas acciones de sus criaturas, cuando sea conveniente para dispensarles su favor, y cuando para ello sea fervorosa, justa y dignamente impetrado.

9ª Dios puede hacer milagros.

10ª Dios puede detener, prolongar ó acelerar las evoluciones del universo hácia sus fines, su estabilidad y su perfeccion.

11ª El libre albedrío humano tiene su orígen en la libertad divina.

12ª El libre albedrío humano tiene sus límites bajo la libertad divina.

Las anteriores conclusiones son de aquellas que no pueden sin absurdo negarse, no solo por estar deducidas lógicamente del primer axioma causal, sino tambien porque cualquiera contradiccion á su evidencia, destruiria la armonía necesaria entre las cualidades de la Perfeccion absoluta, las que como se ha dicho, deben ser asimismo todas las perfecciones posibles. Una causa primera y absoluta, sin libertad asimismo absoluta, dejaria de ser causa y pasaria á ser un efecto de la causa que la restringiese.

PROPOSICION 23.

Dios es omniciente.

DEMOSTRACION.

Aun cuando la ciencia absoluta ú omniciencia no estuviese necesariamente incluida entre los atributos de Dios como sér perfecto, bastaria para convencernos de ella el reflexionar: que pues El dispuso sus obras prodigiosas, las sostiene en su actual progreso y las dirige hácia la perfeccion, con orígen, medios y fines igualmente perfectos, y por consecuencia, Dios es omniciente en la eternidad.

En fin: la omniciencia de Dios es absoluta, porque conoce no solo todos los séres criados y por criar, sino tambien su propia é increada naturaleza, y por esto su omniciencia se identifica con su gloria.

DIGRESION.

El hombre necesita hacer un gran esfuerzo metafísico, no para conocer la omniciencia divina, porque esto es imposible, sino simplemente para saber distinguir la omniciencia ó inteligencia esencial de Dios de la inteligencia ó ciencia derivada, propia del hombre.

Este todo lo percibe por medio de sus sentidos, y aun la misma intuicion de su alma no seria sino un sentimiento indeterminado si no existiese en el hombre el conocimiento sensual de los objetos que le rodean. Pero los objetos vienen á ser asimismo indeterminados ó como simples sensaciones del momento sin la intuicion del alma que les da su importancia científica.

Y de facto, el conocimiento del universo, por las relaciones fenomenales de éste con el sér que las percibe, es el sensitismo material del bruto, pero la apreciacion intuitiva de las cualidades de la perfeccion, es el sentimiento peculiar del alma humana y la causa verdadera de su ciencia, porque le hace distinguir é indagar en el orígen los medios y los fines del conjunto de sus ideas, ya sean perceptibles é identificables con los objetos físicos que las han impreso en su cerebro, ó ya sean metafísicas ó pertenecientes á un órden superior, y que solo siente el alma como en una verdadera fruicion.

La omniciencia de Dios se identifica con su gloria, y la verdadera ciencia del hombre debe ser productora de su felicidad.

Si el hombre fuese solo espíritu, le bastaria el intuitismo y seria feliz instrumento por la propia é imperturbable fruicion de su sér: pero como al mismo tiempo es material, tiene que sujetarse á las leyes que obedece la materia en sus evoluciones efímeras, y por estos dos principios de su sér, eleva en su entendimiento conocimientos derivados, que unidos á su sentimiento intuitivo luchan en su mente como el conflicto de fuerzas antagonistas; y como por un efecto del libre albedrío del alma, capaz de apoyarse en su intuitismo ó desecharlo, puede no ver las relaciones de medios y fines providenciales, é imaginarse un caos artificial de bien y de mal, cuando la verdadera ciencia es solo la del bien.

He aquí, pues, cómo la ciencia del hombre como derivada es susceptible de error y de mal por sus relaciones con la materia, á pesar del gérmen intuitivo de verdad y de bien que existe en su alma.

Sin embargo, este equilibrio, esta necesariá coherencia entre las facultades espirituales y las corporales del hombre, son necesarios en su efímera vida mortal; son el gérmen del mérito de su alma, y el estímulo que le conduce hácia las virtudes providenciales; pero su ciencia es por lo mismo falible é incompleta, aunque perfectible.

Nada de esto existe en la omniciencia divina; ella está identificada con su propia esencia, y por lo tanto, no es derivada; ella no aprende nada de los fenómenos que ha previsto y originado; ella es perfecta, y por lo mismo, insusceptible de perfeccionamiento. En fin, la omniciencia divina es absoluta é inherente; la ciencia humana es limitadísima y derivada. He aquí lo que esta segunda puede comprender de la primera, mas solamente para adorarla; y esto es lo que constituye la mas preciosa de las facultades de la razon.

Sin embargo, limitada é imperfecta cual es la ciencia humana, ésta eleva al hombre sobre todos los demas séres del planeta, y le hace comprender el destino que Dios le ha encomendado en la vida mortal para hacerse digno de la inmortal ó imperecedera. La ciencia, como adquirida por el hombre, no solo con las percepciones de sus sentidos, sino tambien con el intuitismo de su alma, le avisa de la semejanza de su espíritu con el Espíritu divino, y le hace reconocer en todas sus investigaciones metafísicas, ese sentimiento de intuicion que le advierte de su procedencia y de su superioridad sobre la materia que le rodea, y de la cual se compone aun la parte corpórea de su sér.

Así es que la ciencia no puede dar un paso en los conocimientos, sin sentir intuitivamente la semejanza del alma humana con aquellos atributos que la idea de la perfeccion le hace encontrar necesariamente en la Naturaleza divina.

### PROPOSICION 24.

Dios es la Providencia eterna.

#### DEMOSTRACION.

Demostrado como se halla, el que todas las cosas deben su orígen y conservacion á la Causa suprema, es evidente, por consecuencia, el que esas mismas leyes tan armoniosas del universo la deben su orígen y conservacion; y ella es así la Providencia divina que provee al bien y á la felicidad de todas sus criaturas.

#### DIGRESION.

Un sentimiento profundamente intuitivo nos avisa el que Dios es la Providencia eterna; pero nos queda aún por investigar, si la misma Causa suprema rige inmediatamente todos los fenómenos del universo, ó si habiendo establecido leyes fundamentales, éstas con sus evoluciones naturales conducen el progreso del universo mismo hácia aquel grado de perfeccion á que lo destina la Providencia con su accion continua y benevolente.

Examinando los sentimientos de la humanidad entera y la historia de sus generaciones, observamos que el sentimiento intuitivo mas universal, es el dogma de la Providencia. Ella debe haber sido la primera idea filosófica que se despertase en la humana mente, y la que ha hecho brotar esa multitud de libros llenos de ternura, de poesía y de amor por ese Sér soberano que con una paternal solicitud cuida de todas sus criaturas y les da esos instintos salvadores, por los cuales las dirige á obtener lo que les conviene, y evitar lo que les daña. La Providencia no solo aparece así como el sér protector que conserva sus hechuras, sino tambien como el Padre universal que preside á la conservacion de todas sus leyes, y que provee á los elementos necesarios para la existencia de los séres.

Pero el hombre exigente no se detiene en agradecer á la Providencia lo que ésta le concede y en reconocer lo que concede á todas las criaturas, sino que la inculpa de lo que le falta ó supone que le hace falta, y hé aquí por qué la razon debe fijar los límites de las pretensiones humanas y emitir nociones esactas sobre la Providencia.

La idea de que la suprema Causa no solo es criadora sino gobernadora del universo, es esacta en sí misma, y el negarla seria absurdo, porque se ha demostrado que es absurda la idea de dos causas coetáneas; y consecuentemente, las causas segundas deben su orígen y su existencia á la primera y suprema Causa. Así, pues, á ésta se deben todas las leyes que actúan el universo y conducen el progreso de la creacion.

La caida de un grave sobre el planeta, no es sino continuacion ó variedad de la gravitacion universal, una de las leyes mas simples y generales, y así se puede continuar la ilacion ó progreso de los fenómenos y sus causas hasta encontrar la de los instintos tan marcados de los séres organizados, y aun los del hombre en su parte sensitiva y reflectiva; porque su espíritu humano no tiene leyes positivas, sino libre albedrío.

Así, cuando vemos sucederse las estaciones con su propia regularidad, bendecimos la Providencia, pero el fenómeno se debe inmediatamente á la inclinacion del eje de la tierra que presenta alternativamente en el curso de su revolucion anual, los dos trópicos terrestres á la accion perpendicular del sol, y cuando por la lluvia se fecundan las simientes depositadas en la tierra, se verifican fenómenos mas complicados, pero no menos naturales. Así la lozanía de una planta en un terreno húmedo y fértil, es análoga á la alegría del cervatillo, que retoza por las selvas. despues de satisfecho con la leche materna. Del mismo modo son análogas la mansedumbre con que el leon depone su ferocidad por buscar á la leona, y el anhelo con que ésta cuida y alimenta su prole.

En todos los fenómenos naturales se palpa esa série de leyes que los actúan, y no se encuentra particular dificultad para comprender que las leyes originales de la creacion son suficientes para conducir el progreso de ésta, sirviendo su maravilloso conjunto para realzar la omniciencia divina. ¡Cuán grande, cuán magnífico es el espectáculo de todo el universo progresando en su propio desarrollo con el órden y eficacia que le marcó la Causa suprema, y que promovió con leyes tan sencillas y simples cuanto infalibles! Así es como aparece la suprema Causa con todo el esplendor de su gloria. Ella no se representa á la razon como un obrero fatigado con un trabajo incesante; ella no se muestra como el antiguo Saturno, criando y devorando sus propios hijos; ella, en fin, no se abate á detalles inferiores á la omnipotencia. ¡Criar un elemento simplemente, darle una sola ley, imprimirle un solo movimiento, y obtener por resultados todos los de su maravillosa prevision; hé aquí lo mas sublime que el espíritu humano puede concebir acerca de la suprema Causa!

Sí, en verdad, esos resultados son aun mas grandes y mas sublimes que el universo que se presenta ante nuestros sentidos; pues los resultados absolutos previstos por la suprema Causa y proveidos con leyes positivas, están al alcance de su omniciencia. Ellos no solo son el universo del pasado, el progreso del presente y su futura perfeccion, sino que tambien abrazan ese universo intelectual de las ideas, y sirven á la gloria de la Providencia eterna y á la profunda admiracion de los séres inteligentes y providenciales.

Pero si bien estas consideraciones elevan al espíritu humano, viene, sin embargo, á fijarse una especie de discusion en el espíritu mismo que siente por intuicion la existencia suprema de la Providencia. ¿Este sentimiento que nos hace confiar en un sér omnipotente que nos protege, que nos ama, y que recibe benévolo nuestras súplicas, seria solo una ilusion? ¿Esas leyes eficaces y poderosas de la naturaleza, son insensibles á nuestros ruegos, á nuestros males, á nuestras plegarias y dolores? ¿La infalibilidad de la muerte es la infalibilidad del dolor, y el abandono físico y moral? ¿Esa Causa suprema ha querido elevemos hasta ella nuestra mente para dejarnos formar una ilusion inútil de la Providencia?

¡Oh, no! La Providencia es absoluta; ella constituye la verdad mas evidente, que produce en nuestra alma la intuicion. Jamas nuestro espíritu ejerce una facultad mas preciosa que cuando se eleva hácia la Providencia, confía en ella y se tranquiliza con la infalibilidad de su eficacia. ¡Y sin embargo, la intuicion que nos eleva al dogma precioso de la Providencia, nos hace ver, que para producir ésta todos sus beneficios, son bastantes las leyes con las cuales los ha proveido. La intuicion nos hace elevar nuestras humildes plegarías á la Providencia eterna, y la propia intuicion nos manifiesta que nuestros ruegos deben reducirse á los límites de esas leyes, porque seria irreverente dirigir al Sér supremo ruegos que envolviesen el trastorno de sus eternas leyes.

En verdad, ellas bastan para todos los casos físicos y morales, y ellas, que nos conducen á la mas profunda admiracion de su origen omnipotente y providencial, ejecutan sus designios con una precision maravillosa. Pero como esas leyes subsisten porque subsiste la Providencia, ésta es verdaderamente la que beneficia á sus criaturas, conservando sus leyes.

Al elevar nuestra alma á la contemplacion dulce y sagrada de la Providencia, comenzamos á dirigirnos, por la razon verdaderamente definida, hácia la suprema Causa, pues cuando queremos indagar en los atributos inherentes de ésta, tenemos que reducirnos al raciocinio intuitivo, y por consecuencia elevar las ideas fundamentales por los sentimientos individuales, susceptibles en cada hombre de mas ó menos perfeccion y estension. Asi es que, en punto á esas ideas absolutas de la Divinidad, tenemos que indagar la verdad por el intuitismo general de la humanidad toda, y calificar como verdades demostradas aquellas que con mas generalidad sienten los hombres. Pero cuando dirigimos nuestro pensamiento hácia la Providencia, sentimos á un mismo tiempo el afecto intuitivo que nos hace reverenciarla; y la comparacion reflectiva de todos los fenómenos físicos que con la elocuencia intrínseca de los hechos atestiguados por todos nuestros sentidos, nos convence con las demostraciones del pensamiento de la evidencia de nuestros sentimientos intuitivos y de la existencia inefable de la Providencia. Hé aquí la razon por escelencia, y el punto en que se ligan las meditaciones puramente metafísicas en la contemplacion de la suprema Causa, actuando directamente sobre los fenómenos físicos.

PROPOSICION 25.

Dios ha criado la naturaleza como á sér providencial para que secunde sus planes admirables.

DEMOSTRACION.

Las leyes supremas están identificadas con los séres que actúan, porque siendo todos ellos fenomenales, solo podemos distinguir la ley por su constancia y precision en producir los mismos fenómenos.   De este modo se distinguen las leyes generales y las particulares en el universo.

De facto; investigándose en la coherencia prodigiosa de los detalles de estas leyes, se reconoce que ellas emanan de otras mas simples y generales, así como éstas de otras aun mas universales; y de este modo se puede continuar la investigacion hasta descubrir la eficacia y simplicidad maravillosa de la la ley fundamental, la que ramificándose de mas en mas llega á producir el conjunto de fenómenos á que llamamos universo, así como al considerarlo como un conjunto de leyes, lo denominamos naturaleza.

Así, pues, *la naturaleza es un sér providencial, que sujeta á las leyes fundamentales dictadas por Dios y que la constituyen, continúa como ejecutoria inteligente los fenómenos de la creacion.*

### DIGRESION.

De este modo no se estraña la multitud de cambios que hay en las obras de la naturaleza, como si fuesen ensayos dirigidos á buscar la perfeccion de sus productos, ó como si éstos fuesen solo preparatorios para el logro de otros mas perfeccionados.   Tampoco se estraña el que el hombre, como sér superior á la naturaleza, encuentre defectos en las obras de ésta, y que la idea del mal le estimule á buscar el bien, así como la sensacion del dolor le escita á reintegrar la salud.

Sí, en verdad: la naturaleza es un sér providencial, y por eso sus obras son prodigiosas, pero no perfectas como las obras directamente producidas por la Causa suprema.

### PROPOSICION 26.

Dios ha criado en la tierra al hombre como á sér providencial, destinado á perfeccionar las obras de la naturaleza en este planeta.

### DEMOSTRACION.

El hombre se siente en sí mismo un sér superior, y percibe la existencia del bien y del mal.   ¿Podrá decirse por esto que el mal existe y que el hombre conoce y corrige lo que la Divinidad no ha conocido ni corregido?   No, ciertamente.

El hombre es una providencia derivada de la eterna, y de esta verdad debe convencerle el conocimiento del mal.   Este no existe sino en los medios caducos de la naturaleza, y para esto Dios los pone ante la penetrante inteligencia del hombre, para que éste los elimine y conduzca al progreso de la creacion; y he aquí como el hombre es tambien una providencia derivada de la eterna.

### DIGRESION.

Para que el hombre tuviese el sublime carácter de providencia, debia ser semejante á Dios, es decir, poseer un espíritu inmortal, dotado de inteligencia y libertad; y he aquí el alma humana, sobre la cual trataré psicológicamente en su lugar oportuno, emitiendo ahora algunas nociones indispensables para la continuacion metódica de esta obra.

### PROPOSICION 27.

El hombre, para ser una providencia á semejanza de la divina, debe estar dotado de libertad, y esta cualidad suya es *el libre albedrío de su alma.*

13

### DEMOSTRACION.

Si las acciones humanas fuesen el resultado de leyes divinas, no seria el hombre libre, y por lo tanto, tampoco un sér providencial, pues no podria separar sus acciones ni un punto de aquella secuela que le marcase la ley. Tampoco tendria la idea fundamental y moral del bien y del mal, como puede percibirla su sér superior inspirado por Dios para procurar aquel y eliminar éste.

Así, pues, el hombre no solo siente en sí mismo, sino que comprueba por el sentimiento universal de la humanidad, que él es un sér libre y que puede ejercer una grande influencia en la promocion del bien y la cesacion del mal, segun el giro virtuoso que dé á su libre albedrío.

### PROPOSICION 28.

La libertad divina es el fundamento del libre albedrío humano.

### DEMOSTRACION.

El hombre, como criado por Dios, debe á éste todas sus facultades físicas y morales, como corrector de la naturaleza; por consecuencia, cualquier imperio que el hombre ejerza sobre cualesquiera de esas facultades ó sobre la naturaleza, es debido al poder que el Criador le ha prestado para influir en sí mismo y en los séres que le rodean, y por consecuencia el libre albedrío del hombre es derivado del libre y omnipotente poder de la Divinidad.

### DIGRESION.

Nada hay tan evidente en el hombre como la libertad de su alma. El hombre físico puede ser aprisionado, aherrojado y aun lentamente consumido en el martirio; pero su alma no puede ser subyugada: ella puede pensar y decidir independientemente de toda coercion; ella puede bendecir ó maldecir á los verdugos de su cuerpo; ella puede despreciar las dolencias de éste ó negarle los placeres, y por último, ella puede resolver deliberadamente de su eterno destino. Hé aquí el libre albedrío. Pero está restringido física y moralmente: lo está físicamente, porque el hombre no puede trastornar las leyes generales de la naturaleza; y lo está moralmente, porque no puede desechar de un modo absoluto su propio intuitismo.

Es necesario no equivocar el libre albedrío del alma humana con su libertad física de moverse y sus facultades reflectivas para decidir sus movimientos y acciones físicas en el órden de las leyes comunes de la organizacion animal, porque bajo este sentido todos los animales gozan del grado de libertad que les está concedido en su propia organizacion, y por el armonismo, sensitismo y reflectismo de que disfrutan, principalmente los animales superiores, conducen esa libertad hácia su conservacion, reproduccion y bienestar, lo que constituye su instinto.

Mas el libre albedrío del hombre es superior al instinto, y puede obrar sobre su propio individuo contra su conservacion, reproduccion y bienestar: en fin; puede resolver en el terrible juicio de su alma la sentencia de su propia muerte á despecho del grito intuitivo de su misma conciencia. Hé aquí por qué el hombre puede sofocar sus instintos y desechar su intuitismo; luego su libertad sobre sí mismo es absoluta.

Esta libertad confunde al panteista, porque si las trasformaciones del sér comun fuesen ciertas, éste no podria dejar de obrar por leyes instintivas, y jamas se convertiria en un sér superior á esas leyes y capaz de obrar contra los instintos comunes del organismo.

Así, pues, el libre albedrío es determinado por la Causa suprema, para realizar miras grandiosas y para dotar al hombre de una facultad proporcionada al alto destino de providencia derivada, ó representante de la Providencia eterna, á que le ha elevado sobre el planeta.

Para esto Dios ha dejado de preveer las acciones humanas, porque si las hubiese previsto, todas ellas serian perfectas, pero el hombre no seria libre ni tendria el carácter de providencia á semejanza de la divina; luego es necesaria su libertad.

Estas conclusiones resuelven de una manera inconcusa uno de los mayores problemas metafísicos que el hombre puede proponerse, v. g.: ¿Tiene Dios participio en los crímenes humanos, ó bien es Dios el que dirige sus buenas acciones? Una invencible repugnancia intuitiva rechaza la resolucion afirmativa de este problema, pero su resolucion negativa flaquea y se hace arbitraria si asentásemos que Dios prevee todas las acciones humanas, pues como Dios no puede obrar con unos atributos con esclusion de otros, en El, preveer es criar, ordenar, regir; luego si Dios previese nuestras acciones éstas se verificarian infaliblemente, y las buenas no serian dignas de premio ni las malas de castigo, lo que destruiria inmediatamente toda idea moral fundada en el libre albedrío humano.

Para que Dios obre en todos sus actos como Causa única, es decir, como la unidad absoluta ó esencia causal, es indispensable que cada instante de la existencia del universo sea una verdadera creacion, y la consecuencia de las leyes positivas sancionadas y conservadas constantemente por la voluntad divina; luego en todos los actos en que el hombre obra con su libre albedrío deja de estar sujeto á ellas, y entonces es claro que el libre albedrío está sostenido asimismo por los atributos de Dios, incluso el atributo de su prevision suprema. Luego lo que Dios ha querido preveer es la libertad del hombre en las acciones que éste ejecuta, y no las acciones mismas; lo que manifiesta cómo Dios es omnipotente á pesar de que el hombre goza para el bien y para el mal de la libre eleccion de su alma, y tambien cómo Dios prevee esa libertad y le da su continua sancion; por lo que ni es el autor del bien ni del mal ejecutados por el hombre, único medio que podia haber justo para que el hombre fuese digno de premio y de castigo.

Siendo la prevision inherente en la Causa suprema, solo es una distinta manera de espresar su omnipotencia y sus demas atributos. Así, pues, difiere de la prevision del hombre, porque éste puede preveer sucesos que, á su pesar é inevitablemente se verifican. De este modo la prevision divina y la humana se diferencian tanto, cuanto lo infinito y lo limitado, lo perfecto y lo imperfecto, lo absoluto y lo relativo.

Una vez sentado esto, fácilmente se demuestra que la Causa suprema puede preveer si quiere, todas las acciones de los séres vivientes; pero éstos entonces carecerian de libertad, y sus acciones serian necesarias y el resultado de leyes tan indefectibles, como la caida de los graves. Así, pues, como la prevision de la Causa suprema está identificada con su voluntad omnipotente, esa misma prevision es la suprema ley; porque si fuese dable que la Causa suprema previese sucesos contrarios á su voluntad, seria preciso convenir en que habria acaecimientos que á su pesar se verificarian, lo que es absurdo.

De facto: esta clase de acaecimientos resultarian ó por decisiones de la misma Causa suprema, ó de otra causa igualmente poderosa que ella. Si lo primero, habria contradiccion en sus resoluciones; y si lo segundo, implicaria la existencia de dos causas supremas, y en ambos términos de esta disyuntiva, se palpa la imposibilidad y el absurdo.

Asimismo es absurdo el pensar que la Causa suprema decretase el libre albedrío de los séres dotados de libertad, y que al mismo tiempo decretase todas y cada una de sus acciones, porque ambas cosas á la vez son contradictorias, y como en la Causa suprema el preveer es decretar, ejecutar, realizar, no puede preveer la libertad de un sér y al mismo tiempo destruirla, previendo las acciones de ese sér, ó sea el uso de esa misma libertad, porque eso seria, repito, contradictorio y absurdo.

De este modo se palpa la incuestionable verdad de que la Causa suprema, al formar los séres libres, lo único que ha querido preveer en ellos, es su libertad de obrar, y por lo mismo ha esperado gloriosamente como remuneradora, el uso que hagan de su libre albedrío esos séres privilegiados.

En cuanto al hombre, como sér inteligente por escelencia, siente su cualidad de ser libre como la mas evidente de todas las que posee, y al mismo tiempo siente la intuicion y la conciencia que le avisan del buen uso que debe hacer de su libertad; pero sobre todo, se siente libre y susceptible de despreciar el premio y el castigo.

Cuando observamos la maravillosa coherencia de las leyes que actúan el universo y la infalibilidad de sus resultados, vemos inmediatamente que la Causa suprema ha establecido esas leyes absolutas y positivas, de las cuales ningun cuerpo, ningun sér material y ningun sistema se desvia. Pero cuando contemplamos al hombre, y examinamos nuestras propias facultades, conocemos que solo él sobre el planeta disfruta del libre albedrío de su espíritu, y que con éste ejerce su imperio sobre los objetos que están bajo de su poder, y les imprime, asimismo, leyes en razon directa del grado de libertad que con respecto á ellos disfruta. Así el hombre, como susceptible de error, es susceptible necesariamente del mal; ¿podremos inculpar de éste á la Causa suprema que ha formado libre al hombre? ¿Podrá el mal argüir contra el libre albedrío de su alma, ó contra de la omniciencia y la omnipotencia divina? No, ciertamente, y se evidencía esto examinando las leyes que determinan la libertad humana.

El hombre, abandonado á una libertad absoluta, sin tener asimismo una ciencia absoluta, conduciria el error á todas sus acciones y resoluciones, y el mal seria su constante resultado, á términos de que en la exageracion de sus pasiones trastornaria toda la naturaleza. Así, pues, la libertad humana está restringida: 1º, por las leyes generales y naturales; y 2º, por la intuicion que constituye el instinto de su alma.

Lo indicado basta para observar que la omniciencia, ó sea la Causa suprema, ha impuesto á la libertad humana dos límites: uno material, y que consiste en las leyes naturales, por las que el hombre se encuentra sin poder para trastornarlas, y el otro espiritual, que consiste en la intuicion ó aviso moral de la conciencia, que no solo le indica el mal que debe evitar, sino que lo dirige al bien. Es relativo este último límite, porque el hombre individual puede desechar y aun anonadar su propio intuitismo, y en eso consiste su libertad y su mérito en obsequiar la intuicion; pero este límite viene á ser absoluto para la humanidad toda, y de aquí emanan la justicia y el progreso de la sociedad, con lo cual la especie humana se dirige al bien y hácia la perfeccion adecuada á que la destina la Causa suprema.

Por lo espuesto se ve, que si la omniciencia, ó lo que es lo mismo, la omnipotencia, hubiese querido preveer todos los detalles de las acciones humanas, habria dispuesto asimismo sus errores y males, y el hombre no seria responsable de ellos ni adquiriria mérito ninguno en el bien que obrase. En suma, el hombre no seria libre. Pero como es imposible el error en la Causa suprema, es evidente que ella ha querido preveer el bien en la gran escala de la humanidad, y así se ve la eficacia de la ley de progreso. Asimismo ha previsto el bien que resultará al individuo virtuoso, y este bien inmenso en sí mismo, debe hacer insignificantes los males que aquel haya tenido que arrostrar; por último, ha previsto la Causa suprema el mal que debe sobrevenir al perverso; pero no ha querido preveer que tales individuos sean perversos, y cuáles otros sean virtuosos, porque esto es incompatible con la justicia divina y con la libertad humana.

Se ve tambien que en la misma intuicion, y por ella en el amor divino, halla el virtuoso el remedio infalible contra todos los males que no emanan de sus errores, y que en ese grande recurso del alma encuentra no solo el consuelo, sino el verdadero cambio del mal en bien. Por último, se observa que la intuicion corrige aun los males que emanan de nuestros errores por medio de la reparacion y el arrepentimiento.

"Haced lo que gusteis, pero es necesario que hagais lo que está previsto y ordenado," seria una forma contradictoria en el Legislador divino, en quien la omniciencia y la omnipotencia son la misma cosa. "Haced lo que gusteis, y esta libertad es la que en vos quiero y preveo," es la única fórmula que hace efectiva la libertad. Por último, esta fórmula se completa, si se añade: "Para que en el uso de vuestra libertad tengais un apoyo hácia el bien, os doy la conciencia moral y la intuicion; mas ellas estarán graduadas de modo que auxilien vuestra libertad, pero que no la coarten." He aquí fórmulas que tienen el carácter didáctico del hombre, pero que apenas pueden ministrar una idea casi imperceptible del carácter infalible de las leyes supremas, en que la omniciencia y la omnipotencia imprimen la ley en la realidad del sér mismo que la obedece, ó mejor dicho, en que ese mismo sér está identificado con la ley. Tal es la del libre albedrío, con el cual el hombre cumple con el objeto para que está criado.

Pero es tan universal la creencia de que la prevision de Dios es absoluta acerca de las acciones del hombre, y que sin embargo, ella no contraría la libertad humana, ni hace al mismo Dios autor ni cómplice del mal, que conozco muy bien la estrañeza que causará á primera vista mi opinion sobre este punto; mas estoy cierto de que cuando se reflexione bien, se convendrá conmigo.

Si Dios quisiera preveer todas las acciones de la humanidad, ellas vendrian á ser evidentemente necesarias, y se cumplirian á su debido tiempo. Preguntemos ahora: ¿podria Dios cambiar ó no semejantes sucesos? Esta cuestion solo puede tener por solucion uno de los dos términos del siguiente dilema: "O podria, ó no podria Dios cambiarlos." Si lo primero, la prevision de los sucesos seria redundante, pues solo seria cierta la prevision del cambio; y si lo segundo, la causa de su impotencia seria superior á la omnipotencia divina. Así es que los dos términos del dilema son absurdos é imposibles.

Esta es la base del antiguo y repetido dilema del ateo Diágoras, en que á la presencia del mal y entre la disyuntiva absurda de hacer á Dios malvado ó impotente, preferia tambien absurdamente el concluir que Dios no existe.

Si la prevision de Dios acerca de todas las acciones humanas fuese efectiva, ella tendria la fuerza de ley, porque ¿quién podria luchar contra la prevision divina? ¿Y el hombre al nacer estaria ya predestinado al crímen ó al error? ¿Y este error ó crímen no seria una inculpacion necesaria contra aquel que pudiendo evitarlo no lo evitase, ó pudiendo revocarlo no lo revocase?

Pero todos estos últimos raciocinios son solo hipotéticos para hacer palpable la verdad.

Esta no puede ocultarse á una rigurosa metafísica, porque ciertamente, si Dios previese todas las acciones humanas, como eminentemente perfecto, les impartiria á ellas la cualidad de la perfeccion, y serian perfectas asimismo; pero el hombre, repito, no seria ni un sér libre ni providencial, y por lo tanto ni susceptible de premio ó de castigo; ni tampoco fuera digno del amor divino por el solo esfuerzo de su propia virtud y amor. Luego Dios, al hacer al hombre libre, le ha dado los auxilios reflectivos é intuitivos necesarios para hacerlo digno por sí mismo, y ha esperado impasible, pero afectuosamente, los efectos grandiosos y providenciales que á la larga resultarán necesariamente de la libertad colectiva de la humanidad. Esta es sin duda la prevision digna de la Divinidad, y la que hace del hombre una obra máxima y sublime.

Por otra parte, los que pretenden que la prevision de Dios acerca de las acciones humanas es necesaria y debida desde la eternidad, deben convenir en que el decreto del libre albedrío humano seria tambien desde la eternidad, y entonces ambas cosas estarian decretadas coetáneamente, y como contradictorias serian absurdas; pero no pudiendo haber nada contradictorio ni absurdo en las obras de Dios, es preciso convenir en que el absurdo está de parte de los que así raciocinan.

La imperfeccion de las diferentes teodiseas y de las mitologías antiguas, ha originado y conservado los errores metafísicos aun en los tiempos modernos. Se ha dicho que la prevision en Dios era una cualidad inmanente de la Divinidad, es decir, que no puede ésta dejar de preveer por no haber para ella ni pasado ni futuro.

Esta doctrina indebidamente aplicada al libre albedrío de la humanidad, dió orígen al fatalismo mas absurdo. Así los antiguos mitólogos griegos sentaban que la existencia de los dioses era posterior á la del ciego é inexorable destino.

De este modo es como para conservar cual dogma inflexible la prevision del futuro en los dioses, tenian que hacer á éstos, malvados y cómplices de los crímenes humanos, ó impotentes y sujetos ellos mismos al hado inmutable, sin advertir que solo criaban en éste una nueva entidad divina asimismo perversa ó impotente. ¡Una divinidad sin libertad para dejar de preveer el uso del libre alberío, originando y destruyendo éste! ¡Oh, qué absurdo! ¡Así se figuraban un dios sujeto al destino, ó á su propia inclinacion perversa!

¿Seré yo el que trate de vindicar á la Divinidad ante el criterio humano? Esto seria otro absurdo que mi fé repele, la que solo trata de salvar al espíritu de la blasfema idea de inculpar á Dios con los crímenes humanos, ó de suponerlo falto de libertad, y por consecuencia, de la esencia divina!

En conclusion: la libertad de Dios y á su semejanza la libertad del hombre, demuestran que en las acciones buenas y providenciales de éste, él es el digno de galardon y gloria, y que por sus acciones malas él solo merecerá el castigo. ¡De cuánto alivio es para un corazon recto esta conclusion de irresistible evidencia! ¡El alma conviene fácilmente en suponer imperfectas á las criaturas, pero un intuitismo victorioso le hace concebir como imposible la imperfeccion del Criador. . . . ! ¡Alabado seas, eterno y benevolente Dios, que lejos, infinitamente lejos del error, has provisto aun en el hombre mismo, el medio de conocer la verdad en el magnífico reflejo de tu perfeccion y gloria!

### PROPOSICION 29.

En el conocimiento íntimo del hombre de ser una providencia derivada de la divina, está la fruicion espiritual de su sér.

### DEMOSTRACION.

Cuando el hombre se ve á sí mismo constituido en una providencia derivada, cuando comprende de este modo su destino sobre la tierra, es cuando verdaderamente se eleva al hermoso rango de hijo de Dios, y ve en la especie á que pertenece reunidas las leyes físicas y morales, que tienen el destino de regular en el hombre las facultades de su libertad, y que deducidas de la armonía y el amor, producen en la humanidad lo bello y lo bueno en un grado eminente y providencial sobre el planeta.

Así es como la verdad fundamental de ser el hombre el representante de la

Providencia en la tierra, es la verdad sublime é innegable, que una vez encendida en el alma, alumbra á ésta con una inestinguible luz para guiarla entre los arcanos físicos y morales que pierden con ella la niebla oscura que los envuelve, y presentan al espíritu extasiado la maravillosa armonía que reina entre las obras de la suprema Causa.

Emancipado así el hombre de la funesta idea de su degradacion y miseria intrínsecas, se eleva, como hijo de la omniciencia, á buscar con sublime inteligencia las obras de su omnipotente Padre, y escudriña en todas las leyes físicas y morales que le conducen á secundar, con sus gloriosos y providenciales hechos, los designios altísimos de la Providencia eterna.

Estos son verdaderamente los títulos de la investigacion humana en la armonía del universo, y éstos los que la guian en busca de la virtud y los afectos. Con el primer trabajo llegará á descubrir las leyes de lo bello; con el segundo las de lo bueno, y con ambos, hallando la verdad, se acercará, como una providencia derivada, hácia su omnipotente é infinito orígen, á la Providencia esencial, ante la cual se postrará la humanidad, llevando en ofrenda los hechos asimismo providenciales que haya ejecutado, como títulos de la gloria que en premio le está reservada.

### DIGRESION.

Cuando se emite el principio de que las leyes que ha establecido la Providencia eterna bastan para todos los casos posibles en el mundo, sobreviene la duda de si es útil y conveniente el orar. Esta cuestion será tratada con la estension debida en la parte de esta obra que tratará sobre religion y culto; pero no puedo dejar de anticipar aquí algunas ideas sobre este punto.

Nada hay mas remarcable entre las tendencias de la humanidad, que la de adorar á Dios, y elevarle asimismo ruegos fervorosos para el remedio de los males que se sufren. Esta tendencia es tan universal y eficaz, que no se sustraen de su influencia el salvaje, el hombre desesperado, ni aun el mismo ateo. En los momentos supremos, al aspecto de los inmensos peligros, ó al luchar con las congojas de la muerte, todos elevan á Dios un ruego mudo ó verbal, como obligados por una fuerza invencible residente en ellos mismos. Es cierto que en algunos pocos se ve la dureza esterior, y aun se escucha la blasfemia en los instantes terribles de la angustia; pero siempre se puede distinguir en ellos la lucha de la conciencia, escepto en algunos casos raros en que la enagenacion mental del individuo lo manifiesta poseido de una verdadera demencia.

Así es que la oracion es una de las manifestaciones mas poderosas del intuitismo, ó como si dijésemos, del instinto salvador del espíritu. Esta sola observacion bastaria para demostrar filosóficamente la utilidad prodigiosa de la oracion; pero ella es de tal consuelo y de tanta eficacia para el hombre, que aunque la desaprobasen todos los filósofos del mundo, casi toda la humanidad seguiria orando y elevando sus ruegos á la Providencia.

Sin embargo, á la filosofía toca el hacer ver cuán lejos de la razon y del verdadero carácter de la oracion se hallan los que piden á la Providencia concesiones absurdas, pueriles ó criminales.

La oracion por escelencia es aquella adoracion desinteresada que se convierte en la efusion humilde y fervorosa de un amor sin límites hácia el Sér supremo. Entonces resignamos á él todas nuestras necesidades y sufrimientos, y él como omniciente, omnipotente, benevolente y misericordioso, nos envía el consuelo en la intuicion, como el bien supremo á que en la vida puede aspirar el hombre. Diré mas: la oracion, como el agente poderoso del espíritu, convierte, cuando es fervorosa, el mal en bien y la desgracia en felicidad. La intuicion es toda la filosofía del misticismo, y es toda la fuerza del filósofo; por ella Sócrates bebió tranquilo la cicuta, y los mártires han recibido los tormentos como síntomas de gloria. Santa Teresa, diciendo: "¡Dios mio, condéname con tal de que me permitas amarte eternamente!" manifestaba el grado supremo de la intuicion y de la oracion desinteresada. Ella comprendia ciertamente que el amor divino llevado á tal punto debia anonadar todos los tormentos.

Pero una oracion sentida, fervorosa y tal vez apasionada, como lo óptimo del intuitismo, es muy difícil para el comun de las inteligencias que no saben cómo vivificar sus sentimientos por medio de los afectos sublimes. Mas si esto es cierto, lo es tambien que en la gran mayoría de la humanidad se reemplazan aquellas hermosas emociones del sentimiento sagrado, por medio de la resignacion y de la fé. Nada hay mas conciso ni mas puro que el término de la oracion dominical: "Hágase tu voluntad así en la tierra como en el cielo;" es todo lo que el hombre puede decir de sencillo y por lo tanto de sublime.

La idea de la Providencia ha dictado siempre á los hombres fórmulas simples y justas de la oracion. Juvenal, al fin de su sátira X, dice: "Pide un alma fuerte, infatigable en el trabajo, inaccesible á los vicios, dueña de las pasiones, sóbria en los deseos, y capaz de despreciar la muerte ó recibirla como un beneficio."

Cuando nosotros reflexionamos cuán imperceptible es el hombre al lado de la Infinidad divina, y que ésta no necesita en lo mas mínimo para su gloria, ni de nuestras adoraciones ni de nuestras plegarias, es cuando valuamos mas aproximadamente la benevolencia de ese Sér omniciente que nos agracia con el intuitismo. Orar con fervor es cultivar esta facultad preciosa, y el que la posee en grado eminente está cierto de poseer el supremo bien, aunque sea martirizado simultáneamente por todos los males. De aquí se deduce una fórmula precisa y sencilla: *¡Dios mio, concédeme tu intuicion misericordiosa, y yo que te amo sobre todas las cosas, deseo y espero amarte con todo el fervor, pureza y perfeccion de que es susceptible el espíritu humano, amando tambien dignamente á mis semejantes y aun á mis enemigos, practicando el bien y sobreponiéndome al mal, cumpliendo el destino providencial que me has señalado, apoyándome en tu amor como en el verdadero y supremo bien!*

Hé aquí una oracion de la cual se pueden desprender y deducir multitud de conclusiones sublimes y eficaces, segun las situaciones del individuo y del momento. Así es como el hombre se puede dirigir á la Providencia; y si lo hace con fé y fervor, debe estar seguro de un éxito feliz, aunque esté fuera de su alcance el comprenderlo.

Perdonar á los enemigos es un esfuerzo al nivel del hombre, y las mas veces puesto en su conveniencia; pero amar á los enemigos solo puede esperarse del último grado de intuicion divina, y es puntualmente el que debe pedirse; pero si se pide con fé, voluntad y fervor, se obtiene, en cuyo caso el mal queda desterrado infaliblemente de nosotros. ¿Qué podrian los males del efímero cuerpo contra el espíritu perfeccionado y armonizado en la virtud por la intuicion divina?

La filosofía tiene grandes objetos que llenar, cumpliendo con los designios supremos del Criador; pero su destino principal, como gérmen del bien, es el de inculcar á la humanidad el amor desinteresado y providencial. Débil es mi pluma y reducidos mis conocimientos; pero tal cuales sean, deseo emplear todos mis esfuerzos para demostrar á la humanidad la potencia prodigiosa de ese amor sublime, bajo cuyo influjo y poder el mal desaparecerá, y este triste y árido planeta se convertirá en un paraiso en que los hombres se glorificarán en ser los agentes de la Providencia, amándose, amando y adorando profundamente agradecidos su omnipotente orígen.

## PROPOSICION 30.

El hombre, como un sér providencial, siente en sí mismo las mas urgentes tendencias á buscar y á obsequiar la verdad.

### DEMOSTRACION.

En vano se ha pretendido en todos tiempos sujetar el espíritu investigador del hombre, el cual marcha al nivel del progreso y la civilizacion humana. Los esfuerzos para adquirir el mayor grado de conocimientos, de reglas y de leyes, jamas han dejado de costar á la humanidad grandes sacrificios para establecerse radicalmente; mas una vez establecidos, sirven á su turno de rémora para nuevas adquisiciones científicas y morales. Pero el hombre no se detiene ante esas rémoras, porque está en su naturaleza espiritual el buscar la perfeccion. He aquí el principio de la filosofía.

Ni podia ser de otro modo, porque habiendo Dios determinado que el hombre sea el representante de su Providencia sobre la tierra, lo ha dotado del intuitismo y de las tendencias evidentemente manifiestas é innegables que le conducen á buscar la verdad y la perfeccion. Esas tendencias son en sí mismas la demostracion de la proposicion asentada.

### DIGRESION.

La proposicion que antecede, demostrada por la humanidad entera y la historia de todos los siglos, espero me sirva de disculpa cuando con los cortísimos elementos de saber que poseo, procuro elevarme en busca de la verdad y de la perfeccion; pero confiado en que cumplo con un deber moral, y en que Dios mismo se digna estimular el espíritu investigador del hombre, paso confiado á examinar las cuestiones fundamentales que alcanzo á comprender, y que procuraré esplicar.

Mas para poder emprender el desarrollo de las subsecuentes proposiciones, debo ahora buscar la verdad fundamental bajo su mas precisa y sencilla esposicion, por lo cual presento aquí la adjunta sinópsis, para que sirva de base á nuevas investigaciones.

# SINOPSIS FUNDAMENTAL.

## PRINCIPIO, MEDIOS Y FINES PROVIDENCIALES.

Providencia eterna, causa primera y suprema: Dios.

### LEYES DE LA MATERIA.

**Armonía.**

- Sustancia . . . . . { Neutralizacion de las fuerzas parciales, constituyendo la materia. } Fenómenos químicos . . .
- Forma . . . . . { Identidad ó diferencia de las fuerzas neutralizadas. } Fenómenos matemáticos.
- Movimiento . . . { Direccion y resultantes de las fuerzas generales. } Fenómenos físicos . . . .

Reflectismo ó ciencias naturales.

### LEYES DEL ESPIRITU.

**Amor.**

- Bondad . . . . . { Principio de los afectos particulares. } Virtudes privadas . . . .
- Justicia . . . . . { Principio de los afectos generales. } Virtudes públicas . . . .
- Misericordia . . { Principio de los afectos absolutos. } Virtudes absolutas . . . .

Intuitismo ó ciencias morales.

Providencia derivada: el hombre sabio y virtuoso.

## PROPOSICION 31.

Dios es Criador del universo.

### DEMOSTRACION.

El carácter axiomático que incuestionablemente tiene la proposicion anterior, se patentiza por la confusion en que se encuentran los panteistas y los ateos para esplicar el orígen del mundo, y porque aun ellos, despues de glosar éste bajo formas absurdas, se ven reducidos á confesar la existencia del universo, como debida á una causa, sin advertir que esta conclusion los conduce á convenir en la necesaria existencia de un Dios criador.

Cuando de buena fé pensamos en esta elevada cuestion, preguntamos ingenuamente: ¿es posible que haya ateos? En verdad que la respuesta afirmativa no puede ser simple, porque de facto, ó no hay un verdadero ateismo, ó si éste es posible, solo debe existir en el hombre por una orgullosa y supina ignorancia ó por la demencia, ó en fin, por la vana superficialidad de la presuncion y deseo enfermizo de singularidad.

¿Podrá negar el ateo su propia existencia y la de los objetos que le rodean? No: porque la evidencia le confundiria. ¿Luego quién ha podido causar estos fenómenos? Sin duda se verá obligado á confesar que existe fuera de su sér la causa aun de su mismo sér, y entonces, si no es demente, se tendrá que humillar ante la necesaria existencia de un Dios.

En verdad que el verdadero ateismo existe en el panteismo, porque de facto: si todo es Dios no hay Dios, así como si el todo es Criador no hay criaturas. Afortunadamente el panteismo es una teoría absurda é insostenible, y que se desvanece ante la intuicion de la humanidad, como un vapor nebuloso al soplo de una brisa cálida.

Para probar la absurdidad del panteismo, basta observarse que el universo se compone de partes, y que la materia de que constan éstas, puede asimismo subdividirse hasta un grado tal de pequeñez, que no pueden nuestros sentidos percibir ni aun cuando se arman de poderosos instrumentos: ¿cuál es la liga armoniosa de estas partes heterogéneas y cuál es el infinito en que existen? Todo el universo está sujeto á leyes fenomenales de una armonía prodigiosa, y que manifiestan del modo mas evidente que una inteligencia admirable ha organizado y regulado su estupendo conjunto. ¿Dónde está, pues, esa inteligencia? Si ella residiese en los séres compuestos, nosotros mismos deberiamos percibir la parte directiva de nuestro sér sobre las grandes masas que pueblan el espacio; y si en los átomos componentes de la materia, nosotros tambien deberiamos conocer la calidad y cantidad de inteligencia que existen en los átomos componentes de nuestro cuerpo. Pero nada de esto sucede, y por el contrario, las grandes masas que pueblan el espacio están sujetas á leyes y fuerzas de una coherencia maravillosa, pero que existen fuera de aquellas, porque es evidente en la ciencia física que la inercia es el verdadero carácter de la materia simple y elemental.

Es indispensable, por lo tanto, convenir en que la inteligencia que gobierna, y que por lo mismo ha criado el mundo, está fuera de éste, y á esa causa independiente de sus efectos es á quien llamamos Dios.

El panteismo se subdivide en multitud de doctrinas que varían entre sí, acercándose mas ó menos al dogma de la creacion. La mayor parte de las religiones antiguas, y principalmente las asiáticas, propendian al panteismo, y solo en el Génesis de Moises hay esa sublime simplicidad que erradica en lo absoluto la creacion de toda idea panteista, cuando el legislador hebreo dice: "En el principio crió Dios los cielos y la tierra," es decir, el espacio y la materia.   Pero en general las demas religiones suponian la existencia del caós, y la eternidad de la materia, y no hacian á Dios sino su organizador y regulador, y de aquí el politeismo y las diversas modificaciones del panteismo.

Entre los panteistas modernos hay unos espiritualistas y otros materialistas, pero casi todos convienen en suponer que la Divinidad lo es todo, que todo lo compone y todo lo modifica, que ella no ha criado el mundo de la nada, sino que va trasformándose por emanacion en los fenómenos del mundo mismo, y que de sér en sér y de perfeccion en perfeccion, ha llegado sobre la tierra á constituir al hombre que observa la naturaleza y tiene la conciencia de sus evoluciones.   Esta idea es ciega y absurda.   Cuando así se discurre se derriban por tierra todos los principios morales y todos los sentimientos peculiares del espíritu; no queda estable ninguna de las leyes y reglas de la sociedad, y solo la conveniencia de los individuos viene á ser la ley; la inmortalidad del alma desaparece del número de las creencias, y la hipocresía reemplaza á la virtud, así como la sagacidad y la astucia al mérito.

El panteismo moderno es sin duda el verdadero ateismo, pero esa monstruosidad afortunadamente no puede subsistir como normal en sociedad ninguna.   Ella corrompe, pero no persuade; destruye, mas no edifica, y pasa en el mundo abrigada solo en las aberraciones filosóficas y en las cabezas superficiales y viciosas que necesitan arrancar de sus almas la intuicion que refrena las pasiones viles.

Admirable y gloriosamente ha dispuesto Dios desde el principio, las pruebas irrefragables de su creacion en las mismas especies vivientes en que, aun con la mayor analogía en su estructura mútua, no pueden sin embargo propagarse sus hibrídas, y con esto se confunde á los que creen en un desarrollo lento y gradual de unas especies en otras.   Y ¿cómo podriamos esplicar la existencia de los primeros séres masculinos y femeninos de las diversas especies, sin admitir una creacion que en nada debió parecerse á las reproducciones posteriores?   Pero aun cuando supiésemos absurda y arbitrariamente que todos los animales tan variados y disímbolos, solo han sido lentas mejoras y trasformaciones de un molusco, ¿se disminuiria la dificultad?   No: porque ademas de subsistir en pié la imposibilidad de esplicarse la formacion espontánea del primer molusco, aumentariamos horrorosamente las hipótesis absurdas y arbitrarias para esplicar las evoluciones biológicas de sér en sér viviente con relacion á sus variedades, cuando sus caractéres constitutivos y la esperiencia sobre las hibrídes, se oponen á semejantes esplicaciones.

La Divinidad, para su gloria, no ha querido dejar ni el mas leve motivo de duda al verdadero sabio y filósofo acerca de la creacion; así es que ni aun siquiera la materia orgánica puede conseguirse, no solo como produccion espontánea de los elementos químicos y regularizados, mas ni puede obtenerse aquella por el hombre á pesar de todos los esfuerzos de la química y demas ciencias modernas; así es que, el mas pequeño y simple animal y el vegetal mas sencillo, son testimonios vivientes de la creacion, y aun la misma materia orgánica, con su admirable aunque simple modo de reproducirse, confunde al incrédulo que niega la Causa prodigiosa, omniciente y omnipotente de la creacion.

El espíritu del hombre con la conciencia de su propio sér, suministra una prueba de la creacion, bajo una forma silogística que puede variarse de mil maneras; por ejemplo: Yo pienso en mi propia existencia y en la del universo, pero ni yo causo la existencia del universo, ni éste causa activamente la de mi conciencia ó pensamiento; luego hay una Causa de ambas existencias, distinta del universo y de mi pensamiento; luego hay un Criador á quien ambos nos debemos.

Este silogismo que se debe á la disyuncion de todas las partes componentes del universo, reposa sobre las leyes de coherencia entre estas diversas partes, las que así forman un conjunto armonioso aunque compuesto de séres heterogéneos, que no pueden causarse mútuamente, ni tampoco ser causales del conjunto; porque éste, como sus partes, son efectos y no causas, por lo que he dicho que el silogismo se puede variar al infinito, y siempre dar por resultado la existencia de un Criador del universo, de sus detalles y de sus leyes.

Pero si bien el dogma de la creacion está generalmente admitido, y se siente intuitivamente su evidencia, queda á la razon aún por verificar el grande trabajo de encontrar las leyes por las cuales se realizó la creacion misma, esas sublimes leyes que emanadas del Criador han constituido hechos identificados con los fenómenos que producen.

Para creer en la creacion religiosamente basta la fé; pero para creer en ella filosóficamente, es necesaria no solo la argumentacion metafísica, sino tambien la demostracion física. Esta última se habia creido hasta hoy casi imposible, y sin embargo yo me atrevo á emprenderla, á pesar de la grande dificultad que no se me oculta debo encontrar en esta empresa. Para lanzarme á ella me sobreviene el justo temor de mi insuficiencia, al lado de la elevacion suprema del objeto á que me dedico; pero un sentimiento ageno enteramente de vanidad, me conduce á consagrar mis débiles fuerzas á este objeto grandioso.

PROPOSICION 32.

Antes del principio del universo, solo ha existido Dios.

DEMOSTRACION.

Dios, como Causa suprema é infinita del universo, necesariamente fué anterior á éste; pero como la diferencia entre lo infinito y lo finito es tambien infinita, la anterioridad entre la existencia de Dios y la del mundo es eterna; y así solo se puede aplicar la frase principio al de la creacion, porque Dios no puede tener principio ni fin.

DIGRESIÓN.

Muchos filósofos han opinado que el mundo es eterno, fundándose en que Dios como perfecto no pudo querer una vez lo que no habia querido antes y siempre, por lo que concluyeron: que pues Dios poseyó desde la eternidad su perfeccion y sus facultades criadoras, debió ejercerlas coetáneamente con su existencia, es decir, desde la eternidad misma, y por lo tanto, que el universo es eterno así como su Criador. En esta doctrina ha pasado desapercibido el absurdo de hacer influente el tiempo con respecto á Dios; pues como tengo demostrado, las ideas de espacio y de tiempo no son aplicables á Dios que no está sujeto ni á la estension ni á la duracion, y que por el contrario el espacio y el tiempo son fenomenales, y por lo mismo criados por Dios para la necesaria existencia de relacion entre las formas y sucesion de los fenómenos de la creacion.

El absurdo que combato es una de tantas formas del panteismo: lo primero, porque destruye la idea de la libertad de Dios y hace necesarios sus hechos y creaciones, y por consecuencia, queriendo fundarse dichos filósofos en la perfeccion de Dios, le niegan una de las cualidades, de la perfeccion, que es la libertad absoluta. Lo segundo, es aquella doctrina panteista, porque si el universo fuese coetáneo con Dios, y por consecuencia eterno, Dios no habria determinado ni decidido su formacion, sino que por una ley de su constitucion misma, trasformaria sus facultades criadoras en hechos, y estos hechos, como necesarius, confundirian al Criador y las criaturas en una misma serie de evoluciones necesarias. De este modo el estado actual del universo tampoco podria cambiarse, y solo se renovarian eternamente la produccion y destruccion en los fenómenos naturales en un círculo inmutable y mutable á la vez, sin un plan determinado y sin un objeto de mejora y perfeccionamiento. Ni podria tener fin el mundo, porque si Dios obrase desde su eternidad por la necesaria ley de una perfeccion determinada, lo que hubiese sido perfecto eternamente no podria dejar de existir, porque perderia su orígen y carácter de perfeccion. He aquí cómo el optimismo del presente, escluye la idea del optimismo de progreso. En verdad que el optimismo es aplicable á todos los tiempos por los planes de Dios, quien dirige su creacion por medios perfectos hácia la perfeccion á que incesantemente la encamina, y cuyas evoluciones rápidamente progresivas van atestiguándose aun por las generaciones efímeras de los hombres. Mas para nuestro espíritu inmortal los periodos mas dilatados de las épocas ó evoluciones siderales son asimismo efímeras, porque por su facultad preciosa de intuitismo, toca con un momento el principio de la creacion y con otro el fin de ésta, ó sea el resultado indefectible de los planes de Dios, cuya idea es corolario de la verdad fundamental de que toda duracion por grande que sea, solo es un momento en comparacion de la eternidad, y por consecuencia que la eternidad no es una duracion, sino la existencia esencial del Sér infinito, distinta de la existencia derivada de los séres fenomenales y finitos.

### PROPOSICION 33.

Dios crió, bajo un plan prodigiosamente concebido, las leyes del universo con tres actos fundamentales, y el desarrollo de esas leyes es el progreso no interrumpido de la creacion hácia la estabilidad y perfeccion á que la destina el Criador.

### DEMOSTRACION.

Las leyes que Dios ha impuesto á sus criaturas, están identificadas con las criaturas mismas que las obedecen, lo que no comprende el hombre á primera vista por estar acostumbrado á la coercion que las leyes convencionales humanas necesitan ejercer sobre el objeto, que no es al mismo tiempo ni el sugeto ni la ley.

Pero no es esto así en las obras de la Divinidad, en las que la ley, el objeto y el sugeto son simultáneamente la misma cosa.

De este modo, con una vista reverente y meditadora, es fácil encontrar las leyes generales y primitivas del universo, estudiando éste, pues por grandes que sean las variantes por que ha pasado en el progreso de la creacion, siempre se distinguen los fundamentos de la creacion primitiva, así como de ambas premisas podrá deducirse el objeto y término final de la creacion.

De facto, si indagamos profundamente cómo puede existir el universo, convendremos en que éste es el resultado de una voluntad omnipotente; y si insistimos en investigar cómo ésta se ha realizado, veremos que con solo la produccion de la fuerza, como inmediata creacion de su omnipotencia. Y en verdad que en último análisis, solamente la fuerza ha sido necesaria para la absoluta consecucion del universo fenomenalmente.

Estas investigaciones parecerán á primera vista no solo presuntuosas, sino tambien irreverentes. Pero si se observa que ellas conducen á la conviccion absoluta de una suprema Causa verdaderamente criadora, la que bajo un plan prodigiosamente concebido ha formado todas las cosas sin confundirse en manera alguna con sus obras, veremos que en nada dañan al sentimiento de una reverente filosofía, y que raciocinios semejantes son intuitivos y agradables al supremo Sér que nos induce á formarlos con el espectáculo sublime de la naturaleza.

La estupenda belleza y armonía del universo, arranca á todos los hombres un elocuente ó un silencioso aplauso hácia la maravillosa sabiduría del Criador. ¿Quién no se ha sentido (por lo menos alguna vez en la vida) arrebatado por la magnificencia del espectáculo del mundo? Los estímulos espontáneos del intuitismo, se presentan á menudo aun á los hombres que no cultivan y que acaso desechan esta preciosa cualidad del espíritu; así es que el entusiasmo voluntario de la humanidad, es una prueba del convencimiento profundo, que le persuade de que la creacion no es un conjunto incoherente de fenómenos producidos al acaso, sino el resultado de un verdadero plan prodigioso y magnífico, concebido por la omniciencia de Dios.

Pero si bien es grato recordar el sencillo homenage de respeto y veneracion que la especie humana eleva tan espontáneamente á su Dios, es fácil asimismo el demostrar la proposicion que antecede por medio del rigor ideológico.

La Causa suprema crió al universo, pero no fué para ello obligada por una necesidad creativa de su sér, porque esto seria una negacion de su libertad y de su omniciencia como cualidades inherentes de su perfeccion absoluta. Mas la prevision es una de las cualidades necesarias de la omniciencia. Luego el universo siendo criado no es eterno, aunque Dios lo ha previsto desde la eternidad; así pues, la prevision de Dios, fué la concepcion de un verdadero y magnífico plan para la construccion del universo.

## COROLARIO.

Es indudable que pues hubo un plan en la mente de Dios para criar el universo, aquel plan ha debido tener orígen, medios y fines.

¿Cuál fué el orígen? Es imposible que este plan tuviese otra causa que el mismo Dios, y como todos los atributos de éste son perfectos é inherentes en él, no podemos suponer otro orígen á la creacion, que la armonía y el amor como atributos providenciales de Dios, y que como inseparables de su omniciencia, omnipotencia y libertad absoluta, originaron lo bello y lo bueno. He aquí los medios asimismo de la creacion. Mas ¿cuáles son los fines que se propuso el Criador? De nuevo encontramos la solucion de este sublime problema en la misma perfeccion absoluta de Dios. Así, pues, sus fines no pueden ser sino la perfeccion de sus criaturas, y de aquí se deduce que las que principalmente Dios ha destinado como fines de sus obras prodigiosas, deben tener cualidades semejantes á las del Criador. Ellas no pueden ser eternas, pero serán inmortales; ellas no son omnipotentes, pero sí poderosas; ellas no son omniscientes, pero sí sabias; ellas no son remuneradoras, pero sí justas; ellas no son infinitas, pero sí espirituales; en fin, ellas no son la Providencia, pero sí providenciales. He aquí cualidades que no pueden convenir sino á los espíritus libres que Dios ha criado para que le tributen adoraciones y para amarlos cuando sean dignos. Pero los fines de Dios no pueden ser inconsecuentes con sus medios, y así es preciso convenir en que si hay inestabilidad en el actual universo, si la multiplicacion de núcleos celestes trae consigo luchas complicadas de fuerzas, las que desenvuelven rápidamente la produccion y destruccion de séres efímeros y perecederos, hay tambien un trabajo lento de concentracion en la naturaleza, que traerá por resultado la unidad absoluta de un núcleo de materia ponderable, y la simplicidad mas perfecta de fuerzas en diástole y sístole de la materia imponderable, y por consecuencia, la perfecta estabilidad de un mundo futuro, inmutable y perfecto, que el Sér eterno ha previsto para la vida inmortal de sus criaturas ele-gidas, como dignas de disfrutar el perenne bien del paraiso.

Un solo astro imperecedero, enriquecido con las bellezas minerales, vegetales y animales de todos los mundos caducos, y habitado por todos los séres acrisolados en la virtud, he aquí un fin digno del Criador que nos revelan las maravillas de nuestro pequeño y efímero planeta, para indicarnos en una viviente é inmensa promesa, la infinidad de maravillas y de gloria que reserva la Providencia eterna á los que la imiten sobre la tierra.

### ESCOLIO.

Voy á ensayar la esposicion de un escolio á la proposicion que nos ocupa, aun-que mi pluma desfallece y mi ánimo vacila al ocuparme de una cuestion que parece superior no solo á mis débiles fuerzas, sino tambien á la inmensa fuerza colectiva de la humanidad. Trazar en breves y concisos rasgos los principales detalles del plan de Dios para verificar la creacion del universo, parecerá tal vez no solo insensato de mi parte, sino tambien irreverente. Pero como no me mueve á emprender esta sublime tarea un principio de vanidad; como mi móvil es la veneracion mas profunda hácia el Sér supremo; como este mismo Sér soberano inspira á la humanidad un interes prodigioso en busca de la verdad de causas y efectos; como depende en tan grande manera la virtud y el bienestar de la especie humana de encontrar las pruebas físicas y racionales de la creacion; y finalmente, como el rigor ideológico me demuestra que no hay nada inconsecuente ni contradictorio en las obras de Dios, y que estudiando bien los fenómenos del universo, encontraremos las leyes que lo gobiernan y el plan bajo el cual Dios lo ha criado, me resuelvo á indagar por analogía el plan del Criador, como un tributo de adoracion profunda que le rindo, y como una preparacion indispensable para la continuacion de esta obra, en que trato de esponer la obra admirable de la Divinidad: *La Armonía del Universo.*

La gloria de Dios es eterna y no pueden aumentarla ni mucho menos disminuirla sus criaturas. Dios goza al amarlas, pero este gozo previsto por él formó parte de su gloria desde la eternidad; la realidad solo tiene un efecto inmediato en la consideracion humana, pero no en la divina, en quien la prevision del hecho tuvo y debió tener el propio grado de gloria que el hecho mismo. Así es como en la mente de Dios, (permítaseme esta espresion figurada) existió el mundo desde su eternidad; así al verificarse el principio de la creacion solo se verificó la gloria de las criaturas como un reflejo de la gloria de Dios. He aquí el fundamento del plan de Dios: impartir su gloria á séres dignos de ella.

CONJETURAS REVERENTES ACERCA DEL PLAN DE DIOS, PARA LA CREACION DEL UNIVERSO, DEDUCIDAS DE LOS FENÓMENOS DE ÉSTE YA REALIZADOS.

Si algo hay de sorprendente para el hombre en la contemplacion de la obra de Dios, es la sencillez maravillosa de los medios y la prodigiosa variedad de los resultados. Así contemplamos el grandor y la sublimidad de aquel plan prodigioso.

La mente prodigiosa de Dios comprendió que para producir los fenómenos maravillosos del universo, solo necesitaba de dos principios ó elementos, el uno activo y el otro pasivo, y que estos dos agentes primordiales servirian de tipo universal para la formacion y reproduccion de todos los séres. Pero Dios concibió el estupendo designio de producir el elemento pasivo del activo, es decir, la materia de un agente inmaterial, la fuerza, logrando así la unidad absoluta, resultado inmediato de su voluntad criadora.

Dios por su bondad ha permitido que el hombre pueda descubrir y demostrar este milagro primordial, y solo á Dios debo yo, en la humildad de mis conocimientos, el haber podido elevar mi razon hasta este hecho primitivo de la Divinidad; y por lo tanto lo espondré metódicamente, para poder demostrar en las proposiciones subsecuentes el dogma fundamental de la creacion, porque repito, que para creer en ésta religiosamente, basta la fé; pero para demostrarla filosóficamente, es necesaria la evidencia de las pruebas.

Habiendo demostrado que antes del principio del mundo solo existió un sér necesario, *Dios;* que ese Sér soberano es la Causa primera y única de todas las cosas, y que su naturaleza divina nos es enteramente desconocida, porque no está sujeta ni á la estension ni á la duracion, ni son aplicables á su sér las ideas del tiempo ni del espacio, y que por lo tanto, éstos son accidentes fenomenales: finalmente, habiendo probado que la Causa primera es omnipotente y absoluta; que es la realidad por esencia y que de ella se derivan todas las realidades posibles, es indispensable convenir en que su voluntad todopoderosa, ha debido dar la realidad de que disfrutan á todas las criaturas resultantes de su plan admirable; mas diferenciándose éstas esencialmente de la Causa criadora (con la cual es imposible se identifiquen ó confundan), los fenómenos del universo nos revelan sus leyes, y sus leyes el plan maravilloso con que Dios las ha dictado. Este es el solo título por el cual la humanidad puede indagar en el plan de Dios, alentada y aun impulsada por este mismo soberano Sér.

Así, pues, yo procuraré dar una idea del plan del Criador, segun se descubre en la creacion, aunque lo espondré en el estilo condicional de una teoría razonada, único que conviene á la falibilidad humana cuando se atreve á indagar en las obras divinas.

### TEORIA DE LA FUERZA.

Si la voluntad omnipotente de Dios criase la fuerza, ésta seria la sustancia única, el sér criado necesario, la inmediata produccion del Criador, y en fin, la actividad derivada de sus facultades divinas. ¿Cómo podia resultar la fuerza de la voluntad de Dios sin confundirse ni identificarse con él? Véase.

Si imaginase Dios una línea, por un efecto de los atributos supremos, resultarian los fenómenos siguientes: 1? Quedaria establecida una ley geométrica; 2? habria una estension y una duracion; 3? por lo tanto quedarian establecidos los accidentes fenomenales del espacio y del tiempo; 4? habria una realidad, porque los efectos de la Omnipotencia no pueden ser ilusiones, sino hechos reales que calificaria y conoceria su omniciencia; 5? resultaria un movimiento, dirigido del principio al fin de la línea; 6? este movimiento seria uniforme por la simplicidad misma del elemento lineal; 7?, en fin, habria una fuerza incontrastable en este movimiento, porque nada podria oponerse á la voluntad del Sér omnipotente que la produjera.

### TEORIA DE LA INERCIA.

Si imaginase Dios dos fuerzas lineales en una direccion perfectamente opuesta, y ambas de igual estension y de igual intensidad, al tocarse ellas, resultarian los fenómenos siguientes: 1? se chocarian entre sí suspendiendo su mútuo movimiento; 2.? formarian un grupo de fuerzas opuestas, que anonadarian su mútua energía, ocupada toda ésta en contrastarse recíprocamente; 3? el grupo, así constituido, permaneceria inmóvil si otra fuerza no viniese á ponerlo en movimiento; 4? obedeceria á la fuerza que lo moviese mientras ésta lo impulsase, pero quedaria en reposo luego que ésta cesase de obrar sobre él; 5º dicho grupo solo seria estable en una dirección, la de la mútua oposicion de las dos fuerzas componentes.

He aquí la idea mas simple de la inercia; pero un grupo de dos fuerzas así opuestas, como poco estable y como penetrable á otra fuerza, no tendria todos los caracteres necesarios de la materia.

### PRIMER ACTO FUNDAMENTAL DEL CRIADOR, EN SU PLAN DE LA CREACION.
### FUERZA ABSOLUTA.

Proponiéndose Dios un número absoluto de fuerzas, opuestas diametralmente, todas iguales y todas coincidiendo á un centro, resultarian los fenómenos siguientes: 1º todas las fuerzas así opuestas neutralizärian su mútua accion y quedarian enteramente paralizadas; 2º ellas formarian un grupo perfectamente esférico, y la esfera seria la forma primitiva de la cual se debian derivar todas las formas; 3º el grupo ó esfera así formada no podria por sí mismo ni ponerse en movimiento ni volver al reposo, por lo que seria perfectamente inerte; 4º construido por fuerzas que deberian su orígen á la voluntad del Criador, solo la voluntad omnipotente de éste podria descomponerlo; 5º un grupo tal de fuerzas seria impenetrable á toda otra fuerza; 6º él seria inalterable, escepto bajo la accion omnipotente del Criador; 7º todas las fuerzas constituyentes de dicho grupo ó esfera estarian en ella en el estado latente, y sin disminuir jamas su energía, ésta permaneceria anonadada por la oposicion antípoda de todas las energías componentes; 8º por lo tanto, ellas constituirian la verdadera sustancia; 9º ellas por la voluntad del Criador, podrian convertirse en fuerzas libres, ó subdividirse en fuerzas neutralizadas.

He aquí cómo la fuerza absoluta, inmóvil é inerte por la oposicion y neutralizacion de su propio poder, estaria dispuesta como una realidad perfectamente pasiva para obedecer la voluntad omnipotente del Criador, y su magnitud seria el grandor del universo.

### ESPACIO UNIVERSAL.

El grupo de fuerzas constituido del modo espresado no ocuparia un lugar, sino que formaria un lugar absoluto, pero de naturaleza diversa de la naturaleza del infinito, la que no conocemos. Las fuerzas neutralizadas quedarian en el infinito, mas necesariamente sin confundirse con él; pues principalmente en este caso, seria imposible que el efecto se confundiese ó identificase con la causa, porque ésta seria la voluntad omnipotente, y la fuerza absoluta solo seria el efecto de aquella soberana voluntad; mas las fuerzas neutralizadas por su misma oposicion, cambiarian tambien de naturaleza, y de activas y móviles pasarian á ser pasivas ó inertes. La identidad y evolucion de aquellas fuerzas, dando al compuesto la forma esférica, obedeceria desde luego dos leyes que jamas podria traspasar: 1ª la de la forma; ésta seria simple, perfecta, absoluta: 2ª la de la estension; ésta seria intraspasable, inalterable, como el resultado de la sustancia y de la forma esférica, y con estas dos leyes quedaria constituido el espacio absoluto, ó sea la estension del universo. De aquí se deduce ser esférico el universo é incambiable en sus límites, y que la existencia del vacío ó de la nada es imposible. Así, pues, el espacio solo vendria á ser un accidente de la sustancia y de la forma, mas no una realidad separada de ellas.

He aquí la idea del espacio universal en el plan de la Divinidad; el universo resultaria inseparable de su estension, y por consecuencia del único espacio posible, y solo por la ignorancia absoluta de la naturaleza del infinito podria concebirse la idea absurda de un espacio identificado con la nada. Así, pues, la idea del vacío es en sí misma una gran absurdidad.

SEGUNDO ACTO FUNDAMENTAL DEL CRIADOR, EN SU PLAN DE LA CREACION.
FUERZAS PURAS Y FUERZAS MATERIALIZADAS.

Siendo la espresada esfera de fuerzas tan grande cuanto seria del agrado de Dios, para poder producir con ella toda la variedad, magnitud y belleza de sus obras, si procediese el Criador á verificar su segundo hecho fundamental de la creacion, es decir, á dividir la grande esfera de fuerzas en las fracciones mas simples y menores posibles, con oposicion antípoda en cada grupo de fuerzas, resultarian los fenómenos siguientes: 1º penetrando la accion divina en la esfera de fuerzas, ésta deberia quedar dividida en fracciones tan pequeñas, que serian perceptibles solo á Dios; 2º esas fracciones, como las mas simples posibles formadas por fuerzas idénticas y opuestas de la superficie al centro, deberian ser perfectamente esféricas; 3º siendo las menores posibles, deberian ser todas perfectamente iguales, y así las llamaré esférides, para no confundirlas con los átomos químicos ó ponderables, de que á su tiempo hablaré; 4º cada una de las esférides, por pequeña que fuese, deberia ser tambien una esfera de fuerzas por la oposicion diametral de cada par de fuerzas; 5º por lo tanto las esférides serian perfectamente inertes; 6º ellas serian inalterables escepto á la accion omnipotente de la voluntad divina; 7º ellas serian perfectamente impenetrables á toda otra fuerza que no fuese la misma voluntad divina; 8º ellas guardarian entre sí, en el momento de su formacion, el arreglo cúbico, es decir, que cada ocho esférides compondrian un cubo, cuyo arreglo deberia ser así por ser el cubo el único poliedro complementario en sí; 9º todos los espacios que quedasen entre las esférides, quedarian llenos con la fuerza pura ó libre; y como una esfera inscrita en un cubo tiene esactamente la mitad del volúmen de éste, es evidente que si en su primer acto el Criador hubiese producido la esfera absoluta de fuerzas neutralizadas, en el segundo acto, al reducir aquella inmensa esfera á esférides, las mas pequeñas posibles y tocándose entre sí en el arreglo cúbico, la mitad del espacio absoluto del universo quedaria lleno por la fuerza libre, y la otra mitad por las fuerzas neutralizadas ó esférides, es decir, por un elemento material, universal y compuesto de esferillas iguales, inertes, inalterables, impenetrables, y en tanta abundancia cuanta encontrase el Criador necesaria, para que reunidas á la fuerza pura bastasen para la consecucion de todos los fenómenos del universo.

He aquí cómo por la voluntad del Criador, con solo dos actos de su poder, habrian resultado la fuerza absoluta, y de ésta la fuerza pura ó libre, y las fuerzas neutralizadas ó materializadas. La ley geométrica de la igualdad de volúmen de las esférides en arreglo cúbico con el volúmen de la fuerza libre que ocupase los intersticios existentes entre las esférides, daria al conjunto una armonía maravillosa, y así estos dos únicos elementos del universo estarian preparados en una proporcion esacta, constituyendo la fuerza y la materia, el alma universal y el elemento universal, para que la voluntad omniciente y omnipotente del Criador ejecutase con ellos todos los prodigios de su plan portentoso.

TERCER ACTO FUNDAMENTAL DEL CRIADOR, EN SU PLAN DE LA CREACION.
MATERIA IMPONDERABLE Y MATERIA PONDERABLE.

Si en el primer momento de la creacion hubiese Dios criado la fuerza absoluta, y en el segundo momento dividídola y formado de una de las mitades de ella el elemento primitivo, en el tercer momento, la voluntad omnipotente del Criador determinaria un movimiento de diástole y de sístole en la esfera absoluta del universo. Véase cómo debia verificarse este fenómeno.

Se ha visto que los dos elementos componentes del universo, criados por el segundo acto de la voluntad divina, serian: 1º la fuerza pura y libre, y 2º las fuerzas neutralizadas ó esférides, colocadas éstas en el arreglo cúbico. Se ha visto tambien que el espacio esférico ó absoluto del universo deberia ser constantemente el mismo, es decir, indisminuible. Por último, se ha visto que las esférides serian inertes, iguales, inalterables é impenetrables. Ahora obsérvese que un cubo compuesto de ocho esférides, podria convertirse en dos tetraedros de á cuatro esférides cada uno; pero como las ocho esférides de los dos tetraedros ocuparian un espacio mucho menor, por quedar mas apiñadas y compactas en el arreglo tetraedral que en el cúbico, es evidente que si todas las esférides del universo hubiesen de pasar del arreglo cúbico al tetraedral, quedaria un inmenso vacío de materia, ó el arreglo de ésta cambiaria en su totalidad en sólidos complementarios y en corrientes móviles; y como el vacío es imposible, es lo segundo lo que debia suceder.

Una vez sentado esto, se debe observar que cualquiera concentracion de esférides en uno ó muchos grupos, pasando del arreglo cúbico á otros poliedros ó arreglos mas compactos, traeria como resultado el que en otras porciones del universo, los arreglos geométricos de las esférides fuesen mas abiertos en sus intersticios, sin dejar de formar asimismo sólidos geométricos, sostenidos en equilibrio por la oposicion de corrientes libres.

Puesta asimismo esta premisa, obsérvese que si Dios hubiese querido con su voluntad omnipotente el que todas las esférides se moviesen de la superficie absoluta del espacio esférico del universo hácia los diferentes centros que dispusiese como núcleos ponderables, y que dicho espacio permaneciese constantemente el mismo, es decir, formado por la fuerza y las esférides libres, resultarian los fenómenos siguientes: 1º quedaria establecido el movimiento perpetuo de radiacion é irradiacion sin ningun nuevo acto de la voluntad divina, y este movimiento seria eterno, á no ser que el Criador revocase la ley que le originara; 2º este movimiento seria ejecutado por la fuerza pura ó libre, la que impulsaria las esférides inertes, moviéndolas en corrientes concentrantes é irradiantes, y estas esférides, puestas así en movimiento continuo, constituirian por sus corrientes y movilidad la materia imponderable; 3º para que este movimiento de diástole y sístole tuviese lugar, seria preciso que una parte de las esférides se condensase en grupos armoniosos, ya entre sí, y ya en la estructura íntima del arreglo geométrico de las esférides componentes; 4º los grandes grupos serian aglomeraciones casi esféricas, debidas al movimiento de concentracion, y compuestos de pequeños grupos ó poliedros geométricos que tendrian las propiedades que les darian su diferente forma y lo compacto de su estructura íntima; 5º ellos deberian su tendencia á conservar su estructura, no á propiedades intrínsecas de sus esférides componentes, sino á la presion ejercida sobre ellas por las esférides y fuerzas esteriores; 6º los grupos geométricos serian los elementos químicos, y todos serian descomponibles en esférides libres ó imponderables, pero la dificultad de analizarlos ó descomponerlos, seria tanto mayor cuanto mas compacta fuese su estructura íntima y mayores las fuerzas libres que oprimiesen y regularizasen esta estructura; 7º las esférides libres conservarian su inercia y demas cualidades materiales, y solo serian libres porque no quedando agrupadas en núcleos de materia ponderable, formarian las corrientes de diástole y sístole impulsadas por las fuerzas puras; 8º las corrientes imponderables en su movimiento de concentracion hácia los grupos ó núcleos ponderables, por la ley geométrica de la estension, encontrarian un espacio de mas en mas reducido; y como las esférides serian inalterables é impenetrables, y deberian, no obstante, con su movimiento, llenar asimismo el espacio, para cumplirse estas condiciones absolutas, se aceleraria su movimiento de mas en mas en igualdad de tiempos, segun el cuadrado de las distancias; 9º una vez que las corrientes imponderables tocasen los núcleos ponderables, algunas esférides penetrarian éstos, otras pocas descompondrian y recompondrian los grupos ponderables, pero casi todas las esférides libres retornarian en corrientes de irradiacion hácia el espacio, constituyendo el sístole del universo; pero como en su irradiacion hallarian una estension ó espacio de mas en mas ámplio, en proporcion esactà, retardarian su movimiento en igualdad de tiempos, segun el cuadrado de las distancias; y como las corrientes de concentracion tendrian la prioridad del movimiento, habria una resultante ó diferencia de movimiento de concentracion hácia los núcléos ponderables, cuya proporcion seria uniformemente acelerada segun los números impares, 1, 3, 5, etc.; 10.º cada núcleo esférico tendria sus corrientes propias armonizando con las corrientes universales, y como por esto deberian resultar interferencias de unas corrientes con otras, de aquí resultarian corrientes imponderables, de su género, variadas segun las circunstancias peculiares de cada núcleo, sin dejar por eso de guardar una perfecta armonía con las corrientes universales, lo que constituiria la estabilidad y el equilibrio necesario para el progreso de la creacion hácia la estabilidad y equilibrio absoluto.

### TIEMPO.

Los tres actos fundamentales de la creacion deberian ser la obra instantánea de Dios, su voluntad omnipotente no necesitaria sino de tres momentos para producir la fuerza, de la fuerza la materia, y de ambas el movimiento perpetuo. Pèro por pequeños que fuesen aquellos momentos habria una sucesion, y he aquí el principio, he aquí el tiempo, he aquí la inauguracion de la perpetuidad, como creaciones del Sér eterno é infinito. El tiempo así, considerado mecánicamente, viene á ser la fuerza, y la fuerza el movimiento. Por lo tanto, el tiempo es simplemente fenomenal.

### LUZ Y SONIDO.

Al ejecutar la fuerza y la materia su movimiento de diástole y sístole, pasando geométricamente del arreglo cúbico á otros arreglos moleculares, lo primero que deberia suceder seria un movimiento ondulatorio que debia perpetuarse en armonía con los movimientos de diástole y sístole, y como resultado de éstos. Tal movimiento deberia ser opaco y silencioso mientras no hubiese materia ponderable en que operar sus efectos sensibles, pero como en la concentracion de las esférides habria desde luego nébulas armoniosas, en ellas se verificarian las detonaciones de composicion y descomposicion de materia ponderable, y la luz y el sonido verificarian en una inmensa escala la solemne festividad de la naturaleza, como si fuese la salva gloriosa con que ésta saludase á la Divinidad que criaba su existencia.

Así la luz seria el primer fenómeno de la naturaleza, porque (metafóricamente hablando) "Dios diria: haya luz, y habria luz." Y así tambien los sonidos armoniosos y los arcoiris variados al infinito bendecirian con el lenguaje real de los hechos, la omniciencia que los habria previsto y que gozaria en su realidad. La materia no seria ya un conjunto de esférides homogéneamente colocadas, sino los grupos geométricos de esas esférides, moviéndose armoniosamente, cambiando formas lúcidas y bizarras, y gozando de la vida universal, preparatoria de la vida individual que llegaria á tener en sí misma la conciencia de las bellezas del mundo, iluminado y hecho perceptible por la luz, en gloria de su Hacedor.

He espresado tan concisamente cuanto me ha sido posible los tres actos fundamentales del plan de la creacion, los que nos revelan la estructura misma del universo, previsto por Dios.    Con el primer acto, crearia Dios la fuerza absoluta é inmaterial; con el segundo acto, proveeria á la fuerza pura ó libre y á las fuerzas neutralizadas ó materia; con el tercer acto, Dios determinaria el movimiento perpetuo.   Estos actos prodigiosos quedan espresados con tres sublimes palabras: *Fuerza, Materia, Ley*, y las tres se reasumen en una sola: NATURALEZA.

Constituida así la naturaleza, no puede entenderse por ella sino la espresion figurada con que se indican los prodigiosos y variados resultados de los tres actos fundamentales de la creacion; en verdad que no se sabe qué cosa ha sido mas estupenda en ellos, si la simplicidad maravillosa de los medios, ó la prodigiosa variedad de los resultados.   Pero esta admiracion se debe convertir en un profundo respeto hácia Dios, cuando reflexionamos que la fuerza, la materia y el movimiento resultan de la voluntad omnipotente del Criador, y que esta voluntad sostiene el universo; porque si ella cesase de quererlo, cesaria de haber fuerza, y sin fuerza no habria materia ni movimiento, y el universo quedaria instantáneamente anonadado.   Así los resultados de la voluntad divina están sujetos á ella esclusivamente, y así la omnipotencia y bondad que los conserva y mejora en un admirable progreso, es la Providencia divina que los ha criado.

## PROPOSICION 34.

La fuerza elemental es el sér inmediata y primeramente criado por Dios, con el cual éste proveyó á todos los fenómenos pasados, presentes y futuros del universo, es decir: á la creacion primitiva, á la mejora de la que presenciamos, y á su progreso hácia la perfeccion, hasta la realizacion absoluta de sus fines portentosos.

### DEMOSTRACION EPISÓDICA.

Doy este título á la demostracion de que me voy á ocupar porque ella será de una estension considerable y formará como un episodio en la Teodisea, así como el universo físico y efímero que presenciamos, lo es en la imperecedera estabilidad á que Dios destina sus obras.

Dificilísima cual es la tarea á que me someto, creo que podré lograr llenarla en alguna manera, aplicando á su desarrollo demostrativo los principios de una rigorosa ideología. Para lograrlo es necesario establecer un método seguro, pasando de lo simple á lo complexo, afirmando así las demostraciones parciales en una verdad fundamental que sirva de enlace y armonía, cual un faro propio para alumbrarnos el universo que distinguimos con nuestros sentidos, ó indicarnos el que solo es accesible á la razon.

La verdad fundamental enunciada es la que nos advierte que á todos los fenómenos complicados los han precedido otros mas simples, y que éstos á su vez se han debido á la simplicidad primitiva, lo que afortunadamente encontramos confirmado con el testimonio de la naturaleza en el universo entero, y la tierra lo preconiza en los hechos geológicos.

Por lo tanto, simplificando los fenómenos de unos en otros hácia la simplicidad absoluta, todos ellos deben en último análisis reasumirse en un solo y primordial fenómeno, el que por consecuencia no ha podido causarse así propio, sino ser él mismo un efecto inmediato de la suprema Causa.

Y de facto, si todos los efectos se deben á sus respectivas causas, y si éstas se deben en primer término á una sola y absoluta Causa, es evidente que todos los fenómenos del universo se pueden simplificar en otros mas sencillos, y éstos á su vez simplificarse en un fenómeno fundamental.

Esta verdad se comprueba con las conclusiones mas esactas de la ciencia, (pues segun he indicado en la introduccion al axioma primero) el análisis cósmico nos demuestra la existencia, la forma, la luz, el movimiento y algunas otras peculiaridades de los astros; pero para mejor comprenderlos por analogía tenemos que analizar astronómica, geológica, geográfica y biológicamente el planeta que habitamos, procurando conocer la historia natural de su vida y la de los séres que lo componen y pueblan. Mas la historia natural se detiene como ciencia de observacion á contemplar los diversos séres tal cual los hallamos en la naturaleza, y así para conocerlos mejor, ha sido indispensable investigar en ellos física y fisiológicamente en busca de las leyes generales que presiden la vida en el planeta y en aquellos mismos séres que lo pueblan. A su vez el análisis físico y fisiológico nos conduce al químico en busca del conocimiento de los componentes moleculares de los cuerpos y de la materia en general; mas este análisis se detiene á su turno ante la impalpable pequeñez de los átomos químicos, y nos obliga á aplicar á su estructura el cálculo ó análisis geométrico, buscando la forma primitiva de sus partículas componentes. Así es como yo me he visto precisado á reconocer en la esfera la forma primitiva. Pero la esfera misma es un nuevo problema mecánico en la cual se encuentra fácilmente el principio estático, pero no el dinámico.

Afortunadamente la oposicion de las fuerzas presenta por sí misma la solucion del problema, pues se percibe que para obtener el principio estático, ha bastado la existencia del dinámico, y ambos para la consecucion de todos los séres del universo.

Pero al mismo tiempo vemos la impotencia del principio dinámico para causarse á sí mismo, pues el movimiento en sí propio demuestra la necesaria existencia de un agente motor, y he aquí la ley. Mas la ley nos revela inmediatamente la existencia de un Legislador supremo, el cual al tratarse del órigen absoluto de todo lo existente, solo puede ser Dios.

De esta manera, afirmado en una verdad inconcusa, paso á ensayar la síntésis universal como demostracion, repito, episódica de la proposicion que nos ocupa.

Supongo á mi lector, si no poseedor de las ciencias naturales, al menos disfrutando aquellos conocimientos que son tan generales hoy en la educacion medianamente cultivada. Así es que si no conoce algunos aparatos físicos, químicos ó astronómicos de los que en el curso de esta obra se mencionen, sabrá al menos buscarlos en las elementales que los describen.

Del propio modo creo que podrá hacer por sí mismo algunas operaciones acerca de las cantidades y las formas, con los elementos comunes de aritmética, álgebra y geometría, aun cuando no pueda elevarse á la sublimidad del cálculo.

Así, pues, procuraré espresarme con claridad, pero con aquella generalidad propia de los objetos científicos á que necesariamente debe elevarse esta obra, sin entrar en detalles que perjudicarian su unidad.

En ella presentaré los diagramas enteramente necesarios por su novedad; pero simplemente citaré los que se refieran á formas, séres ó aparatos conocidos en las ciencias, procurando aquella concision que me haga posible el presentar mi libro, si no concluido, al menos suficientemente elaborado, para que sea útil entre los cohocimientos humanos.

APLICACION CONCRETA DE LA TEORIA ABSTRACTA DEL PRIMER ACTO DE DIOS PARA VERIFICAR LA CREACION DEL UNIVERSO.

### Fuerza elemental.

El Sér infinito, eterno y omnipotente, reunion perfectísima de todas las perfecciones posibles, decidió la formacion del universo con una sola criatura suya, y produjo á ésta de la nada, por solo la eficacia de su voluntad. Esta proposicion por lata que parezca, puede probarse por atestiguarla todo el universo.

Aquella criatura primitiva resultó, como inmediata produccion del Sér supremo, un sér real y efectivo. Ella no podia ser Dios, pero sí el espíritu ó alma universal, próxima creacion de Dios. Ella no es infinita, pero sí inménsa; ella no es omnipotente, pero sí poderosa; ella no es omniciente, pero sí inteligente; ella no es legisladora, pero sí constituye la ley; ella no es esencial, pero sí inmaterial; ella no es eterna, pero sí imperecedera; ella, en fin, no es perfecta por sí misma, pero sí perfectible por la voluntad de Dios para los fines para que la ha criado.

A el alma universal como primera creacion de Dios, le doy el nombre de fuerza elemental. Ella obtuvo por lo tanto, las dotes que Dios le impartió, y que pueden comprenderse genéricamente en las cinco cualidades siguientes:

1ª. La verdadera existencia del sér: *sustancia*.

2ª. La forma fundamental, gérmen complementario de todas las formas: *espacio*.

3ª. La sucesion fenomenal: *tiempo*.

4.ª La fecundidad metamórfica de todos los fenómenos: *armonía*; y
5.ª La obediencia absoluta á las divinas leyes: *fuerza*.

Así, pues, la fuerza elemental goza de una verdadera existencia, porque como creacion de Dios, ella es la verdad en sí misma. Esto se puede comprender fácilmente, cuando se contempla que el espíritu humano, como poseedor del libre albedrío, es susceptible de formarse ilusiones que están muy lejos de ser la verdad, porque el pensar en el hombre no es criar ni regir, así como el preveer en él no es ordenar. Pero no sucede esto así en la inteligencia divina. Esta en Dios no es separable de sus demas atributos, y cuando ella medita con su infinita ciencia, resuelve con su voluntad criadora, ejecuta con su omnipotencia é imparte la realidad intrínseca de su perfeccion á todas sus creaciones, que por lo tanto resultan efectivas y perfectas para los objetos á que las destina.

La fuerza elemental posee en sí misma todas las armonías de la forma fundamental, gérmen y complemento de todas las formas: ella constituye el espacio; Dios no está en el espacio, porque éste tiene límites, y Dios es infinito. Así, pues, Dios crió el espacio, pero éste no es, como lo imaginan los físicos, la capacidad para contener el sér y la forma, sino el sér y la forma fundamental, y por lo tanto, generador de todos los séres y de todas las formas posibles.

De este modo, segun la incuestionable secuela de la verdad ideológica, Dios en su creacion admirable, comenzó por dar el sér y la forma mas simple á la fuerza elemental, y por lo tanto, aquel sér fué sustancial y su forma la esférica.

Y de facto, la materia fué despues un resultado metamórfico é inerte del primer sér, la fuerza. Esta no puede ser de la naturaleza divina, porque la obedece de un modo absoluto, ni de la naturaleza material, porque rige á la materia de un modo asimismo absoluto: luego el sér primitivo ó fuerza elemental es un medio entre Dios y la materia, aunque como criatura limitada, es infinitamente inferior á su infinito Criador.

Dios, al resolver la creacion de la fuerza elemental como la criatura primitiva y simple en el mas alto grado, dióle la forma esférica, pues ésta resulta de un pensamiento el mas simple posible, es decir: *un sér dotado de una circunsuperficie reentrante en sí misma, convexa en todos sus puntos y todos estos equidistantes de un centro comun.*

Pero Dios comprendió con su suprema inteligencia todo el espacio desde su superficie al centro, é hizo á la esfera la medida y complemento universal de todas las formas posibles, y las ligó con las leyes prodigiosas de la armonía geométrica. Así es que ésta resultó asimismo una realidad absoluta, cuyas leyes son coetáneas con la creacion primitiva, y cuyas bellezas apenas van descubriendo poco á poco los geómetras.

En efecto, hasta ahora ellos han procurado conocer las formas geométricas como si las descubriesen al acaso, é investigan laboriosamente en ellas, aunque sin un plan suficientemente metodizado y que proveyese á la unidad universal de la geometría. Pero ésta no es el casual efecto de las líneas de las superficies y de los sólidos, sino la providencial correlacion de las formas para la mutualidad de sus proporciones metamórficas, estáticas y dinámicas, concordes con los fenómenos todos del universo, sobre lo cual próximamente volveré á discurrir.

Dios dotó á su creacion primitiva de todas las armonías de la sucesion fenomenal ó tiempo, y éste resultó por lo tanto asimismo una creacion, lo que con facilidad se conoce cuando reflexionamos que no podriamos comprender el tiempo si solo hubiese un fenómeno inmutable, y no la estupenda y cambiante multiplicidad de los de la naturaleza.

En nuestros mismos medios de medir el tiempo, hay fenómenos muy complicados y admirables naturales, que en general pasan desapercibidos por el hombre. La caida de la arenilla en una ampolleta, las oscilaciones regulares del péndulo y el desarrollo gradual de los resortes, se deben á leyes y agentes ligados con la naturaleza entera, y que el hombre no conoce aún sino muy imperfectamente.

Así, pues, si la permuta de las formas está circunscrita en las armonías de la forma, el espacio, la permuta de los fenómenos está relacionada con las armonías de la duracion, el tiempo.

Pero los cambios de los fenómenos no podian ser sus casuales metamórfosis, ellos son el tránsito necesario de lo simple á lo complexo, y las leyes por médio de las cuales conduce la naturaleza sus operaciones, son la armonía por escelencia.

En esos cambios el hombre á primera vista solo pércibe la série de las metamórfosis de la naturaleza, pero no el objeto, y en general cree terminada una obra natural cuando está solo en el progreso de su ejecucion.

En efecto, todas las de la naturaleza se dirigen hácia su perfeccionamiento, pero éste solo puede conseguirlo con las luengas armonías del tiempo, y con la repeticion de fenómenos metamórficos.

Finalmente, al hacer Dios á su primitiva criatura, perfectamente obediente á su voluntad divina, le dió el carácter de fuerza elemental, porque esta solo debe su poder á la ejecucion que verifica, del plan del Criador.

Así es como el sér primitivo es un médio entre Dios y sus criaturas, pues así como es inerte con respecto á la voluntad divina, del mismo modo es poderoso para con la materia, siendo ésta inerte con respecto á la fuerza elemental.

He glosado las cinco cualidades necesarias del sér primitivo ó fuerza elemental. Su creacion fué el primer acto del Criador, y con su existencia proveyó éste al primer sér providencial encomendado de ejecutar sus prodigiosos planes.

## APLICACION CONCRETA DE LA TEORIA ABSTRACTA DEL SEGUNDO ACTO FUNDAMENTAL DE DIOS PARA VERIFICAR LA CREACION DEL UNIVERSO.

### *Fuerza neutralizada, ó sea Inercia material.*

Así como la voluntad de Dios dió orígen á el alma universal, y ésta resultó con sus cinco cualidades fundamentales, sustancia, espacio, tiempo, armonía y fuerza, así tambien la misma voluntad de Dios dividió la fuerza elemental en dos partes iguales, la una que conservó su primitiva manera de ser, y la otra que se subdividió en un número prodigioso de particulillas todas inertes, iguales, impenetrables é inalterables, y todas perfectamente esféricas, como miniaturas armoniosas del gran todo. Véase cómo:

La fuerza elemental, sumisa y obediente ante la voluntad divina, debia regir á su vez á la materia, y por consecuencia en su seno debia existir ésta, y de su misma actividad resultar la inercia.

Para proveer á este resultado bastaban las armonías geométricas con que la mente divina dotó á la fuerza elemental.

Así es que Dios decidió subdividir geométrica é inmaterialmente ésta en el mayor número de fracciones posibles, y por lo tanto resultaron como consecuencias necesarias los fenómenos siguientes: 1º Todas aquellas fracciones pequeñísimas debian ser complementarias entre sí, por lo cual todas ellas asumieron idealmente la forma cúbica, por ser el cubo el único poliedro complementario. 2º Todas ellas fueron perfectamente iguales y las menores posibles; y 3º, el conjunto de todas ellas fué la fuerza elemental en la estension esférica del universo, sin cambiar de estado ni recibir aquellas subdivisiones sino como armonías ideales de la estension.

La voluntad divina decidió formar dentro de cada una de aquellas fracciones cúbicas, un sistema de fuerzas neutralizadas, ó sea la inercia material.   Por consecuencia la mente divina ordenó á la fuerza libre de cada uno de los pequeñísimos cubos ya descritos, dirigirse desde su circunsuperficie al centro, de cuya evolucion resultaron los fenómenos siguientes:  1º Toda la fuerza contenida dentro de cada circunsuperficie constituyó una esfera perfecta inscrita en cada uno de los cubos pequeñísimos antes descritos.  2º Como todo el sistema de fuerzas de cada esferilla se dirigió á su centro, quedaron neutralizadas las opuestas energías componentes del sistema esférico de fuerzas de cada una de ellas.  3º Todas las innumerables esferillas así comprendidas en la estension del universo, resultaron perfectamente iguales entre sí.  4º Todas ellas vinieron á ser inalterables é impenetrables para la fuerza criada, puesto que eran determinadas por la voluntad omnipotente del Criador.  5º Todas ellas vinieron á ser inertes, y constituyeron la materia. 6º Cada esferilla material quedando como se ha dicho, inscrita en un cubo de la fuerza elemental, ésta resultó toda unida sin solucion de continuidad, y susceptible de imprimir á la materia ó esférides el movimiento que Dios ordenase.

Así es como Dios con el primer acto de su creacion produjo la fuerza elemental, y con el segundo acto dividió ésta en fuerza libre, ó sea el alma universal única, contínua é inmaterial, á que doy el nombre de Psiquio, y en las fuerzas neutralizadas, ó sea la inercia material dividida en innumerables esférides, constituyendo el elemento, á que doy el nombre de Esferidio.

Así, pues, el Psiquio y el Esferidio se hallaron en el segundo acto de la creacion combinados en el arreglo cúbico con la mas precisa igualdad en sus proporciones recíprocas, y con la mayor armonía en su colocacion en la esfera ó estension absoluta del universo, para obedecer el movimiento perpetuo que Dios se dignase imprimirles en su tercer acto fundamental de la creacion.

Pero antes de ocuparme de éste, me será preciso entrar en algunos detalles de la armonía geométrica.

Cada esféride fué una semejanza del espacio absoluto ó fuerza elemental, porque el procedimiento del Criador fué el mismo, y la diferencia entre el sistema de fuerzas que constituyó el universo y el que constituye cada esféride, solo es que aquel tuvo la estension máxima y este la mínima posible.

Por esto la fuerza universal fué susceptible de subdividirse en esférides; pero las esférides son, como las menores posibles, indivisibles é inalterables por fuerza ninguna, y solo podrian serlo por la voluntad omnipotente del Criador, á quien deben su existencia.

De lo espuesto resulta que la estension ó espacio no es la capacidad para el sér síno el mismo sér, y que las armoniosas leyes geométricas que lo regulan, son las proporciones á que lo arregló el Criador al darle la existencia y forma.

Así la geometría aparece iluminada con la universalidad y belleza de las mismas leyes, y sirve de un poderoso recurso para analizar al sér fundamental.

Para lograr esto, propongo á mi lector examine la lámina 1ª en que espongo algunos dibujos, los mas indispensables para esplicar los fundamentos de la geometría natural.

La esfera es divisible en dos combinaciones de círculos máximos, á que segun indiqué en la introduccion preparatoria al axioma 1º, doy el nombre de armo-esferios, porque esta voz es compuesta de esfera y armonía.

El primer armo-esferio se consigue cruzando equiarmónicamente la esfera con nueve círculos máximos, con los cuales resulta ella dividida en cuarenta y ocho triángulos rectángulos iguales.  Estos presentan caras agrupadas en cuatro posiciones diversas, segun se observa en las figuras 1, 2 y 3, lámina primera.

"La figura 1 presenta en el centro un grupo de ocho triángulos generadores de un cuadrado, y como el armo-esferio tiene cuarenta y ocho triángulos, resulta que las seis caras semejantes á la central que describo, dan origen al cubo (fig. 7).

La figura 2 tiene en su centro un grupo de seis triángulos rectángulos, formando el todo un triángulo equilátero, y los ocho triángulos ó grupos en que así se divide el armo-esferio, generan el octaedro (fig. 8).

La misma figura número 2 presenta otro triángulo equilátero, cuyos tres ángulos tocan su circunferencia; el grupo así formado consta de doce triángulos, por lo que los cuarenta y ocho del armo-esferio producen cuatro caras ó grupos iguales al que describo, por lo que ellos generan el tetraedro (fig. 9).

Finalmente, este armo-esferio puesto en la posicion que representa la figura número 3, ofrece en su centro un grupo de cuatro triángulos, componiendo entre ellos un rombo, por lo que los cuarenta y ocho triángulos producen doce rombos iguales al que describo, los que generan al duodecaedro rombal (fig. 29).

El segundo armo-esferio resulta de la formacion sobre la esfera de quince círculos máximos coarmónicos, que la dividen en ciento veinte triángulos rectángulos iguales.

Así es que en la posicion representada por la figura número 4, este armo-esferio ofrece en su centro un grupo de diez triángulos, formando su perímetro un pentágono, y por lo tanto los doce grupos iguales que contiene el armo-esferio, generan el duodecaedro pentagonal (fig. 10).

La número 5 representa en su centro un triángulo equilátero compuesto de seis rectángulos, por lo que los veinte grupos iguales de este armo-esferio así combinado, generan al icosaedro ó poliedro de veinte caras (fig. 11).

La número 6 ofrece en su centro un rombo ó grupo de cuatro triángulos rectángulos, y los treinta grupos iguales al anterior, generan al tricontriedro (fig. 12).

Una vez examinados así los dos armo-esferios, se comprende la universalidad de las armonías generatrices de la esfera, pues de facto los círculos máximos que la cruzan generando todos los poliedros regulares, producen en éstos asimismo líneas naturales que dan una idea de la armonía intrínseca de la geometría universal.

Por ejemplo: el cubo figura 7 ofrece en cada una de sus caras las líneas formadas: 1ª, por los cuatro filos ó aristas que determinan cada una de sus seis faces cuadradas, 2ª, las dos líneas diagonales que cruzándose en el centro de cada cara, tocan en los ángulos de las mismas caras cuadradas, 3ª, las dos líneas perpendiculares á las aristas, y que se cruzan asimismo en dicho centro. De este modo el cubo resulta asimismo dividido en cuarenta y ocho triángulos rectángulos iguales, como el armo-esferio que lo genera. Pero no se suspende aquí su armonía: si se continúan estas líneas de las caras del cubo como límites divisorios de otros tantos sólidos, todos reunidos por sus estremos en el centro del cubo, resulta la verdadera anatomía geométrica de las formas análogas con el mismo cubo, como generado por el armo-esferio respectivo.

Para comprenderse esto mejor, véase la figura número 13, en que se representa en su parte superior la mitad del armo-esferio (fig. 3), y en la inferior la mitad del cubo (fig. 7).

En la combinacion de las líneas de estos dos sólidos, se ve que ellas son una continuacion perfecta de su mútua armonía, y que se comunican recíprocamente generando sólidos complementarios, para cuya valorizacion examinemos aún las figuras 14 y 15.

La figura 14 representa un tetraedro inscrito en un cubo, y éste por sus líneas esteriores solo es la octava parte del cubo generador (fig. 7), porque se supone que cada una de sus caras tiene por lado la mitad de las dimensiones de este. Una vez comprendida así la figura, se sienta como proposicion la siguiente:

«Un tetraedro inscrito en un cubo, tiene la tercera parte del volúmen de éste, y un octaedro inscrito asimismo en el cubo y en el tetraedro, es la sesta parte del primero y la mitad del segundo.

Para demostrarlo consideraré la figura 15. Esta representa un cubo, inscribiendo una esfera, y ésta inscribiendo un octaedro, por lo cual son evidentes por la simple inspeccion las condiciones siguientes: 1ª Que los seis ángulos sólidos del octaedro, tocan los centros de las seis caras cuadradas del cubo. 2ª Que dividiendo por mitad éste paralelamente á sus caras superior ó inferior, resulta que la esfera queda dividida en dos hemisferios, y que el octaedro se divide en dos pirámides ó bases cuadradas (una de las cuales representa la figura 16 en perspectiva), las cuales son inscritas en el círculo producido por la biseccion de la esfera, al paso que este queda inscrito en el cuadrado formado por la biseccion del cubo, lo que se comprende examinando el corte de dicha seccion (fig. 17). 3ª Que cada una de dichas pirámides tiene por altura la mitad de la del cubo generador, ó lo que es lo mismo, el radio de la esfera.

Ahora suponiendo que el cubo tiene por lado el seis, como número generador, su cuadrado será $6^2$ y su volúmen $6^3$, ó lo que es lo mismo, 36 el primero y 216 el segundo.

Mas siendo el cuadrado que inscribe un círculo el duplo del cuadrado inscrito en este (fig. 17), resulta que la base de cada una de las dos pirámides en que se divide el octaedro, es un cuadrado la mitad en superficie del que constituye cada una de las seis caras del cubo, por lo que siendo una de éstas =36, resulta la base de una de las pirámides =18, y como para valorizar el volúmen de una pirámide se multiplica su base por la tercera parte de su altura, siendo ésta 3, se tiene para cada pirámide 18 × 1, y para el volúmen de ambas pirámides, ó sea para el del octaedro 18 × 2 =36, y siendo el cubo =216, resulta que: *el octaedro inscrito en la esfera, es la sesta parte del cubo que inscribe á ésta.*

Pero el cubo (fig. 14) se supone como generado por líneas de la mitad de las generadoras del cubo (fig. 7); resulta ser evidentemente la octava parte del volúmen de este, es decir: $3^3 = 27$, á la vez que 27 × 8 es igual á $6^3 = 216$; pero prácticamente se ve que el cubo (fig. 14) que inscribe al tetraedro, se completa con los cuatro sólidos componentes de una de las dos pirámides que constituyen al octaedro, siendo por consecuencia el valor de esta 18, se tiene que el volúmen del cubo (fig. 14) es =27, y que el volúmen de un tetraedro inscrito en el es =9, ó sea su tercera parte, quedando demostrada la proporcion.

El duodecaedro rombal (fig. 29) presenta otra armonía remarcable, pues si se considera como inscribiendo á un cubo, es el duplo de éste, lo que es fácil comprobarse por simple inspeccion, pues las aristas del cubo a, b, c, d, e, f, se perciben, así como los ángulos salientes g, h, i, j, del duodecaedro rombal; mas como las caras de éste son planas necesariamente, tienen su altura sobre el cubo inscrito igual á la que hay del centro de las caras de este al centro general del sólido, por lo que puede descomponerse este duodecaedro en doce pirámides, que tienen por base la superficie del cubo inscrito, por lo que, suponiendo la línea generadora del cubo igual á 6, se tiene para el valor del duodecaedro $6^3$ × 2, ó sean 36 × 12, ó sea el valor de las doce pirámides que lo componen igual á 432.

De esta manera se tiene que si el duodecaedro rombal, como figura la mas próxima á este armo-esferio, se le supone inscribiendo al cubo, éste al tetraedro, y éste al octaedro, se tienen los cuerpos cuyos sólidos están representados por los números siguientes: 432, 216, 72 y 36.

En todas estas figuras que se inscriben y circunscriben, aparece el armo-esferio proporcional y generador de la série que puede así aumentarse hasta la estension máxima del espacio universal, y mínima de una esféride, cuyos dos estremos estuvieron en la mente del Criador al dar á la forma y á la materia las armonías de la geometría natural, ó mas bien dicho: *las leyes de la estension.*

Pero entre los dos armo-esferios hay un sólido comun y complementario, y es el tetraedro. Así es que siendo el tetraedro inscrito en el cubo (fig. 14), la tercera parte de este, resulta que un cubo generado por líneas dos veces mayores, es ocho veces mayor en volúmen (fig. 7), y por consecuencia tiene este capacidad para veinticuatro tetraedros iguales al inscrito en el cubo (fig. 14). Pero prácticamente se ve que con veinte tetraedos iguales, se compone un icosaedro (fig. 11).

Resulta de la investigacion geométrica de la esfera, que ésta es generadora de todos los sólidos regulares, los cuales relacionados con ella, vienen á ser conmensurables entre sí, y por consecuencia se encuentra como verdad fundamental, que la esfera es la medida comun de todos los sólidos regulares, y por tanto que á ella pueden referirse todas las armonías de estension y de numeracion, y que por esto: la esfera es la forma ó signo natural con cuyo ausilio pueden resolverse todos los problemas físicos y matemáticos.

Para comprender esto debemos tener presente que el primer armo-esferio es generador del duodecaedro rombal, del cubo del octaedro y del tetraedro; que este último sólido es generador del icosaedro, del duodecaedro pentagonal y del tricontriedro, por lo que todos estos siete sólidos vienen á ser coarmónicos.

Entre ellos encontramos los cinco sólidos perfectamente regulares que se conocen como descritos primeramente por Platon, y son los únicos que reunen la identidad de fases en cada poliedro con la identidad de los ángulos que limitan el polígono de cada fase.

Estos poliedros son: el tetraedro, el cubo, el octaedro, el icosaedro y el duodecaedro pentagonal.

El duodecaedro rombal y el tricontriedro son poliedros semi regulares, en los cuales aunque hay la igualdad de fases, no hay igualdad en los ángulos que las limitan.

De los cuerpos regulares se han hecho varios poliedros que se llaman compuestos, y de los cuales solo Arquímides inventó treinta y cinco, habiéndose arreglado otros posteriormente por diversos autores y que se describen en las obras matemáticas, no permitiéndome los límites á que debo ceñirme en ésta, el entrar en aquellos detalles.

Pero sí me es indispensable el hacer ver y llamar especialmente la atencion del lector acerca de la prodigiosa armonía que resulta de considerar la estension como un sistema universal geométrico.

En efecto: la estension aparece así como una gran sinópsis en que la esfera, así como es la mas simple de las formas, es asimismo la fundamental y generadora de todas ellas.

De la esfera con solo la armonía de los círculos máximos generadores, resultan los dos armo-esferios; de éstos los cinco poliedros regulares y los dos semi regulares, y de ellos todos los poliedros compuestos y los irregulares.

De este modo la sencillez absoluta de la esfera presenta asimismo la sencillez de sus secciones. Así es que toda seccion de la esfera es un círculo, con la diferencia de ser círculos máximos aquellos que dividen la esfera en dos hemisferios, y círculos menores todas las secciones planas que no llegan á los círculos máximos.

El círculo á su vez es generador del cilindro y del cono, bajo las reglas conocidas en geometría, y las secciones del cono producen la elipse, la hipérbola y la parábola.    Del mismo modo las secciones continuas y oblícuas de la esfera y del cono, producen la espiral.

Todas estas líneas curvas son generadoras de otra multitud, sirviendo siempre la esfera de medio de comparacion para remitir á su absoluta sencillez y las de sus secciones, todas las armonías y derivaciones del cálculo.

De la misma manera que las secciones de la esfera dan orígen al círculo, y éste á los sólidos conocidos con el nombre de cilindro y de cono, los cuales á su vez originan las diversas líneas y planos de sus secciones, los poliedros generados por la esfera generan á su vez los polígonos, y éstos originan los sólidos conocidos con los nombres de prismas y pirámides.

Así es como se perciben las relaciones de todos los cuerpos geométricos regulares, la universalidad de éstos como generadores de todas las formas posibles; pero es indispensable el entrar en algunas consideraciones que demuestran que la esfera es la forma fundamental y orígen de todas las demas; cuyas consideraciones no escluyen, sino fortifican las que ya llevo espuestas.

Si examinamos el cubo, observamos que es el único poliedro regular complementario de su forma, pues de facto: dado una vez un cubo determinado como la unidad, tendremos que con ocho cubos semejantes se tendrá otro de dobles, y con veintisiete otro de triples lados generadores y así indefinidamente; pero puede observarse que un tetraedro (fig. 18) no pueden duplicarse sus lados generadores y hacer un sólido con ellos sin emplear el octaedro como sólido complementario.    Y de facto, si se observa el tetraedro representado por la misma figura 18, se verá que está compuesto de cuatro tetraedros menores y de un octaedro en el centro equivalente á los cuatro tetraedros.    Así se ve que de la misma manera que un cubo cuyas líneas se duplican, su volúmen se octuplica, sucede lo mismo al tetraedro; pero en el cubo se puede multiplicar su volúmen sin que intervenga otra forma que la del mismo cubo; pero así como el tetraedro necesita para multiplicar su volúmen de la figura complementaria suya del octaedro, de la misma manera éste no puede multiplicar su volúmen sin la cooperacion del tetraedro.

Pero el cubo no solo es complementario de sí mismo, sino que reune en sí las armonías de sus poliedros coarmónicos el tetraedro, el octaedro y el duodecaedro rombal.    Mas el cubo es incongruente con el duodecaedro pentagonal y con el tricontriedro, y solo puede trasformarse en estos sólidos por medio del tetraedro.

Mas obsérvese que la esfera es el sólido complementario absoluto, y por lo mismo viene á ser la medida universal de todas las formas.    Por ejemplo: la figura 19 es un tetraedro compuesto de esferas, así como son la figura 20 un octaedro, la 21 un cubo y la 22 un icosaedro.

Pero la figura 19 es un tetraedro molecular compuesto de cuatro esferas, teniendo dos por cada lado de base; mas la figura 23 es otro tetraedro compuesto de veinte esferas, teniendo cuatro por cada lado de base, por lo que se ve que en esta figura se han duplicado las líneas generadoras cuando solo se han quintuplicado las esferas que componen el sólido, lo cual demuestra una verdad fundamental, y es que en los sólidos medidos así con esferas hay que tener en cuenta el apiñamiento de éstas, y por consecuencia el espacio que queda entre sus intersticios.

Esto se deduce fácilmente observándose las esferas que caben en un espacio determinado en el arreglo cúbico, como el de la figura 21, y las que caben en el mismo espacio en el arreglo tetraedral, como el de la figura 19, y se verá que la diferencia es como 5 á 6.

Por lo espuesto se ve: 1º Que los poliedros tal cual los comprende la geometría abstracta, no pueden multiplicar sus dimensiones (escepto el cubo) sin la intervencion de sus poliedros complementarios.    2º Que los poliedros compuestos de esferas pueden multiplicar indefinidamente sus dimensiones con la multiplicacion correspondiente de esferas sin la interpolacion de ninguna otra figura geométrica. Y 3º Que por lo tanto, la esfera es la medida universal de todos los cuerpos y la complementaria de todas las formas.

De aquí nace una teoría sumamente sencilla, la que como se verá despues, se encuentra inconcusamente comprobada en la naturaleza, y es que: *la geometría no es la comparacion abstracta de las formas, sino lu espresion reconocida de las leyes, cuya prodigiosa armonía se dignó Dios establecer en la estension para la construccion del universo.*

Este resulta así necesario, no solo en sus evoluciones primitivas, sino tambien en las presentes y futuras. Todas ellas están previstas y ordenadas por el divino Geómetra. Todos los fenómenos vienen á ser asimismo necesarios, tanto aquellos en que el hombre encuentra regularidad como los que presume ser irregulares. Circunstancias inapreciables para la escasa inteligencia y para la imperfecta observacion del hombre, son, sin embargo, decisivas en las operaciones de la naturaleza. Sírvanos de ejemplo la reproduccion y la vida de un árbol. Concedamos la existencia de una semilla; ésta consta del gérmen con su disposicion armoniosa á desarrollar una vida idéntica á aquella del vegetal á que debió su orígen. Esa vida no es casual ni en su estado latente ó estático, en el cual aguarda la germinacion; ni en el estado dinámico y de actividad cuando aquella ha tenido lugar. Para que así se verifique, existen en la semilla misma principalmente tres cosas indispensables: 1ª La composicion íntima de los elementos germinantes, por la cual las fuerzas vitales aunque se hallan en el estado latente, no pueden dejar de obrar de un modo determinado cuando pasan al estado dinámico. 2ª La combinacion indispensable de la fuerza ó principio activo vital y de la inercia ó materia. Esta es corpórea, es decir, que sus partículas componentes tienen formas determinadas por los agrupamientos de la forma primitiva; así es que los elementos corpóreos ó materia están sujetos á la accion que sobre ellos ejerce la fuerza. Esta es incorpórea, es decir, sin forma determinada en sí misma, pues llena los intersticios que dejan entre sí los elementos inertes, y por consecuencia, la fuerza es única y contínua en el universo y sus impulsos se comunican en todo él, modificándose solo por las relaciones mediatas ó inmediaias que mútuamente guardan entre sí los elementos inertes. 3ª La materia análoga á la organizacion vital, y que sirve de alimento al gérmen luego que éste pasa del estado estático al dinámico. Para que éste tenga lugar es indispensable que concurran dos elementos que pongan en actividad á la fuerza, y que alimenten por medio de la asimilacion á la fuerza y á la inercia, cuyos elementos son el calor y la humedad.

En el acto que la semilla siente la influencia de estos dos elementos, se los apropia geométricamente por la simple adaptacion de ellos á la manera de ser y de estar de sus partículas constituyentes.

Así es como los elementos universales de la germinacion, es decir, el calor y la humedad, alimentan la semilla, y ésta se desarrolla geométricamente, no solo al producir el tallo y las hojas del vegetal, sino tambien en la época oportuna de producir sus flores y frutos.

Ahora bien: con igualdad de alimento y sin las perturbaciones esteriores ejercidas en el vegetal por el viento, las estaciones y los ataques que pueda recibir por los séres vivientes, no habria la menor diferencia entre las formas de sus diversas partes con las de los demas séres de su especie; las numerosas hojas de un gran árbol serian geométricamente regulares é iguales entre sí, y todo él obtendria las mismas dimensiones, formas, flores y frutos que los demas árboles de su clase.

Así es como en las operaciones de la vida, aunque el hombre solo observa tras-

formaciones en las cuales hay bastantes perturbaciones é irregularidad, no hay en
verdad sino una regularidad pasmosa; y en cada una de las irregularidades aparentes solo existen en el fondo, como causas, la influencia mútua de las diversas vidas
parciales entre sí; pero la vida universal continúa su desarrollo imperturbable bajo
las leyes eternas é incontrastables del Criador.

En las evoluciones pasageras de una actividad ocasional, y que terminan por una
resultante estática mas ó menos prolongada, hay la misma regularidad geométrica.
Sírvanos de ejemplo la formacion de una sal neutra.

Hay un agente comun, el oxígeno, que produce con su reunion óxidos cuando la
verifica con los metales; y ácidos cuando se combina con los metaloides.  Puestos
en contacto un óxido y ácido, hay una evolucion mas ó menos violenta, y se combinan ambos cuerpos con tanta mas rapidez y menos variedad en sus proporciones
relativas, cuanta mayor es la afinidad intrínseca en sus formas.

El compuesto resultante que se llama sal, toma en circunstancias adecuadas la
estructura geométrica á que se da el nombre de cristalina, y los cristales que la
componen son cuerpos generalmente regulares, formados por la aglomeracion de
poliedros semejantes á los que tengo descritos arriba al tratar de los cuerpos regulares é irregulares generados por la esfera; siendo de notarse que no hay uno solo
de los cristales naturales que no se encuentre originado por las formas primitivas
ó derivadas de los dos armo-esferios.

Así es que luego se perciben las evoluciones geométricas que han agrupado las
esferillas elementales, hasta disponerlas para la aglomeracion regular de sus mismos grupos, haciendo éstos no solo visibles, sino relativamente gigantescos.

Los ángulos sólidos y las aristas de los cristales suelen ser tan agudos, que á primera vista parece que no podrian ser producidos por cuerpos redondos, es decir,
por el agrupamiento de esferas; pero cuando reflexionamos que las dimensiones de
las esférides ó moléculas primitivas son tan ténues é impalpables, que aun la punta
de la aguja mas fina es una mole colosal en comparacion de una esféride, se comprende fácilmente que no teniendo ésta dimensiones sensibles, sus agrupamientos
pueden presentar (y á veces presentan en efecto) superficies tan tersas y filos tan
agudos, que el hombre, aun armando su vista del microscopio, no tiene medios para
valuar las diferencias de su textura molecular.

De este modo comienza á conocerse la prodigiosa belleza de las leyes geométricas emanadas del Criador, pues como todos los fenómenos habidos y por haber en
el universo, debian ser el resultado de las formas dadas á la fuerza ó sér espiritual
é informe, esas leyes debian constituir la armonía geométrica, cuya pasmosa variedad y trascendencia deja estaciada el alma que la contempla, y será la admiracion
inagotable de las generaciones futuras.

Para rehacer la unidad en el estudio de la armonía geométrica, determinada como
ley fundamental de la estension por el Criador, es necesario recapitular que en el
primer acto creativo, Dios crió la fuerza elemental, y en el segundo dividió ésta en
fuerza libre: *alma;* y en fuerzas neutralizadas: *inercia ó materia.*

Llevaré adelante la recapitulacion para metodizar este estudio ilustrándolo con
algunos diagramas.

Una fuerza puede concebirse por medio de una línea ó sagita, (fig. 24).  En ella
habria sustancia: su sér; espacio: su estension; tiempo: su sucesiva accion; potencia: su intensidad; y armonía: su capacidad metamórfica.

Dos fuerzas neutralizadas se comprenden por medio de la figura 25, que representa dos flechas que han suspendido su mútuo movimiento por el choque equilibrado de la opuesta direccion de su energía.

Ellas así agrupadas constituyen un solo cuerpo: materia; han perdido ó hecho latente su recíproca fuerza; y así han venido á ser pasivas para toda fuerza libre, presentando á ésta una indeliberada obediencia: inercia; finalmente, han perdido su accion: potencia; tambien su facultad metamórfica, adquiriendo así la inalterabilidad é impenetrabilidad, obteniendo las tres cualidades inherentes de la materia elemental, es decir: la inalterabilidad, la impenetrabilidad y la inercia.

La figura 26 manifiesta un sistema absoluto de fuerzas, ó mas bien, una seccion de éste; en la cual se ve que todas las fuerzas iguales coinciden hácia un centro comun, y que así constituyen la idea mas simple de la estension: la esfera.

Esta forma solo es posible á la unidad, es decir, á un cuerpo criado directamente por Dios, por lo cual solo pueden ser esféricas las esférides, ó sean las partículas menores posibles de materia, ó la estension absoluta del universo, en que se hallan nulificadas todas las dimensiones parciales de estas. Todos los demas agrupamientos de esférides, por mucho que se acerquen para los sentidos á la forma esférica, no son para el raciocinio sino poliedros.

El hombre jamas ejecuta mecánicamente, ni puede sujetar á las leyes del cálculo sino polígonos en vez de circunferencias, y poliedros en vez de circunsuperficies. La esfera y el círculo solo se comprenden metafísicamente en las obras de Dios, en el máximun y mínimun de la creacion los que están fuera del alcance del cálculo humano, es decir, la estension del universo y la esféride.

Así, pues, el cálculo no puede fundarse en la absoluta abstraccion sin hacerlo artificial é inesacto como sucede en la geometría actual de las escuelas, porque de facto, cuando se dice que el punto carece de estension, que la línea carece de latitud y que el plano carece de espesor, sobreviene en el acto la idea de quedar reducidas á la nada estas tres entidades geométricas, ó por lo menos, que sus definiciones no corresponden con la idea que real y efectivamente nos formamos de ellas, pues cuando imaginamos un punto ó le trazamos con el compás siempre es alguna cosa estensa; pero cuando decimos que el punto carece de estension, no podemos formarnos de él sino la idea de la nada.

Tampoco podemos formarnos una nocion esacta de la línea cuando la definimos por la carencia de latitud, aun cuando le apliquemos la teoría de los límites, porque de facto, si imaginamos los límites sensibles entre dos superficies, hay espacio entre ellas, y por consecuencia, la línea marcada por dicho espacio tendria latitud, pues si careciese de ésta, los límites desaparecerian, y sobrevendria unida la superficie comun.

Así, pues, sea cual fuere la utilidad que los geómetras saquen de la absoluta abstraccion de los elementos geométricos, yo debo desecharla en esta obra donde creo poder emplear con ventaja el método de la naturaleza.

En esta, componiéndose los elementos de esférides, es decir, de esferas las menores posibles, todas iguales y todas inalterables é imponetrables, resulta que prácticamente se verifican en el universo todas las líneas, todos los planos, todos los sólidos, y en fin, todas las funciones estáticas y dinámicas de la estension con el elemento esferidio.

Así, pues, para ir tan acorde como sea posible con la naturaleza, diré: que el punto es una esféride (fig. 27), que á la línea la constituyen dos ó mas esférides en contacto (fig. 28), que al plano lo constituyen por lo menos tres esférides agrupadas, formando un triángulo equilátero (fig. 30). Por último, que al sólido ó poliedro menor posible, lo forman por lo menos cuatro esférides agrupadas como en la figura 19, constituyendo un tetraedro.

De esta manera se percibe que las definiciones geométricas pueden ir perfectamente concordes con la naturaleza; por ejemplo, una línea recta es aquella série de esférides en contacto, que vista por uno de sus estremos, la primera esféride cubra

todas las demas sea cual fuere su número.  Un plano será aquel conjunto de esférides que mirado por cualquiera de sus costados, presentará siempre el espesor de
una esféride.  Por último, un sólido será siempre un poliedro, en el cual las esférides se hallan agrupadas en longitud, latitud y profundidad.

En el acto se palpa cuánta es la riqueza y variedad que debe traer á la geometría un método semejante; en él no solo se considerarán las relaciones estáticas de
las partes componentes de cualquiera estension dada, sino tambien las funciones
dinámicas de la medida universal ó esfera en sus operaciones astronómicas, físicas,
químicas y biológicas.

Para dar una idea aunque sencilla de estos elementos geométricos,  espondré los
diagramas de los polígonos ó planos regulares compuestos de esférides; el punto
figura 27 es el elemento general ó la unidad de la estension.  La línea figura 28
es la idea mas sencilla de un grupo elemental, así es que los polígonos simples son
solo tres: el triángulo equilátero (fig. 30) compuesto de tres esférides, el cuadrado
(fig. 31) compuesto de cuatro, y el pentágono (fig. 32) compuesto de cinco.

En estos tres polígonos varian los espacios ó intersticios que quedan entre las
esférides.  El intersticio comprendido entre las tres esférides de la figura 30 es el
menor posible, pues las esférides en el triángulo equilátero se acercan entre sí tanto cuanto pueden.  El intersticio que existe entre las cinco esférides del pentágono figura 32, es el mayor posible que puede existir en un grupo simple de esférides, así es que el intersticio existente entre el cuadrado de la figura 31, es un
medio entre los de las figuras 30 y 32.

Queda pues sentado que los polígonos simples de esférides, son solamente el
triángulo equilátero, el cuadrado y el pentágono.  El exágono figura 33 ya no es
un polígono simple, puesto que entre las seis esférides que componen su perímetro
existe el hueco ó espacio para otra esféride central, y con esta todos sus lados pueden descomponerse en triángulos equiláteros.

En cuanto á los poliedros simples de esférides son solo tres de los cuerpos regulares conocidos en la geometría, es decir: el tetraedro (fig. 19) cuyo intersticio ó espacio comprendido entre las cuatro esférides que lo componen, es el menor posible
por hallarse ellas en su mayor apiñamiento.  El octaedro (fig. 20) compuesto de
seis esférides que dejan entre sí naturalmente mayor espacio.  Por último, el cubo
(fig. 21) compuesto de ocho esférides, las que dejan entre sí el mayor espacio ó intersticio simple posible.

El icosaedro (fig. 22) ya no es un poliedro simple, pues dentro de las doce esférides que lo componen, existe el espacio preciso para otra esféride, con la cual todas
las veinte caras de este poliedro pueden descomponerse en tetraedros.

Este mismo poliedro (fig. 22) presenta los rudimentos de las doce fases que constituyen el duodecaedro pentagonal.

Hay otro sistema de armonías geométricas que pasa desapercibido hasta hoy en
las escuelas, y que sin embargo revela la portentosa unidad con que el Criador dotó á las leyes de la forma, correlacionando los fundamentos metamórficos de la estension.  Tal sistema se encuentra cuando queremos formar los sólidos regulares y
semi-regulares con papel, trazando en éste las fases de un sólido y doblándolas despues para figurar con ellas el bulto que se desea.  En las escuelas se enseña á formar el tetraedro con cuatro caras triangulares equiláteras, el cubo con seis cuadrados, el octaedro con ocho triángulos equiláteros, y el duodecaedro pentagonal con
doce pentágonos; pero no he visto formarse el tricontriedro, el cual se logra con doce
exágonos, de cada uno de los cuales se suprime un triángulo equilátero, quedando
por consecuencia sesenta triángulos equiláteros, los que reunidos en pares forman
los treinta rombos de dicho poliedro.

Sin embargo, la mas sorprendente de las figuras armoniosas planas para construir un sólido, es la 34 de la lámina primera. Esta figura consiste en doce pentágonos armoniosamente relacionados entre sí en sus ángulos y líneas, poniendo en sombra una quinta parte de cada uno de ellos, para que al doblarse quede bajo de otro triángulo igual, formando así con cada pentágono una pirámide ó base cuadrada, teniendo sus costados formados por triángulos isóseles, resultando así doce pirámides que se completan entre sí admirablemente, y que forman cuando se reunen por las cúspides los ángulos sólidos de dos cubos iguales á fases cóncavas; pero cuando uno de estos cubos se deja en esta manera y el otro se dobla proyectando hácia fuera los ángulos salientes de sus seis pirámides, resulta el duodecaedro rombal, lo que demuestra que esta figura es el duplo de un cubo inscrito en ella. Ademas, si de cada uno de los lados de cada pentágono se tiran líneas hácia el centro en la forma en que se hallan en el diagrama, resulta que al doblarse para formar los sólidos, tanto el duodecaedro rombal como el cubo inscrito en él, obtienen los cuarenta y ocho triángulos rectángulos iguales y las líneas armónicas del primer armo-esferio, demostrando así que en la geometría natural no hay nada al acaso, y que todos sus fundamentos son leyes coarmónicas de la estension ordenadas por una Inteligencia infinita, y preexistentes á la materia como producidas por la sabiduría suprema del Criador en los fundamentos primordiales de su plan de la creacion.

Y de facto, para que el universo tuviese la estupenda armonía de la estension, ya considerada con relacion á las formas estáticas, y ya relacionada con los fenómenos dinámicos, era indispensable que la estension misma estuviese dotada de una armonía absoluta en que nada hubiese opuesto á la forma primordial de la materia ni á su fecundidad metamórfica, y he aquí las leyes armoniosas que constituyen la geometría fundamental.

Azarosa y llena de afanes y contrariedades mi vida, no he podido dar á la geometría armónica la estension, claridad y precision que deseara, y solo he puesto las anteriores bases para buscarla investigando en ella bajo una nueva luz y con indefectibles fundamentos. Dichoso aquel que logre profundizar en este manantial de armonías y prodigios, en los cuales el cálculo tendrá por la unidad la esféride, por el conjunto el universo, por medida absoluta la esfera, por reuniones estáticas la materia inorgánica, por funciones dinámicas la materia organizada, por consecuencia indefectible la vida universal, y por ley fundamental la armonía del todo y de cada una de sus partes elementales.

Cuando comencé á investigar en la geometría armónica bajo la nueva luz de considerar á la esfera como la forma original y la medida universal de todas las formas, me sedujo esta idea de tal modo, que creí que su armonía podia conducirse aun á la geometría abstracta, y cometí varios errores de consideracion, que por desgracia quedaron consignados en un tomo que escribí en inglés y publiqué en Lóndres con el título de "Introduction to the harmony of the universe or principles of Physico-harmonic geometry." En aquel libro ataqué algunos principios recibidos como inconcusos en matemáticas, porque se me figuraba imposible que la armonía existente en las formas concretas de la naturaleza, no se estendiese tambien á las formas abstractas establecidas en la geometría de las escuelas. Tal consecuencia errónea fué el resultado de lo poco que yo habia meditado en los principios mismos que acababa de descubrir, y cuando despues he conocido mis equívocos, he anhelado por confesarlos, lo que verifico ahora suplicando á mis lectores me perdonen el haberlos estampado ligeramente en la mencionada obra, sirviéndome de disculpa el que frecuentemente ha sucedido así en el mundo con las ideas nuevas y los descubrimientos, como aconteció al mismo Kepler, que tuvo que confesar en sus obras posteriores errores que habia antes publicado como verdades.

En otra parte de esta obra he sentado asimismo que la esfera es la mitad en volúmen esactamente de un cubo que la inscriba, lo cual solo debe entenderse con relacion á la geometría física, puesto que se trata de comprender la movilidad en que las esférides debieron quedar en el arreglo cúbico en el segundo acto fundamental de la creacion, quedando así dividida en dos partes iguales la fuerza primitiva, es decir, en fuerza libre ó psiquio, y en fuerzas neutralizadas ó esferidio. Así es como la fuerza física ó esféride viene á ser proporcional con todos los sólidos ó poliedros que genera.

En cuanto á la esfera inscrita en el cubo segun la geometría abstracta, la dejo al esclusivo cálculo de las escuelas actuales.

Para que se vea cuánto influye en los fundamentos geométricos la diferencia de considerar al punto como formado por una esféride ó esferilla la menor posible, ó como lo hacen en las escuelas como carente de estension, haré observar que en el primer caso no puede existir verdaderamente el cálculo infinitesimal, pues toda estension tendrá por límite la del universo físico en el máximun, y por unidad en el mínimun la esféride.

Esto influye sériamente en muchas de las operaciones prácticas, y para demostrarlo me servirá de ejemplo lo mucho que se han afanado los geómetras en buscar las relaciones alícuotas entre el diámetro y la circunferencia del círculo, en cuyo problema yo mismo me embrollé en el libro ya citado.

Una vez descubiertos los elementos naturales de la estension y raciocinado con esactitud, nada hay mas sencillo que el reconocimiento de la inconmensurabilidad del diámetro y la circunferencia del círculo tratado el problema abstractamente. Porque de facto, siendo en la naturaleza la esfera la medida universal de la forma, así como la esféride el elemento universal de todos los fenómenos, resulta que solo puede haber dos dimensiones en la esfera, es decir, la esféride y la estension esférica del universo. La primera porque siendo la menor posible, quedan anonadadas todas las diferencias que pudieran existir en su circunsuperficie; y la segunda porque siendo la mayor estension posible, el universo constituido por la reunion de las partículas menores posibles, las esférides, todas las diferencias existentes en la circunsuperficie de aquel quedan nulificadas, pudiéndose decir que con el cálculo no forma el hombre jamas una esfera sino un poliedro, y por consecuencia tampoco forma un círculo sino un polígono.

En la misma manera de investigar los matemáticos en las relaciones del diámetro á la circunferencia, se ve comprobada la verdad de lo que acabo de decir, pues se procura averiguar la relacion referida inscribiendo y circunscribiendo polígonos á la circunferencia del círculo. ¿Pero quién seria capaz de impulsar el cálculo hasta la estension absoluta y desconocida del universo, medido éste por la pequeñez impalpable y tambien desconocida de la esféride?

Pero aun hay otra consideracion poderosa, y es que en las líneas naturales de la geometría concreta, hay una movilidad que no existe en la abstracta, por ejemplo, una línea recta al convertirse en una curba, las esférides que la componen deben rodar sobre sí mismas variando los puntos de contacto que las unan unas con otras, y consecuentemente dichos puntos de contacto deben acercarse tanto mas al centro comun cuanto mas fuerte sea la curvatura de la línea.

Todas estas consideraciones hacen que existan entre la geometría abstracta y la natural, diferencias considerables que un dia vendrán á ser estudiadas con la especialidad y eficacia que se merecen, trayendo al cálculo apreciaciones sumamente importantes y que cambiarán la faz de la ciencia.

Por ahora suspendo aquí mis consideraciones sobre este particular, pues para profundizarlo necesitaria yo escribir volúmenes y rectificar conocimientos, para lo cual no tengo infortunadamente el tiempo necesario.

### ESTUDIO CONCRETO DEL TERCER ACTO FUNDAMENTAL DEL CRIADOR PARA VERIFICAR LA CREACION DEL UNIVERSO.

Se ha visto que con los dos actos fundamentales ejecutados .primeramente por el Criador, quedó el elemento primitivo constituido por el psiquio y el esferidio, ó sean la fuerza pura y continua ó alma, y las fuerzas neutralizadas y fraccionadas ó materia.

Tambien se ha visto la armonía prodigiosa que debia existir en las leyes geométricas del elemento primitivo armonio, dispuestas por Dios para proveer á todas las cualidades de relacion estática y dinámica de las esférides entre sí, facilitando prodigiosamente su capacidad metamórfica para la produccion de todos los fenómenos del universo.

Pero como en las obras del Criador hay el sello maravilloso de la sencillez de los medios y la multiplicidad indefinida de los resultados, pasaré á investigar en algunos de los fenómenos fundamentales, ilustrándolos con los diagramas mas indispensables.

Ya tengo indicado que los polígonos simples representados por esférides, son el triángulo equilátero (fig. 30, lámina 1ª), el cuadrado (fig. 31), y el pentágono (fig. 32); mas luego se percibe que los intersticios que quedan entre las esférides de dichas figuras, varian entre sí siendo el mayor el del pentágono, el intermedio el del cuadrado y el menor el del triángulo equilátero. Ahora supongamos que se comprimen dos de las esférides opuestas del cuadrado figura 31, entonces este cambiará de forma y se convertirá en el rombo figura 35, descomponible en dos triángulos equiláteros; mas las cuatro esférides de la figura 31, evidentemente ocupan mayor espacio que en la figura 35, puesto que en ésta los intersticios que quedan entre las esférides son menores.

Tambien he hecho observar que los poliedros simples representados por esférides son asimismo tres, el tetraedro figura 19, el octaedro figura 20, y el cubo figura 21, siendo los intersticios que quedan entre las esférides de estos tres poliedros mayor en el cubo, intermedio en el octaedro y menor en el tetraedro. Supongamos ahora que las ocho esférides del cubo son oprimidas por cuatro de sus ángulos opuestos, de lo cual debe resultar que este poliedro se trasforme en un romboide compuesto de dos tetraedros de á cuatro esférides, evidenciándose por el simple exámen de las figuras que las ocho esférides del cubo ocupan mayor espacio que las ocho esférides de los dos tetraedros.

Es preciso ahora se fije la atencion en que si las esférides deben ocupar un espacio determinado, completándose en sus intersticios con la fuerza libre ó continua en el arreglo del cubo figura 21, y pasaren de este á otro arreglo como el del tetraedro figura 19, es indispensable que la fuerza libre se aumente en otro punto tanto cuanto se disminuyen los intersticios del tetraedro con relacion á los del cubo.

En punto á la movilidad ó inmovilidad de las esférides entre sí, es indispensable observar que se deben á las diferentes circunstancias bajo las cuales obra sobre de ellas la fuerza libre. Por ejemplo, supongamos los dos exágonos figuras 33 y 36, compuestos cada uno de seis esférides y una central, y que en la figura 33 la fuerza libre representada por las seis flechas convergentes todas hácia el centro, oprimen el grupo con perfecta igualdad y con direccion á la esféride central. Es evi-

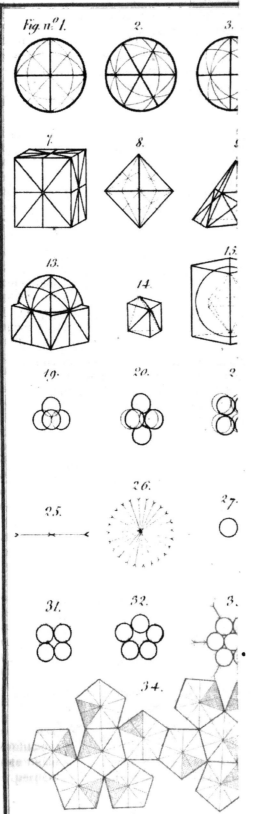

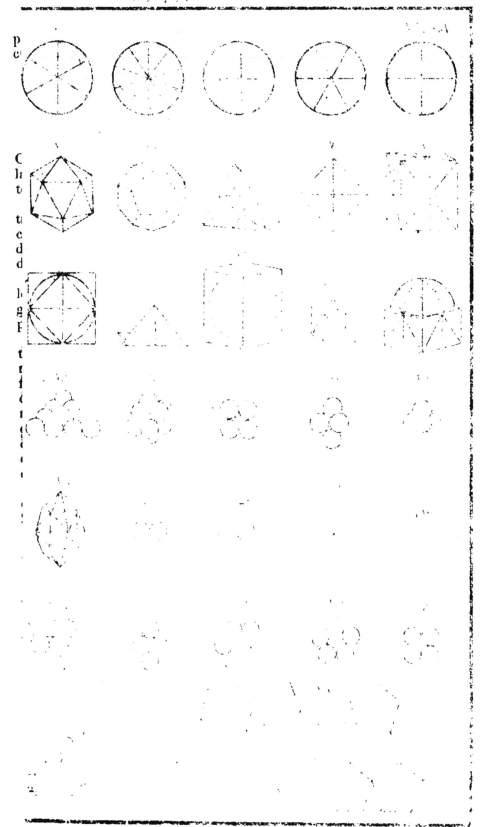

dente que este grupo debe permanecer inmóvil por la clase de presion que en él ejerce la fuerza esterior. Ahora supongamos al exágono figura 36 oprimido por fuerzas semejantes, mas en la direccion diagonal que representan las flechas esteriores; es evidente que este grupo permanecerá reunido, pero girando rápidamente en la direccion circular que representan las flechas interiores.

Obsérvese ahora lo que debe suceder con dos corrientes de esférides, A B, C B (fig. 37), y que en B se chocan en ángulos rectos. Como las esférides son incompresibles é inalterables por fuerza ninguna, debe haber por este choque una resultante de corrientes, la cual se deduce por la construccion A B C D, tirándose la diagonal D B, que es la direccion que deben seguir las esférides despues del choque, debiéndose observar que aquí el diagrama representa un cuadrado, y las esférides impulsadas por fuerzas iguales, deduciéndose que la regla es general aun cuando se trate de diferentes paralelógramos, como se enseña en mecánica, y aun cuando las fuerzas sean desiguales, pues las esférides deben producir resultantes, en las cuales se hayan tomado en consideracion todas las circunstancias de direccion y fuerza de las corrientes.

Supongamos ahora una corriente de esférides A B, chocando sobre del plano D E: como las esférides son inalterables é incompresibles, y la fuerza que las impulsa es constante, la resultante del choque debe ser la corriente B C, opuesta á la primera, de modo que el ángulo A B D, que se llama de incidencia, es perfectamente igual á el ángulo C B E que se llama de refleccion, cuya circunstancia se observa en la naturaleza constantemente comprobada en las corrientes de los imponderables, y principalmente en las de la luz, lo cual prueba que las partículas elementales de dichas corrientes son todas iguales y todas inalterables y esféricas, pues faltando cualquiera de estas circunstancias, el ángulo de incidencia y el de refleccion jamas serian idénticos.

Una vez establecidas las anteriores nociones, debo recapitular que por sus dos primeros actos creativos proveyó Dios á la existencia de la fuerza y de la inercia, es decir, del espíritu ó alma universal, y de la materia ó cuerpo universal, provistos de todas las armonías geométricas que les darian la capacidad metamórfica para producir todos los fenómenos del universo. Solo quedaba la necesidad de dar un primer impulso motor á los dos elementos así combinados, produciendo el movimiento perpetuo conservado por la fuerza pura ó alma universal, obedecido necesariamente por la materia universal é inerte, y metamorfóseado prodigiosamente en una multitud de resultantes como efectos asimismo necesarios de las armonías geométricas y numéricas de sus variadas combinaciones.

Y á tal movimiento proveyó la voluntad divina con el tercer acto de su omnipotencia creadora.

Determinó Dios el número, el tamaño y la colocacion recíproca de las estrellas ó astros primitivos como mundos primarios, preparatorios de otra multitud de mundos y como materiales todos de un mundo final, dotado de la perfeccion definitiva y por consecuencia de la estabilidad absoluta.

Y en el acto las esférides impulsadas por el alma universal, afluyeron hácia los puntos marcados por Dios como centros estrellares. El arreglo cúbico dejó de existir entre las esférides. Estas formaron nebulosas como preparatorias de las estrellas que debian resultar, y la materia toda en movimiento se dirigió hácia las nebulosas, y por un efecto necesario de reaccion regresaban las esférides libres de las nebulosas hácia los límites esteriores del espacio, repitiéndose perpetuamente esta doble evolucion.

De este modo se estableció el diástole y sístole del universo, el movimiento universal y perpetuo, la vida de la naturaleza criada por Dios, el manantial de todos

17 *

los movimientos resultantes que debian producir todos los fenómenos posibles, la naturaleza como sér providencial ejecutora de los designios divinos como consecuencias necesarias de los tres grandes actos del Criador; en fin, así constituyó éste con aquellos sus tres prodigiosos actos á la trinidad física, es decir: á la fuerza ó alma generadora, á la inercia ú obediente materia y á la union de entre ambas ó movimiento perpetuo de recíproca armonía.

Constituida así la naturaleza, ésta solo necesitaba continuar el progreso metamórfico del movimiento perpetuo del armonio, y la consecuencia debia ser el universo pasado, el que presenciamos, y el futuro hácia la perfeccion á que Dios lo destina.

Procuraré en cuanto esté á mi alcance el dar una idea acerca de aquellos prodigios metamórficos.

### NOCIONES ACERCA DE LAS NEBULOSAS EN GENERAL, COMO MEDIOS NECESARIOS PARA LA CONSTRUCCION DEL UNIVERSO.

Desde fines del siglo pasado, Herschel, dotado de un incuestionable génio observativo, de una laboriosidad infatigable, y de los medios é instrumentos mas poderosos para la observacion astronómica, dirigió una gran parte de sus energías al estudio de ciertas manchas blanquecinas que se observan en el cielo, semejantes al aspecto que nos presenta la via lactea, y á las cuales se habia dado ya el nombre de nebulosas, por la semejanza que ofrecen con las nubecillas ténues.

Aplicando Herschel sus mas poderosos telescopios á la observacion de las nebulosas, encontró que algunas se resolvian en estrellas perfectamente definidas, y acaso en sistemas planetarios. Pero otras nebulosas no han podido resolverse en núcleos distintos, y siempre presentan el mismo aspecto vaporoso y blanquecino, como si fuese un fluido cósmico preparatorio indispensable de los núcleos celestes. A estas nebulosas les dió Herschel el título de sistemas en via de construccion.

A esta calificacion lo condujo mas especialmente el observar que en estas nebulosas hay generalmente uno, dos y á veces mas puntos brillantes que aparecen como los centros de accion de los sistemas que allí elabora la naturaleza.

Así es como se presenta naturalmente la materia ponderable en el estado mas ténue y sutil, como sujeta á las leyes generales de la gravitacion que la concentran continuamente hasta reducirla á núcleos casi esféricos, constituyendo los astros; pero como las mismas leyes á que éstos se deben continúan sus imperturbables evoluciones, sobreviene necesariamente la cuestion siguiente: ¿Despues de la estructura actual de los astros, qué otros fenómenos producirá la gravitacion universal cuya accion continua jamas cesa?

Cuando observamos la diferencia inmensa que hay desde la materia ponderable simplemente nebulosa, hasta la admirable variedad de tantos millones de mundos como hay en el universo, los que manifiestan en sus armoniosas evoluciones un órden maravilloso, y cuando volvemos la contemplacion hácia la estructura geológica de nuestro planeta, y lo hallamos primitivamente constituido por materiales hacinados y simplemente sobrepuestos los unos á los otros, que despues se le reunieron materiales cristalinos mas elaborados, que en seguida se le aglomeraron los líquidos y los gases necesarios para la existencia de los séres organizados, y que éstos se han ido presentando de mas en mas perfectos hasta el hombre, no podemos menos de reconocer que el Criador ha querido que la naturaleza se vaya mejorando espontáneamente, y que se dirija hácia la perfeccion á que sin duda proveyeron los tres actos fundamentales de la creacion.

Esta mejora continua, estos trabajos incesantes de la naturaleza secundando las resoluciones divinas del Criador, son el objeto de la parte de esta obra, en que trato de la sintésis universal; pero creo que en este lugar es conveniente dar una especie de programa ó teoría en estracto, lo que voy á procurar, sin perjuicio del desarrollo que es necesario dar en seguida bajo las reglas esperimentales de la observacion al mismo sistema, en que creo deber investigar en ese progreso de perfeccionamientos, á que llamamos Universo, hácia la perfeccion final.

El armonio, es decir, el elemento universal compuesto del psiquio y del esferidio, tenia que obedecer tres grandes leyes resultantes de los actos fundamentales del Criador. 1ª Debia llenar el espacio esférico del universo. 2ª Debia constituir las estrellas. 3ª Debia moverse perpetuamente.

Supongamos un núcleo central formado por una multitud innumerable de esférides apiñadas en una considerable variedad de grupos y en diferentes arreglos ó poliedros, ya regulares y ya irregulares.

Estos poliedros ó grupos de esférides constituyeron, como tengo indicado, los elementos químicos, ó sea la materia ponderable.

Los primeros grupos ó elementos que necesariamente debieron reunirse en el núcleo central, fueron los menos elaborados, es decir: los metales, reunidas sus esférides simplemente por justa-posicion, y mantenidas en contacto con mas ó menos fuerza de cohesion cuanto mayor fuera la afinidad de formas de los grupos componentes y la presion esterior ejercida sobre de ellos por el elemento universal armonio.

Así resultaron los metales con mas ó menos facilidad para cambiar su general forma, proviniendo de aquí su porosidad, su elasticidad, su penetrabilidad, su meleabilidad, su ductilidad y demas cualidades de la materia metálica.

En rededor de los metales debieron reunirse elementos mas elaborados, es decir, los cristales y sales. En torno de estos se reunieron los líquidos; y finalmente, en torno de los líquidos debieron reunirse los gases, último límite esterno de la materia ponderable inorgánica, es decir, de las esférides agrupadas constituyendo los elementos químicos.

Pero la misma série de los procedimientos que acabamos de describir, nos demuestra que ellos no fueron ni podian ser instantáneos, sino el resultado de operaciones sucesivas, necesarias en la naturaleza é identificadas con el tiempo por medio de nébulas, de las cuales algunas aun conservan este estado.

Esta consideracion me obliga á manifestar una reflexion de suma importancia. Los tres grandes actos fundamentales de Dios para la creacion del universo y que constituyeron á la naturaleza, debieron ser y fueron necesariamente instantáneos, porque no pudiéndose nada oponer á la Omnipotencia criadora ni ésta equivocarse en sus determinaciones, la formacion de la naturaleza fué isócrona con la resolucion divina para criarla.

Pero una vez que la Providencia eterna creó á la naturaleza, es decir, al sér inteligente constituido por el psiquio, el esferidio y el movimiento perpetuo y armonioso de entre ambos, la naturaleza quedó así encomendada de continuar el progreso de la creacion.

Pero como ella no es omniciente, aunque sí inteligente, puede equivocarse en los medios que emplea; como ella no es omnipotente, aunque sí poderosa, necesita de la sucesion de los fenómenos, á que se da el nombre de tiempo, para conseguir sus fines; como ella no es la Providencia divina, aunque sí providencial, ha menester de los resultados de los medios, es decir, de esperiencia, para conseguir los resultados finales ó la perfeccion.

Así, pues, la consecucion de los elementos químicos de una estrella ó de cual-

quier núcleo celeste no podia ser instantánea, y debió seguir por luengas épocas los
procedimientos siguientes: 1º Debió el armonio dirigirse á los puntos determinados
por Dios como centros estrellares formando nebulosas. 2º Una vez concentradas
las esférides lo suficiente para constituir la materia ponderable, ésta quedó actuada por las corrientes libres ó imponderables del armonio, y por consecuencia susceptibles de composicion y descomposicion bajo la influencia de las fuerzas universales. 3º Como las esférides son inalterables en sí mismas, y las corrientes imponderables del esferidio reunidas á las ondulaciones del psiquio, constituyen la luz,
ésta no puede alumbrarse á sí misma, porque la luz es un fenómeno de composicion
y descomposicion química: es indispensable que haya materia ponderable para que
la luz pueda percibirse, y por consecuencia, la luz fué un fenómeno universal
alumbrando las aglomeraciones de materia ponderable que formaron las nebulosas é isócrona con éstas. 4º Las corrientes armónicas propias de cada nebulosa,
fueron primeramente las de concentracion del armonio hácia los centros estrellares,
constituyendo la gravedad, es decir, un fluido imponderable á que he dado el nombre de compresor, por su tendencia á comprimir y solidificar la materia ponderable;
mas el compresor, por la reaccion natural al regresar hácia el espacio, constituyó una série de corrientes enteramente opuestas; así es que estas nuevas corrientes
por su tendencia á dilatar y dispersar la materia ponderable, fueron la causa del
calor, y por lo tanto, les he dado el nombre de dilator.

Así es que las nebulosas fueron actuadas por la luz, el compresor y el dilator,
luego que hubo en ellas materia ponderable, ó mejor dicho, luego que ellas constituyeron ésta.

Pero no podia suspenderse aquí el número de los imponderables que debian actuar á cada nebulosa; era indispensable que poseyesen corrientes propias, así es
que éstas constituyeron en cada nebulosa un juego de corrientes semejante al que
en la tierra conocemos con el nombre de magnetismo; asímismo en cada una se
sintió la influencia mas ó menos activa, segun la cercanía ó lejanía de todas las
demas nebulosas del universo, percibiéndose así multitud de corrientes semejantes
á aquellas que en la tierra conocemos con el nombre de electricidad.

Bajo la influencia de todos estos imponderables se elaboraron los materiales químicos de cada nebulosa, y aun se elaboran hoy dia los de varias nebulosas que
existen en el estado primitivo.

Pero es indispensable observarse que en el movimiento perpetuo dado por Dios
á la materia, la prioridad ó fuerza inicial la tuvo el movimiento de concentracion.
Así es que el movimiento de irradiacion fué posterior y como consecuencia necesaria del primero.

De este modo la concentracion de la materia ponderable es continua por un efecto necesario de la fuerza inicial ó de prioridad, y solo puede tener su fin en la estabilidad absoluta, ó sea en la perfeccion final de la naturaleza.

Por lo tanto, las nebulosas al principio solo presentaron la materia ponderable
difusamente esparcida en el espacio, como un fluido cósmico; despues fueron concentrándose hasta formar núcleos sólidos envueltos en líquidos, en gases y en
materiales nebulosos. La concentracion de estos en nuevos núcleos constituyó
los planetas, dependientes de cada estrella, y la concentracion de las nebulosas
de cada planeta constituyó los satélites. Finalmente, de las fotósferas de cada núcleo celeste, pero principalmente de las de las estrellas, se desprenden de tiempo en
tiempo grupos de materia ponderable que adquieren sus corrientes propias, y que
forman así núcleos giratorios á que se da el nombre de cometas.

Así, pues, el movimiento de concentracion no cesa, la fuerza inicial acerca y acercará hasta confundir en una sola masa los satélites en sus planetas, éstos y los co-

metas en sus estrellas, éstas en los grupos mas cercanos, y todos los grupos, en fin, vendrán á constituir un solo astro final ó paraiso, en el cual se encuentren reunidos todos los prodigios físicos, químicos y biológicos de todos los mundos componentes.

En el mundo final, como único, no puede haber magnetismo ni electricidad, así es que solo tendrá, como imponderables, el compresor y el dilator, como fluidos sostenedores del equilibrio estable y perfecto que mantenga el paraiso en el centro del universo, y que produzcan por las ondulaciones del psiquio la luz que relacione entre sí á los séres vivientes.

En el paraiso no podrá haber ni frio ni calor, ni descomposicion ninguna de la materia ponderable; así es que los séres vivientes en él no necesitarán de alimento ni de reproduccion, y por lo tanto, tampoco estarán sujetos á la decadencia ni á la muerte. No habrá en el paraiso ni evaporacion ni lluvias, ni huracanes ni tempestades. Sin movimiento orbiturario ni rotatorio, sin relaciones con ningun otro núcleo en el espacio, el paraiso será tranquilo é inmutable en el centro del armonio. No teniendo ecuador ni polos, su clima será constantemente igual, su cielo perfectamente diáfano, sus aguas perennemente líquidas y puras: sus rocas bellas y variadas no presentarán destrozos recientes, sino un órden maravilloso en su colocacion simétrica. Compuesto así el paraiso de los armoniosos elementos de todos los astros extintos, estará ornamentado con todas sus producciones, y será estupenda la variedad de sus séres vivientes. Los vegetales estarán perpetuamente floridos; y los animales inmutablemente jóvenes é inofensivos, serán un testimonio viviente y feliz de la omnipotencia y bondad del Criador. ¿Pero hay acaso pluma bastante elocuente para describir la belleza y variedad de un astro en el cual la estabilidad sea perfecta? ¿Hay capacidad humana que pueda concebir la perfeccion absoluta? No: esta solo existe prevista en la mente divina, y á la filosofía únicamente le es posible el conjeturar los fines de la creacion, indicados por los medios que desarrolla ante nuestra vista la naturaleza.

Así es como yo pretendo el demostrar que la teoría que acabo de emitir, no es una hipótesis infundada, sino la consecuencia lógica de sucesos y fenómenos que pasan á nuestra vista, y que sin embargo, siendo desapercibidos hasta ahora en su generalidad, no se habia sacado de ellos la luz abundante que emiten para reconocerse por su medio los planes del Criador, los trabajos de la naturaleza y los fines de la creacion.

Mas para proceder metódicamente, concretaré la esposicion de la teoría universal, porque los movimientos estrellares apenas son conocidos en la parte esprimental, y la naturaleza íntima de las estrellas se escapa de nuestro conocimiento por su inmensa lejanía.

Por lo tanto, para razonar con los hechos comprobados por la observacion y la esperiencia, paso á examinar lo que las ciencias naturales y mis observaciones personales pueden proporcionarme de verdadero y demostrable acerca del sistema solar á que pertenecemos, y se verá cuán fácil y naturalmente se conduce la induccion del sistema conocido de la estrella á que damos el nombre de Sol, para conocerse hasta donde es posible las demas estrellas que pueblan el universo; pero sobre todo para comprender la prodigiosa armonía que las liga á todas, concurriendo simultáneamente á la maravillosa unidad de los fines previstos por Dios, preparados por sus tres actos fundamentales de la creacion, y elaborados de prodigio en prodigio por la naturaleza providencial.

SISTEMA SOLAR.    ASTROS PRIMITIVOS: EL SOL Y SU PARENSOLIS.    ASTROS SECUNDA-
RIOS Ó PLANETAS.    ASTROS TERNARIOS Ó SATÉLITES.    ASTROS CUATERNARIOS Ó COMETAS.
GRAVITACION UNIVERSAL.

Algunas nebulosas presentan la forma de discos con núcleos mas luminosos y
centrales, como si aquellos discos se hubiesen de trasformar en anillos, y éstos á su
vez en núcleos secundarios ó planetas dependientes del núcleo central.

Laplace, aprovechando las observaciones hechas por Herschel y otros astrónomos y las suyas propias, emitió en su mecánica celeste una teoría de la formaciou
del sistema solar, que tiene mucho de esacta, y que solo es ineficaz por apoyarse
en el sistema de la atraccion, indemostrable en sí mismo.

Yo voy á ensayar el dar una teoría demostrativa de la formacion del sistema Solar planetario, en la cual se hallará mucha analogía con la teoría de Laplace, enunciada primeramente por Herschel.

Las primeras cuestiones que se presentan cuando se trata de investigar en el
sistema solar á que pertenece la tierra que habitamos, son: 1ª ¿Tiene el sol ademas del movimiento rotatorio que le observamos, un otro movimiento orbituario en
torno de un centro que no conocemos?    2ª ¿En caso de tener el sol un movimiento
orbituario, es éste en torno de otro astro relativamente inmóvil en el espacio, ó es
el sol una estrella binaria en armonía de otra con la cual gira en torno de un centro comun?    3ª ¿En caso de ser el sol una estrella binaria, cuál es su astro coarmónico á que se puede dar el nombre de parensolis?    4ª ¿Pertenece el sol como
estrella binaria á algun grande grupo conocido de estrellas?

Procuraré responder á estas cuestiones apoyándome en las observaciones hechas
por varios astrónomos y en las mias propias, para lo cual estableceré el órden mismo de las preguntas.

¿Tiene el sol ademas del movimiento rotatorio que le observamos, un otro movimiento orbituario en torno de un centro que no conocemos?

Luego que se descubrieron los anteojos, y que Galileo construyó algunos suficientemente fuertes para descubrir las manchas del sol, se procuró observar el movimiento rotatorio de este astro, lo que no fué fácil conseguirse, porque aunque habia
manchas que duraban dos y aun tres revoluciones del sol sobre de su eje, se observó que las manchas no lo son del núcleo sólido del astro, sino que son aberturas ó
roturas de dos cubiertas brillantes que envuelven el núcleo del sol, y á las cuales
se han dado los nombres de fotósfera á la esterior, y de penumbra á la interior.

De este modo, aunque por medio de las aberturas de la fotósfera y penumbra se
percibe el núcleo solar, nunca se ha podido determinar rigurosamente la duracion
de la revolucion de éste sobre su propio eje, aunque muy aproximadamente se ha
calculado ser de veinticinco y medio de nuestros dias.

Pero una vez conocido como evidente el movimiento rotatorio del sol, demuestra
que hay una fuerza angular que hace mover á el astro sobre su eje, y cuya fuerza,
como mas adelante demostraré, necesariamente debe tambien impulsarlo en un movimiento orbituario de traslacion.

Varios astrónomos, siendo el primero Herschel, fundados, no en un principio necesario de mecánica, sino en la observacion, han asentado que el sol se mueve orbituariamente, y que en la actualidad se dirige hácia la constelacion de Hércules.
Esta asercion solo puede ser comprobada por las observaciones de las generaciones
futuras, con respecto á la direccion que el sol sigue; pero desde ahora puede asegu-

rarse como inconcuso, que él se mueve en un sistema orbituario y de traslacion en el espacio, por ser con el de rotacion un movimiento coarmónico.

Una vez sentado esto, necesito ocuparme de la segunda cuestion.

¿En caso de tener el sol un movimiento orbituario, es éste en torno de otro astro relativamente inmóvil en el espacio, ó es el sol una estrella binaria en armonía de otra con la cual gira en torno de un centro comun?

Para resolver esta cuestion necesito hacer presentes varias observaciones que he verificado, y que me ponen en aptitud de hacer aplicaciones útiles mas allá de las que hasta ahora se habian hecho por los astrónomos.

Sabido es que la cauda ó cola de los cometas sigue á éstos cuando se acercan al sol, y los precede cuando se alejan de este astro. Tal circunstancia ha llamado fuertemente la atencion de los observadores, y se han ideado, aunque inútilmente, multitud de hipótesis para esplicarla. No me ocuparé de ellas, y por lo tanto, paso sencillamente á esponer la causa.

Los cometas obstruyen en su tránsito las corrientes del armonio perteneciente al sol, y por lo tanto, producen en ellas una perturbacion que impide hasta cierto punto y segun las circunstancias peculiares de cada cometa, la fácil permuta del compresor y dilator solares. Por consecuencia, estos dos fluidos paralizan en parte su movimiento en la region perturbada, y de imponderables pasan á constituirse en materia ponderable ó gaseosa, la cual viene á ser iluminada por el sol; pero como el mismo cometa proyecta una sombra en su propia cola, ésta aparece mas iluminada en su parte esterior, y toma la apariencia de un tubo cónico.

Ahora obsérvese que la parte de las corrientes solares que obstruyen los cometas, es siempre la opuesta al sol, y por consecuencia, esa es la region donde deben existir siempre las colas cometarias.

Cuando trate especialmente de los cometas, entraré en otros detalles con relacion á sus caudas y cabelleras. Por ahora baste á mi intento el indicar la causa del porqué la cola de un cometa es siempre opuesta á su direccion del sol. ¿Se verifica un fenómeno semejante en los planetas y satélites? Voy á demostrar que sí.

Cuando observamos la luna próximamente despues de su conjuncion, y cuando solo tiene una pequeña parte de su disco iluminado, se ve éste en toda su redondez como si estuviera alumbrado por una luz bastante intensa, á que se ha dado el nombre de cenicienta, la que sensiblemente tiene mayor intensidad en el borde de la luna opuesto al sol. Los astrónomos esplican este fenómeno diciendo que la luz cenicienta es la parte de aquel satélite que la tierra, reflejando la luz solar, ilumina.

A falta de otra esplicacion, era bastante aceptable la que antecede, pero bien analizada no satisface; porque la luz que puede reflejar la tierra de los rayos solares es tan inferior á la luz directa del sol, que no puede admitirse que esta sea la luz cenicienta, en la cual la diferencia con la luz directa que refleja del sol, es mucho menor.

Si á esta observacion se agrega que la luz cenicienta es mas intensa en la parte de la luna opuesta al sol, y que nosotros conforme ésta se nos va ocultando cesamos de percibir dicha luz, se advierte que la esplicacion dada hasta ahora por los astrónomos no satisface todas las condiciones que deben esplicarse.

Para observar la luz cenicienta, he acostumbrado yo situarme de manera que la parte de la luna iluminada directamente por el sol, me quede oculta por un edificio algo cercano, y entonces se ve, en circunstancias favorables, que la mitad de la luna que queda opuesta al sol, es decir, la que nos hace aparente la luz cenicienta, no es un semicírculo, sino que se proyecta dicha luz algo mas afuera del borde natural de la luna, cuya circunstancia se observa tanto mas fácilmente, cuanto mayor es la parte de la luna opuesta al sol que miramos.

Es indudable que alguna luz refleja la tierra hácia la luna, pero la principal causa de la considerable luz que vemos en la parte de este satélite opuesto al sol, tiene un orígen semejante al de la cauda de los cometas, y si no se proyecta en el espacio á la distancia de las colas de éstos, es porque no tiene como ellos una constitucion nebulosa y por lo tanto difusible, sino que ha venido á ser un núcleo sólido y giratorio, cuyas condiciones modifican la manera de influir por interposicion en las corrientes del armonio solar. Ademas, la luna no tiene por único centro de rotacion al sol, pues la tierra lo es asímismo, y por consecuencia, la resultante de la oposicion de la luna en las corrientes terrestres, debe modificar la direccion de la luz por oposicion que en ella se observa, cuya resultante debe ser hácia la parte de la luna que no vemos.

Para generalizar y estudiar mejor este fenómeno, se debe observar lo que pasa en el planeta Vénus. Como es demostrado en astronomía, este planeta tiene fases semejantes á las de la luna, es decir, que su parte mas brillante es la que nos refleja la luz que recibe del sol; así es que cuando está mas cerca de la tierra y aun es visible, nos presenta la mayor parte de su núcleo opuesta al sol, y solo un pequeño menisco iluminado por este astro. A la vista simple Vénus no disminuye de esplendor, porque hallándose mas cercana á la tierra la parte iluminada de aquel planeta, aunque mas pequeña, basta para producir no solo igual sino mayor intensidad de luz. Pero visto Vénus con un fuerte telescopio, se observa unas veces con mucha claridad su faz iluminada, aunque otras veces se ve el planeta lleno, teniendo en oposicion al sol una luz bastante intensa.

Algunos astrónomos han convenido en que ésta es semejante á la luz ceniciente de la luna; pero á la distancia en que se halla Vénus de la tierra era imposible que ésta iluminase á Vénus con una intensidad tal, que aquel planeta apareciese cual si estuviese lleno, por consecuencia, el fenómeno carece hasta ahora de esplicacion. Por mi parte, la luz opuesta al sol que Vénus presenta, tiene un orígen semejante al de las colas cometarias, como he dicho respecto á la luna.

Pero esto se demuestra mas fácilmente observándose el planeta Mercurio, en el cual se ve en oposicion al sol un penacho de luz bastante remarcable, aunque solo puede percibirse cuando la distancia angular de aquel planeta al sol, es suficiente para que la intensa luz de éste no impida la observacion.

La tierra presenta tambien una luz semejante. En oposicion al sol se percibe una claridad mayor que la que podia esperarse de la luz colectiva de las estrellas en las noches en que no hay la luz de la luna. A veces esa luz peculiar de la tierra toma proporciones considerables hasta presentar el aspecto de materiales fosforecentes.

Pero esto que es raro en las zonas tórrida y templada, es sumamente comun en las polares, como lo atestiguan todos los viageros.

En las grandes latitudes parece que se agrega á la intensidad de la luz, que se me permitirá entretanto apellidar cometaria, la luz producida por la aglomeracion de las corrientes magnéticas propias de la tierra.

A estas dos causas se deben fenómenos de una belleza estraordinaria, sobre los cuales diré aquí dos palabras, pues su lugar propio deberá ser cuando trate del magnetismo.

Se observan á veces cambios ya lentos ó ya rápidos en la intensidad y la estension de la luz de las caudas de los cometas, así como en la luz ceniciente de la luna, de Vénus, de Mercurio y aun en la zodiacal del sol. En la tierra este fenómeno combinado por las acumulaciones magnéticas, da origen como he indicado antes, á esos bellos meteoros á que se da el nombre de auroras boreales.

Y de facto, aglomerándose el armonio en oposicion al sol y hácia el polo magnético, la suspension ó perturbacion de las corrientes normales, produce la aglomeracion de materiales que vienen á ser luminosos, á semejanza de los penachos que se observan en algunos electróscopos.

Cuando la aglomeracion de los materiales difusivos se hace en las regiones polares superabundantes, se disuelven rápidamente aquellos materiales en las corrientes normales, ya magnéticas y ya solares, hasta recobrar su equilibrio, presentando en esas evoluciones las auroras boreales, las que al terminar solo dejan la luz ceniciienta ó lactea que es constante en el invierno en las altas latitudes.

La brillantez de los colores de las graciosas curbas y coronas con que generalmente terminan las auroras boreales, creo deben proceder de que al irradiarse los materiales difusivos que se ven cual ráfagas dirigirse hácia el espacio, suelen obtener alturas en las cuales pueden, ademas de su luz propia, ser iluminadas por la luz refleja de celages lejanos, ó por la que refringe la atmósfera, ó en fin, por la directa del sol, la que da á los materiales difusivos colores semejantes, aunque mucho menos vivos que los del arco-iris, mas con la variedad de curbas propias de las auroras boreales. Esta teoría es tanto mas probable cuanto que la base de las mismas coronas ó arcos luminosos permanece frecuentemente oscura ó débilmente iluminada, por estar bajo del cono de sombra que proyecta la tierra misma.

En su lugar me estenderé mas detalladamente acerca de las auroras boreales, pues por ahora solo he querido manifestar la relacion que tienen con la luz cenicienta que posee la tierra como los demas planetas en oposicion al sol, á semejanza de las caudas cometarias.

En los planetas superiores no pueden hacerse observaciones análogas, porque como la tierra está mas cerca del sol que ellos, no podemos ver la parte opuesta del planeta á este astro, por estarnos asimismo opuesta.

Sin embargo, con lo que llevo espuesto basta para comprenderse que la luz de los planetas opuesta al sol, es análoga á la de la cola de los cometas, y que esto puede conducirnos á conocer el centro en torno del cual el sol se mueve.

Y de facto, si un cuerpo que se interpone en las corrientes armónicas de otro tiene opuesto á éste una luz difusa semejante á la cola de un cometa, es indudable que el sol debe tener en oposicion al parensolis una luz análoga: veamos si la luz zodiacal reune estas condiciones.

Se ha creido por casi todos los astrónomos que la luz zodiacal es una especie de anillo nebuloso en rededor del sol, cuyo anillo es mayor que la órbita de la tierra, y al que ésta atraviesa en el mes de Noviembre, por lo que no puede verse en esa época, siendo muy visible en Marzo al Poniente despues de puesto el sol, y en Setiembre al Oriente antes de salir el sol. El baron de Humboldt contribuyó á generalizar esta opinion, por haber fijado mucho su atencion la belleza y claridad con que la luz zodiacal se observa en las elevadas llanuras de América, pero principalmente en México.

Sin embargo, la idea de ser la luz zodiacal un anillo nebuloso que la tierra atraviesa en Noviembre, trae consigo la necesidad de suponerlo muy escéntrico con respecto al sol, puesto que la posicion en que lo observamos, no varia de latitud para suponérsele fuertemente inclinado con relacion al plano de la eclíptica. Por otra parte, si dicha luz fuese un anillo, no encuentro inconveniente geométrico para que se viese alguna parte de su circunferencia en todos los meses del año, ni puede conciliarse con la forma anular la pérdida absoluta de la luz zodiacal, no solo en Noviembre sino así mismo en Mayo.

Mr. Arago en su astronomía popular, dice y pone en duda, que en uno de los eclipses totales de sol se aseguraba por observadores de aquella época, que se habia visto elevarse de aquel astro un cono de luz hácia el espacio. Por mi parte creo evidente por la multitud de observaciones que he verificado, que de facto existe ese enorme cono de luz, que parte del sol y se dirige un poco hácia el Norte de las Pleyadas como una inmensa cauda cometaria.

En ningun pais se observa la luz zodiacal con tanta brillantez y claridad como en México, tanto por la elevacion del terreno sobre el nivel del mar, cuanto por la diafanidad de su atmósfera en el invierno, donde rara vez llueve y donde el crepúsculo de la tarde pasa rápidamente.

Así es que en Noviembre solo se percibe una claridad general y difusa por las noches hácia el Norte, siendo en dicho mes cuando suelen caer las lluvias de estrellas filantes impulsadas con una estraordinaria rapidez de Oriente á Occidente, como si la tierra en su tránsito orbituario de Occidente á Oriente, fuese encontrando un fluido cósmico y fosforecente. Este fenómeno se observó con una belleza estraordinaria en el año de 1833. Tambien en Noviembre se observó la última aurora boreal que se ha visto en México, y que acaso es la mas estensa que hay en recuerdo, puesto que se observó tambien en los Estados-Unidos y en Europa.

En el mes de Diciembre el cono de la luz zodiacal, como está muy cerca aun de la tierra y tiene el enorme diámetro del sol, solo se ve como una claridad general hácia el Occidente. En fines de Diciembre y principios de Enero, aquel cono comienza á discernirse con mas claridad; pero en fines de Enero obtiene su mayor magnifisencia y belleza. Entonces se ve su base elevarse en el mismo lugar en donde el sol se ha puesto, dirigiéndose su cúspide un poco hácia el Norte de las pleyadas, mucho antes de que éstas toquen el zenit; así es que aquel cono de luz perfectamente definida, tiene á las siete de la noche mas de 110° de elevacion, y su mayor anchura es hácia los 50°, que es su parte mas cercana á la tierra, ó sea el punto del cono que vemos perpendicularmente. La figura 6ª de la lámina 3ª, por medio de la simple inspeccion, da una idea bastante clara del cono de la luz zodiacal y de los diferentes dias y meses del año en que aquel es visible.

En Febrero y Marzo las pleyadas van acercándose de mas en mas hácia el Occidente, por lo que la luz zodiacal, aunque se percibe con bastante claridad, va perdiendo de su longitud presentándose, como dicen los astrónomos, cual la hoja de una lanza en la forma, que es la que debiera tener ópticamente un cono cuya base estuviese en el sol, y cuya cúspide se dirigiese á las pleyadas ya bastante cercanas al orizonte occidental.

En Abril las pleyadas y el cono que á ellas se dirige desaparecen de la vista, envolviéndose en el crepúsculo de la tarde. En Mayo son invisibles por oposicion hácia la tierra, y no vuelven á percibirse hasta que las pleyadas reaparecen en la madrugada, creciendo gradualmente el cono de luz hasta que por su cercanía á la tierra en Octubre solo se percibe como una luz difusa, mezclada con la de la aurora ó crepúsculo matinal.

Así, pues, se observa de una manera evidente y rectificable por la simple inspeccion de la vista en lugar adecuado, como México, que la luz zodiacal es un cono luminoso de materia difusa, la que varía frecuentemente en claridad fosforecente teniendo su base en el sol, y dirigiendo su vértice, algo variable, un poco hácia al Norte de las pleyadas, como si fuese la inmensa cola de un cometa.

Aplicando ahora la ley general de proyectar los astros una luz semejante á la cometaria en oposicion á el astro con el cual coarmonizan, debemos buscar la estrella coarmónica, ó parensolis, de nuestro sistema en la constelacion del Escorpion ó del Centauro, ó acaso un sistema que liga estas dos constelaciones con el nuestro planetario. Véase cómo:

La estrella que parece mas en oposicion al punto á donde se dirige el cono zodiacal, es Antares, que está un poco hácia el Sur del punto opuesto á las pleyadas. La luz rojiza y poco escintelante de Antares, y la paralaje pequeña aunque rectificable que se le ha encontrado, inclinan á creer que esa estrella es el parensolis, cuya confirmacion solo se puede verificar por observaciones futuras, pues su movimiento orbituario debe ser opuesto á aquel que el sol sigue en caso de ser entre ambas estrellas binarias girando en torno de un centro comun, dirigiéndose en una resultante asimismo comun en torno del centro á que ambas pertenecen.

¿Es acaso este centro la magnífica nebulosa resoluble en mas de cincuenta mil estrellas que se halla junto á omega del Centauro? Todo parece ser esto así La gran nebulosa del Centauro es aquella que parece mas cercana á nosotros, y la que mas fácilmente se resuelve en estrellas con telescopios relativamente de menor potencia. Ella se presenta como un centro probable de la via lactea, y como el foco de un poderosísimo sistema de estrellas que sigue un movimiento general de concentracion, en el cual ruedan el sol y el parensolis, probablemente Antares, como estrellas binarias á formar con sus planetas parte de la enorme nébula, cuyo magnífico espectáculo está reservado á remotísimos tiempos el presenciar.

Ha sido necesario investigar lo que hay de probable acerca del parensolis antes de entrar al estudio de la formacion del sistema planetario, porque era indispensable conocer la fuerza influente en ciertos fenómenos que deben tomarse en consideracion; por ejemplo, los nodos de la órbita de la luna al pasar entre las fuerzas poderosas del sol y de la tierra, sufren una perturbacion tan considerable que completan una revolucion en cerca de diez y nueve años. La tierra misma sufre una perturbacion por el paso de la luna entre las corrientes solares, y el eje terrestre describe una pequeña elipse en la misma época de cerca de diez y nueve años, á que se ha dado el nombre de nutacion.

Del propio modo los nodos de la órbita terrestre sufren una perturbacion al pasar entre las corrientes solares y parensolares, cuya perturbacion, á que se da el nombre de prececion de los equinoccios, hace que los nodos de la órbita terrestre completen una revolucion retrógrada en veinticinco mil ochocientos años, describiendo el eje de la tierra un cono de cuarenta y siete grados de amplitud, cuyo cono hace cambiar lentamente de estrella polar, de tal manera, que la brillante estrella de la Lira será la polar hácia el Norte dentro de doce mil años.

Despues de haber sentado las anteriores nociones, se comprende fácilmente que todos los núcleos y sistemas celestes, han sido en un principio nebulosas de materia difusa en el espacio. El sol y el parensolis han formado una sola nébula, lo cual se distingue por la influencia que mútuamente se ejercen, debida á las recíprocas corrientes del armonio, las que debieron ejercerla semejante y necesaria para la formacion de sus mútuos sistemas planetarios, de los cuales no me ocuparé con especialidad sino del sistema planetario solar, porque el parensolar se escapa aún á toda observacion astronómica.

Siendo el sol y el parensolis dos estrellas binarias ó astros primitivos, Dios determinó su existencia y colocacion en el tercer acto fundamental de su poder creativo, por el cual las corrientes del armonio de concentracion y de irradiacion, constituyendo los dos fluidos imponderables: el compresor como fuerza inicial, y el dilator como fuerza reactiva. En este juego de corrientes opuestas multitud de esférides se agruparon, constituyendo materia ponderable, ó la nebulosa propiamente dicha, en la enorme estension designada para contener las dos estrellas binarias y sus respectivos sistemas planetarios.

La fuerza inicial ó de prioridad estando de parte del compresor, éste, con la lenta cooperacion de los tiempos, condensó los dos núcleos principales, el sol y su parensolis. Cuando éstos llegaron á ser cuerpos sólidos tuvieron asperezas ó montañas en su superficie, sobre las cuales, obrando recíprocamente las corrientes del armonio, obligaron á ambas estrellas á girar en torno de su eje.

Teniendo cada una de ellas sus corrientes compresivas y dilatantes propias, éstas constituyen su vida, manteniendo ambos cuerpos á una distancia que no debia variar sino en luengas épocas.

Pero la mutualidad de sus corrientes armónicas no debia circunscribirse á obligar á ambos núcleos á girar sobre su eje respectivo; porque interponiéndose mútuamente en las corrientes recíprocas, éstas debian tomar un arreglo en su direccion para facilitar su movimiento de egreso y regreso, que á la par que obligaba á ambos núcleos á rotar sobre su eje recíproco por medio de las asperesas de su superficie, los obligaba tambien á separarse constantemente del punto que ocupaban en el espacio, ejecutando así un recíproco movimiento orbituario ó de traslacion.

Para comprender esto, véase la lámina 3, figura 1ª

Supónganse A B los dos núcleos sólidos ó estrellas binarias. Supóngase tambien que los dos círculos G H, son aquella parte de las corrientes armónicas de cada núcleo, suficientemente enérgicas para mantener el equilibrio y la debida distancia entre ambos núcleos; es evidente que A obstruirá en parte las corrientes de B, y éste las de A. ¿Qué deberá resultar? Que entre A y B habrá una permuta necesaria entre las mútuas corrientes armónicas de ambos astros, y por lo tanto, se arreglarán de manera que faciliten la radiacion ó irradiacion del armonio, y esta circunstancia hará que tomen dichas corrientes un camino de ida y venida como se marca en la línea circulatoria guarnecida de las cuatro flechas, como se ve en el diagrama ligando los núcleos A y B. El primer efecto de las corrientes armónicas así arregladas, debe ser el hacer girar cada núcleo en torno de su propio eje, impulsando su superficie por medio de las asperesas de ésta como una corriente de agua impulsa á una rueda hidráulica, empujando uno á uno los cubos de que se halla circundada su superficie. El segundo efecto de dichas corrientes necesariamente debe ser el de desviar angularmente los núcleos A y B, haciendo girar á éstos en torno del centro de gravedad de ambos núcleos que en el diagrama se suponen ser perfectamente iguales, y por lo tanto, el centro de gravedad debe ser el punto F, equidistante de ambos y centro del círculo Y J, que es la órbita que deben seguir siempre en oposicion los dos núcleos A y B, encontrándose así esplicados los dos movimientos generales de los astros, es decir, el movimiento rotatorio y el orbituario, cuyas circunstancias procuraré en posteriores demostraciones el hacer mas comprensibles.

Otro fenómeno que debe resultar en los núcleos A y B, es que obstruyéndose en oposicion recíproca sus mútuas corrientes, habrá los conos de luz zodiacal C y D, que no serán otra cosa que la parcial perturbacion de dichas corrientes, dando así orígen á una materia ponderable aunque en estremo ténue y difusa, la cual debe percibirse por estar iluminada con la luz respectiva de los astros de que emana.

Ahora supóngase que los núcleos A y B están circundados de sus respectivas nébulas de materia ponderable, la que lentamente van concentrando en torno de ellos las corrientes del armonio por la fuerza inicial ó de prioridad del compresor: véase lo que debió suceder en cada núcleo, para lo cual estudiaré uno solo de ellos, que se supondrá ser el sol.

Imagínese que el centro C (lámina 2ª) es el sol, y que todos los circulillos de que consta esta figura son las esférides del armonio. Ahora supóngase que todos los circulillos negros representan las esférides radiantes del compresor, y que todos los circulillos blancos representan las esférides irradiantes del dilator. Obsérvese que matemáticamente debe suceder lo que sigue: 1° La circunferencia A es el duplo de la circunferencia B; ésta es el duplo de la circunferencia D; y ésta el duplo de la circunferencia E. Por lo tanto, en la primera A hay capacidad para doble número de esférides que en la segunda B, y en ésta que en la tercera D, así como en ésta con respecto á la cuarta E. Ahora suponiendo la figura una sección de la esfera, el espacio comprendido entre el centro C y la circunferencia E, tendrá capacidad para un número de esférides que supongo ser la unidad; el espacio C D tendrá capacidad para un número de esférides cuatro veces mayor, así como el espacio C B nueve veces mayor, y el espacio C A diez y seis veces mayor; así es que si se observa la figura de A á C, irá disminuyendo el espacio segun el cuadrado de las distancias, y si se observa de C hácia A, irá aumentando asimismo segun el cuadrado de las distancias.

Ahora si se supone ser esférica la figura, el espacio C E será como uno, el espacio C D será como ocho, así como C B como veintisiete, y el C A como sesenta y cuatro.

Volveré á tratar estas consideraciones y números cuando me ocupe de la gravitacion universal; por ahora solo determinaré lo que debió suceder siendo la figura de esta lámina una nébula, cuyo centro C ya sólido y por consecuencia giratorio fuese el sol.

Dicha nébula por condensada que estuviese debió permitir la penetracion hasta el sol de las corrientes radiantes del compresor, así como el retorno de éstas constituyendo las corrientes irradiantes del dilator. Pero las corrientes del compresor debian ir aumentando su velocidad de A á B, de B á D y de D á E, segun el cuadrado de las distancias, á la par que el dilator debia ir disminuyendo su velocidad de E á D, de D á B y de B á A, asimismo segun el cuadrado de las distancias.

Por tanto, el movimiento de dichas corrientes debia ser radial é irradial, permutándose todas las esférides del compresor y del dilator no solo en líneas radiales, sino esféride por esféride como se observa en la figura para que la compensacion fuese completa, formando á la vez del movimiento radial é irradial otro movimiento molecular ondulatorio.

Esto da órigen á que en la circunferencia A hubiese necesidad de un movimiento angular, quedando cada dos esférides una, sin poder permutarse en la circunferencia B; sucederia otro tanto del propio modo que en la circunferencia D y en la E. La evolucion del armonio en cada una de estas operaciones, daria origen á que la nébula solar se condensase en anillos que tendrian las situaciones de A, B, D y E; así es que tomando por unidad la distancia del centro C al anillo E, el anillo D tendria una distancia doble del centro, así como el anillo B una distancia cuádruple, y el anillo A una distancia óctuple; y si suponemos la nébula prolongarse hácia el espacio, cada anillo posterior debió estar del centro á una doble distancia que la anterior.

Para la formacion de dichos anillos hay que atender á otra circunstancia importante; para el estudio de la cual volvamos á la figura 1ª, lámina 3ª. Una vez que los núcleos A y B girasen sobre de su eje, tendrian necesariamente Ecuador y Pólos, y por consecuencia el maximum de movimiento relativo estaria en el Ecuador, así como el mínimum en los Polos; de que resultaria un juego de corrientes concentrantes hácia los polos, y un juego de corrientes expelentes hácia el Ecuador; lo cual esplicaré mas detalladamente cuando trate del movimiento centrífugo.

Como un resultado de las corrientes concentrantes de los Polos y expelentes del Ecuador, la nébula solar debió irse aplastando hácia aquellos y estendiéndose hácia el espacio en torno del Ecuador del sol, formando así un disco que fué necesariamente preparatorio de los anillos nebulosos de que he hablado antes, así como éstos lo fueron de los planetas de que voy á hablar.

Los anillos nebulosos impulsados por las mismas corrientes solares, debieron moverse circularmente en torno del Ecuador solar, y necesariamente en el plano de corrientes armónicas resultantes de la mútua accion del sol y del parensolis. Pero como se ha visto arriba, estas corrientes producen una perturbacion continua en el movimiento orbituario de la tierra, dando por resultado la retrogradacion de los nodos de la órbita terrestre, ó sea la precesion de los equinoccios. Pero dicha perturbacion debió existir siempre, y por tanto los anillos nebulosos encontraban siempre aquella causa perturbadora y de detencion que primeramente, con el trascurso de los siglos, produjo soluciones de continuidad en casi todos los anillos nebulosos concéntricos al sol, y despues agrupándose la nébula de cada uno de ellos en un centro especial que le fué propio. Pero como el movimiento de concentracion no podia suspenderse aquí, los anillos nebulosos convertidos así en globos de nébulas, éstas poco á poco se fueron condensando en materiales sólidos, líquidos y gaseosos, hasta formar los planetas tal cual hoy los vemos en el sistema solar; cada uno de ellos dotado de sus corrientes armónicas propias, manteniéndose así en equilibrio á una distancia coordinada del sol, y girando en torno de éste y en torno de su propio eje por motivos semejantes á los espuestos con respecto á los movimientos del sol y del parensolis.

Por causas semejantes á las que obraron para la produccion de los planetas en torno del sol, se formaron en los planetas que aun poseian suficiente materia nebulosa despues de consolidados, anillos nebulosos, y despues necesariamente los satélites de que se hallan dotados.

Pero en el planeta Saturno, la materia ponderable de tres de sus anillos se consolidó antes de convertirse estos anillos en satélites, por lo que aun ahora se observan con el telescopio esos tres anillos que circulan como los satélites en torno del planeta.

He dicho al hablar de los anillos solares, que casi todos ellos en el estado nebuloso se convirtieron por las causas referidas primeramente en nébulas globulares, y despues en los planetas y sus satélites, pues todo indica á creer como despues detallaré, que en las órbitas que ahora son de Flora y Eufrosina, tuvo el sol dos anillos de materiales sólidos como los de Saturno.

Ya se deja percibir que los planetas debian tener con relacion al sol, una colocacion simétrica como voy á demostrar. El astrónomo Bode propuso la numeracion de una série progresiva en la colocacion de los planetas de nuestro sistema, la cual todos conocen bajo el nombre de la ley de Bode, en la que suponiendo á Mercurio representado por siete, parecia irse duplicando esta cantidad de planeta en planeta, quedando sin embargo el lugar vacio de la órbita de un planeta entre Marte y Júpiter, suponiéndose ser cierta la tradicion de los Pitagóricos, que decian haber existido allí un planeta que habia desaparecido. Esta circunstancia y lo halagüeño de encontrar una armonía semejante, hizo que la teoría de Bode estuviese por mucho tiempo preconizada como una ley, á la que dió mayor crédito el descubrimiento de los planetas ó asteroides telescópicos hallados en la propia órbita, y se supuso que dichos astros eran los fragmentos del planeta destruido de los Pitagóricos.

Yo por mi parte creo que tal planeta jamas existió, y que los Pitagóricos hicieron un cálculo semejante al de Bode, y encontrando que en la série armónica faltaba un planeta entre Marte y Júpiter, supusieron que aquel astro habia desaparecido.

Los astrónomos modernos han reusado dar á la teoría de Bode el carácter de ley, por encontrarla muy forzada en el órden de la numeracion, careciendo principalmente de correlacion la unidad arbitraria con que se hacia representar á Mercurio el primer término de la ley, y solo considerar á ésta como una coincidencia ó aproximacion remarcable, la cual no puede sin embargo apoyarse en razonamiento ninguno. Laplace, no obstante, sentó que podian apostarse muchos millones de veces contra una sola, á que la colocacion simétrica de los planetas no era el efecto de la casualidad, sino el de una ley desconocida aún.

Mas adelante demostraré lo equívoco de la série numérica de Bode, y por ahora he querido aprovechar la oportunidad de demostrar que el planeta de los pitagóricos jamas existió, y que ningun planeta puede ser destruido de la manera que lo suponian aquellos.

Un planeta no puede ser destruido por materiales esplosivos contenidos en su seno, pues las materias inflamables no pueden existir sino cercanas á la corteza esterior, y por abundantes que fuesen solo podrian dar orígen á volcanes tan estensos como nos enseña la geología que existieron en la tierra en la época basáltica. Ni la teoría química de la combustion, ni el conocimiento de los elementos químicos que entran en las materias esplosivas, autorizan de ninguna manera á suponer un agente central tan abundante y rarificable, que fuese capaz de destruir un planeta, convirtiéndolo en fragmentos tan pequeños como lo son los asteroides. Así es que para sostener el que un planeta pudiese ser hecho mil pedazos por agentes residentes en él mismo, es necesario apelar á suposiciones enteramente arbitrarias y desnudas de todo carácter científico.

Un planeta tampoco puede ser destruido por el choque con otro cuerpo celeste, porque no puede chocar con los demas planetas, por estar éstos circunscritos en sus respectivas órbitas, y porque no hay ninguna de ellas cuyo tránsito en el espacio traiga por natural consecuencia la colicion ó choque de dos cuerpos celestes.

Tampoco puede ser destruido un planeta por el choque con un cometa, porque la sustancia de los cometas es nebulosa y tan ténue, que su masa en general es inapreciable para producir una percucion peligrosa. Ademas, en la teoría de la atraccion se ha supuesto que la masa de un planeta puede apropiarse la pequeña masa de un cometa y agregarlo á sus propios materiales; pero no puede suponerse un choque suficientemente poderoso para que traiga por consecuencia la destruccion del planeta mismo.

En el sistema que yo espongo, cada cuerpo celeste dotado de vida propia, tiene sus corrientes de compresor y dilator que impiden el que pueda chocar con otro cuerpo, porque en el acto que al aproximarse llegan á encontrar corrientes armónicas suficientemente enérgicas, éstas alejan los cuerpos por un principio de reaccion con tanta rapidez, cuanta habia sido aquella con que los acercaba antes de llegar al máximum posible de su proximidad.

La esperiencia nos demuestra la evidencia de este aserto de un modo incontrovertible. Varios de los cometas llegan á aproximarse al sol, tanto que los astrónomos han creido presenciar el espectáculo de la ruina del cometa por su precipitacion en el cuerpo del sol. El mismo Newton creyó que el cometa de 1680 seria apropiado en su perihelio por la enorme masa del sol, y sin embargo: apesar de la espectativa de aquel filósofo y de todos los que seguian la teoría de la atraccion; apesar de lo pequeñísimo de la masa del cometa con respecto á la enorme masa del sol, y apesar, en fin, de que en su perihelio solo distó el cometa la sesta parte del radio del sol con respecto á este astro poderoso, el cometa mismo tomó su ruta de regreso hácia el espacio sin disminuir su velocidad y sin sufrir alteracion ninguna, porque sus corrientes armónicas y que constituyen su vida, verificaron su reaccion en el acto que fueron bastante poderosas para ello.

Demostrado que un astro no puede ser destruido por materiales residentes en él mismo ni por su choque con otro, pasaré á investigar qué es lo que ha debido haber entre las órbitas de Marte y Júpiter.

Como despues demostraré, no hay allí solamente el huéco de un planeta como creyó Bode, sino el de dos planetas, cuyas órbitas debian ocupar relativamente las que hoy ocupan Flora y Eufrosina; pero es necesario convenir en que en el lugar de dichos planetas existieron dos anillos sólidos que circundaron al sol, como hoy circundan á Saturno los suyos, y que se destruyeron por una consecuencia de la oposicion de las fuerzas que en ellos influian, así como un dia se destruirán, tal vez á la vista de los hombres, los anillos de Saturno.

Para demostrar lo destructible que es la forma anular, bastará el exámen siguiente:

Las corrientes compresivas del armonio, tienen los materiales de los anillos de Saturno comprimidos como las doelas de un arco ó las de un tonel tubular, en que el corte mismo de las piedras impide por la fuerza de presion esterior el desplome de aquellas. Pero en los anillos de Saturno hay en contra de la fuerza compresiva la dispersiva del dilator.

Ademas, por la naturaleza misma del movimiento orbituario, la parte esterior de los anillos tiende á moverse mas lentamente que la parte interior, así como el anillo esterior se mueve mas espacio que el interior. Así es que estos agentes ó fuerzas opuestas á la de concentracion, dan poca estabilidad á los anillos de Saturno. En ellos habrá desprendimiento de materiales, y al fin soluciones de continuidad que traerán por inmediata consecuencia su destruccion.

Así es como creo que existieron y se destruyeron los anillos solares de Flora y Eufrosina. Sus fragmentos mas considerables, quedando dotados de corrientes armónicas y por consecuencia de vida propia, quedaron girando en torno del sol como planetas, y estos son los asteroides, de los cuales van descubiertos hasta ahora treinta y tantos.

Los fragmentos pequeños y que quedaron sin corrientes propias armónicas, han sido apropiados lentamente por las corrientes de los demas planetas, y este es el orígen de los cuerpos á que se da el nombre de aerolitos, y que reunen la singular circunstancia de ser de solo dos clases de materiales, los ferrojinosos, y los graníticos, con elementos químicos semejantes á los que conocemos en la tierra, pero combinados de modo que nunca se encuentra en los materiales propios de ésta. Así es como los aerolitos vienen á atestiguarnos aún que existieron los dos anillos extintos.

Una vez sentada la necesidad de la existencia de dos cuerpos sólidos entre las órbitas de Marte y Júpiter, y la grande probabilidad, si no certidumbre, de que fueron dos anillos concéntricos al sol, se percibe que queda la série planetaria conocida en el órden siguiente de sus órbitas: Mercurio, Vénus, la Tierra, Marte, Flora, Eufrosina, Júpiter, Saturno, Urano y Neptuno. Para completar una série armónica en la colocacion numérica de estos núcleos, creo que indudablemente existen dos planetas desconocidos aún, y á los cuales por comodidad para los ulteriores razonamientos y demostraciones, doy los nombres de Fano y de Vulcano. Fano debe existir mas allá de Neptuno, y Vulcano necesariamente existe entre Mercurio y el sol.

Todos los astrónomos conocen cuán difícil es aún la observacion de Mercurio, por estar casi siempre envuelto en la luz solar, así es que Vulcano, que solo debe tener de seis á siete millones de leguas de distancia hácia el sol, parece casi imposible encontrarlo si no es en alguno de sus tránsitos entre el sol y la tierra, aunque esto tambien es sumamente difícil, por el cortísimo tiempo que debe emplear en cruzar el disco solar, quedándome solo la esperanza de que se descubra por una seliz casualidad, ó mas bien, con el ausilio de las impresiones fotográficas, aplicadas á las observaciones astronómicas.

Una vez admitida la existencia de Vulcano y de Jano, y la de los dos cuerpos originarios entre Marte y Júpiter, queda la série del sistema solar organizada del modo siguiente: el Sol, Vulcano, Mercurio, Vénus, la Tierra, Marte, Flora, Eufrosina, Júpiter, Saturno, Urano, Neptuno y Jano.

Mas cerca del sol que Vulcano y mas lejos que Jano, pueden existir núcleos de mas en mas pequeños, que solo á las generaciones futuras les será acaso dado conocer, y que no influyendo nada en las demostraciones subsecuentes, no me ocuparé de ellos.

Para que el lector conozca la evidente armonía del sistema planetario solar, incluyo con este título el cuadro sinóptico que á continuacion acompaña esta obra, el cual me ausiliará para muy importantes demostraciones.

Primeramente debe observarse con atencion la columna octava del cuadro, en que tomando por unidad el movimiento rotatorio del sol sobre de su propio eje, y suponiéndolo de veinticinco y medio dias que es lo que le dan las observaciones mas correctas, y duplicando este movimiento en cada planeta de la série, tendriamos para Vulcano 51 dias, para Mercurio 102, para Vénus 204, para la Tierra 408, y así sucesivamente en los demas planetas, suponiendo sus órbitas perfectamente regulares y por lo tanto circulares. Pero no siendo esto así, sino por el contrario, siendo las órbitas planetarias todas elípticas, debido esto á irregularidades en la constitucion y superficie de los planetas, sorprende todavia lo cercanamente que el movimiento orbituario de cada planeta con relacion al movimiento rotatorio del sol, corresponde con la proporcion antes dicha.

Para que el lector se cerciore de esto, compare con la columna 8ª indicada del cuadro, la columna 15ª; en aquella se hallan calculados en dias terrestres los movimientos orbituarios de los planetas, y en esta se hallan espresados tambien en dias los propios movimientos, y se verá cuán cercanamente se corresponden entre sí los términos de los planetas conocidos en ambas columnas.

Así es que el astrónomo Bode se equivocó, porque buscaba la colocacion simétrica de los planetas en la duplicacion sucesiva de sus distancias hácia el sol, cuando esta duplicacion existe realmente en la del movimiento orbituario, teniendo por unidad el rotatorio solar.

Sorprende, en verdad, como los astrónomos modernos no encontraron esta ley en lo mucho que han investigado en la de Bode.

Conocida la actual simetría del sistema planetario, sobreviene el problema importantísimo de si esa simetría ha sido originalmente mas perfecta, y si el sistema planetario ha sufrido alteraciones ya accidentales y ya periódicas con el lento trascurso de los tiempos.

Para resolver este problema, examinaré las leyes de Kepler.

1ª Los planetas se mueven en torno del sol en órbitas elípticas, de las cuales el sol ocupa uno de los focos.

2ª Los planetas recorren en igualdad de tiempos arcos desiguales de la órbita, por manera que considerándose como radio vector cada línea recta tirada del sol al planeta, las áreas ó espacios comprendidos entre los radios vectores trazados en igualdad de tiempos, resultan iguales entre sí, es decir, que hay igualdad de áreas en igualdad de tiempos.

3ª Los cuadrados de las velocidades de los planetas son entre sí como los cubos de los grandes ejes de sus órbitas.

En estos tres admirables hechos que jamas contradice la esperiencia, se funda toda la economía de la astronomía moderna, á términos de que para saberse la distancia de un planeta al sol, basta conocerse los elementos de su órbita. Probablemente jamas se encontrará un planeta ó astro alguno tan perfectamente esférico y homogéneo en su constitucion física, que tenga una órbita perfectamente circular; pero esto que es tan concorde con los hechos en los planetas ya consolidados, no escluye el que tuviesen un movimiento orbituario circular en la época en que fueron anillos nebulosos, ó cuando se concentraron en nebulosidades esféricas.

Así es que el movimiento circular ha debido existir en las órbitas planetarias, hasta que los planetas al consolidarse tuvieron irregularidades que las cambiaron en elípticas.

De este modo voy á estudiar el sistema planetario: 1°, cuando constaba de anillos nebulosos; 2°, cuando consistia en planetas esféricos nebulosos aún, y 3°, en su estado actual de planetas sólidos.

Ya he dicho que los anillos nebulosos debieron distar del sol el duplo en cada anillo esterior con respecto al interior, fuera cual fuese el término ó anillo por donde se comenzase á contar la série planetaria, y para demostrarlo supongamos la existencia de dichos anillos nebulosos y conservémosles los nombres de los planetas á que dieron orígen. Por ejemplo, véase la lámina 2ª Supóngase que el círculo blanco C es el sol, que en torno de este están sus fotósferas ó actuales nébulas representadas por los círculos alternativos de la misma lámina. Supóngase tambien que la circunferencia de esférides E, es la que dió orígen al agrupamiento nebuloso anular de Vulcano, es consecuente que la circunferencia D daria orígen al anillo de Mercurio, la circunferencia B al de Vénus, y la circunferencia A al de la Tierra.

Se ve en el diagrama que estas circunferencias van duplicando su distancia del centro del sol, y que si el diagrama se estendiese hasta delinearse en él el anillo de Jano, á pesar de la pequeñez del término 1° del dibujo, este vendria á tener las enormes dimensiones de mas de doscientos metros de diámetro; pero en todos sus doce términos siempre iria doblándose la distancia al centro del sol en cada anillo con respecto á su contiguo interior, porque es necesario repetirlo, siendo las esférides inalterables é incomprimibles, cada vez que el compresor encuentre un espacio la mitad menor en su movimiento de concentracion, necesita acelerar este y ejecutar una evolucion angular, dando orígen así á nébulas que fueron sumamente voluminosas en el sistema solar antes de establecerse el equilibrio de fácil circulacion en el armonio, cuyas nébulas dieron orígen á los anillos nebulosos tan regular y simétricamente colocados como se ha dicho.

Aplicando ahora al movimiento circular y al estado nebuloso del sistema anular del sol, principios análogos á los de las leyes de Kepler, debe establecerse:

1° El movimiento circular orbituario trae consigo la uniforme velocidad de los cuerpos circulantes, por estar cada uno de éstos siempre equidistante del centro, y por consecuencia, siempre sujeto á igualdad de fuerzas.

2° Por lo tanto, en igualdad de tiempos recorrerán los cuerpos circulantes igualdad de arcos de círculo, y encerrarán entre radios iguales áreas iguales con relacion al centro, el cual deberá estar ocupado por el núcleo central.

3° En los cuerpos circulantes en movimiento circular, los cuadrados de las respectivas velocidades serán entre sí como los cubos de los diámetros de sus órbitas.

Tanto en el movimiento elíptico traducido por las leyes de Kepler, cuanto en el movimiento circular aquí propuesto, se advierte que para que haya proporcionalidad entre los cuadrados de las velocidades y los cubos respectivamente de los grandes ejes en las órbitas elípticas, ó de los diámetros en las circulares, es necesario que haya asímismo una relacion armónica entre las fuerzas que mantienen en su respectiva distancia del centro á los astros y aquellas que los mueven orbituariamente con relacion al mismo centro. Para investigar en este fenómeno, véase el cuadro sinóptico en las primeras siete columnas que se refieren al sistema anular. En la primera columna se hallan los nombres del sol y de su anillos nebulosos; en la segunda están las distancias de dichos anillos hácia el sol, tal cual necesariamente debieron existir en el estado nebuloso, es decir, duplicándose la distancia de anillo en anillo, teniendo por unidad central el mismo sol. En la tercera columna se tienen las revoluciones ó velocidades respectivas de los anillos, teniendo por unidad la del sol. En la cuarta columna están las cantidades del compresor afluyendo hácia el sol, teniendo como fuerza inicial el volúmen del primer término solar. En la quinta columna se observan las cantidades irradiantes del dilator alejándose del sol, siendo en cada término iguales á las del compresor, menos el término anterior, ó sea la fuerza inicial ó de prioridad del compresor. En la sesta columna se hallan las diferencias entre las fuerzas concentrantes y las irradiantes.

De este modo se percibe que todas las fuerzas comprimentes de la columna cuarta, menos las fuerzas dilatantes de la columna quinta, dan el volúmen estático de todo el sistema ó sean las fuerzas de su equilibrio en la columna 6ª, en la cual en cualquier término que se busque la suma de sus fuerzas de equilibrio reunida á la suma de los demas términos anteriores comenzando por el centro, es igual al cuadrado de la velocidad del cuerpo respectivo y al cubo de su distancia hácia el centro. Por ejemplo, en el anillo de Mercurio su distancia al centro es $=4$, y su velocidad orbituaria $=8$, así es que en la columna 6ª se vé que sus fuerzas de equilibrio son iguales á 56, mas las fuerzas de equilibrio de Vulcano iguales á 7 y mas la unidad del sol suman 64, que son: el cuadrado de la velocidad y el cubo de la distancia del anillo de Mercurio con respecto al sol.

De este modo se percibe la causa de los hechos espresados en las leyes de Kepler, es decir, que las fuerzas concentrantes del armonio menos sus fuerzas dilatantes, son iguales al espacio ocupado por él en el sistema solar, ó sean las fuerzas de equilibrio que rigen la velocidad de los astros y los mantienen en sus distancias respectivas: esto se percibe por via de complemento en la columna 7ª, en la cual se vé que la actividad de la vida de cada uno de los núcleos decrece conforme se aleja del centro, así como decrece la actividad de los movimientos del armonio conforme veremos mas adelante al tratar de la gravitacion universal.

Luego que se observa lo anteriormente espuesto con respecto al órden anular, se percibe que el sistema solar con todos los cuerpos que le pertenecen, se ha acercado al centro muchísimo con un movimiento de concentracion en que no solo los núcleos que le pertenecen se han hecho mas pequeños al consolidarse, sino que se han acercado al sol sin perder su armonía primitiva, lo que demuestra que el mismo agente (es decir, el armonio) que les dió órigen, conduce su acercamiento por las mismas leyes hácia el núcleo central, y que el sol que debió recibir en un principio la nébula toda en el estado informe que lo circundaba, la recibirá con el tiempo, elaborada ya con todos los prodigios naturales que se van realizando en los planetas.

Para verse lo que se han acercado al centro los núcleos del sistema, obsérvese, como queda ya antes manifestado, que la duplicacion de núcleo á núcleo teniendo por unidad el central, fué en un principio con relacion á la distancia de los cuerpos del sistema hácia el sol, y ahora esa duplicacion solo lo es con respecto al movimiento orbituario de todos los planetas, teniendo por unidad el movimiento rotatorio del sol en torno de su propio eje: para convencerse de esto compárense en el cuadro sinóptico las armonías de deduccion y las de observacion. En las primeras se exponen los principios teóricos, considerando los planetas como perfectamente esféricos ó nebulosos y sus órbitas circulares, y en las segundas se manifiestan los conocimientos prácticos que dan la observacion de los planetas con sus irregularidades de estructura y por lo tanto con sus órbitas elípticas; así es que debe observarse en las columnas 8ª y 15ª la casi identidad que existe entre la duplicacion teórica espresada en dias terrestres, del movimiento del sol en las órbitas planetarias, y las mismas proporciones espresadas tambien en dias terrestres, segun las han observado los astrónomos.

En las columnas 10 y 17ª se observan esas mismas proporciones teniendo por unidad el movimiento rotatorio del sol, y como el cuadrado de esas mismas proporciones debe ser el cuadrado de las velocidades de los planetas, éste es proporcional al cubo de sus distancias al sol en el movimiento circular y al cubo de los grandes ejes en las órbitas elípticas, resultando las columnas 9ª y 16ª, en las que la teoría espresada en la columna 9ª tiene asimismo una casi identidad con los resultados de la observacion espresados en la columna 16ª

Réstame ahora manifestar cuán esactamente se percibe por la columna 11ª que los cuadrados esactos de las velocidades vienen á ser asimismo los cubos esactos de las distancias, como se percibe en las columnas 12ª y 13ª

En fin, en la columna 14ª se percibe la disminucion actual de la actividad giratoria y sucesiva desde el sol hácia los planetas de su sistema.

Como consecuencia evidente de la distancia que debieron guardar los cuerpos nebulosos del sistema en su colocacion primitiva y aquella que hoy tienen los planetas, se vé que éstos se han acercado al sol tanto, que el orígen de la tierra estuvo en un principio en la nébula solar tan lejos como ahora lo está la órbita de Júpiter, y que aun despues de consolidado el sol y tomado sus actuales dimensiones, los planetas se han acercado hácia este astro y continúan acercándose, aunque con una lentitud fuera de todo cálculo, puesto que por falta de observaciones suficientemente esactas no se puede espresar ese movimiento de concentracion con referencia á épocas determinadas.

Réstame hablar ahora de las causas de las órbitas elípticas de los planetas y de los satélites, y del motivo porque éstos siempre presentan á sus respectivos planetas el mismo hemisferio. Para demostrar esto me ocuparé de la Tierra y de la Luna, cuyas esplicaciones, propiamente generalizadas, con las debidas escepciones á que dén lugar circunstancias especiales, servirán con relacion á los demas planetas y satélites del sistema.

La tierra está muy lejos de ser una esfera perfecta, pues presenta en su superficie montañas y valles al mismo tiempo que terrenos sólidos y mares.

Medida la superficie sólida de la tierra con relacion á la líquida, se observa que la primera está con respecto á la segunda, cercanamente en proporcion de 1 á 4. Esto supuesto, obsérvese que divididas en grados las distancias boreal y austral de la tierra hácia el Ecuador, y haciendo á este 0, no puede haber sino noventa grados de latitud para cada hemisferio, como de facto así lo han determinado los astrónomos. Por lo tanto, si un planeta tuviese el máximun de inclinacion posible entre su Ecuador ó movimiento rotatorio y su Eclíptica ó movimiento orbituario, presentaria sucesivamente sus dos Polos con esactitud hácia el sol en cada mitad de su movimiento orbituario, y la inclinacion de su eje hácia el plano de la Eclíptica obtendria el máximum, es decir, 90°.

Si por el contrario un planeta tuviese el mínimun posible de inclinacion, ésta seria 0, es decir, que el plano de su Ecuador y de su Eclíptica coincidirian esactamente.

En la tierra la inclinacion del eje de rotacion ó movimiento diurno, con relacion al plano de la Eclíptica ó movimiento anuo, es de 23° 27', cuya proporcion con respecto á los 90° totales de latitud es la misma que hay entre la superficie sólida de la tierra y aquella que está cubierta por los mares. Es decir: que la superficie de los mares y la de sus terrenos secos, está en relacion de 90° á 23° 27', lo que de facto así es geográficamente hablando.

Esto demuestra que en la estructura física de los planetas está la causa de la inclinacion de sus ejes de rotacion con respecto al plano de sus órbitas.

Pero ademas de la influencia que tiene en la inclinacion del eje de un planeta la relacion de sus mares con respecto á sus continentes, hay tambien que tomar en consideracion la posicion, altura y configuracion de sus montañas, y la elevacion general de los terrenos secos con respecto al nivel de los mares.

Para poder establecer una teoría clara sobre este punto, necesito esponer algunas nociones sobre la causa de la fuerza centrífuga.

En física se manifiesta que la fuerza centrífuga es la tendencia que tiene un cuerpo en movimiento circular á escaparse por la tangente, por ejemplo, cuando se pone un peso cualquiera en el estremo de un hilo y se hace girar éste en movimiento circular teniéndolo por el otro estremo, el hilo se pone tirante y esta tirantés es tanto mayor, cuanto mas grande es la velocidad con que se le hace girar; pero si se corta el hilo ó se suelta derrepente, cesa de girar circularmente el peso y se escapa por la tangente, siguiendo la resultante de un cuerpo que se lanza en una direccion dada.

La consecuencia que se deduce de aquí es que: en todo movimiento curbilíneo la fuerza centrífuga existe, y que siempre es necesario para impedir sus efectos, el que un hilo retenga el móvil, ó que haya una resistencia que le impida el alejarse, ó en fin una fuerza atractiva que obre sin cesar sobre de él hasta el centro de rotacion, tanto cuanto la fuerza centrífuga tiende á alejarlo.

Esta fuerza así definida viene á ser como una ley misteriosa de la cual no se han dado cuenta los físicos. Para demostrar su causa haré una breve esplicacion de la figura 2, lámina 3ª. A B es una cubeta redonda montada sobre el pié D E, y fácilmente movible en el eje G por medio de la cuerda F y de la polea C, á la cual se le puede dar una gran velocidad por medio de otra polea de mayor diámetro. Las flechas a b c d e f g dan una idea de las corrientes del compresor que pesan verticalmente sobre del aparato ó cubeta A B, cuyo corte vertical representa esta figura. Puesta una vez en movimiento, llena de agua, las corrientes del compresor que pesan sobre del líquido, se perturban desigualmente, teniendo el maximum de perturbacion hácia los bordes del vaso y el minimum en el centro d, y por consecuencia una vez perturbadas, las corrientes mismas comienzan á moverse circularmente, y por este movimiento cesan de oprimir el líquido, tanto mas, cuanto mas se alejan del centro hácia la circunferencia, y por lo tanto el líquido tiende á escaparse por los bordes de la cubeta, deprimiéndose en el centro como se vé en el dibujo. Cuando el movimiento se prolonga con suficiente velocidad, las corrientes del compresor, oprimiendo el líquido, no solo vacian de este á la cubeta, sino que secan de toda humedad los lienzos mojados que en ella se colocan, en cuyo fenómeno se fundan las máquinas centrífugas para elevar el agua, para secar la ropa y para otros objetos.

De un modo análogo obran las corrientes del armonio en una honda ó hilo en donde se suspende un peso cualquiera, haciéndolo girar en torno del punto de suspension. En éste las corrientes armónicas sufren la menor perturbacion posible; pero se perturban tanto mas, cuanto el hilo es mas largo, mayor la velocidad y mas se alejan del centro; así es que el máximun de perturbacion existe en la circunferencia que describe el peso mismo que gira. De este modo cada partícula ó esféride del armonio, obra como si ella misma estuviese unida al hilo giratorio, deslizándose de este hácia la circunferencia, contribuyendo á su tension y escapándose por la tangente luego que sale de la esfera de accion del peso circulante; así es que cuando éste se escapa sigue la resultante tangentil de las mismas corrientes del armonio, impulsado con la misma fuerza armónica de dichas corrientes.

Cuando se hace girar un resorte circular de acero, fijo por una parte de su circunferencia en una varilla giratoria, y en la otra parte opuesta sujeto solo por un agujero practicado por la varilla misma, luego que ésta gira rápidamente en torno de sí misma, haciéndose girar igualmente el resorte en ella sujeto, las corrientes del armonio se perturban de un modo análogo al que he manifestado en los ejemplos anteriores, y el resorte se vá deprimiendo en el centro de rotacion, perdiendo la figura circular y tomando la elíptica cuyo alargamiento depende del tiempo que se le hace girar y de la velocidad que se le imprime; pero vuelve á tomar su forma circular luego que se le deja en reposo.

Ya se vé, pues, que la fuerza centrífuga es solo el efecto de la resultante que tienen las corrientes armónicas cuando se perturban en movimiento circular promovido independientemente de las mismas corrientes, siendo causa perturbadora de éstas, la fuerza que pone en movimiento al móvil, como sucede en las máquinas centrífugas y la honda &c.; pero cuando las mismas corrientes son las que imprimen el movimiento circular ó elíptico como resultante de la propia accion de ellas, el fenómeno es diferente y merece una esplicacion especial, como procuraré hacer que se comprenda.

Si se cuelga de un hilo una esfera de madera en la superficie de la cual se coloca una protuberancia, dándole vueltas rápidamente al hilo de suspension, la protuberancia, obedeciendo la fuerza centrífuga, viene á colocarse entre los dos polos de rotacion como si quisiese escaparse por la tangente del máximun de movimiento, como sucede en cualquiera máquina centrífuga.  Aquí se observa que el medio en que el móvil rota és enteramente pasivo, y envolviéndose él mismo en la resultante provocada por la fuerza motora.

Pero si el medio en que se verifica el fenómeno de la rotacion del móvil es el activo, existiendo en el móvil una completa inercia, este, como impulsado por la fuerza de las corrientes esteriores, si tiene alguna protuberancia en su superficie colocada en el Ecuador de rotacion, ella es desviada por el impulso de las mismas corrientes esteriores hasta que viene á coincidir con uno de los polos de rotacion.

Aplicando esta teoría á los planetas, que siendo inertes en sí mismos solo sostienen su equilibrio y movimientos por efecto de las corrientes esteriores del armonio, debe concluirse que sus protuberancias principales están colocadas hácia sus polos de rotacion, y que el diámetro entre polo y polo es en ellos mayor que el diámetro de su Ecuador.  Esta conclusion, enteramente esacta en sí misma, por cifrarse en la inercia de los planetas y en la actividad de las fuerzas del medio en que están situadas, debe contrariar la doctrina y conclusiones hasta ahora recibidas, en que se hacia á los planetas dotados de una fuerza misteriosa de atraccion, residente en ellos mismos y en toda la materia.  Por lo tanto, yo debo probar mis acertos con la observacion de los hechos naturales y con los principios teóricos, acordes en un todo con la naturaleza misma.

No puedo dejar de hacer entre tanto algunas observaciones acerca de la fuerza de atraccion.  Si esta existe intrínsicamente en la materia, ella es contradictoria con la cualidad de la inercia, en que todos los físicos convienen que es la circunstancia esencial de la materia misma.

No puede concebirse la inercia y la fuerza atractiva como existiendo á la vez en la materia; pero mucho menos puede esplicarse el modo de obrar de la atraccion. ·Cuando ésta verificase sus efectos á cortas distancias tomando el nombre de cohecion, habria menos dificultad en concebir su modo de obrar; pero cuando se nos dice que la atraccion es la gravitacion universal que obra á todas las distancias de los astros, en razon directa de las masas é inversa del cuadrado de las distancias, no puede uno imaginar cuáles son las ligas atractivas de la materia cuando se opone á su existencia la disyuncion de los cuerpos unos de otros, y cuando los físicos partidarios de la atraccion suponen la existencia del vacío.

Si se imagina que la atraccion obra como el magnetismo ó la electricidad, por medio de un fluido esterior, en ese caso es menester atribuir á ese fluido todas las fuerzas que ahora se atribuyen á la cualidad atractiva de la materia, en cuya hipótesis se encontraria fundada mi teoría del armonio. Pero no se diga que aun en ese caso es la cantidad de materia la que determina las corrientes del fluido universal, pues por el contrario, son estas corrientes las que han determinado y producido á la materia ponderable en proporcion esacta de su estension y utilidad.

Ha sido necesario el esponer las anteriores nociones para tratar de la forma de la tierra, y de la posicion que la misma forma da á esta con respecto á sus diversos movimientos.

Fundado Newton en la teoría de la atraccion y en la de la fuerza centrífuga, imaginó que la forma de la tierra debia de ser la de un elipsoide de revolucion, en el cual el eje mayor deberia corresponder al Ecuador terrestre, y el menor debia existir entre ambos polos. Para comprobarse esta verdad, se hicieron despues, como todos saben, las medidas de los grados de latitud terrestres en diferentes meridianos, resultando que cada grado terrestre era de mayor longitud conforme se alejaba del Ecuador hácia los polos.

La consecuencia natural que se dedujo al principio de estos datos, fué la que legítimamente debia deducirse, es decir: que la tierra en vez de ser deprimida hácia los polos y prominente hácia el Ecuador, era enteramente lo cóntrario; pero como este resultado destruia la teoría de la fuerza centrífuga y minaba en parte la de la atraccion, se hicieron esfuerzos para conciliar ambas con los hechos obtenidos por las medidas de los grados meridianos. Así es como se imaginó la construccion gráfica de un elipsoide de revolucion, detallada en todas las obras de astronomía; en cuya construccion se remiten á multitud de puntos arbitrariamente colocados, las fuerzas atractivas que debian dar la direccion de la plomada para la division de los grados terrestres.

Así es como se ha venido á querer confirmar la teoría de la fuerza centrífuga y de la atraccion con respecto á la forma de la tierra, en contra de los resultados esperimentales

Para que se vea cuán bien concuerda el sistema armónico con los hechos observados en la naturaleza, paso á demostrar que la tierra en vez de ser deprimida hácia los polos, es por el contrario prominente en ellos, principalmente en el polo ártico, adonde se dirigen en coincidencia los continentes de Asia y de América.

Doy por admitida la esactitud de las medidas tomadas en el siglo pasado para valorizar los grados de una meridiana terrestre, y bajo este supueste obsérvese la figura 3, lámina 3.ª Al rededor del centro A, he trazado el círculo G H, y circunscribiendo á éste la curba elíptica J L F Y, teniendo por centros B D C E, segun las reglas con que debe trazarse lo que se llama por los astrónomos la seccion de una elipsoide de revolucion. He dividido el cuadrante J G en nueve partes iguales de á diez grados cada una, prolongando las líneas que los dividen desde el centro hasta la cuarta parte de la curba esterior J F; es evidente por la simple inspeccion de esta figura, que coincidiendo las dos curbas en J L, y teniendo su mayor separacion en F Y, los ángulos que dividen los grados deben ser, y son en efecto, en la curba elíptica mayores hácia F, y menores hácia J; y por consecuencia, si se supone que los polos de revolucion de la tierra están colocados en las estremidades del eje mayor del elipsoide que esta forma, semejante circunstancia estará en concordancia con la teoría y con los hechos.

Lo estará en la teoría, porque siendo impulsada la tierra por las corrientes esteriores del armonio, las protuberancias que tenga la esfera terrestre serán impulsadas lentamente hácia las estremidades del eje de rotacion F Y, presentando como en el diagrama hácia los polos los meniscos F G, H Y, haciéndose abstraccion de la exageracion necesaria de este dibujo.

Para dividir los grados de la meridiana terrestre, se ha empleado la plomada con direccion á determinadas estrellas; y los astrónomos para conciliar el incremento de los grados hácia los polos, y la teoría de la depresion de la tierra hácia éstos, han supuesto que la direccion de la gravedad es hácia los centros B, C, D, E, como generadores del elipsoide de revolucion, lo que multiplicaria estos centros tantas veces cuantos meridianos pudieran trazarse sobre del planeta, produciéndose así una verdadera confusion inadmisible en mecánica.

No se puede admitir, rigurosamente hablando, sino el que las corrientes armónicas se dirigen todas hácia el centro de gravedad de la tierra, y como esta es casi esférica, dicho centro es el punto A del diagrama, en cuyo caso es evidente que creciendo hácia los polos la longitud de los grados de la meridiana terrestre, es hácia ellos adonde se dirige el eje mayor del elipsoide terrestre.

Así es como la teoría viene á confirmarse con los hechos, á los cuales es necesario añadir algunas observaciones que la robustecen hasta darle la consistencia de una demostracion.

El eje de la tierra parece haber cambiado despues de los tiempos que la tierra misma nos atestigua estudiada geológicamente. Los fóciles encontrados en la Siberia, en el Canadá y en otras regiones muy frias, manifiestan que en ellas ha habido en tiempos anteriores un calor semejante al de la actual zona tórrida; y como fóciles semejantes se encuentran asímismo en el continente de América, aun en los pampas de Buenos-Aires y en las llanuras del Orinoco, al paso que se observan semejantemente en las diversas regiones del Asia, siendo relativamente mas pobre interior y esteriormente el Africa, esto da motivo para conjeturar que el Africa ha estado en otro tiempo en el polo ártico, cuya posicion traeria los continentes de Asia y de América hácia la zona tórrida, pues para cambiar de aquella posicion primitiva, basta que posteriormente se hallan levantado las cordilleras de los Andes en América y la del Himalaya en Asia.

Las primeras indudablemente han sido formadas por elevacion, pues ademas de su estructura volcánica y de la manera de estar colocadas é inclinadas sus rocas, presentan en sus grandes alturas despojos marinos que no dejan duda de que su posicion fué en otro tiempo, relativamente reciente, bajo de los mares. En cuanto á la cordillera del Himalaya, está muy poco estudiada hasta el dia para poder decidir acerca de su formacion, pero es casi seguro que si no tiene un orígen semejante, por lo menos será de formacion mista.

Elevadas dichas cordilleras, debieron presentar una oposicion considerable á las corrientes del armonio, las que lentamente cambiaron la posicion del eje terrestre aproximando la parte mas prominente hácia los polos, sin que dicho movimiento haya cesado del todo, puesto que es un hecho inconcuso el que varian aun: 1º, el plano de la Eclíptica; 2º, la escentricidad de la órbita terrestre, y 3º, la inclinacion del eje de la tierra, á cuyo fenómeno son debidas las dos primeras, estando calculado por los astrónomos el cambio de un grado en 6.500 años.

Acaso hay en uno de los polos ó en sus inmediaciones alguna gran montaña que tiende á colocarse en el centro de la menor accion rotativa del planeta, ó acaso tal vez las corrientes armónicas impulsan lentamente las altas cumbres del Himalaya hasta colocarlas en el polo ártico. Estas cuestiones solo puede resolverlas la observacion en las generaciones futuras; en lo pronto creo que es bastante útil para la solucion de tan importantes problemas, la demostracion de ser la configuracion esterior del planeta y la desigualdad de los materiales constituyentes de su superficie lo que causa la inclinacion de su eje de rotacion, y por consecuencia, como despues se verá, la escentricidad de su órbita.

Si se quiere hallar en los demas planetas una comprobacion de lo espuesto, creo que la observacion la proporciona ampliamente. En Mercurio hace muy difícil la observacion de su movimiento rotatorio la brillantez de su luz, y solo se ha conseguido determinarlo por una grande prominencia ó montaña de cinco leguas de altura perpendicular situada en su polo austral, dando la sombra de ella el aspecto de una truncadura al cuerno correspondiente en las faces del planeta.

En Vénus, mucho mas accesible á la observacion, se nota un fenómeno enteramente semejante; percibiéndose en ambos planetas hácia los polos sus principales asperezas ó montañas, aunque al mirarlos en la sombra de sus tránsitos entre el disco del sol y la tierra, presentan la forma circular, en cuanto es posible valuarla por medio del micrómetro, y á pesar de la densa atmósfera de que parecen estar circundados dichos núcleos, la que, como despues se verá, siendo gaseosa es aglomerada en mayor volúmen hácia el ecuador.

En Marte, los astrónomos no están acordes acerca de la direccion del grande eje de su núcleo, porque las pequeñas faces que presenta este planeta, hacen solamente posible el valuar su verdadero diámetro cuando se halla en oposicion al sol.

En Júpiter el diámetro de polo á polo aparenta ser notablemente el menor; pero esto puede ser solamente con relacion á su parte nebulosa, pues nosotros no conocemos el verdadero diámetro de su ecuador sólido, envuelto siempre en las bandas ó nubes que circundan el planeta, y que apenas dejan percibir las sinuosidades de su núcleo sólido para determinar el periodo de su revolucion sobre su mismo eje. Lo mas probable es que Júpiter sea casi esférico, lo que está indicado por la poca escentricidad de su órbita.

De Saturno podemos decir tambien, que envuelto en sus anillos y bandas, apenas conocemos el diámetro de su ecuador en el núcleo sólido.

Así pues, la analogía con los demas planetas favorece la teoría de tener la tierra su parte mas prominente hácia el polo ártico en especial, lo que se corrobora cuando se observa que en el hemisferio boreal, es de Norte á Sur el curso de los grandes rios del antiguo y nuevo mundo, en aquellas localidades en que los accidentes inmediatos del terreno no afectan próximamente su ruta.

Sin embargo, es necesario el sentar clara y categóricamente que el tener la mayor parte de los planetas sus grandes prominencias hácia los polos de rotacion, no escluye esto ni contradice el que pueda haber planetas cuyo aplastamiento corresponda á los polos; véase por qué:

Las corrientes del armonio, impulsando un planeta por medio de sus asperezas para producir la revolucion sobre su propio eje, conducen como se ha dicho las altas montañas hácia los polos donde presentan, por ser los puntos de menor movimiento relativo, la menor oposicion á las mismas corrientes. Pero supongamos que un planeta tuviese prominente todo un círculo máximo, este necesariamente tomaria la posicion del Ecuador, porque allí presentaria la menor oposicion posible á las corrientes armónicas, y por consecuencia, sus polos serian la parte deprimida de su núcleo. Esto es tan esacto, que si se supusiese que la posicion primitiva de un círculo máximo prominente estuviese situado como un círculo meridiano cortando los polos de rotacion, las corrientes armónicas por la gran perturbacion que á cada

revolucion ejercerian las corrientes solares sobre una prominencia circular y meridiana, desviarian esta rápidamente de semejante posicion para colocarla en el
Ecuador del planeta, donde sufriria las menores perturbaciones posibles.

Determinadas las causas por las cuales resulta la inclinacion del eje de la tierra
con respecto al plano de la eclíptica, voy á procurar el hacer mas perceptible la
causa verdadera de la inclinacion de la órbita terrestre y la escentricidad de esta
misma órbita.

Para traer á la vista las armonías del movimiento elíptico y el circular, véase la
figura 4, lámina 3ª: en ella se perciben los dos círculos A' B', concéntricos al punto O. De éste al punto C hay la misma distancia que de A á B; por consecuencia, haciendo los puntos C O dos centros focales, se traza con ellos la elipse B D
A' E, la cual se confunde con el círculo menor en B, y con el mayor en A'.

De este modo se evidencia que la elipse es un termioso medio proporcional entre
los dos círculos, por lo que haciendo á la circunferencia mayor A, á la menor B y
á la periferia de la elipse E, tendrémos

$$A : E :: E : B.$$

Cuya proporcion se refiere igualmente á las areas de las tres figuras y á los radios vectores de la elipse, puesto que dos radios vectores de ésta unidos en su vértice, son siempre iguales á un radio del círculo mayor, mas un radio del círculo
menor.

Esta proporcionalidad entre dos círculos concéntricos y una elipse que toque con
los estremos de su periferia A' ambas circunferencias, es universal desde la elipse
que apenas difiera del círculo hasta aquella que tenga por su término mayor una
circunferencia dada, y por el menor el punto, pues la periferia de tal elipse vendria
á ser casi dos líneas rectas, confundiéndose cercanamente con un radio del mismo
círculo.

De este modo he trazado los dos círculos del diagrama y la elipse proporcional
á ellos. Suponiéndose que el foco O, centro de ambos círculos esté ocupado por
el sol, y que por la periferia de la elipse circule la tierra, es evidente que el punto
B seria el perihelio de la tierra con respecto al sol, y el punto A' su afelio, y por lo
tanto, que la distancia que hay entre B' y A' es la diferencia entre el perihelio y el
afelio de la tierra.

Esta distancia se sabe que es un poco mas de un millon de leguas, conociéndose
que la distancia media de la tierra al sol, es de treinta y seis millones de leguas,
lo que se comprueba observándose al sol con un anteojo armado de micrómetro,
hallándose que el diámetro del sol en el perihelio es de 30', y en el afelio de 32' 5.

En el dibujo que se examina he exagerado la distancia entre los círculos A B,
y por lo tanto entre los dos focos O C de la elipse, para que se hagan perceptibles
sus dimensiones recíprocas; lo que seria difícil si les hubiese dado las proporciones esactas que hay entre el perihelio y el afelio de la tierra.

Concretando ahora la cuestion al movimiento orbituario de esta, obsérvese que si
ella girara circularmente por la circunferencia A, su movimiento seria mucho mas
lento que si girase por la circunferencia D; pero como ella describe la curva elíptica proporcional entre ambas circunferencias, va retardando su movimiento á partir de B hasta A', y despues va acelerándolo al retornar desde A' hasta su regreso á B.

En este tránsito elíptico hay los puntos E D, en los cuales su velocidad es un
medio proporcional entre aquella que tiene en B y la que adquiere en A'.

Los radios vectores que dividen en doce partes esta figura, están trazados del modo siguiente: Dividiendo la circunferencia menor así como la mayor en doce partes iguales por medio de un compas, ó sea en ángulos de treinta grados cada uno, producen las cuerdas A B (figura 5) para la circunferencia menor, y C D para la mayor, cuyas dos líneas se hacen paralelas. Trazándose hácia los estremos de ellas la perpendicular B D y la oblícua A C, se trazan en seguida á iguales distancias las paralelas E F G H, y se tienen así las cuerdas de seis arcos elípticos proporcionales á los seis arcos en que se habian dividido de cada uno de los semicírculos de la figura 4. Esta se divide en la periferia elíptica con las seis cuerdas halladas, del modo siguiente: la cuerda menor A B sirve para dividir la parte mas escéntrica A' G de la periferia de la elipse, y la cuerda C D para dividir la parte mas central B F. Todas las demas cuerdas halladas sirven para trazar los ángulos intermedios entre F y G. Una vez dividida así la semi elipse D, se hace otro tanto con la semi elipse E, resultando la elipse dividida en doce partes que encierran áreas iguales entre sí, puesto que son proporcionales á las áreas del círculo mayor y el menor, encerradas ambas entre radios que sostuviesen ángulos de á 30° cada uno.

He practicado con cuerdas de los arcos circulares y elípticos la demostracion que antecede, porque siendo la elipse del diagrama muy cercana al círculo, las cuerdas eran bastante cercanas á la demostracion rigorosa; pero debe tenerse presente que para una mayor esactitud, y principalmente para elipses muy oblongas comparadas con círculos de diámetros muy diversos, son las curbas mismas las que deben compensarse en el cálculo.

Concretando este en el dibujo mismo al tiempo que la tierra emplea para recorrer su órbita anual, debe advertirse que si la tierra recorriese una órbita circular al rededor del sol, colocado éste en el centro O, y dicha órbita fuese el círculo esterior A A', ejecutaria este planeta su movimiento orbituario uniformemente y lo completaria en 369 dias, 10 horas 20 minutos. Pero si lo ejecutase en el círculo menor B B', como las corrientes del armonio obrarian mas activamente sobre de la tierra, ésta completaria su movimiento orbituario en 361 dias, 4 horas 40 minutos. Mas la tierra describe en rededor del sol la elipse B D A' E, y por lo tanto, siendo esta proporcional á los círculos citados, completa su revolucion anual en 365 dias 6 horas.

El movimiento terrestre si fuese circular, repito seria uniforme, y por consecuencia, describiria en igualdad de tiempos igualdad de arcos y de áreas; pero siendo elíptico, describe en igualdad de tiempos igualdad de áreas, aunque con arcos desiguales á la vez que proporcionales.

En la comparacion de cualquier número de círculos de diversas dimensiones, los cuadrados de las circunferencias son entre sí como los cubos de sus diámetros, y así es obvio que en la comparacion de las elipses, como propórcionales, los cuadrados de los tiempos empleados por los planetas para recorrerlas, sean asimismo entre sí como los cubos de los grandes ejes.

Presentadas tan sencillamente las circunstancias del movimiento elíptico, se quita á las leyes de Kepler todo lo que pueda parecer en ellas de misterioso, y me facilita el presentar el movimiento terrestre bajo un punto de vista mas eficaz y perceptible.

Si se examina la figura 6 de la misma lámina 3ª, se verá trazada la misma elipse A, B, C, D, en cuyos puntos hay indicada la figura de la tierra, teniendo por centro al sol S, colocado en uno de los focos de la elipse. Así es que la tierra en A y C marca los solsticios de invierno y de verano, así como en B y D los equinoccios de otoño y primavera. Obsérvese que los ejes del planeta a, a', a" y a'" son paralelos, es decir, que siempre se dirigen á los mismos puntos del cielo. En las cuatro posiciones en que se ha dibujado la tierra, se percibe que en el hemisferio Norte colocado hácia arriba, hay la mayor parte de los continentes, así como en el hemisferio Sur existe la mayor parte de los mares.

Es obvio, pues, que las corrientes armónicas se reflejan mas fácilmente en los continentes, así como se refringen mas fácilmente en los mares; y como las mismas corrientes sostienen la tierra en equilibrio y la conducen en su movimiento ánuo en rededor del sol, si la tierra fuese perfectamente esférica, y homogénea su superficie, describiria un círculo su órbita y coincidirian los planos de su ecuador y eclíptica. Si por el contrario, todo un hemisferio fuese esactamente el mar, y el otro hemisferio continente, la inclinacion de su eje seria de 90°, y la escentricidad de su órbita elíptica dependeria de la diferente resistencia que presentasen á las corrientes armónicas los elementos sólidos y líquidos de dichos hemisferios.

Mas examinando la tierra tal cual es, la inclinacion de su eje es de 23° 27', que es la diferencia entre sus tierras y mares comparada con la latitud total de 90°. Es decir: que si el área de los mares es proporcional á 90°, la de los terrenos secos lo es á 23° 27'

Ahora véanse las diversas posiciones que representa el diagrama: en A, la tierra, por la inclinacion de su eje de rotacion diaria, presenta al sol toda la parte del hemisferio austral que es permitida á su equilibrio, de cuya circunstancia véase lo que sobreviene. Componiéndose las corrientes armónicas del sol de su compresor y de su dilator, las primeras que afluyen del espacio hácia el sol, encuentran la mayor parte de los continentes del globo terrestre como colocados en el hemisferio boreal, y por lo tanto, impulsan con mayor energía la tierra hácia el sol. Las corrientes del dilator solar, por el contrario, encuentran aquella parte del hemisferio austral en que predominan los mares, en cuyas aguas se refringe una parte de dichas corrientes, disminuyendo así su fuerza impulsiva, y permitiendo por lo tanto, que la tierra se acerque hácia el sol cuanto es posible al equilibrio de sus propias fuerzas. De aquí emana que la tierra se acerque al sol cuanto puede acercarse, constituyendo así su perihelio.

La línea S E, qne indica la direccion central de los rayos del sol hácia la tierra, obtiene la latitud austral de 23° 27', marcando así el trópico de Capricornio, ó sea la mayor latitud austral á que puede pasar el sol por el zenit de aquel hemisferio. Esto ocasiona la mayor influencia del calor solar en el hemisferio mismo, por lo cual el perihelio de la tierra A corresponde al solsticio de verano para el hemisferio austral, y el de invierno para el boreal, puesto que la influencia de la luz y del calor solar son entonces las menores posibles para este último hemisferio, quedando hácia el polo Norte todo el círculo polar en perpetua noche, así como en el polo Sur en perpetuo dia, lo que se manifiesta por la línea A A' que divide la parte iluminada del planeta por el sol de aquella que no lo está.

A partir de A para D, la tierra va alejándose del sol, puesto que va presentándole, por el paralelismo de su eje de rotacion, poco á poco los continentes del hemisferio boreal, en el cual predominan éstos sobre la parte líquida ó sean los mares, así es que cuando llega á D el sol, pasa por el zenit del Ecuador terrestre, como lo indica la línea directa de los rayos solares S D'.

Por lo tanto, esta posicion de la tierra es la que constituye el equinoccio de primavera para el hemisferio boreal, y el de otoño para el austral, en los cuales los dias y las noches son iguales para todas las latitudes del globo, y la tierra obtiene su distancia media hácia el sol en la órbita elíptica que describe.

El movimiento terrestre que se ha venido retardando de A á D, conforme se ha venido alejando la tierra del sol, sigue retardándose desde D hasta C, adonde obtiene su mayor lejanía de aquel astro, por lo cual esta posicion terrestre se llama el afelio del planeta.

· La causa de haberse alejado la tierra del sol hasta determinar la mayor escentricidad de su órbita elíptica, es la misma, es decir la inclinacion del eje terrestre, por lo que en su rotacion diaria viene á presentar al sol toda aquella parte que es posible del hemisferio boreal, por lo que la línea S F, que es la que marca los rayos centrales del sol, llega á formar el trópico de Cáncer, que es la mayor latitud Norte á que el sol puede pasar por el zenit en este hemisferio.

Aquí se percibe que las corrientes irradiantes del dilator solar, obran con mas energía sobre los continentes del hemisferio Norte, á la par que las corrientes concentrantes del compresor solar, pierden una parte de su energía por obrar mas directamente en el hemisferio austral, en donde predominan los mares. De este modo el afelio de la tierra marca el solsticio de verano para el hemisferio Norte, y el de invierno para el hemisferio Sur, quedando el círculo del polo boreal en perpetuo dia, y el del austral en continua noche, como lo manifiesta la línea de sombra C C'.

Habiendo obtenido la tierra en el afelio su mayor lejanía del sol, ha llegado así al maximum de lentitud en sus movimientos rotatorio y orbituario, comenzando á retardar estos conforme se va acercando de nuevo al sol hasta regresar al perihelio A.

Al tocar la tierra el punto B de su órbita, vuelve á estar á una distancia media del sol por haberse equilibrado de nuevo las corrientes radiantes é irradiantes de este astro, presentándoles la tierra por el paralelismo de su eje igual resistencia en ambos hemisferios. Así es que los dias y las noches son iguales para ambos, y la línea directa de los rayos solares S B' marca el paso del sol por el zenit del Ecuador.

Esta posicion de la tierra es la que constituye el equinoccio de otoño para el hemisferio boreal, y el de primavera para el austral.

En el dibujo de esta figura he dividido la elipse orbituaria de la tierra en doce partes correspondientes á los doce meses del año, procurando que correspondan las áreas iguales descritas á la igualdad de tiempos que la tierra emplea para describirlas.

Muy poco quedaria que decir si la tierra no tuviese otros movimientos que el orbituario y el rotatorio; pero presenta en estos perturbaciones cuya causa se encuentra asimismo sencillamente esplicada por la estructura de su superfície.

En la misma figura 6ª, plancha 3ª, se percibe la seccion de un cono S H, cuya base, estando en el sol, dirige su cúspide hácia las pleyadas, atravesando la órbita de la tierra en el mes de Noviembre. Este cono, que se observa ser luminoso, es la luz zodiacal ó cauda del sol en oposicion al parensolis P. Entre este astro y el sol S, existe una permuta de sus recíprocas corrientes cuya seccion en J J' atraviesa la tierra en el mes de Mayo; pero mucho antes comienza á sentir su influencia de oposicion á ser atravesada por este planeta; así es que la tierra retarda de año en año el equinoccio de primavera, á cuyo movimiento retrógrado se da el nombre de precesion de los equinoccios, é influye asimismo en todas las posiciones del planeta con respecto á su órbita elíptica, sufriendo tanto sus equinoccios como sus solsticios un retardo anual de 50" 2, lo que hace que el grande eje de la órbita elíptica complete una revolucion retrógrada de todos los signos del zodiaco en 25.800 años.

La causa de este fenómeno se ve desde luego que es la perturbacion que sufre el movimiento orbituario de la tierra al atravesar las corrientes solares y parensolares; pero éstas no perturban igualmente el hemisferio boreal y el austral, pues presentando las altas montañas del Himalaya una oposicion mas prominente á dichas corrientes, hace que estas obliguen al polo Norte del planeta á describir un movimiento cónico retrógrado, que completa en los mismos 25.800 años de la precesion, y tiene una amplitud de 46° 54', lo que ha ocasionado que hoy sea estrella polar la que marca la estremidad de la osa menor, y que dentro de 12.000 años venga á ser polar la brillantísima estrella de la Lira.

Pero el movimiento cónico del eje terrestre no podia verificarse sin producir un cambio asimismo secular del grande eje de la órbita elíptica de la tierra, el cual es necesariamente directo y tan lento, que necesita de 6.450 años para desviar el eje de la órbita un solo grado. Así es que la desviacion directa no será en 12.400 años sino de dos grados, que es el máximun que puede tener de cambio el plano de la eclíptica, comenzando de nuevo despues de un periodo semejante un movimiento opuesto, hasta volver á quedar la órbita terrestre en el mismo punto del zodiaco y con la propia inclinacion del plano de la eclíptica con respecto al Ecuador solar que tuvo en el momento de partida.

He aquí los movimientos diario, anual y secular de este planeta, los que no pueden cambiar mientras la estructura esterior de la tierra y su relacion entre continentes y mares no cambie de un modo notable; pero si acontece un gran cambio geológico que sea capaz de influir en la posicion del eje de rotacion diaria de la tierra con respecto al plano de su eclíptica, necesariamente todos los movimientos terrestres deberán cambiar proporcionalmente.

Como no ha sido mi ánimo el presentar aquí un tratado elemental de astronomía, sino solamente el conducir la síntésis universal apoyada en los fenómenos celestes, no me ocuparé mas del sistema planetario, pues lo dicho con relacion á la tierra debe generalizarse propiamente con respecto á los demas planetas atendidas sus circunstancias peculiares.

Voy á ocuparme ahora de los satélites, sirviendo de ejemplo para generalizar las ideas acerca de ellos, los fenómenos que presenta el de la tierra, á que damos el nombre de Luna.

A pesar de los grandes adelantos que se han hecho en la construccion de los telescopios, y á pesar de que con algunos de los ya construidos se pueden observar en la luna objetos de cien metros de diámetro, estamos muy lejos de conocer nuestro satélite bastante bien para fallar en la multitud de cuestiones físicas, químicas y biológicas, que tanto interesan y que traerian tanta luz para la resolucion de multitud de problemas de primer órden.

Sin embargo, cuando examinamos la luna con telescopios ó anteojos suficientemente fuertes, la percibimos fácilmente erizada de montañas relativamente mucho mas elevadas de lo que son las montañas terrestres con respecto á este planeta. Pero lo que inmediatamente llama la atencion cuando se observa la luna con el ánimo de investigar de si obedecen sus formas á la teoría de la atraccion, es que muy al contrario, pues parece que lejos de atraerse sus montañas con las de la tierra, están colocadas como si mútuamente se repeliesen, pues los principales montes de la luna están colocados hácia su polo austral, en oposicion á las altas cordilleras del continente de Asia en la tierra.

Asimismo se ve en la luna que muy lejos de corresponder á la idea que se han formado los astrónomos de la fuerza centrífuga, tiene colocadas sus partes prominentes hácia ambos polos, al paso que su ecuador y zonas centrales, con especialidad las del Norte, están ocupadas por terrenos bajos y nivelados, que aun se duda de si son ó no mares, estando la cuestion de si la luna tiene agua y una atmósfera, lejos de resolverse de un modo absoluto por via de la observacion.

Muy bien pudiera tener aquel satélite una atmósfera bastante rarificada para impedir que la luz crepuscular se viese claramente entre su parte iluminada por el

quede del lado de la sombra; asimismo muy bien pudiera existir
n crepúsculo aunque débil, y que nosotros no podemos percibir
sicion de la misma luz refleja que nos envia de su parte ilumina-
lad nosotros vemos tan claramente nuestro crepúsculo porque no
o de observacion en donde compararlo con la luz directa del sol.
le la luna no tiene mares, se deduce de que no se observan nubes
las pasageras atravezar ó cubrir las manchas permanentes del sa-
co esta es razon concluyente como paso á demostrar.
revolucion del planeta sobre su eje se completa en el periodo de
, así es que se suceden rápidamente las variaciones de tempera-
alor del dia y al frio de la noche, y como los vapores por un esce-
en invisibles, así como á la accion de un calor moderado vienen
por último, por la accion del frio se condensan en agua y caen en
s, se suceden rápidamente las alternativas de claridad y de nu-
i nuestra vista.
s nubes producidas por la influencia mas dilatada de las estacio-
s climas, se observa que en las grandes latitudes del Norte la at-
continuamente nebulosa, al paso que en las regiones ecuatoriales
es donde nunca se percibe una nube.
incide en las circunstancias peculiares de la luna.
nos presenta este satélite el mismo hemisferio, completa necesa-
ecto al sol la rotacion sobre su propio eje, en el mismo tiempo
evolucion orbituaria en rededor de la tierra, es decir, en cosa de
os; por lo cual el hemisferio que nosotros percibimos, está á la mi-
espuesto á la luz y al calor solar en que los vapores pudieran

ra envia á la luna, como despues demostraré, un calor reflejo ó
fluencia sobre el hemisferio que percibimos del satélite no sabe-
itud cuál pueda ser; pero desde luego se comprende que debe
nera muy enérgica en el modo de verificarse en la luna la evapo-
sta tiene lugar.
efraccion que la luz de las estrellas debiera hacernos perceptible
luna, debo advertir que esa refaccion debiera referirse á obser-
en la superficie de la luna misma, mas no á los que están situa-
mo espero demostrar al tratar de la luz.
anteriores objeciones, no porque yo quiera sostener que hay en
y mares, sino porque para mí es aun dudosa su existencia. Por
luna es un astro mucho mas jóven que la tierra, es muy proba-
superficie en una época muy parecida á la metamórfica ó á la
coincidiendo con esta última los circos volcánicos que son tan
el satélite y de los cuales nos ha dejado la época basáltica ejem-
en la tierra. Así es que acaso á las generaciones venideras es-
presenciar en la luna la formacion de rocas posteriores y la aglo-
e materiales líquidos y gaseosos.
ta para mi propósito el encontrar que en la luna existen las prin-
ias hácia los polos, y sus terrenos bajos y nivelados hácia el

de las montañas lunares coincide con la que he indicado con res-
s refiriéndome asimismo á las montañas terrestres. Entre éstas
rece á primera vista que hay una repulsion; pero como en la iner-
o cabe repulsion ni atraccion intrínsecas, se ve que son las cor-

rientes del armonio las que, como queda indicado al hablar de la tierra, obrando con mas energía en la parte sólida y prominente de los astros, aleja ésta hasta colocarla en aquella localidad de los mismos núcleos donde encuentra mas estabilidad en sus diversos movimientos.

Los de la luna son mucho mas complicados que los de la tierra, puesto que girando en derredor de ésta la acompaña tambien en la revolucion que verifica al rededor del sol, sin dejar por eso la luna de rotar sobre su mismo eje.

Nosotros no podemos darnos una cuenta esacta de aquellas irregularidades de la superficie de la luna que ocasionan la considerable escentricidad de la órbita elíptica que describe aquel satélite en torno de la tierra, porque como siempre presenta con corta diferencia el mismo hemisferio hácia este planeta, nos es casi enteramente desconocido el hemisferio opuesto.

Es probable que en él haya montañas mucho mas elevadas que las que nosotros le observamos, por lo que aquellas montañas han sido colocadas por las corrientes armónicas en la parte opuesta á la tierra donde tienen mas estabilidad por estar mas libres de la influencia perturbadora de los continentes terrestres.

Existiendo dichas montañas, es natural que presenten mayor resistencia á las corrientes armónicas del sol, y así resulta la alternativa de la influencia de las mencionadas corrientes solares para producir el movimiento orbituario elíptico de la luna en vez del circular.

Ademas, los continentes terrestres tienen tal influencia en la órbita lunar, que aun cuando ésta es próximamente una elipse con respecto á la tierra, de cuya elipse ocupa este planeta uno de los focos, la ley de las áreas no es con respecto á la luna perfectamente esacta, habiendo oscilaciones de mas ó de menos en la revolucion orbituaria á la luna con relacion á la tierra.

La revolucion de la luna en su órbita tiene dos periodos distintos, á los que se ha dado el nombre de sideral y sinódico. El primero es el tiempo que la luna emplea en recorrer su órbita al rededor de la tierra, desde su partida, con relacion á una estrella dada, hasta su regreso á la misma estrella, cuya revolucion la verifica este satélite en veintisiete dias un tercio. Pero como en este tiempo la tierra ha avanzado notablemente en su órbita al rededor del sol, tiene la luna que avanzar asimismo un poco mas que dos dias para quedar colocada con respecto al sol y la tierra en el mismo punto de partida.

Así, pues, la luna emplea poquísimo mas de veintinueve dias y medio en verificar su revolucion sinódica en la elipse orbituaria que describe al rededor de la tierra.

La escentricidad de esta elipse es mucho mayor que la de la órbita terrestre. En esta última el diámetro del sol varía de su apogeo ó de su perigeo desde treinta y uno hasta treinta y dos y medio minutos, al paso que el diámetro de la luna varía desde veintisiete hasta treinta y dos minutos con relacion al perigeo y al apogeo de este satélite.

Ya he indicado la causa de esta variacion en la distancia de la luna á la tierra, debiendo consistir en la diferente fuerza impulsiva con que las corrientes solares obran en el hemisferio que percibimos y aquel que siempre se nos oculta del satélite.

Pero no es el movimiento orbituario el único de la luna en que influyen las fuerzas combinadas del sol y de la tierra. A estos dos astros los liga un cono de las corrientes armónicas que mútuamente se interceptan, permutándose así las corrientes solares y terrestres, constituyendo una fuerza molecular que modifica la órbita elíptica de la luna, porque cuando pasa este satélite entre las corrientes solares y terrestres, combinadas como se ha dicho, sufren un retardo los nodos de la órbita lunar, que ocasiona que el grande eje de esa misma órbita elíptica complete una revolucion cada nueve años un cuarto, y por consecuencia, la revolucion de los nodos de la luna á que se ha dado el nombre de nutacion, se complete próximamente en diez y ocho años y medio, en cuyo periodo el sol, la tierra y la luna, vuelven á quedar esactamente en los mismos lugares, lo que es de un recurso inmenso para la prediccion de las lunaciones y de los eclipses, puesto que éstos se repiten cada doscientas veintitres lunaciones, que son las que componen el siclo lunar.

Luego se percibe la grande analogía que hay entre la nutacion de la luna y la precesion de los equinoccios de la tierra. En ésta la retrogradacion de los nódos de la órbita terrestre es ocasionada por la resistencia que encuentran al pasar este planeta por entre las corrientes solares y parensolares, al paso que la nutacion consiste en la resistencia que la luna encuentra al atravesar las corrientes directas que se permutan el sol y la tierra.

Lo pequeño del diámetro de ésta con respecto al sol y la lejanía considerable que la separa de este astro hace que no tengan influencia alguna sensible las montañas terrestres en la forma del cono ó base circular que describe la tierra dirigiendo su eje hácia los diversos puntos de los círculos polares celestes completando en el periodo de 25,800 años dicha revolucion, á la que como he dicho, se ha dado el nombre de precesion de los equinoccios.

No sucede lo mismo con respecto á la nutacion. La luna y la tierra se hallan muy cercanas, y sus dimensiones recíprocas son mucho mas análogas entre sí, y por consecuencia las montañas de la tierra y las de la luna se ejercen una mutua influencia, lo que ocasiona que en el mismo tiempo en que la luna completa su nutacion en las doscientas veintitres lunaciones de su siclo, la tierra describe con su eje una pequeñita elipse de 20' del eje mayor y 15' del menor, al mismo tiempo que va describiendo el gran círculo de la precesion de los equinoccios.

El que en la nutacion la tierra describa una elipse en vez de un círculo con su eje, tiene una causa obvia. A cada vez que la luna pasa por entre el cono de corrientes solares y terrestres, perturba los movimientos de la tierra; pero esta perturbacion es desigualmente ejercida con respecto á los mares y continentes de este planeta, y como la luna tiene su órbita inclinada de cosa de cinco grados con respecto al plano de la eclíptica, ejerce en cada lunacion una influencia perturbadora sobre las montañas de los continentes de Asia y de América, haciendo describir al eje terrestre en el periodo de la nutacion una elipse en vez de un círculo.

Hay en el movimiento de la luna una singularidad que hasta ahora ha permanecido inesplicable, y que es tanto mas digna de atencion cuanto que parece ser una ley general de todos los satélites, es decir, el completar la revolucion rotatoria en torno de su propio eje en el mismo tiempo que completan su revolucion orbituaria en torno del planeta á que pertenecen.

No mencionaré aquí las diferentes hipótesis que se han ideado para esplicar este fenómeno, y solo indicaré lo que habia parecido hasta ahora mas plausible. Esta consistia en asegurar que por un efecto de la atraccion de la tierra la luna presentaba á ésta su hemisferio mas prominente, y aun se decia que obrando esta prominencia como un péndulo, ocasionaba la libracion en longitud. Tal esplicacion se encuentra destruida directa é indirectamente. De la segunda manera, porque si la atraccion de la tierra trajese á un punto la parte mas prominente de la luna, ¿por qué la atraccion solar no atrae de preferencia la parte mas prominente de los planetas y éstos no presentan constantemente el mismo hemisferio al sol? Ademas, todos los satélites de los diversos planetas presentan á éstos siempre el mismo hemisferio, y no se puede suponer que en todos haya las mismas circunstancias ó promi-

nencias locales que determinasen el propio fenómeno.   Tambien se destruye dicha
hipótesis por la observacion directamente, pues el hemisferio que vemos de la luna
no es hácia su centro, sino por el contrario hácia sus polos, adonde se perciben las
prominencias.

Una vez sentado que las corrientes del armonio llenan el universo sosteniendo
los astros en equilibrio, conduciéndolos en sus diversos movimientos y armonías recíprocas, es fácil encontrar la manera de influirse entre sí mútuamente.

Repito por lo tanto que el sol, la tierra y la luna, tienen sus corrientes armónicas
propias, que son las que constituyen la fuerza peculiar de cada uno de estos núcleos.   Pero es evidente que en el espacio del sistema solar, no solamente se cruzan las corrientes armónicas del sol, de la tierra y de la luna, sino ademas todas
las de los otros cuerpos del sistema planetario, y aun las de todas las estrellas y
sistemas del universo, actuándose entre sí, tanto mas débilmente, cuanto mas aleja-
dos se hallan sus respectivos núcleos.   Así, pues, es indudable que el sol, la tierra
y la luna, tienen sus corrientes armónicas que mútuamente se actúan y permutan.

Para dar una idea clara del modo de interponerse estos tres actos en sus mútuas
corrientes, examínese la figura 7ª, lámina 3ª   Supóngase que el núcleo S es el sol,
T la tierra y L la luna.   Supóngase tambien que éstos tres núcleos son perfectamente iguales en masa y dimensiones, y que asimismo lo son en sus superficies
perfectamente homogéneas.   Es evidente que los tres núcleos se interpondrian
entre sí, obstruyendo sus mútuas corrientes armónicas, las que por consecuencia deberian ser todas iguales.   ¿Qué deberia resultar? resultaria:  1ª Que los
tres núcleos serian colocados por las mismas corrientes á iguales distancias entre
sí, y todas equidistantes de un centro comun c, y por lo tanto, ellos asumirian la
posicion del triángulo equilátero S T L.   2ª En oposicion mútua presentarian sus
conos de luz zodiacal a, a' a".   3ª Entre los tres astros habria las corrientes armónicas que ellos interceptasen, las cuales por un efecto necesario de equilibrio se per-
mutarian entre sí molecularmente, dando orígen á los cilindros de corrientes armónicas S b T, T b' L, L b" S.   4ª En la mútua permuta de estas corrientes habria
necesariamente las que se dirigiesen de un astro al otro, las cuales quedan marcadas con las flechas de ida y venida que presenta el dibujo en los referidos cilindros
b b' b".   5ª Como resultantes de las fuerzas desarrolladas por las referidas corrientes, cada uno de los tres astros se moveria en torno de su propio eje, segun la
direccion de las flechas a a' a", y ademas se moverian en un sistema orbituario segun la direccion d d' d", produciendo una órbita circular en rededor del centro comun c.

Pero ninguna de estas circunstancias se verifican en los tres astros sol, tierra y
luna.   El primero como estrella dió orígen á la tierra como planeta, y es mayor
que ésta un millon de veces en volúmen.   El segundo como planeta dió orígen á la
luna como satélite, y es mayor que ésta cincuenta veces en volúmen.

Así es que la tierra ha debido girar como un cuerpo sólido en sus diversos movimientos, cuando la materia componente de la luna era una simple nébula girando en su torno como constituida por una sola masa.   Cuando la luna ya consolida-
da ha venido á ser un núcleo bien definido, no podia dejar de seguir obedeciendo á
las mismas leyes y corrientes armónicas á quienes debia su orígen, por lo cual debia seguirse moviendo con relacion á la tierra como constituyendo con ésta una
sola masa; pero estando completamente separada la luna de su planeta la tierra,
debian seguir obedeciendo asimismo las corrientes y leyes generales del sistema.
Véase como esto debió verificarse.

Siendo el sol tan enormemente mayor que la tierra y que la luna juntas, sus corrientes armónicas son igualmente mas poderosas; por lo cual las corrientes directas

con que influye la tierra con respecto á la luna, son muchísimo menores que las corrientes que le refleja provenidas del sol. Para hacer comprender el efecto de estas corrientes, examinaré la figura 8, lámina 3ª S es un punto que se supone ser el sol, no pudiendo alejarse á la distancia conveniente por no permitirlo las dimensiones del diagrama. T es la tierra y L' la luna; así es que hay las corrientes S T y S L' directamente emanadas del sol, y la corriente T L' que la tierra refleja del sol á la luna, cuyas corrientes tienen la direccion que se marca con las flechas del diagrama. La resultante de estas corrientes como emanadas del dilator solar tendrian la tendencia á alejar indefinidamente la luna, si en oposicion no hubiese las corrientes marcadas con las flechas a T, b S, en que predominan necesariamente el compresor, así es que la oposicion necesaria de dichas corrientes retienen á la luna en su órbita, resultando que ésta describa un movimiento orbituario L L' L" L'" en rededor del núcleo de la tierra T.

Pero la corriente directa del sol á la luna S L' y la corriente refleja T L', como opuestas en su direccion, dan por resultado que la luna no pueda girar sobre de su propio eje en un movimiento rotatorio, portándose en este punto como si fuese una sola masa con la tierra, presentando á ésta en consecuencia siempre el mismo hemisferio.

El efecto de dichas corrientes puede percibirse con mas claridad en la figura 9. Se supone en ella el sol tan alejado, que envia sus corrientes casi paralelas á todas las estremidades de la órbita de la luna L L' L" L'". La tierra T, como mas cercana á la luna, deja percibir mas fácilmente el cono de sus corrientes T c L c'; esto supuesto, las corrientes impulsivas del sol marcadas con la flecha a', tienen la tendencia de hacer girar á la luna L en un movimiento directo segun lo indica la misma flecha. Por el contrario las corrientes reflejas y al mismo tiempo impulsivas de la tierra T, tienen la tendencia como se ve en la letra b' de imprimir á la luna L un movimiento retrógrado, por lo cual en esta oposicion de fuerzas la luna permanece sin movimiento rotatorio, y presenta á la tierra siempre su mismo hemisferio. En cuanto al movimiento orbituario, como la luna y la tierra giran con respecto al sol como constituyendo una sola masa, va presentando la luna al sol en L la mitad del hemisferio que presenta á la tierra, así la luz refleja que nos dirige nos hace ver la cuarta parte de su superficie iluminada, constituyendo la primera cuadratura ó sea el cuarto creciente. Cuando la luna llega al punto de oposicion L', el sol ilumina todo el hemisferio que la luna nos presenta, la que por la luz refleja que de él nos envia, constituye el primer zizigie ó sea la luna llena. Necesariamente en L" presenta la luna la segunda cuadratura ó cuarto menguante, y así como en L'" el segundo zizigie ó conjuncion.

Tanto en la figura 8 como en la 9 se ha dividido la órbita de la luna en ocho partes, para presentar por la simple inspeccion de estos diseños al lector instruido los diferentes periodos de la lunacion, y la direccion de las corrientes armónicas, solares y terrestres.

Estas corrientes no son una ilusion; ellas pueden verse y se han visto en efecto, aunque sin comprenderse, en todos tiempos. Para demostrar esto, examínese de nuevo la figura 9. El cono de corrientes permutantes entre la tierra T y la luna L, tienen, como despues esplicaré, su elemento, en mas ó positivo, en la tierra, y su elemento, en menos ó negativo, en la luna. Así es que estos elementos se permutan entre sí molecularmente, formando el cono de corrientes T c L c'. Estas corrientes, como constituidas por el elemento imponderable armonio, son completamente invisibles; pero pueden verse perfectamente cuando hay materia ponderable, y lo que se verifica por medio de la luz que la misma luna nos envia. Esto sucede cuando percibimos el verdadero halo ó círculo meteórico que circunda á la luna con un diámetro por lo comun de 18 ó 20°.

He dicho el verdadero halo, porque éste es casi perfectamente circular, sin colores y de grandes dimensiones, al paso que la luz de la luna presenta frecuentemente pequeñas coronas con todos los colores del iris mas ó menos vivos, lo que es ocasionado por atravesar su luz para llegarnos á la tierra por medio de las elevadas nubecillas que la descomponen irisando sus tintes.

En el halo verdadero pasan los fenómenos siguientes: supóngase que en c c' existe una capa muy delgada de vapores semi-trasparentes, las corrientes terrestres, como positivas ó en mas, impulsan esos vapores de la tierra hácia la luna, y por consecuencia la seccion circular del cono que en el diagrama se presenta en c c' como en perspectiva, se ve mas oscura que el resto del cielo iluminado por la luz de la luna, y frecuentemente el círculo mismo del halo se mira bordado de nubecillas como agitadas por corrientes opuestas.

La altura á que estos halos distan de la tierra, generalmente es de ocho á nueve mil leguas, lo que se deduce fácilmente por ser ellos una imágen de la forma de la tierra misma. Tal vez bajo circunstancias propicias y cuando no influya en contra la oblicuidad del halo con respecto al punto de observacion, podrá muy bien ese fenómeno servir por medio del micrómetro para conocerse la forma terrestre en sus relaciones entre los diámetros de su ecuador y de sus polos, lo que indudablemente puede lograrse en las regiones ecuatoriales, cuando el halo coincide con el paso de la luna sobre el plano del ecuador, pues entonces representará una seccion de la tierra cortando los polos de ésta.

Las corrientes solares y terrestres suelen percibirse aunque muy rara vez por un halo semejante circundando el disco del sol. Estos halos son vivamente coloridos y presentan una hermosa corona irisada y perfectamente circular en torno del sol, siendo sus dimensiones un poco menores, generalmente hablando, que los halos lunares.

Yo no he tenido el gusto de ver un verdadero halo solar sino en mi juventud, el año de 1820. Aquel fenómeno, magnífico por su esplendidez y lo brillante de sus colores fué muy admirado en México, donde las gentes procuraban mostrárselo con entusiasmo unas á otras.

Yo atribuyo la rareza de este fenómeno á que no lo observamos todas las veces que existe por la incomodidad que resulta en los ojos de mirar frecuentemente al sol sin los instrumentos á propósito.

Conociéndose así aun por la observacion directa que hay corrientes especiales y permutantes entre el sol, la luna y la tierra es fácil conocerse su accion para retener el globo de la luna en su órbita respectiva, presentando aquel satélite á la tierra siempre el mismo hemisferio. Pero aun hay mas: la inclinacion de la órbita de la luna con respecto al plano de la eclíptica no es siempre esactamente la misma, pues varía periódicamente hasta 17' 34", siendo por lo tanto su mayor oblicuidad de 5° 17' 35", y su menor valor de 5° 0' 1": el primero de estos valores lo obtiene la órbita lunar cuando llega á su estremo la luna coincidiendo con sus cuadraturas, y el menor cuando llega al estremo mismo de su órbita, coincidiendo con uno de sus zizigies.

Para responder á esa condicion se presta asimismo la teoría, pues es fácil conocerse por la simple inspeccion de la figura número 8, que el impulso lateral de las corrientes solares y terrestres es mayor en L' y L''' que en L y L", y que á la inversa, en L obran con mas energía las corrientes del dilator solar y en L" las de su compresor; por lo que es evidente que en los cuartos creciente y menguante la luna tiene que alejarse de la tierra, así como en la llena y en la conjuncion se acerca á esta independientemente de la escentricidad de su órbita elíptica, cuyo grande eje circula retrógradamente como se ha dicho al hablar de la nutacion.

Queda otro fenómeno importante que examinar, y es la libracion en longitud de la luna.

No pretendo hablar aquí de la libracion diaria ni de la orbituaria de la luna. Estos fenómenos se hallan perfectamente analizados en todos los tratados modernos de astronomía, y como su causa es puramente paralágica, no está en el órden de aquellas de que me ocupo.

La libracion de que voy á hablar, es un movimiento que presenta el hemisferio que percibimos de la luna al llegar á su oposicion ó á su conjuncion.

Aquel satélite presenta constantemente el propio hemisferio á la tierra; pero cuando llega el momento de la oposicion ó luna llena, manifiesta como una tendencia á rotar sobre de su eje, y nos presenta cosa de 4' 20" del otro hemisferio que nos oculta, cuyo movimiento, como de balanceo, ha dado origen al título de libracion.

Varias han sido las hipótesis que se han imaginado para esplicar este fenómeno, el cual sencillamente se reconocerá ser el resultado de las corrientes solares y terrestres que actúan la luna. Para su demostracion, véase de nuevo la figura 8. Cuando la luna llega á las cuadraturas, la fuerza angular de las corrientes terrestres T L' y T L''' llegan á su maximum, así es que el hemisferio que aquel satélite nos presenta permanece inmóvil; pero cuando la luna llega á L'' ó L, las corrientes terrestres se confunden en un momento con las solares, y éstas apoyadas en las prominencias de la luna, la impelen como para imprimirle un movimiento de rotacion; pero pasado aquel momento, la luna se presenta de nuevo por su movimiento orbituario á la accion de las corrientes terrestres; éstas recobran su fuerza angular, y la luna, obligada por las condiciones de su equilibrio y las fuerzas opuestas del sol y de la tierra que actúan su superficie, produce el movimiento de balance que completa su libracion y continúa en su estado normal.

Los fenómenos que he referido entre las relaciones del sol, la tierra y la luna, pueden generalizarse propiamente á los que presentan los demas planetas que poseen satélites.

Nosotros no podemos ver sino un hemisferio de la luna; pero probablemente en el hemisferio opuesto existen las principales eminencias de este satélite, y acaso tambien sus mares y lo mas denso de su atmósfera si es que allí existen, pues para creerlo así, me inducen la grande escentricidad de la elipse de la órbita lunar y la accion dinámica menos constante que aquel hemisferio recibe, no estando espuesto á la influencia perpetua que la tierra ejerce sobre el hemisferio que la luna nos presenta.

Acaso la observacion de los satélites de Júpiter dará una solucion á los problemas que anteceden y una respuesta á mis conjeturas.

No puedo dejar el asunto que nos ocupa sin tomar en consideracion el fenómeno de las mareas, ó sea el flujo y reflujo de los mares, causado por la influencia universalmente reconocida de la luna.

Todo el mundo sabe que los grandes mares hinchan sus olas y las acumulan poco á poco hasta que la luna llega al meridiano. Despues las aguas descienden lentamente hasta el momento en que la luna se pone en el horizonte occidental; en este momento comienzan de nuevo las aguas á hincharse hasta que obtienen casi la misma altura cuando la luna llega al meridiano del hemisferio antípoda, en cuyo momento las aguas comienzan á descender de nuevo hasta que la luna se presenta en el Oriente, ascendiendo entonces otra vez hasta obtener de la misma manera su mayor altura cuando la luna retorna al meridiano como el dia anterior, empleando en esta revolucion de las mareas el mismo tiempo que la luna emplea en volver al propio meridiano, es decir, poco menos de veinticuatro horas.

Así se ve que la mar en este tiempo crece dos veces, á lo que se da el nombre de flujo, y decrece otras dos veces, recibiendo entonces el fenómeno el nombre de reflujo.

Por mucho tiempo permanecieron las mareas sin esplicacion alguna, hasta que se les ha dado una, en concordancia con el sistema de atraccion ideado por Newton.

Dícese que el sol atrae las aguas lo mismo que la luna; pero que por su grande lejanía produce mareas casi insignificantes, al paso que la luna, aunque cincuenta millones de veces menor que el sol, ejerce sobre la tierra una atraccion mucho mayor, y eleva en consecuencia las grandes mareas. Dicen, ademas, que el motivo porque no solo hay el flujo cuando la luna pasa por el meridiano, sino tambien por el meridiano antípoda, es por un principio de equilibrio ó contrapeso en el volúmen de las aguas.

En verdad que me causa estrañeza el que semejante esplicacion haya pasado incontradicha por tanto tiempo. Si la luna atrae á las aguas y por consecuencia á la tierra mucho mas que el sol por su masa, ¿cómo es que no solamente la tierra sino tambien la luna giran en rededor del sol, dominadas, segun el sistema Newtoniano, por la atraccion de este astro?

Si la hinchazon de las aguas siguiese la direccion de la luna sin presentar otro fenómeno, todavia podia decirse con mas fundamento de verdad, que la marea única era debida á la atraccion lunar. Pero la esplicacion que se da á la marea por oposicion, carece completamente de todo fundamento mecánico. ¿Quién, qué fuerza, ó qué principio inteligente produce esa marea por contrapeso en perfecta oposicion á la atraccion de la luna? Para responder á estas objeciones seria necesario idear otro ente de razon tan arbitrariamente como la atraccion misma.

El supuesto equilibrio por contrapeso en la marea antípoda, no presenta ningun principio necesario en mecánica, porque el menisco líquido de la agua del mar que se dirige hácia la luna, lo único que podria hacer seria cambiar el centro de gravedad del planeta terrestre, y como hácia el Ecuador las mareas no llegan á un metro de altura, no podrian cambiar el centro de gravedad del planeta ni en la cien millonésima parte de un metro, y por consecuencia, dicho cambio seria insignificante.

Una vez conocido el modo de obrar de las corrientes del armonio, nada hay mas sencillo que reconocer su influencia para producir las mareas, lo que procuraré hacer ver.

La figura 11 representa á la tierra T dirigiendo sus corrientes permutantes c c' hácia la luna L, y asimismo hácia el sol S, al cual se supone dirigir las corrientes d d'. Fácilmente se ve que el empuje de dichas corrientes oprime á la tierra en b b', y por consecuencia, que esta presion ejercida en un círculo máximo empuja las aguas elevando los meniscos a a'. En esta figura se supone á la luna llena por oposicion al sol y en el equinoccio de primavera, en cuyas circunstancias la presion b b' se ejerce en un círculo máximo que pasa por los dos polos de la tierra; así es que tanto las corrientes lunares como las solares, tienen su maximum de fuerza por combinarse ésta con el término medio de la rotacion terrestre, por lo que las mareas a a' llegan tambien á su mayor altura posible.

Ahora obsérvese que las corrientes que la tierra T dirige hácia la luna L son en mas, es decir, que la tierra como mas voluminosa que la luna, tiene corrientes mas poderosas que las de ésta, y al permutarse ambas molecularmente, la tierra

envia cincuenta veces mas esférides que las que recibe, y así es que impulsa con
sus mismas corrientes las aguas hácia la luna en *a*.  Lo contrario sucede en las
corrientes solares terrestres que permuta la tierra T con el sol S, pues siendo las
corrientes terrestres un millon de veces mas débiles que las solares, al permutarse mútuamente en el cono de corrientes d d', las terrestres no empujan las aguas
hácia el sol sino muy débilmente, y solo se ve su accion, combinada con las que
dirige hácia la luna en los plenilunios, donde las mareas son las mayores, principalmente en los equinoccios.

Para deducir mas fácilmente las consecuencias que brotan de la anterior esplicacion, examínese la figura 10.   La tierra T dirige sus corrientes en ángulo recto hácia el sol S y á la luna L, por consecuencia, esta última se halla en una de
sus cuadraturas en que las mareas son las menores: véase por qué.  Como la tierra permuta sus corrientes en menos con respecto al sol, y en mas con respecto á
la luna, el empuje de las aguas hácia aquel es insignificante con relacion al que
verifica hácia ésta.   Pero sea cual fuere, substraida la marea solar por pequeña
que sea, de la marea lunar, ésta se halla disminuida, y tanto mas cuanto que el
círculo de presion de las corrientes a a', tiene su plano dirigido hácia las corrientes solares que disminuyen su accion compresiva; así es que las mareas b b' son
las menores proporcionalmente.

La variedad de altura á que las mareas ascienden en los diversos puntos geo-
gráficos de la tierra, depende de circunstancias locales de configuracion en las
costas, y en la estrechez de ciertos mares que necesitan contribuir proporcionalmente para elevar las mareas ecuatoriales.

He aquí por qué las mareas que hácia el Ecuador no llegan á tres piés de altura, ascienden en los estrechos mares del Norte, hácia la embocadura del San
Lorenzo en América, á la enorme altura de ochenta ó noventa piés.

Habiendo pasado en revista los principales fenómenos que presenta el sistema
solar con relacion á sus planetas, y habiendo examinado al satélite de la tierra,
cuyas circunstancias pueden generalizarse á los satélites de los demas planetas
tomándose en consideracion la influencia de sus peculiaridades locales, paso ahora á examinar brevemente las particularidades que ofrecen los cometas, con lo
cual completaré las nociones que me he propuesto indicar acerca del sistema planetario solar.

Las diferencias que hay entre los planetas y cometas son principalmente las
siguientes: 1º Los planetas se mueven en órbitas elípticas casi circulares, al paso
que los cometas se mueven en órbitas elípticas muy oblongadas, por manera que
en muchas de ellas el afelio es tan distante, que no pueden conocerse sino los
elementos de su perihelio, y por lo mismo, se dice que sus órbitas son parabó-
licas.  2º Los planetas son cuerpos cuyos núcleos se hallan consolidados, aun
cuando tengan en su superficie materiales líquidos y gaseosos; así es que ninguna estrella puede verse al través de los planetas.  Los cometas por el contrario,
parecen estar constituidos por materiales simplemente nebulosos, por lo que al
través de muchos de ellos, aun en el mismo núcleo, pueden verse las estrellas.
3º Los planetas presentan una pequeña luz en oposicion al sol, semejante al cono
de luz zodiacal que el sol mismo presenta en oposicion al parensolis.  En los cometas, sus colas ó sea su luz por oposicion al sol, tiene en general muy grandes
dimensiones, y en algunos suele prolongarse á muchos millones de leguas.  Los
planetas giran todos con corta diferencia segun el plano de la eclíptica, pues escepto los telescópicos, todos los demas efectúan su revolucion orbituaria dentro
de los límites del zodiaco, al paso que los cometas verifican sus revoluciones en
todos sentidos sin que se les pueda confinar á una direccion dada.  Los planetas,

en fin, tienen un movimiento directo, el que siguen sus satélites, es decir, de Occidente á Oriente, con escepcion solo de los satélites de Urano, los que deberán esta irregularidad á peculiaridades de la inclinacion del eje y forma del planeta; mas los cometas giran ya directa, ya retrógrada ó ya trasversalmente con respecto al sol, sin que en este punto haya una regla general á que sujetarnos.

Estas diferencias han hecho creer á muchos de los astrónomos modernos que los cometas son astros de distinto orígen que los planetas. Yo creo lo mismo, y voy á ensayar el dar un conocimiento sintético de dicho orígen.

He sentado antes, y necesito ampliar ahora, que todo cuerpo por pequeña que sea su masa, si tiene corrientes propias armónicas, es decir, si posee su compresor y dilator peculiares no puede caer en otro núcleo, pues en el acto que sus corrientes propias sean suficientemente fuertes para oponerse á las de otro núcleo, lo alejarán de éste, aun cuando haya sido envuelto en corrientes muy superiores.

Una vez sentada esta teoría, se comprende fácilmente que en cualquiera parte adonde llegue la inmensa accion de las corrientes solares, pueden existir ó formarse pequeñas nébulas, que luego que se hallen suficientemente concentradas por un juego de corrientes propias, son arrebatadas por el concretor solar y conducidas por éste como cuerpos inertes, aumentando de momento en momento su velocidad segun la ley de las áreas, hasta que las corrientes propias de la nébula toquen el punto en que su propia fuerza se hace suficiente para oponerse á la fuerza inicial del compresor solar, y deciden el momento en que la reaccion del dilator del sol se verifique. Entonces la nébula es impelida hácia el espacio por las corrientes solares, disminuyendo de momento en momento su velocidad de la misma manera segun la ley de las áreas, hasta que la fuerza inicial del compresor solar se hace de nuevo preponderante, y comienza á acercar otra vez la nébula hácia el sol.

Fácil es comprender que la órbita de una nébula semejante, no se perfecciona sino despues de una ó mas revoluciones, presentando por lo tanto en el principio todos los caracteres de una órbita parabólica, y no obteniendo los de una órbita elíptica sino cuando la intensidad relativa de las corrientes solares le han dado su perihelio y su afelio respectivos, y por consecuencia, la órbita viene á ser elíptica ocupando el sol uno de sus focos, sujetando al nuevo astro en su movimiento á la ley de las áreas, y por consecuencia, poniéndolo bajo del imperio del cálculo segun las leyes de Kepler.

Bajo tal punto de vista se percibe fácilmente que hay órbitas cometarias que son verdaderas parábolas, por no haber obtenido aún un afelio elíptico; y otras que por lo muy oblongado de sus elipses solo podemos percibir desde la tierra, aun armados de telescopios, aquella parte cercana al perihelio que puede confundirse con los elementos parabólicos.

Para que se comprenda mejor la teoría, debo sentar aquí que si hubiese un cuerpo ó nébula que no tuviese sus corrientes propias y fuese arrastrado por las del compresor del sol, caería en este astro irremisiblemente; pero si dicho cuerpo ó nébula tiene sus corrientes comprimentes y dilatantes propias, cuando es arrastrado por la fuerza inicial ó de prioridad que siempre hace preponderante al compresor sobre el dilator, obedece al primero hasta que la suma de la fuerza de sus corrientes propias, añadida á la fuerza del dilator solar, determinan la reaccion y se aleja del sol desde el perihelio, hasta que en el afelio vuelve á preponderar el compresor solar.

De este modo el hombre no puede conocer cuando se aproxima un cometa si es un astro nuevamente criado ó si ya ha verificado otras revoluciones, sino cuando encuentre que su órbita corresponde con esactitud á la ley de las aéreas, pudiendo calcularse su afelio por distante que éste se halle del sol.

Ya se comprenderá desde luego que en cualquiera punto de la esfera de accion de las corrientes solares puede formarse una nébula cometaria sin ser arrastrada hácia el sol sino cuando presenta por su estado de concentracion material ponderable, suficiente resistencia á ser actuada por las corrientes imponderables del sol, en cuyo caso obran éstas sobre el cuerpo ponderable como todo otro grave, determinando su caida en cualquiera direccion dada hácia el sol; pero como para que haya una nébula es necesario que haya un juego de corrientes que la formen, constituyendo su vida propia, ésta, oponiéndose á su absorcion por el astro central, continúa ejerciendo las funciones que caracterizan la vida cometaria.

De este modo se comprende cómo puede haber cometas cuyas órbitas presentan toda clase de formas elípticas y de movimientos, ya directos, ya retrógrados ó ya oblicuos, con respecto á los movimientos planetarios.

Despues de haber emitido esta sencilla teoría de la formacion de los cometas, sobreviene una duda de si solo las pequeñas nébulas diseminadas en el espacio esférico de la accion solar pueden convertirse en cometas, ó si en el mismo sol pueden formarse algunos de estos astros. Tal es la cuestion que se despertó en mi mente á la vista del gran cometa de 1843. Este astro magnífico solo se hizo visible en México el 28 de Febrero, calculándose haber pasado por su perihelio el dia anterior 27. Ningun astrónomo en ningun observatorio vió venir antes este brillante cometa, el que, atendidos los elementos de su órbita, debió habérsele visto aun á ojo desnudo al acercarse al sol, y sin embargo á todos sorprendió un astro tan notable despues de su perihelio.

Este punto de la órbita del cometa fué reconocido por todos los astrónomos como el mas cercano al sol que habia en recuerdo. Mr. Plantamour, director del observatorio de Génova, calculó la menor distancia del cometa al sol por la fraccion 0,0045, tomando por unidad el radio de la órbita terrestre, y como el radio del sol es solo 0,0046, de dicha unidad se dedujo que el cometa habia penetrado en la fotósfera solar, pero dos astrónomos del observatorio de Paris, MM. Laugier et Mauvais, calcularon la distancia del perihelio del cometa en 0,0055, lo que desvanecia la idea de haber penetrado el cometa la fotósfera solar.

Sin embargo, es muy posible que estos dos cálculos, hechos ambos despues del perihelio sean erróneos, el primero por esceso y el segundo por falta de acercamiento al núcleo solar; y como el cometa no apareció á pesar de su estrema brillantez sino despues de su mayor cercanía al sol, puedo aventurar una hipótesis, de la cual procuraré manifestar los fundamentos.

En el eclipse total de sol de 8 de Julio de 1842, visible desde el mediodía de la Francia hácia el Sur de la Europa, varios astrónomos notaron un hecho remarcable, en cuya esactitud todos están acordes.

Mientras que procuraban observar si la corona luminosa que circunda el sol pertenece á este astro ó á la atmósfera lunar, observaron elevadas del sol, como los dientes de una sierra, prominencias brillantes de un color de rosa violado y de desigual elevacion.

Estas prominencias no podian tomarse por montañas del sol á causa de su estraordinaria altura, pero sobre todo porque una de ellas, elevándose perpendicularmente como la sesta parte del radio del sol, sobre la superficie de este astro, estendia despues en forma de escuadra un enorme brazo paralelo á la misma superficie, y que por consecuencia no podia ser una montaña ni materia sólida alguna, por no tener apoyo sobre que cimentarse en el núcleo solar.

Lo que parece mas natural es que dichas prominencias son partes salientes de las nubes ó capa nebulosa que circunda el globo del sol, á que se ha dado el nombre de fotósfera, cuyas partes salientes se perciben ordinariamente sobre el disco solar, y se les ha dado el nombre de lúculas.

Todos los tratados de astronomía posteriores á 1842 traen el dibujo de dicho fenómeno, por lo cual me relevo de presentarlo en esta obra; pero es sumamente notable el que ocho moses despues de observada aquella parte como destacada y casi desprendida de la fotósfera del sol, apareciese el gran cometa de 1843.

Parece en efecto probable que dicho brazo nebuloso, en los cinco meses que mediaron de la observacion del eclipse á la del cometa, fuese poco á poco concentrándose, haciéndose esférico y adquiriendo corrientes propias armónicas, por lo que desprendido de la fotósfera solar, fué lanzado hácia el espacio impelido por el dilator del sol, y no retornará hácia este astro hasta que las fuerzas dilatantes que lo conducen sean suficientemente débiles para ceder á la fuerza inicial de las concretantes reunidas á las fuerzas peculiares de las corrientes del cometa, determinándose la elipse orbituaria de éste en torno del astro á quien debe su existencia.

De todos modos aparece que los cometas son de creacion posterior á las del sol, los planetas y los satélites, y que dicha clase de astros se producen de tiempo en tiempo, ya por nébulas formadas en el espacio que el compresor solar conduce hácia el sol, ó ya por nebulosidades que desprendidas de este astro, son lanzadas por su dilator hácia el espacio.

De este modo, acaso ha sido nuestra generacion testigo de la creacion de uno de los mas espléndidos cometas que hay en recuerdo.

La principal distincion que hay entre los planetas y cometas, es que estos últimos tienen un núcleo mal definido y como nebuloso, rodeado por lo comun de una nébula mas ligera y difusible, nombrada cabellera, y finalmente, que las mas veces está acompañado el núcleo de una cauda luminosa, á que se ha dado el nombre de cola.

Todo esto indica que los cometas son de una naturaleza en la cual la materia ponderable no ha obtenido aún, sino la concentracion ó consistencia de los gases ó de los vapores vesiculares. Puede sin embargo haber cometas en los cuales exista un núcleo de materiales líquidos y aun sólidos, segun el estado de concentracion á que las corrientes armónicas hayan reducido la materia ponderable del cometa mismo. Por lo tanto, el núcleo de los cometas puede variar desde una diafanidad casi perfecta, á cuyo través puedan percibirse, como se perciben en efecto, las estrellas mas pequeñas, hasta una opacidad capaz de eclipsar estrellas considerables.

En cuanto á las colas de los cometas, deben existir en aquellos en que se verifica una concentracion y una dilatacion de la materia ponderable, pues envuelto el cometa en las corrientes armónicas del sol, el compresor solar aumenta la energía de las corrientes comprimentes del cometa para concentrar una parte de sus materiales, al paso que otra parte de éstos es evaporada por la fuerza del dilator solar reunida á las fuerzas dilatantes del cometa mismo; y he aquí la causa de las cabelleras y de las colas de los cometas, siendo estas últimas vapores que el dilator solar, al irradiarse hácia el espacio, envia en una direccion casi recta y por lo comun opuesta al mismo sol.

Hay sin embargo cometas cuyas colas se presentan con la curvatura de un sable, lo que es ocasionado á veces por una ilusion de perspectiva, y otras ocasiones porque al atravesar un cometa las corrientes armónicas ya descritas y que existen entre el sol y el parensolis, así como entre el sol y sus planetas y entre éstos y sus satélites, las colas ó caudas cometarias sufren una perturbacion cuyo resultado es darles una forma mas ó menos curba, que por lo comun pierden cuando cesa de obrar la causa perturbadora.

El cometa de 1744, el 7 y 8 de Marzo, tenia seis colas en forma de abanico; mas el cometa de 1823 presentó una mayor singularidad, es decir, una cola normal y permanente en oposicion al sol, y otra anormal y temporaria que duró visible cerca de diez dias, y cuya direccion era hácia el sol casi en oposicion de la cola normal.

Para dar una esplicacion á las peculiaridades de estos dos cometas y á las de el de 1769, en el cual aparecieron vapores semejantes al humo y dos filetes luminosos separados de la cola, es necesario convenir en que hay en algunos cometas variedad de materiales y variedad de puntos salientes en sus núcleos, que dan lugar á diferentes emisiones de vapor, las que se hacen divergentes por las mismas fuerzas irradiantes que las actúan.

La misma naturaleza nebulosa de los cometas hace casi imposible el sujetar éstos á reglas invariables en todos sus detalles, pues siempre presentarán algunos de ellos condiciones estraordinarias, para cuya esplicacion bastará observar cuidadosamente sus peculiaridades y el modo de obrar en ellos de las corrientes armónicas del sol, en union de las corrientes propias del cometa.

Desde los tiempos mas remotos de la historia se ha atestiguado la subdivision de algunos cometas en dos, tres y aun en muchos fragmentos, lo que habia sido puesto en duda por algunos astrónomos modernos, hasta que bajo los ojos de nuestra generacion se ha presenciado la division en dos partes perfectamente distintas del cometa á corto periodo de 6 años 3 cuartos, cuyo fenómeno ha tenido lugar el año de 1846, resultando de los fragmentos dos distintos cometas, de los cuales el mas pequeño comenzó á marchar con mas velocidad que el mayor, por manera que su separacion que en 10 de Febrero era solo de sesenta leguas, llegó á ser despues de quinientas mil.

Probablemente este cometa era un grupo de dos distintas nébulas, así como el grupo de tres cometas distintos que los astrónomos chinos atestiguan haber marchado reunidos y en la órbita misma el año de 896; y acaso el cometa de seis colas del año de 1744, era un grupo de seis cometas confundidos en su núcleo, y que todos estos grupos pueden subdividirse; y así como algunos se han subdividido en cometas de órbitas distintas cuando la variedad de su constitucion física, sobrevenida por la diversidad de su materia ponderable comprimida, los ha hecho tambien recibir impulsos diferentes por las fuerzas armónicas solares.

Hay sin embargo un hecho universal, y que por falta de esplicacion satisfactoria ponian en duda los astrónomos, hasta que lo ha venido á hacer evidente é incontrovertible la observacion de los cometas telescópicos, á corto periodo.

El hecho á que me refiero, es que los cometas y sus colas disminuyen de volúmen conforme se van acercando al sol, al paso que aumentan de volúmen conforme se van alejando de este astro. Semejante fenómeno es una confirmacion irrefragable de la existencia del armonio y del modo de obrar de sus corrientes. Porque de facto, estas corrientes, disminuyendo su actividad y velocidad segun se alejan del sol, es indudable que un cuerpo ponderable envuelto en ellas, irá sufriendo una presion mayor en todas direcciones, y por consecuencia una disminucion de volúmen conforme las mismas corrientes lo acerquen con una velocidad creciente hácia el astro central; y por el contrario, lo dilaten y aumenten de volúmen conforme lo vayan alejando de éste con una velocidad decreciente hácia el espacio, lo que en los cometas se percibe tanto mas fácilmente, cuanto que su naturaleza nebulosa es comprimida como los vapores ó gases elásticos cuando se halla en el primer caso bajo el predominio del compresor, y es dilatada como lo son los mismos gases ó vapores cuando en ellos predomina el dilator.

La astronomía cometaria hace muy poco tiempo que ha comenzado á tener un desarrollo científico, así es que son muy pocos los cometas cuyas revoluciones pueden predecirse con esactitud, habiendo sido Halley el primero que descubrió la manera de calcular el retorno de un cometa por los elementos de su órbita elíptica, y predijo la reaparicion de un mismo cometa para el año de 1759, la que habiéndose verificado, dejó fuera de duda la verdad hoy incuestionable de estar las órbitas cometarias sujetas asimismo á las leyes de Kepler.

Despues se han descubierto los cometas á corto periodo entre las órbitas de Marte, Júpiter y Saturno, cuyas descripciones no son de este lugar ni de la naturaleza de este libro, hallándose aquellas con todos sus detalles en los diversos tratados de astronomía moderna, los cuales puede consultar el lector que desee conocerlos.

### GRAVITACION UNIVERSAL.

He procurado dar á conocer la naturaleza incorpórea de la fuerza elemental, y como de ella ha resultado la inercia material y el movimiento perpetuo, constituyendo las tres cualidades de la naturaleza: Fuerza, Materia y Movimiento, como resultados de los tres grandes actos creativos de Dios.

He procurado asimismo hacer ver que en la naturaleza existen como fundamentales: el alma universal ó fuerza; la materia universal ó inercia, y la armonía universal ó movimiento perpetuo.

Constituida así la naturaleza, se halló por las mismas leyes de su constitucion erigida en un ser providencial, encargado por su Criador del desarrollo necesario y gradual de la creacion secundaria en la estension del universo, y de la ejecucion en él de los designios de Dios.

Por lo mismo he procurado tambien dar á conocer las obras primordiales de la naturaleza: los astros primarios ó estrellas, los secundarios ó planetas, los ternarios ó satélites, y los cuaternarios ó cometas.

Esta multitud prodigiosa de séres ha sido el resultado del modo de actuar la fuerza á la materia, y de las trasformaciones de ésta por el solo efecto de los agrupamientos de las esférides primitivas, constituyendo con ellos los elementos químicos y los cuerpos físicos, formados, conservados y conducidos por las corrientes del armonio, que guardando el tipo general del movimiento primitivo, modifican éste en la inmensa variedad de sus resultantes, sin dejar por eso de conservar la unidad absoluta de sus armonías, reveladas en las leyes geométricas de la estension, en las químicas de la constitucion, y en las físicas de la organizacion de todos los séres del universo.

Afortunadamente, luego que se comprende que hay un elemento universal que ha originado los astros y que sirve á éstos de vehículo y de liga general de fuerza y armonía, se facilita sumamente la comprension de la manera de ser y estar de los astros mismos, y de sus diversos sistemas.

Los puntos mas cercanos á nuestro pequeño y efímero globo terrestre, nos manifiestan tal concordancia y armonía en su estructura y movimientos, que nos vemos obligados á generalizar esa misma concordancia y armonía en nuestra creencia con relacion á los cuerpos lejanos que apenas percibimos y aun á otros mas remotos que no percibimos, por no haber llegado á su perfeccion los instrumentos físicos y astronómicos que poseemos.

Sin embargo, nos ha tocado nacer en un planeta en que el sistema general de los núcleos á que pertenece es uno de los mas sencillos y armoniosos, y á pesar de eso se han pasado muchos siglos de estudio y observacion constante de la humanidad, para comprender en parte este sistema y reconocer la forma casi esférica y el aislamiento de la tierra, listando á ésta en el número de los planetas del sistema mismo.

No obstante las dificultades con que el hombre ha tenido que luchar para ponerse en estado de poder comprender los principales fenómenos del sistema solar, en que los planetas circulan en órbitas casi circulares en rededor del sol y coincidiendo sus giros con el ecuador del astro central que determina la eclíptica, á cuyos lados se desvian muy poco en los estrechos límites del zodiaco los principales planetas; no obstante, ademas, que los movimientos de éstos son en una direccion dada, originando movimientos análogos en sus satélites; y no obstante, en fin, la estrema sencillez de toda esta organizacion planetaria, luego que se comprende que cada núcleo dotado de corrientes armónicas tiene su vida propia, que las mismas corrientes lo salvan de choques que pudieran serle funestos, y lo conducen en armonía con los demas núcleos que pueblan el espacio, se deduce fácilmente la armonía de los otros sistemas en que hay la correlacion mas perfecta, á pesar de su estupenda variedad.

En efecto, luego que se han obtenido telescopios suficientemente poderosos, se han observado multitud de sistemas en que los movimientos y organizacion deben ser diversos de los que presenta nuestro sistema planetario. Hay grupos de dos, de tres y aun de millares de estrellas, moviéndose los unos en discos como nuestro sistema, los otros en elipsoides, otros en circunvalaciones globulares, y debe haberlos cuyos movimientos sean angulares y aun rectilíneos, y por consecuencia relativamente en muy pocos de aquellos sistemas pueden regir como en el solar las leyes de Kepler; pero en todos, absolutamente hablando, debe haber corrientes comprimentes y dilatantes del armonio, con las cuales este fluido conserve el equilibrio de los astros, conduzca éstos, y preserve su vida sujeta sin embargo generalmente á la concentracion lenta y universal, que promovida por la fuerza inicial ó de prioridad del compresor sobre el dilator, marca el género de progreso de la vida del universo hácia la estabilidad y perfeccion final.

En medio de esta armonía universal y de la unidad de fines que se percibe en la creacion, basta recorrer la innumerable variedad de corrientes armónicas correspondientes á la innumerable variedad de los astros que han originado y rigen, y cuyas mútuas relaciones é interferencias nos revelan sus movimientos combinados y la luz que unos á otros se envian, para que comprendamos cuán variadas deben ser esas mismas corrientes, cuántas direcciones perturbadas y perturbadoras deben brotar de sus mismas complicaciones, y cuán inmensa multitud de resultantes debe sobrevenir de la combinacion múltiple de fuerzas y de su prodigiosa variedad.

A todo esto se agrega la lentitud que en general presentan los movimientos estrellares y el poco tiempo que hace que la humanidad ha comenzado á estudiarlos, por todo lo cual podemos contentarnos con conocer un principio cierto y tangible de la causa de aquellos movimientos, quedando á la posteridad el irse enriqueciendo por medio de la observacion, con el conocimiento gradual y detallado de los diversos sistemas que pueblan el universo, en cuyo conjunto prodigioso, solo los siglos pueden proporcionar los conocimientos que emanan de la observacion.

No obstante esto, nosotros podemos cerciorarnos de la real y efectiva existencia del armonio y de la variedad y armonía de sus corrientes, las que pueden hacérsenos tangibles y sujetarse no solo al cálculo, sino tambien á la observacion esperimental con relacion á este planeta, y aun en los gabinetes de física y laboratorios de química que poseemos.

He establecido como un principio fundamental de la parte física y esperimental de esta obra, la existencia en el universo entero del fluido armonio, cual componente, solvente y vehículo de todos los cuerpos, que conduce los astros de nuestro sistema planetario por medio de las leyes especiales de su constitucion armoniosa. Así es que el sol está circundado, en direccion á su ecuador, de núcleos que han sido formados de su propia nébula primitiva y que ejecutan evoluciones transitorias, pero que en resultado final se aglomerarán en el mismo sol, como procuraré esplicar claramente.

Si toda la nébula que primitivamente circundó al sol se hubiese aglomerado en este astro, el resultado habria sido que su núcleo seria mayor, pero no hubieran existido los prodigios de vida y armonía que existen en el sistema planetario.

Supongamos por el contrario que la formacion de los planetas y sus satélites es una evolucion transitoria, y que incesantemente éstos se encaminan hácia el sol, al cual se unirán en último resultado; entonces, en vez de aglomerarse á este astro como simples nébulas, lo harán enriquecidos con la multitud admirable de sus séres, y contribuirán á la belleza, armonía y variedad de producciones que deben existir en el sol mismo, es evidente que de esta manera se habrán verificado fenómenos mas bellos en la naturaleza, la que habrá ejecutado obras sin disputa mas sublimes y portentosas.

Pues en efecto: tal ha sido la voluntad del Criador, atestiguada por los trabajos de la naturaleza puestos al alcance de la observacion y análisis. En nuestro sistema planetario existe un movimiento general de concentracion de todos sus núcleos, los que dirigiéndose constantemente hácia el sol, se reunirán un dia á este astro; pero no como se habia supuesto con la conmocion y destrozos de una caida repentina, sino suave y lentamente como la justa posicion armónica de las piezas hábilmente preparadas de un estuche.

Esta teoría, que á primera vista parecerá absolutamente ideal, tiene no obstante fundamentos basados en la observacion y el raciocinio. Para la demostracion de esto obsérvese de nuevo el cuadro sinóptico del sistema planetario, anexo á esta obra.

He demostrado que los anillos nebulosos que originaron los planetas, debieron existir sucesivamente á lejanías proporcionales al sol, doblándose la distancia de anillo en anillo desde el primero y mas cercano á este astro central, hasta el último y mas lejano. Esta colocacion necesaria se puede ver en su proporcion en la segunda columna del cuadro sinóptico, teniéndose presente que aunque puede haber otros planetas mas cercanos al sol que Vulcano, ó mas distantes que Jano, solo he querido presentar los doce términos de la serie armónica del mismo cuadro, porque así se perciben mejor las diversas distancias armónicas de la colocacion planetaria.

Para encontrar los periodos del movimiento anular y planetario proporcionales, hay una regla segura, y es la tercera ley de Kepler, que la observacion ha demostrado como evidente, y es esta: "Los cuadrados de las velocidades de las revolucio-"nes orbiturias de los planetas, son entre sí, como los cubos de los grandes ejes de "sus órbitas elípticas."

Para la mas fácil inteligencia y demostracion, traduciré esta ley al movimiento circular, el que como tengo manifestado, no está escluido teóricamente en el sistema planetario, aunque las irregularidades de los planetas hacen que en la práctica solo existan órbitas elípticas. Así, pues, acomodando la ley observada al movimiento circular, aparece como una condicion geométrica necesaria, y puede espresarse así: el cubo de los radios de las órbitas circulares planetarios, es en cada una de ellas proporcional al cuadrado de las circunferencias que en igualdad de tiempos describen.

Para cerciorarse de esto, pueden examinarse las columnas primera, segunda y tercera del cuadro sinóptico. Por ejemplo, la distancia de Mercurio, tomando por unidad el radio nebuloso del sol es 4, y su velocidad, tomando por unidad la del movimiento rotatorio del sol es 8, y por consecuencia el cubo de 4 y el cuadrado de 8 son uno mismo: es decir, 64. En las mismas columnas la tierra tiene por distancia 16 y por velocidad 64; así es que el cuadrado de ésta y el cubo de aquella es 4096, y así se verifica en todos los términos netos de la columna tercera, y debe verificarse de la propia manera en todas las cantidades de ella que tienen fracciones, aunque por simplificacion no he querido pasar en éstas de una sola decimal.

Cerciorado así de que la colocacion primitiva del sistema fué la de la duplicacion de distancia de planeta en planeta, tomando por unidad la del sol al primer planeta de la serie, he estudiado tan asiduamente como me ha sido posible la actual colocacion de los planetas con respecto al sol, y he observado que la duplicacion actual no es con respecto á las distancias sino con relacion á las velocidades, tomando por unidad la de rotacion del sol sobre su propio eje, por lo que he trazado las columnas quince, diez y seis y diez y siete del mismo cuadro, omitiendo los planetas Vulcano y Jano, por ser desconocidos aún. En la columna quince he puesto las velocidades observadas en dias de á veinticuatro horas. En la diez y seis he sentado las distancias con solo dos decimales, segun han sido observadas, tomando por unidad la esclusiva esfera de accion entre el sol y Vulcano, y en la columna diez y siete he establecido las velocidades observadas tambien, tomando por unidad la velocidad rotatoria del sol y aproximando la de los planetas con tres decimales.

Así se verifica que los cuadrados de las cantidades de la columna diez y siete, son los cubos de las cantidades de la columna diez y seis segun la ley referida de Kepler, sancionada por la observacion; pero como todas estas cantidades son fraccionales, como provenidas de las irregularidades de las órbitas elípticas de los planetas, no siendo las mas cómodas para un cuadro sinóptico, he calculado las correspondientes á órbitas circulares semejantes en las columnas octava, novena y décima.

En la columna octava he puesto como unidad el movimiento de rotacion del sol sobre su eje, hallado ser de veinticinco y medio dias, y de él he calculado la duplicacion en dias del movimiento orbiturario de cada planeta. Esta columna corresponde á la quince, en que se hallan en la misma forma la duracion del movimiento de los planetas en sus órbitas elípticas, escepto Vulcano y Jano, desconocidos aún. Si se comparan ambas columnas, se encontrará que la serie es muy semejante y que las diferencias que existen consisten en unos planetas en mas y en otros en menos, debido á la irregularidad que trae consigo la variedad de la escentricidad de las órbitas elípticas.

Del mismo modo se verá esta conformidad en la comparacion de las columnas novena y diez y seis, así como en la décima y diez y siete, por lo que puede concluirse que el cálculo es esacto, pues se comprueba con la observacion.

Habiendo llegado á este punto del estudio del sistema planetario á que deseaba traer al lector, éste puede percibir que: puesto que los planetas fueron formados duplicándose su distancia desde el sol hasta Jano (columna segunda); y que hoy esta duplicacion es solo con respecto al movimiento orbiturario (columnas octava y décima), es evidente que todos los planetas se han acercado considerablemente al sol, puesto que el cuadrado de las revoluciones orbiturarias es igual al cubo de las distancias.

Esto se percibirá mejor con ejemplos. La tierra tuvo primitivamente por distancia 16, y por revolucion 64; así es que el cubo del primer número y el cuadrado del segundo es 4096, pero hoy tiene solamente por distancia una cantidad que aproximadamente se espresa con 6,32, á la vez que su velocidad es 16, por lo que el cuadrado de ésta que es 256, es el cubo de la primera, salvo la deficiencia de la fraccion, que no he debido llevar en un cuadro sinóptico mas allá de dos decimales; así que, la tierra solo tiene ahora poco mas de la tercera parte de su distancia primiti-va al sol.

Pero es cosa sumamente remarcable que todos los planetas se han ido acercando á este astro proporcionalmente, y que salvo las pequeñas diferencias debidas á la elipticidad de sus órbitas, todos se hallan en sus posiciones relativas, aunque mas cercanos al sol que lo estuvieron en su colocacion primitiva. Por ejemplo: el grupo de Flora tuvo en un principio por distancia 64, y por revolucion orbituaria 512, cu-yo cubo del primero y cuadrado del segundo es 262144, y ahora solo tiene por distancia 16 y por revolucion orbituaria 64, siendo el cubo del primero y cuadrado del segundo 4096, y por lo tanto se halla cuatro veces mas cercano.

En Jano la distancia primitiva fué 4096, y la actual debe ser 256, por lo que se ha acercado diez y seis veces con respecto á su colocacion primitiva.

Así, pues, todos los planetas se van acercando al sol, pero con distinta velocidad; los mas lejanos se acercan mas rápida y los mas cercanos mas lentamente, resultan-do guardar entre sí y con respecto al sol su misma armonía y disposicion primitiva.

Para conocerse con esactitud lo que se ha acercado cada planeta relativamente al sol, se pueden comparar las columnas segunda, en que se halla la serie segun la necesaria colocacion de su formacion primitiva, y la columna nueve, que espresa las distancias á que se hallan actualmente los planetas, salvo la irregularidad de sus órbitas elípticas, y de alguna pequeña diferencia local en el acercamiento relativo.

De este modo se percibe que el acercamiento ha sido como sigue:

| SITUACION PRIMITIVA. | | COLOCACION ACTUAL. | | ACERCAMIENTO AL SOL. |
|---|---|---|---|---|
| Jano........ 4096 | : | 256 | = | 16 |
| Saturno. .... 512 | : | 64 | = | 8 |
| Flora... ..... 64 | : | 16 | = | 4 |
| Vénus....... 8 | : | 4 | = | 2 |
| El sol como u-nidad. .... 1 | : | 1 | = | 1 |

He puesto en este cuadro solo los planetas cuyos números son enteros, por evitar á la vista la complicacion de los quebrados, pero en todos la proporcionalidad es esacta.

Una vez observado este acercamiento armonioso, debe suponerse que lo ha pro-ducido una ley concorde con todas las circunstancias peculiares del sistema, la que procuraré demostrar.

Si remontamos la consideracion á la nébula primitiva del sistema solar, hallare-mos que debió ser tanto mas sutil y rarificada su materia ponderable, cuanto mas se alejase del núcleo central, y por consecuencia, al reunirse los respectivos mate-riales en los planetas respectivos, debieron tener corrientes propias de mas en mas débiles, y como las corrientes propias de cada planeta, combinadas con la actividad local de las corrientes solares, que como se ha dicho decrece conforme se aleja del sol hácia el espacio, son las que lo mantienen á la debida distancia del sol, el acer-camiento de los planetas hácia este astro central ha sido tanto mayor, cuanto mas lejanos se hallaban los núcleos del sistema, guardando siempre con corta diferencia su colocacion relativa.

Para determinarse el acercamiento de los planetas al sol, basta la fuerza inicial ó de prioridad del compresor solar, la que se percibe numéricamente en las columnas cuarta, quinta y sesta del cuadro mismo sinóptico, para cuya inteligencia pondré aquí los cinco primeros términos de la serie, es decir, hasta la tierra:

| Núcleos. | Corrientes compresivas radiantes hácia el sol. | | Corrientes dilatantes irradiantes del sol hácia el espacio. | | Fuerza inicial, cuya suma es igual en todos sus términos al espacio ocupado por las órbitas respectivas. |
|---|---|---|---|---|---|
| El sol........ | 1 | — | 0 | = | 1 |
| Vulcano...... | 8 | — | 1 | = | 7 |
| Mercurio...... | 64 | — | 8 | = | 56 |
| Vénus........ | 512 | — | 64 | = | 448 |
| La tierra..... | 4096 | — | 512 | = | 3584 |
| Sumas.... | 4681 | — | 585 | = | 4096 |

Así se ve que las corrientes que afluyen hácia el sol, menos las que refluyen de este astro hácia el espacio, son iguales al volúmen de la esfera de accion de cualquiera de los términos del mismo sistema. Ni podia ser de otro modo; porque siendo el armonio un fluido inelástico, así como sus partículas inalterables é incomprimibles, resulta que aquellas que vienen del espacio hácia el sistema, menos las que refluyen de éste hácia el espacio sean iguales al volúmen colectivo de las que llenan el sistema mismo.

Pero hay ademas una consideracion importantísima que tomar en cuenta, y es que mientras que las corrientes peculiares de un núcleo no disminuyan, éste no puede acercarse al sol (como demostraré esperimentalmente al hablar del giróscopo); pero la preponderancia de las corrientes solares sobre las planetarias, hace que continuamente se asimile una parte de éstas á las primeras; de lo que debe resultar finalmente la asimilacion absoluta de las corrientes de todos los planetas en las del sol, convirtiéndose primero el movimiento eclíptico ó zodiacal en el globular, como resultado de la grande proximidad de todos los núcleos del sistema, y terminando al fin por reunirse con el mismo sol, como he dicho antes, cual las diversas piezas de un elaborado estuche.

¡Oh qué espectáculo tan grandioso y sublime será el de la mayor proximidad giratoria de los núcleos de nuestro hermoso sistema! Los planetas todos de que se compone hoy con sus satélites, se habrán acercado unos á otros y todos hácia el sol, de manera que se percibirán sus mutuas variedades, y armados sus habitantes de instrumentos ópticos poderosos, podrán reconocerse recíprocamente y gozar de la maravillosa variedad de la creacion y del admirable espectáculo de la naturaleza universal del gigantesco y bello sistema planetario solar.

No sé por qué se han fatigado tanto los astrónomos en buscar la estabilidad del sistema en su inalterabilidad relativa, sin considerar que en las obras de la naturaleza nada hay actualmente imperecedero, y que esta madre comun busca la perfeccion en el ensaye continuo de nuevas y nuevas vidas.

La vida aislada de los planetas consiste en las corrientes armónicas que les son propias y que sus elementos al consolidarse adquirieron á costa de las corrientes solares, pero la preponderancia de éstas, hace que vayan asimilándose lentamente á las solares las de los planetas, hasta que la vida de éstos llegue al fin á refundirse en la vida del astro central, pero no para degenerar como cadáveres corruptibles, sino para progresar en los elementos físicos y biológicos de que abundan como preparatorios de la perfeccion final del universo.

Espero que el lector no atribuirá á una utopia ideal mis cálculos, pues yo procuro fundarlos en la observacion y en consideraciones emanadas de los fenómenos naturales que pasan en el mismo sistema, los cuales voy á enunciar, aunque sus detalles pertenezcan á una parte mas adelantada de esta obra.

Es una verdad incuestionable que la intensidad de la luz disminuye segun el cuadrado de las distancias al irradiarse del cuerpo luminoso, porque éste alumbra continuamente un espacio mayor conforme su luz se aleja hácia el espacio, y por lo tanto ésta se debilita de mas en mas al estenderse en él. Por consecuencia, cuanto mas se acerquen los planetas al sol se hallarán mas alumbrados, y sus habitantes verán mayor y mas brillante aquel astro.

Pero con respecto al calor no sucederá lo mismo, porque como las corrientes irradiantes del sol que constituyen su calórico ó dilator no solo estarán compensadas con las comprimentes que constituyen su compresor, sino que éste se hallará con mayor fuerza inicial, es evidente que el calor solar no causará mal ninguno á los planetas cuando se le acerquen, así como no se los ha causado en la parte del sistema en que ya se han acercado de facto.

Muchos filósofos, creyendo que el calórico es asimilable en sus efectos de intensidad á la luz, han aventurado cálculos en que suponen que en Mercurio la fuerza del calor es tal que puede fundir el hierro, sin advertir que la observacion desmiente semejante incremento de calor, y que tanto en aquel planeta como en Vénus, se observa una atmósfera gaseosa y nubes ambulantes en ella que denotan la existencia del agua, incompatible con la elevacion de la temperatura á solo cien grados del termómetro centígrado.

Esta casi identidad de la temperatura media en todos los puntos del sistema, se prueba tambien con los planetas superiores, cruzados de bandas de nubes que denotan la existencia de vientos semejantes á los alisios y de mares productores de los vapores y de las nubes.

En Marte, á pesar de que se halla casi duplicada su distancia con respecto á la de la tierra, se observan mares, nubes y aun los hielos de sus polos ceder al cambio periódico de la temperatura, provenido de las estaciones, á que da órigen la inclinacion del eje del planeta como en el nuestro.

La tierra misma se acerca en su perihelio mas de un millon de leguas hácia el sol, sin encontrarse inconveniente ninguno provenido del calor de este astro.

Finalmente, tampoco presentan los cometas, á pesar de su constitucion nebulosa ó vaporosa, ningun fenómeno remarcable debido al calor solar, y á pesar de la enorme diferencia entre su perihelio y su afelio, y antes por el contrario al acercarse al sol se disminuyen sus dimensiones como debia suceder por el efecto necesario del incremento de la fuerza inicial del compresor solar.

De este modo se comprende que no pueden los planetas sufrir nada por el calor del sol al acercarse y ni aun al reunirse con este astro, así como no han tenido inconveniente en la marcha que en el mismo sentido tienen ya verificada.

Tampoco lo tendrán por el choque de una rápida caida sobre el núcleo del sol, pues las corrientes propias de cada planeta irán cediendo suavemente sin sacudimientos ni oscilaciones, conservando la armonía y precision que ya tienen verificadas en su escursion progresiva desde el punto de su construccion hasta el que actualmente ocupan.

Los aerolitos como cuerpos privados de corrientes propias, caen con precipitacion sobre la tierra; pero si ellos tuviesen su compresor y dilator, y por consecuencia su vida, girarian en torno de este planeta, su caida seria gradual, por lo que la reunion de los planetas al sol no puede asimilarse, fenomenalmente hablando, á la caida de los aerolitos sobre la tierra.

Las corrientes propias de cada núcleo son necesariamente tanto mas enérgicas, cuanto mas cercanas al núcleo mismo, y por eso tambien el acercamiento de los planetas al sol es tanto mas rápido cuanto mas lejanos se encuentran, guardando siempre, como se ha visto, las distancias relativas que tuvieron entre sí en su colocacion primitiva, y esta misma causa influirá en evitar golpes violentos en su reunion final al sol.

Habiendo dado así una idea general de la gravitacion del sistema solar, y por analogía, de la universal, voy á examinar la intensidad de la misma gravitacion en los diversos puntos de nuestro espacio planetario.

Para esto es necesario observar que las corrientes solares y las de cada planeta, tienen sus efectos peculiares. Por ejemplo, el compresor solar y el terrestre, como fluidos radiantes hácia la tierra y hácia el sol, propenden á acercar los dos astros; pero el dilator solar y el terrestre como fluidos irradiantes, chocándose entre sí sus mutuas fuerzas, tienen la tendencia á alejar los dos astros. Del equilibrio de estos cuatro fluidos resulta la distancia que los mismos astros guardan entre sí; pero las fuerzas opuestas convierten el movimiento resultante en angular curbilíneo, y de aquí resulta que ambos astros circulen en torno de un centro comun de gravedad proporcionalmente á la fuerza de sus corrientes propias; mas como las de la tierra son tan inferiores á las del sol y éste se halla actuado por las de todos sus planetas, es la tierra la que se ve girar en rededor de aquel en su órbita elíptica.

De la misma manera se observa que todos los planetas giran de un modo análogo; pero la velocidad respectiva disminuye segun la distancia de ellos al astro central, bajo una ley constante y uniforme, la cual es fácil hallar en el mismo cuadro sinóptico, pero antes de entrar en los detalles que esto demanda, me creo obligado á decir dos palabras con relacion á la teoría que hoy rige acerca de la gravedad.

Newton conducido por su eminente genio y bajo un método de raciocinio y cálculo que conocen todos los iniciados en las ciencias naturales, dedujo por estudio de las leyes de Kepler que: "La materia atrae á la materia en razon directa de las "masas, é inversa del cuadrado de las distancias."

En esta fórmula hay dos partes que no observo de igual tendencia hácia la verdad, por lo que, reservándome hablar despues de la primera parte, voy á hacerlo ahora de la segunda.

Como ya tengo espuesto repetidas veces el que no estoy conforme con la teoría de la atraccion sino con la de la inercia de la materia, para que sea aceptable la parte de la teoría anterior de que voy á ocuparme, necesito sustituirla con la siguiente:

La fuerza de gravitacion del sol con respecto á su sistema planetario, decrece en razon inversa al cubo de las distancias y al cuadrado de las revoluciones de los planetas.

Para demostrar esto, voy á estraer algunos términos del cuadro sinóptico del sistema planetario antes adjunto, suponiendo el movimiento planetario como circular en vez de elíptico, para hacer mas perceptible la ley. Del mismo modo solo tomo de las columnas novena y décima los números que en ambas son enteros, para evitar el inconveniente sinóptico de las fracciones.

Así, pues, suponiendo el movimiento como circular y al rotatorio del sol como unidad, encontramos que en Vénus la distancia es como 4 y los tiempos empleados en la revolucion orbituaria como 8, por lo que la fuerza impulsora en este planeta, ha disminuido á una mitad, lo que es fácil probar.

Un círculo cuyo radio es uno y cuya circunferencia emplee en moverse tanto tiempo como uno, es esactamente proporcional á otro círculo cuyo radio es como cuatro y cuya circunferencia emplea en moverse cuatro veces el mismo tiempo. Pero si este círculo, como el supuesto de la órbita de Vénus, tiene cuatro veces el radio y emplea en moverse el planeta ocho veces el tiempo que emplea el sol en su rotacion, es evidente que la fuerza causal de este movimiento ha disminuido á la mitad.

Esto supuesto, obsérvese el desarrollo de la ley en el método siguiente:

| Núcleos del sistema cuyos términos constan de números enteros. | Duracion de las revoluciones, teniendo por unidad la rotatoria del sol. | | Distancia del sol, teniendo á este astro central por unidad. | | Diferencia entre las cantidades de las dos anteriores columnas, y que son como las raices cúbicas de las primeras y las cuadradas de las segundas. |
|---|---|---|---|---|---|
| El sol......... | 1 | : | 1 | == | 1 |
| Vénus........ | 8 | : | 4 | == | 2 |
| Flora .:...... | 64 | : | 16 | == | 4 |
| Saturno....... | 512 | : | 64 | == | 8 |
| Jano......... | 4096 | : | 256 | == | 16 |

Así se ve por la última columna, que la fuerza impulsiva ha disminuido de mitad en mitad en los cuatro términos del anterior cuadro, cuya espresion se tiene en la forma siguiente:

| Núcleos. | Distancias. | | Tiempos empleados en las revoluciones. | | Diferencias. |
|---|---|---|---|---|---|
| El sol........ | 1 | : | 1 | == | 1 |
| Vénus........ | 4 | : | 8 | == | $\frac{1}{2}$ |
| Flora.... ..... | 16 | : | 64 | == | $\frac{1}{4}$ |
| Saturno....... | 64 | : | 512 | == | $\frac{1}{8}$ |
| Jano ......... | 256 | : | 4096 | == | $\frac{1}{16}$ |

Así se ve que en el primero de estos dos cuadros las diferencias abstractas eran como las raices cuadradas de las distancias y cúbicas de las revoluciones; pero en el segundo cuadro, hecha la aplicacion concreta de la fuerza impulsiva de las revoluciones, resulta que dicha fuerza disminuye en cada planeta en razon inversa del cuadrado de las distancias y del cubo de las revoluciones, lo que demuestra la fórmula sentada.

Para probar que esto debia ser así, obsérvese que cuanto mas se acerca el compresor de las corrientes armoniosas hácia el sol, tanto mas aumenta su velocidad, y que el dilator, como su movimiento es inverso, cuanto mas se aleja del sol tanto mas disminuye su velocidad, resultando de aquí que ambas corrientes son tanto mas activas cuanto mas cercanas se hallan al sol, y que al alejarse de este astro obran con respecto á los planetas con una fuerza decreciente, en la proporcion de la ley espuesta.

Como espresé antes, Newton formuló la primera parte de su teoría, diciendo: que la materia atrae á la materia en razon directa de las masas é inversa del cuadrado de las distancias.  Ya se ha visto lo que yo he podido investigar y formular con respecto á la segunda parte de esta proposicion, y paso á hacerlo con respecto á la primera.

Prescindiendo de la teoría de la atraccion (que repito es inadmisible), no creo que las masas tienen influencia ninguna en las revoluciones planetarias, lo que se prueba á priori con la doctrina y á posteriori con la observacion.

Se prueba á priori, porque lleno el espacio que ocupa el sistema solar con sus corrientes armónicas, y siendo el armonio un fluido imponderable incompresible, y originario de todos los cuerpos, no tiene diferencia específica con éstos, y por lo tanto arrastra con sus corrientes todos los cuerpos sea cual fuere su masa, con la sola diferencia de velocidad emanada de la lejanía ó cercanía del punto central de su diástole y sístole.

Se prueba á posteriori con la observacion, con varios fenómenos que espondré sucesivamente.

Cuando caen en la tierra desde la misma altura al aire libre dos cuerpos de densidad específica muy diferentes, como por ejemplo un cilindro de plomo y una paja, el aire opone una resistencia relativamente muy débil al primero, al paso que resiste poderosamente á la segunda, y por lo mismo el plomo cae rápidamente, al paso que la paja se detiene y retarda en su caida.

Pero si para evitar en cuanto es posible la influencia atmosférica se hace el vacío pneumático, la paja y el plomo caen con igual velocidad, sin influencia alguna por parte de la masa mayor del segundo.

En el sistema planetario se observa un resultado semejante.  La enorme masa de Júpiter tiene por afelio una distancia poco diferente de la de los pequeños cometas telescópicos de Biela y de Faye, y sin embargo las órbitas de estos tres astros coinciden esactamente con las leyes de Kepler, sin que la variedad de masas tenga ninguna influencia en acelerar ó retardar los movimientos orbituarios.

En los mismos cometas citados en el párrafo anterior, aunque sus afelios están con corta diferencia á la misma distancia, la mayor duracion del tiempo empleado en su órbita por el cometa de Faye, consiste en la menor escentricidad de su órbita, que obliga al cometa á hacer una curva mayor que la del de Biela.

Aunque los planetas en general presentan su mayor volúmen en un término medio de su distancia hácia el sol, por ejemplo, en Júpiter, y que disminuyen tanto hácia los mas cercanos como á los mas lejanos, no puede afirmarse regla ninguna con respecto al volúmen ó masa.  Vénus y la tierra están con masas mayores mas cercanos al sol que Marte, así como Urano con masa menor está mas cercano que Neptuno.

Si la gravitacion obrase en razon directa de las masas, habria diferencias sensibles en los movimientos respectivos provenidas de tal causa; pero ninguna variedad se percibe emanada de ella, no solo en los planetas verdaderamente dichos, mas ni aun en las asteroides que cruzan sus órbitas entre la de Marte y Júpiter, con arreglo á las leyes emanadas de las corrientes armónicas, sin influir en nada la grande variedad de sus volúmenes.

Así es como sujetándose los astrónomos sin un exámen suficientemente profundo, han emitido hipótesis acerca del volúmen y masas relativas de los planetas, que están en contradiccion con la observacion efectiva. Por ejemplo, á Saturno se da una densidad de 0'095, cuando sus anillos sólidos, su núcleo y sus bandas, nos advierten que aquel planeta consta de materiales sólidos, líquidos y gaseosos, semejantes á los de la tierra.

Como punto de partida de la teoría de la atraccion fueron los cálculos de Newton acerca del movimiento de la luna, suponiendo que un grave cae por la fuerza atractiva de la tierra, pero que cuando la distancia es considerable, el movimiento vertical puede convertirse en angular, supuesto tambien un primitivo impulso dado en este sentido al móvil. De aquí la célebre teoría de la fuerza centrípeta y la centrífuga, y de aquí tambien la creencia general de los físicos, que suponen que una bala de cañon que tuviese cuatro veces mayor velocidad que la que da la pólvora, saldria de la atmósfera y se convertiria en satélite de la tierra.

Así se ha caminado de suposicion en suposicion, sin un fundamento ni coherencia como voy á enumerar: 1ª Que hay una fuerza de atraccion. ¿Por qué medio? 2ª Que á cierta distancia puede convertirse la caida en movimiento angular. ¿Desde qué límites? 3ª Que la fuerza tangentil se debe á un impulso primitivo dado á los astros. ¿Bajo qué leyes? 4ª Que la atmósfera influye en la caida de los graves. ¿Dónde están los límites de la atmósfera? ¿dónde la coherencia universal de estos fenómenos?

Para probarlos, se examinó la órbita de la luna y se aseguró que la distancia que ésta recorre en un segundo de tiempo, es la misma con que deberia iniciar su caida un grave que cayese verticalmente desde la luna hácia la tierra, supuesta la disminucion de la gravedad conforme es mayor la distancia de la tierra, y supuesto tambien que un cuerpo grave recorre en su caida en la superficie de ésta, 16 piés en el primer segundo.

Voy á examinar la órbita de la luna para rectificar las nociones anteriores é investigar si aquel satélite se mueve bajo el imperio de una menor gravedad que la de la superficie de la tierra.

El radio de la tierra es de 1500 leguas, y su circunferencia de 9427, á la vez que el radio ó distancia media de la órbita de la luna es de 90000 leguas, por lo que, llamando al primero A, á la segunda B y al tercero C, se tendrá una proporcion en que resultará X igual á la órbita lunar, en la proporcion siguiente:

$$\frac{B \times C}{A} = X = 565620$$

Esta proporcion conduce á la siguiente:

$$1 \quad : \quad 24 \text{ horas} \quad :: \quad 1440 \text{ horas} = 60 \text{ dias}.$$

Ahora bien: la revolucion sinódica de la luna es de 29ᵈ53; luego á primera vista, la velocidad de la luna en vez de disminuir segun el cuadrado de su distancia de la tierra, ha duplicado esactamente su energía.

Digo esactamente, porque la pequeña diferencia de 29ᵈ53 con respecto á 30, es debida sin duda á la elipticidad de la órbita lunar.

Este resultado se confirma observándose que la superficie de la tierra se mueve en torno de su propio eje á razon de 462 metros por segundo de tiempo, lo que segun el cálculo anterior, da al movimiento orbitario de la luna el mismo que le han calculado los astrónomos, y que segun Mr. Arago es de catorce leguas de á cuatro kilómetros por minuto, es decir, 933 metros por segundo de tiempo.

La causa de duplicarse el movimiento orbitario de la luna con relacion al rotatorio de la tierra, parece ser el que aquel satélite es impulsado por las fuerzas reunidas de las corrientes solares y las terrestres, lo que parece confirmarse por la semejanza que hay en los resultados de cálculos análogos acerca de los satélites de Júpiter, aunque como es debido, la fuerza impulsiva decrece acorde con las leyes de Kepler desde el primer satélite hasta el cuarto.

Con respecto á los satélites de Saturno, hay resultados asimismo parecidos; pero la variedad es mayor, debida á la influencia de las corrientes peculiares á los anillos que circundan este planeta.

La observacion y mejores datos proporcionarán en lo futuro la oportunidad de encontrar la espresion numérica de la ley que preside los movimientos de los satélites, y que se deja entrever por el cálculo precedente.

De todos modos éste es decisivo para demostrar el que no es la caida vertical con relacion á la tierra la que se convierte en la luna por su distancia en movimiento orbitario, puesto que sobre la superficie terrestre un cuerpo grave desciende en el primer segundo de tiempo diez y seis piés, al paso que la luna recorre novecientos treinta y tres metros en cada segundo, cuya diferencia releva por su magnitud de toda otra investigacion, puesto que el movimiento vertical de la gravedad debe decrecer con la distancia.

### RESUMEN DE LOS EFECTOS ASTRONOMICOS DEL ARMONIO.

Habiendo dado las nociones que anteceden acerca de la gravitacion universal y de la gravedad terrestre, parece oportuno considerar bajo su punto mas genérico al medio imponderable que llenando el universo contiene todos los séres que en él existen.

Hasta hoy se habian considerado unos cuerpos como luminosos por sí mismos, y otros como opacos y que solo presentan la luz que reflejan de los primeros.

Esta hipótesis tiene su fundamento en los raciocinios á que conduce la actividad ó fuerza relativa del órgano de la vista en los diversos individuos de la especie humana, así como la diferencia que existe entre ésta y otras especies de animales que ven claramente, cuando el hombre no percibe sino una oscuridad profunda.

Era necesario que la filosofía no juzgase la luz como una cuestion de hecho, sino como el resultado de leyes generales relacionadas con la universalidad de los fenómenos.

Otro tanto puede decirse del calor, pues mientras se tuviese á ciertos cuerpos como al sol como orígenes de la luz y del calor, emitiendo éstas constantemente y en todas direcciones, sobrevenia la dificultad que hasta ahora ha preocupado á las escuelas.

Y de facto, en ellas se dice: ¿qué será del mundo cuando el sol haya apagado sus fuegos? ¿la vejez de los astros será como la vejez humana agobiada por la ceguera y el enfriamiento?

Asimismo sobrevenian estas otras cuestiones: ¿De dónde obtiene el sol la reparacion de la luz y del calor que emite conservando éste sin disminucion ninguna desde los tiempos bíblicos como se atestigua por la existencia de los viñedos en los mismos lugares en que existian en tiempo de los patriarcas?

De la propia manera los partidarios de las ondulaciones de la luz se ven perplejos al tener que esplicar ¿cómo promueve y sostiene esas ondulaciones el cuerpo luminoso? ¿cómo obran ellas cual poderosos agentes físicos, químicos y biológicos? finalmente, ¿cuál es la naturaleza de los diversos colores de la luz, y si éstos constituyen siete elementos diferentes, ó un solo elemento con siete diferentes cualidades?

Fluctuando así el hombre entre la ignorancia y la duda, por todas partes encontraba dificultades insuperables, y para salir de ellas forjaba hipótesis que generalmente venian á ser desmentidas por los hechos. El mismo Newton imaginó que los cometas estaban destinados á reparar como combustibles las pérdidas que sufre el sol por la emision continua de su luz y calor. Aquel ilustre filósofo (segun asienta Mr. Arago en su astronomía popular) opinaba que el cometa de 1660 caeria en el cuerpo del sol en alguna de sus futuras apariciones, y que entonces el aumento del calor solar seria tan grande, que perecerian todos los animales que pueblan la tierra.

Es curioso y digno de notarse lo mucho que se afanan los sabios modernos por aparentar el huir de las hipótesis y atenerse solamente á la observacion de los hechos en la ciencia esperimental, y sin embargo, como cada hecho y cada esperimento exige una esplicacion, multiplican las hipótesis por medio de las mismas esplicaciones, formulando leyes en general incoherentes, y que hasta ahora han estado muy lejos de dar á las ciencias físicas la unidad y simplicidad indispensables.

Mas conocido una vez el elemento universal armonio, viene á ser como una clave fácil y sencilla para descifrar multitud de supuestos enigmas en la naturaleza.

Debiendo todos los cuerpos celestes su existencia al armonio por la aglomeracion de los materiales ponderables originados por los grupos compuestos de las esférides primitivas, tienen entre sí una semejanza de fenómenos generales. 1º Todos ellos poseen sus corrientes propias armónicas que les imprimen movimientos peculiares combinados con el movimiento universal de su conjunto. 2º Todos ellos obedecen la fuerza inicial ó de prioridad del compresor, dirigiéndose hácia el fin comun de todas las fuerzas y fenómenos de la naturaleza. 3º Todos ellos, por lo tanto, están sujetos á la gravitacion universal. 4º Todos ellos poseen su luz propia en proporcion de la actividad de sus corrientes armónicas, lo que hace parecer á unos cuerpos como luminosos y á otros como opacos, porque estos últimos al emitir su luz propia reflejan tambien la que reciben de cuerpos mucho mas poderosos, resultando de aquí que la luz refleja del sol sea tan superior á la natural de los planetas y satélites, que éstos nos parecen como opacos en sí mismos. 5º No siendo el calórico sino el movimiento de irradiacion de las mismas corrientes armónicas, todos los cuerpos celestes emiten calor en la proporcion de la actividad relativa de sus mismas corrientes; así es que nosotros percibimos la fuerza remarcable del calor ó dilator solar por un efecto de la cercanía del sol y de la actividad de sus corrientes. 6º Teniendo todos los cuerpos celestes sus corrientes propias, todos poseen su fluido magnético. 7º Interponiéndose cada uno de los cuerpos celestes en las corrientes de los demas, se ven envueltos en fluidos semejantes á la electricidad. 8º Siendo la actividad de las corrientes comprimentes en proporcion de las dilatantes, cada uno de los cuerpos celestes tiene su temperatura propia segun la actividad de su vida, así es que en el sol esta temperatura debe ser un medio proporcional desde la superficie del astro hasta los confines mas remotos de su accion armónica, donde se permutan sus corrientes compresivas y dilatantes; así es que en la tierra percibimos el frio de la noche y del invierno y el calor del dia y del verano, solamente porque interponiéndose este planeta entre las corrientes solares, perturba la permuta normal de ellas, y así se percibe la diferencia de las que vienen del espacio há-

|  | . | ### ARMONIAS DE OBSERVACION. |  |  |  |
|---|---|---|---|---|---|
|  | ORIO CIRCULAR. | #### Sistema Planetario ya Consolidado. |  |  |  |
|  |  | 1ª SÉRIE PLANETARIA EN MOVIMIENTO ORBITUARIO ELÍPTICO. |  |  |  |

Sistema Solar, tal cual existe en rededor del sol, como foco rector de las órbitas elipticas de todos los planetas, con las variaciones é irregularidades ocasionadas por las peculiaridades de los núclos respectivos, y la destruccion de los anillos sólidos de Flora y Eufrosina.

| Tiempos complicados en las revoluciones, teniendo por unidad la rotacion del sol. | Intensidad relativa de la fuerza inicial de creciente desde el sol. | Duracion en dias de las revoluciones del sistema orbituario elíptico, con relacion al movimiento rotatorio del sol. DIAS. | Distancias medias de los planetas al sol, observadas y calculadas por sus relaciones armoniosas, con el movimiento elíptico. | Proporciones comparadas de la duracion del movimiento orbituario elíptico de los planetas, teniendo por unidad el movimiento rotatorio del sol en rededor de su eje. | Serie de los núcleos principales del sistema solar, observados hasta la primera mitad del siglo diez y nueve. |
|---|---|---|---|---|---|
| 1 = | 1 | 25½ | 1 | 1 | EL SOL |
|  |  |  |  |  | Desconocido aun. |
|  |  | 88 | 2'54 | 3'451 | Mercurio. |
| 8 = | ¼ | 224 | 4'78 | 9'568 | Vénus. |
|  |  | 365 | 6'61 | 14'705 | La Tierra. |
|  |  | 686 | 10'06 | 26'901 | Marte. |
| 64 = | ⅛ | 1193 | 14'54 | 44'823 | Grupo de Flora. |
|  |  | 2083 | 21'11 | 121'254 | Grupo de Eufrosina |
|  |  | 4332 | 33'01 | 169'882 | Júpiter. |
| 512 = | ⅛ | 10759 | 63'06 | 421'568 | Saturno. |
|  |  | 30686 | 121'69 | 1022'078 | Urano. |
|  |  | 60127 | 197'22 | 2357'821 | Neptuno. |
| 4096 = | 1/16 |  |  |  | Desconocido aun. |
| 13ª | 14ª | 15ª | 16ª | 17ª | 18ª |

cia el sol, y de las que se irradian del sol hácia el espacio.   9º De este modo la
temperatura media de las corrientes solares es la neutralizacion en todo el sistema
de las radiantes y las irradiantes, y análogamente la temperatura media del universe es la neutralizacion de los efectos peculiares de las corrientes de todos los núcleos
celestes, constituyendo así el diástole y sístole perpetuamente ordenado y conservado por la voluntad del Creador en la vida universal de la creacion, ó propiamente
dicho, en la vida providencial de la naturaleza.

He terminado tan concisamente como me ha sido posible aquella parte de la sintésis universal relacionada con los fenómenos cósmicos.   Necesariamente he pasado
desde la emision sencilla de la hipótesis hasta la relacion de los hechos mas comprobados del sistema planetario solar, á que pertenece la tierra que habitamos, y
creo que pasando aquella hipótesis por el crisol de la observacion concorde de todos los fenómenos que presentan los cuerpos celestes, ha ido adquiriendo gradualmente las pruebas demostrativas de un hecho verdadero y fundamental en la naturaleza.

Sin embargo, ha sido preciso elaborar hasta ahora con solo la observacion, en
su mayor parte, de fenómenos lejanos, accesibles solo para nosotros por el órgano
de la vista.   Ahora voy á ocuparme de los fenómenos, que como referentes al
planeta que habitamos, están mas al alcance de nuestras percepciones por afectar
mas inmediatamente nuestro censorio por el testimonio comun de todos nuestros
sentidos, así como por el exámen científico de los fenómenos accesibles á nuestros
esperimentos.

De este modo paso en esta síntésis universal del estudio de los fenómenos astronómicos á los físicos, como preparacion necesaria del exámen de los químicos y biológicos.

### CONSIDERACIONES GENERALES ACERCA DEL PLANETA TERRESTRE.

El globo que habitamos, pequeñísimo cual es con relacion al sol y á otros cuerpos celestes, tiene no obstante dimensiones tan enormes con respecto al hombre, que
no es estraño el que hubiesen pasado desapercibidas por tantos siglos á la humanidad, y que ésta no hubiese venido á reconocer sino hasta los tiempos modernos el
aislamiento, la forma y los movimientos que constituyen á la tierra un verdadero
planeta perteneciente al sistema planetario que circula en torno del magestuoso sol
que le sirve de centro.

En efecto, este hombre que recorre con sus naves la redondez de los mares,
que atraviesa los continentes con una velocidad estupenda por medio de sus ferro-
carriles, y que auonada las distancias con la velocidad del pensamiento por medio de esos delgados conductores metálicos de la electricidad á que ha dado el
nombre de telégrafos; ese hombre, en fin, tan poderoso, es individualmente tan
pequeño con relacion al planeta que habita, que las mismas montañas que lo
pasman por su magnitud prodigiosa, solo pueden compararse con respecto á la
tierra como granos de arena colocados sobre un globo que tuviese un metro de diámetro.

Así es que solo á fuerza de afanes ha venido á conocer el hombre la esferoidad
del núcleo ponderoso en que ha nacido, al que por miles de años lo supuso como
una estension indefinida de terrenos y mares, sobre los cuales reposaba como en un
fundamento sólido la bóveda celeste.

De la misma manera la suavidad, la regularidad y la continuidad del movimien-

to de este planeta son tan uniformes, que el hombre no solo no siente que la tierra
se mueve, sino que ha sido necesario que la ciencia luche tanto en los tiempos antiguos como en los modernos, para convencer al vulgo con la incuestionable verdad
del movimiento terrestre, á pesar de que la rapidez de éste es tan grande, que el
planeta recorre en cada minuto de tiempo 420 leguas de su curso orbituario, ó sean
siete leguas en el corto espacio en que late una sola vez el corazon del hombre.

Tal movimiento del planeta es en sí tan difícil de comprenderse por la comparacion habitual de nuestros sentidos, cuanto que éstos no están acostumbrados sino á
percibir velocidades muy inferiores.

Cuando vemos pasar por la estacion de un ferro-carril un tren espreso recorrien-
do sesenta millas á la hora, no podemos menos de sentirnos sobrecogidos de una
imponente sorpresa al ver cruzar todo aquel pesado y complicado aparato con mayor velocidad que aquella con que cruzan los pájaros el aire. Y sin embargo, la
tierra recorre en igualdad de tiempo 1260 veces mayor distancia que el tren espreso mas veloz que conocemos.

Así el hombre encuentra su habitacion en este planeta por lo comun distinta de
lo que en sí es respecto al movimiento.

En las horas de calma, en medio de la soledad de los campos, ve deslizarse esos
tranquilos momentos de una apacible naturaleza cuya quietud aparente apenas viene á turbarse con las rientes escenas del pajarillo que cantando vuela de árbol en
árbol, ó con el triscar del cordero sobre la verde yerba del prado, ó el mugido de la
vaca cuidadosa que llama inquieta á su becerrillo, que juega y salta por el campo.
Algunas veces esta calma habitual viene á alterarse por la violencia del huracan,
de la tempestad y de la lluvia. Los séres vivientes, mustios y atemorizados, manifiestan el espanto y la inquietud en todas sus acciones, procurando guarecerse de
esa pasagera perturbacion, pero ella pasa, la calma y la frescura retorna, los colores del iris vienen á engalanar los cielos, y no parece sino que la naturaleza misma
ha procurado esos sacudimientos para rejuvenecerse.

Y sin embargo, nada hay mas aparente que la calma y quietud del planeta. Ninguna cosa posee en él la quietud, sino relativamente. El reposo absoluto no existe
en la naturaleza, y por el contrario, el movimiento continuo es su vida y su manera de ser.

Así es como la vista del océano arrebata la contemplacion filosófica aun al rudo
pescador que ha nacido al lado de las ondas y pasado su vida sobre esa mudable
superficie líquida. Todos, alguna vez al menos, tributan un homenage de admiracion al enorme piélago que se estiende ante las miradas humanas hasta perderse en
el horizonte, y que unas veces manso y tranquilo riza sus olas con la blanca espu-
ma que parece adornarlas con brillantes perlas, y otras veces rugiente y agitado
eleva sus olas cual montañas líquidas que inquietas y amenazadoras parece inten-
tan tragarse las rocas y riveras.

Así la mar con su continuo movimiento nos conduce á imaginar el de la naturaleza toda, y contribuye á despertar en nosotros ese deseo de conocimientos y ese
ahinco misterioso que nos conduce á buscar la verdad y á investigar en la causa de
los fenómenos naturales.

Sí, al través de los mares vemos elevarse del horizonte oriental los astros mages-
tuosamente, seguir su curso hasta ascender al meridiano para descender despues
con la misma velocidad imperturbable hasta perderse de nuevo en el horizonte, como si acudiesen á bañarse en las aguas de occidente.

Sí, repito, de las aguas del océano parecen levantarse los magníficos discos del
sol y de la luna animando y embelleciendo á la naturaleza y presidiendo esa multitud de séres vivientes que por su luz se guian y que ávidamente la buscan desde

la microscópica planta criptógama hasta el hombre, que por el movimiento y la luz de aquellos luminares divide su tiempo, organiza sus trabajos ó se entrega al descanso cuando le falta esa luz é influencia vivificadora que parece llamarlo á las funciones y labores de la vida en actividad.

De este modo el hombre ha investigado en el movimiento de los astros y predice los fenómenos que éstos presentan en sus relaciones mútuas y con respecto á la tierra que habitamos.

El hombre ha recorrido ésta, y ha reconocido en ella y dibujado con precision sus continentes, sus islas y sus mares, ha buscado las fuentes de sus rios, ha seguido el curso de éstos, y los ha visto á todos despues de fecundar los terrenos secos, confundirse en los mares, á los cuales debieron su orígen por medio de los vapores y las lluvias, y á los que retornan y enriquecen de nuevo para mantener ese juego constante de vida y de reproduccion á que se deben millones de séres dotados de organizacion y de funciones propias.

El hombre ha ido reconociendo poco á poco el movimiento en donde antes creia existir solo el reposo; así es que ha comenzado á estudiar los fenómenos eléctricos y magnéticos que le avisan haber continuas corrientes de estos fluidos, los que hace algunos siglos no se sospechaban siquiera.

De este modo comienza la humanidad á dirigirse hácia un mas esacto conocimiento de las causas que motivan los fenómenos mas importantes en la naturaleza, y cuyo conocimiento debe influir poderosamente para que la especie humana, guiada por el hilo de la ciencia, salga del laberinto de las suposiciones y se dirija hácia el conocimiento esacto de la verdad.

Con el ánimo de contribuir por mi parte á este deseado fin escribo esta obra, seguro de que como todas aquellas que inculcan verdades desconocidas, encontrará oposiciones acaso poderosas, hasta que el tiempo y la esperiencia demuestren la esactitud de los fundamentos sobre los cuales he procurado edificar la sintésis universal de que me ocupo, y la que voy á comenzar á presentar bajo el dominio esperimental.

## GRAVEDAD TERRESTRE.

Habiendo dado las nociones que anteceden de la gravitacion universal, me queda por tratar el fenómeno de la gravedad con relacion al planeta que habitamos, encontrándome así en el tránsito natural de los fenómenos astronómicos, en que solo puede guiarnos la observacion á los fenómenos físicos, en cuya investigacion puede disponerse ademas de multitud de pruebas esperimentales.

Galileo fué el primero que se propuso investigar metódicamente en la velocidad continuamente creciente de la caida de los graves, y como la caida vertical es tan rápida que no permite observarse de momento á momento, ideó el hacer caer cuerpos pesados suspendidos de una polea, haciendo rodar ésta sobre cuerdas ó planos inclinados, y encontró que la velocidad de un cuerpo grave al caer hácia la tierra es continuamente creciente en igualdad de tiempos, segun los números impares. Es decir, que si en el primer momento desciende el grave un espacio dado, en el segundo momento desciende tres, en el tercero cinco, en el cuarto siete, y así sucesivamente.

Posteriormente Atwood inventó una máquina por contrapesos, en que se observa con suma claridad el mismo resultado. Así, pues, la caida de los cuerpos graves se debe á una fuerza que continuamente obra sobre el grave, imprimiéndole por lo tanto un movimiento constantemente acelerado, segun el cuadrado de los tiempos que ha empleado en descender hasta ponerse en reposo sobre la superficie sólida de la tierra.

Asimismo se ha observado que la direccion en la cual cae un grave es hácia el centro de la tierra, lo cual se prueba suspendiendo una plomada sobre la superficie del agua de un estanque ó lago en tranquilidad, porque ésta es perpendicular á la direccion de la plomada rectamente dirigida desde el punto de suspension hácia el centro de la tierra. Por esto se dice que la direccion de la gravedad es perpendicular á la superficie de las aguas tranquilas.

En muchas partes de esta obra he indicado la causa de este fenómeno, la que ahora me veo precisado á recapitular de nuevo.

La afluencia del armonio ó fluido universal hácia la materia ponderable que constituye la tierra, ha dado á ésta su forma casi esférica y la ha cubierto en las partes mas bajas con el agua de los mares, envolviendo el todo con los gases de la atmósfera, lo que no podia ser sino dirigiéndose las corrientes de dicho fluido que pertenecen á la tierra de todos los puntos del espacio hácia el centro de ésta, lo cual nos manifiesta una analogía sumamente importante. La tierra con sus mares tiene la forma casi esférica. La atmósfera tiene límites asimismo casi esféricos. Mas allá de la atmósfera las corrientes del armonio provienen del espacio asimismo esférico, y pudiendo decirse lo propio de las corrientes solares, la accion de éstas, aunque mucho mas estensas que las de la tierra, es provenida de un espacio asimismo esférico, y por lo tanto, llevando la analogía hasta los límites del universo, éste resulta esférico tambien.

Semejante analogía no es esclusivamente especulativa, sino la espresion mas universal y precisa de la ley de la gravitacion.

Dirigiéndose el armonio por un movimiento perpetuo y constantemente sostenido desde los límites del universo al centro de gravedad de éste, ramifica sus corrientes hácia todas las estrellas ó soles que pueblan el espacio, relacionándolos entre sí con la armonía de una congruencia y precision maravillosa, la cual no solo es relativa al conjunto de los núcleos que pueblan el universo, sino que se refiere asimismo á cada uno de los núcleos dotado como la tierra de corrientes armónicas, y por consecuencia de vida propia.

Pero como las corrientes armónicas no pueden menos de debilitarse al irradiarse hácia el espacio, es necesario buscar otra causa al fenómeno antecedente, la cual se encuentra con suma facilidad cuando reflexionamos que la luna no debe su movimiento orbituario á la sola influencia de las corrientes armónicas terrestres, sino tambien á las del sol, á lo que se agrega que la situacion orbituaria de aquel satélite está donde las corrientes terrestres y solares equilibran su fuerza, por lo que si las fuerzas terrestres obrasen solas en la revolucion lunar, la luna completaria ésta en 60 dias, y lo mismo sucederia si las corrientes solares impulsasen esclusivamente á la luna en torno de la tierra, moverian ésta y su satélite con igual energía; pero como la revolucion de la luna es debida á los impulsos reunidos de las corrientes solares y terrestres, dicha revolucion sinódica se verifica en 29ᵈ56, que debe ser poco mas de la mitad del tiempo en que las corrientes aisladas del sol ó de la tierra la impulsasen, pues aunque $\frac{60}{2}$ es poco mas de 29ᵈ56, como he dicho es necesario tener en cuenta que la órbita de la luna es elíptica y no circular, y por consecuencia su periferia algo menor que una circunferencia.

De este modo la forma de la tierra nos advierte que las fuerzas á que se debe se dirigen de todos los puntos del espacio donde se estiende la esfera de accion de sus corrientes peculiares, hácia el centro de la tierra misma.

Pero para que haya corrientes en un fluido inelástico como lo es el armonio, es indispensable que sus partículas ó esférides se muevan á la vez dirigiéndose hácia la tierra, mas como á cada vez que disminuye en una mitad el espacio esférico que recorren encuentran que éste es ocho veces menor en volúmen, necesitan multiplicar ocho veces su velocidad.

Del mismo modo cada corriente lineal, al recorrer la mitad que media desde un punto cualquiera del espacio hácia el centro de la tierra, encuentra disminuida cuatro veces su capacidad, necesita acelerar su movimiento segun el cuadrado de las distancias.

Siendo el armonio inelástico y sus partículas ó esférides inalterables, arrastra consigo en su direccion hácia el centro de la tierra todo cuerpo privado de corrientes armónicas propias, es decir, á todo cuerpo pesado, con una velocidad continuamente creciente segun el cuadrado de las distancias, hasta dejarlo abandonado á su equilibrio, bien sea como los gases en la atmósfera, bien sea en el agua si es mas ligero específicamente que ésta, ó bien en fin sobre la superficie sólida de la tierra.

Pero para que haya corrientes que continuamente afluyan del espacio hácia la tierra, es indispensable que haya otras que, por una necesaria reaccion, refluyan de la tierra hácia el espacio, mas como las primeras al ir encontrando una capacidad de mas en mas pequeña aceleran su movimiento lineal segun el cuadrado de las distancias, las corrientes de reaccion retardan su movimiento tambien segun el cuadrado de las distancias al ir encontrando un espacio de mas en mas estenso.

Es evidente, pues, que las corrientes del armonio radiantes del espacio hácia la tierra ó irradiantes de ésta hácia el espacio, tienen caracteres enteramente opuestos, originando así dos fluidos imponderables resultantes del mismo elemento primitivo. Como ya tengo repetido en esta obra, al primer fluido le he dado el nombre de *compresor* por su tendencia en las corrientes terrestres á conducir hácia la tierra y comprimir en ésta toda la materia ponderable que se halla bajo su esfera de accion.

Al otro fluido le he dado el nombre de *dilator*, por sus tendencias enteramente opuestas, y son las de liquidar los sólidos, evaporar los líquidos, gasificar los vapores, y finalmente dispersar los gases que se hallan bajo su esfera de accion.

Estos dos fluidos, como constituyendo fuerzas opuestas, obran en un cuerpo grave abandonado á su propio peso, bajo de la esfera de la accion de las corrientes terrestres de dos distintas maneras. El compresor lo arrastra con una velocidad continuamente creciente hácia la tierra segun el cuadrado de las distancias, mas el dilator lo repele con una velocidad continuamente decreciente segun tambien el cuadrado de las distancias. Pero como el movimiento de prioridad ó de accion es anterior al movimiento de reaccion, hay siempre una superioridad de fuerza en las corrientes comprimentes sobre las dilatantes, á la cual le doy el nombre de *fuerza inicial*, la que identificada con el tiempo, es igual en todos los momentos iguales, así es que un grave que desciende á la tierra impelido por el compresor y repelido por el dilator segun el cuadrado de las distancias, cae con una velocidad continuamente acelerada, segun el órden de los números impares, es decir, segun el cuadrado de los tiempos iguales, ó sea la fuerza inicial, que es la diferencia entre las corrientes comprimentes y dilatantes lineales de la tierra, como se verá sinópticamente en el siguiente cuadro:

# SINOPSIS

### DE

## LA LEY DE LA GRAVEDAD TERRESTRE.

| FUERZA INICIAL | | COMPRESOR | DILATOR | ESPACIOS DESCENDIDOS |
|---|---|---|---|---|
| ó de prioridad, identificada con la unidad de duracion de tiempo, igual y uniforme en todos los momentos iguales. | | Radiante del espacio hácia el centro de la tierra con una velocidad continuamente acelerada segun el cuadrado de las distancias, constituyendo la fuerza comprimente ó impulsiva. | Irradiante de la tierra hácia el espacio, con una velocidad continuamente retardada segun el cuadrado de las distancias, constituyendo la fuerza dilatante ó repulsiva. | Caida del grave continuamente acelerada conforme la diferencia entre las corrientes comprimentes y las dilatantes del armonio, resultando la suma de los espacios descendidos en todos los momentos, igual al cuadrado de éstos, identificados con la fuerza inicial. |

| | | | | | | | |
|---|---|---|---|---|---|---|---|
| 1 | $(1)^2$ | $=$ | 1 | — | 0 | $=$ | 1 |
| + |  |  |  |  |  |  |  |
| 1 | $(2)^2$ | $=$ | 4 | — | 1 | $=$ | 3 |
| + |  |  |  |  |  |  |  |
| 1 | $(3)^2$ | $=$ | 9 | — | 4 | $=$ | 5 |
| + |  |  |  |  |  |  |  |
| 1 | $(4)^2$ | $=$ | 16 | — | 9 | $=$ | 7 |
| + |  |  |  |  |  |  |  |
| 1 | $(5)^2$ | $=$ | 25 | — | 16 | $=$ | 9 |
| + |  |  |  |  |  |  |  |
| 1 | $(6)^2$ | $=$ | 36 | — | 25 | $=$ | 11 |
| + |  |  |  |  |  |  |  |
| 1 | $(7)^2$ | $=$ | 49 | — | 36 | $=$ | 13 |
| + |  |  |  |  |  |  |  |
| 1 | $(8)^2$ | $=$ | 64 | — | 49 | $=$ | 15 |
| + |  |  |  |  |  |  |  |
| 1 | $(9)^2$ | $=$ | 81 | — | 64 | $=$ | 17 |
| + |  |  |  |  |  |  |  |
| 1 | $(10)^2$ | $=$ | 100 | — | 81 | $=$ | 19 |
|  | $(10)^2$ | $=$ | 385 | — | 285 | $=$ | 100 |

La espresion de la ley anterior indica: que en todos los momentos iguales de la duracion de la caida del grave recibe éste iguales impulsos de la fuerza inicial, y que el cuadrado de éstos en todo momento es igual á las fuerzas comprimentes ó impulsivas, menos las dilatantes ó repulsivas del armonio, é igual á la suma de los espacios descendidos.

Despues de una demostracion teórica y práctica tan completa y clara como la que antecede, apoyada como lo está en los hechos mas universalmente reconocidos en la naturaleza, antes de pasar adelante en la sintésis universal, necesito ocuparme en demostrar la existencia del armonio, puesto que en ello estriba el marchar despues con la seguridad fundamental de un hecho indisputable.

## ARMONIO TERRESTRE.

Como el armonio en sus diversas evoluciones constituye la luz y el sonido, no se le puede ver ni oir, pues siendo un fluido inelástico é incomprimible, así como son inalterables las partículas ó esférides de que consta, son éstas por lo tanto perfectamente invisibles é inaudibles, envolviendo en el fluido que constituyen, todos los cuerpos, conduciendo éstos, modificándolos y penetrándolos por la estrema pequeñez de las esférides mismas.

Así es que solo puede percibirse la accion del armonio por sus efectos en la materia ponderable.

Sin embargo, observando cuidadosamente la naturaleza, encontramos multitud de pruebas de la existencia del armonio tal cual lo acabo de describir, y en verdad que bien observados todos los fenómenos son otras tantas pruebas del objeto mismo, y la dificultad consiste en la misma abundancia de esas pruebas, por lo que espondré aquí solamente aquellas que mas directamente se rosan con el asunto que ahora tratamos.

*El movimiento altera la accion de la gravedad con respecto á su direccion normal y á su intensidad como fuerza.*

Para demostrar esta proposicion, obsérvense algunos hechos universalmente reconocidos. Si en lo alto del mástil de un navío navegando á toda vela ó á todo vapor se fija un embudo de donde estén cayendo pequeñas balas ó municiones, se verá que en vez de caer hácia la popa, como debia suponerse por la cantidad que en el tiempo de la caida ha andado el buque hácia delante, caen en la vertical al pié del embudo con tal precision, que suele colgarse del mismo una botella ó bote como si fuese una plomada, la que recibe en efecto todas las municiones que se desprenden de lo alto, lo cual consiste en que el buque al moverse mueve tambien las corrientes del armonio con que se relaciona, dando á la vertical de éstas una resultante ó caida oblicua, lo que no puede esplicarse de ninguna manera con la téoría de la atraccion terrestre.

De facto, si la caida de las municiones fuese urgida por una atraccion residente en la tierra y con direccion normal hácia el centro de ésta, y si cayesen de una altura de treinta y dos piés en un buque navegando de doce millas por hora, la bala tardaria en caer dos segundos de tiempo, en los cuales el navío avanzaria mas de seis metros, que serian aquellos que midiesen la caida de la bala hácia la popa, cuyos seis metros son cantidad muy considerable para que pudiera pasar desapercibida. Pero como en vez de tener esta direccion aparentemente oblicua la caida de los graves, es constantemente vertical en los buques en movimiento, es preciso convenir en que *la causa que determina la direccion de la caida del grave se mueve con el buque mismo.*

Otro tanto sucede en los carruages de los caminos de fierro. A pesar de la estrema velocidad de éstos, que suele ser en los espresos de mas de sesenta kilómetros á la hora, la caida de un cuerpo dentro de uno de estos carruages es vertical.

Pero pasando á demostrar que las corrientes del armonio son las que verdaderamente se mueven, observemos estos vehículos. Cuando un tren de camino de fierro está en reposo, pesan sobre de él las corrientes verticales del armonio, y como este fluido es perfectamente movible, es evidente que al moverse el tren tiene que mover las corrientes que sobre de él pesan.    Para que esto se verifique, se ve de facto: que la locomotora al principio mueve el tren con suma dificultad, por la resistencia que le oponen las corrientes mismas, hasta que éstas, puestas en movimiento producen una corriente anormal que marcha con el mismo tren y que lo impulsa hácia delante con una fuerza y velocidad proporcional á la que las habia puesto en movimiento, de tal manera, que aunque se suspenda la fuerza del vapor en la máquina, y ésta deje de obrar repentinamente como locomotora, no por eso el tren deja de correr hácia delante impulsado por la corriente anormal del armonio que él mismo habia promovido, hasta que esta corriente por falta de fuerza motora que la conserve, va cediendo á las corrientes normales del armonio, y suspende poco á poco su movimiento hasta reasumir la quietud bajo del imperio vertical de la gravedad normal.

Todos los conductores de trenes en los caminos de fierro, saben que tienen que suspender la máquina á cierta distancia del punto donde debe parar el tren, y ejecutar esta operacion necesaria sin conocer la causa que á ello los obliga.

En los accidentes que suceden en los caminos de fierro, frecuentemente los conductores ven el obstáculo contra el cual van á estrellarse, y suspenden la fuerza motora de la máquina aplicando aun á veces frenos poderosos de frotamiento á las ruedas, con el objeto de suspender lo mas pronto posible el tren.    Pero éste sigue corriendo impulsado por las corrientes anormales del armonio que él mismo habia promovido, las que conservan tal fuerza, que al llegar al obstáculo estrellan contra de él el tren mismo, reduciendo á fragmentos el fierro, la encina, el acero y todos los demas materiales de que consta y los cuerpos humanos que conduce, como tan frecuentemente acaece en estas lamentables catástrofes.

Cuando se pregunta á los físicos ¿por qué el movimiento se conserva despues de haber dejado de obrar la causa motora? responden magistralmente: que por la velocidad adquirida, sin advertir que así forma un ente de razon como la teoría de la atraccion de la materia, pues no dando la causa de la adquisicion de la velocidad, ésta es inesplicable con el fenómeno mismo.

Es necesario sin embargo confesar, el que antes de conocerse la existencia del armonio llenando el universo, y por consecuencia la imposibilidad del vacío, no podia darse otra esplicacion á los fenómenos espresados, porque la carencia de nociones esactas acerca de la inercia de la materia conducia á teorías erróneas.    Por ejemplo: se decia que por la inercia de la materia ésta no podia ponerse en movimiento sin que una fuerza la impulsase, ni reasumir el reposo sin que otra fuerza suspendiese su movimiento adquirido.    Así se decia tambien que un cuerpo grave que recibiese un impulso en el vacío, se moveria eternamente en línea recta si otro impulso contrario no suspendia su movimiento, ó si otra fuerza no modificase la direccion recta en curvilínea, en cuya teoría se fundaban los movimientos astronómicos, ideando, como se ha visto, la fuerza centrífuga ó rectilínea, resultante de un primer impulso dado por el Creador á los astros en el vacío, modificándose la direccion primitiva por la fuerza centrípeta de la atraccion de la materia.

Para dar un ejemplo de la velocidad adquirida por un cuerpo inerte, acostumbran los físicos el siguiente raciocinio: "Cuando se da con el taco un golpe á una bola de billar, ésta se mueve rectamente sin que la fuerza que le imprimió el movimiento tenga ya nada que hacer con la bola, la que solo suspende el movimiento adquirido, 1°, por los rosamientos del paño de la mesa; 2°, por los choques que sufre contra las barandas; 3°, por la resistencia que opone el aire atmosférico; 4°, finalmente, por la atraccion terrestre.    De aquí deducen que si la bola de billar recibiese el impulso dado por el taco en el vacío, se moveria eternamente en línea recta con un movimiento uniforme mas ó menos rápido, segun la velocidad adquirida.

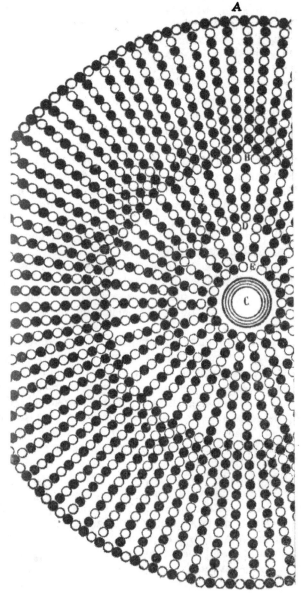

*Lamina Segunda*

me
fac
sis
mi
pu
pu
en
tre
qu
qu
cq
gr

su
cu

da
me
ru
co
pr
de
lo
fre

ha
lo
at
és

ar
di
ne
ej
m
su
qu
in
re
ce
pi
re

bi
b
n
a
fu
n
ci
te

Como he dicho, conocida la existencia del armonio, y que éste por la tenuidad, sutileza y pequeñez de sus esférides, no solo envuelve los cuerpos ponderables sino que llena sus cabidades, así como sus intersticios moleculares; conocido ademas que los intersticios de las mismas esférides del armonio están llenos de la fuerza continua ó elemental, es necesario convenir en que la existencia del vacío es imposible, y por lo tanto inadmisibles todas las teorías que en él se fundan.

No me parece por demas el anticipar aquí que cuando hablo de imposibilidad, es la del vacío absoluto y no la del pneumático, pues éste puede practicarse estrayendo el aire con mas ó menos perfeccion en un aparato.

Conocida la existencia del armonio y que éste se mueve en corrientes normales, todo cuerpo que en él se mueve por una causa cualquiera, perturba aquellas corrientes y origina otra anormal que dura mas ó menos tiempo despues de haber cesado de obrar la causa motora y segun la fuerza de ésta, hasta que la corriente anormal retorna al movimiento normal, ó como si dijésemos, se refunde ó disuelve en las corrientes normales.

Esto sucede con el ejemplo de la bola de billar. El impulso que se le imprime con el taco es instantáneo, pero suficiente para poner en movimiento una corriente anormal que envuelve la bola y la conduce hasta que ésta cesa de moverse por las primeras causas arriba espuestas, pero principalmente por haber cesado de tener una corriente anormal ó propia del armonio que conservase su movimiento.

De aquí resulta, que la definicion de la inercia debe modificarse del modo siguiente: *La materia como inerte, no puede ponerse en movimiento ni conservar éste sino impulsada por una ó mas fuerzas; tampoco puede reasumir el reposo sino por la cesacion de la fuerza ó fuerzas impulsoras, ó por la oposicion equilibrada de otra ú otras fuerzas iguales.*

Las corrientes del armonio no solo obran en la materia inerte, sino tambien en los séres dotados de vida y energía propia, hasta donde alcanza la fuerza que los anima.

Los animales pueden brincar, nadar y volar segun su organizacion y segun su diferencia de peso específico con relacion al medio gaseoso ó líquido en que viven, pero luego que se ha agotado la fuerza muscular que los eleva en un medio mas ligero, son arrebatados por las corrientes normales del armonio que constituyen la gravedad, y caen hasta encontrar materia sólida ó líquida en que asumir, segun su peso específico, el equilibrio.

Tambien los animales están sujetos á los efectos de las corrientes anormales. Un caballo de veloz carrera y obediente al freno, cuando se le hace correr con tanta rapidez cuanta le es posible, y repentinamente se le tira de las riendas, hace un grande esfuerzo por suspender instantáneamente su carrera clavando sus cuatro piés en la tierra, haciendo en ésta cuatro surcos que suelen prolongarse á algunos metros de distancia, segun la energía y docilidad del animal. La causa es, que éste, envuelto en las corrientes mismas que él ha promovido, necesita suspenderlas al parar con un esfuerzo estraordinario, sin lograr su objeto hasta que la corriente misma anormal queda equilibrada ó nulificada por el esfuerzo de suspension del animal mismo.

Con este ejemplo se percibe que la inercia no ha tenido que intervenir en el fenómeno, y que la misma vida que ha promovido la corriente anormal del armonio, tiene que promover la suspension de ésta.

Creo haber dicho lo bastante para que se comprenda la diferencia que hay entre las corrientes normales del armonio que ocasionan la gravedad terrestre, y las anormales producidas por cualquier causa motora, y paso ahora á manifestar algunos esperimentos que demuestran la evidente existencia del armonio y sus corrientes.

Estando un plato lleno de agua sobre una mesa, es evidente que las corrientes normales del armonio pesan sobre de él lo mismo que sobre del líquido, así es que si se estira el plato sobre la mesa, dándole un movimiento rápido horizontal, las corrientes normales que actúan el líquido se oponen á la marcha de éste, y el plato se vacía cayendo el líquido cercanamente de la vertical que ocupaba. Pero supóngase al contrario que un plato lleno de agua se va poniendo en movimiento poco á poco hasta que adquiere una gran velocidad; entonces, formándose una corriente anormal que envuelve tanto al líquido como al plato, éste no se vacía; pero si se suspende su movimiento repentinamente, las corrientes que envuelven el líquido continúan moviendo éste y lo lanzan hácia delante, con la misma velocidad que traia reunido al plato.

Ahora se comprenderá mejor la esplicacion que hice antes del movimiento centrífugo, ilustrándolo con la fig. 2, lám. 3ª

Pero aun hay mas: y es, que un cuerpo puesto en movimiento muy rápido, puede en ciertas circunstancias sustraerse de los efectos de la gravedad, porque la corriente anormal que lo envuelve lo aisla de las corrientes normales que hacen caer los graves sobre la tierra.

El esperimento de esta clase mas comun, es un trompo de los que bailan los niños. Cuando este juguete está en reposo, cae sosteniendo el equilibrio de su centro de gravedad sobre el suelo, pero luego que por medio de la cuerda se le dá un movimiento muy rápido giratorio y se le abandona á sí mismo, el trompo gira sobre su punta y aun hace evoluciones, inclinándose en torno sin caer, manifestando que mientras se mueve está sustraido de la accion de la gravedad. Pero esto se percibe mas claramente cuando los niños toman el trompo bailando en la palma de la mano, y lo ladean hasta colocarlo casi horizontalmente, pues el trompo no cae á pesar de estar su peso fuera de la vertical de la gravedad.

Estos fenómenos habian permanecido inesplicables, porque bajo la teoría de la atraccion, no podian absolutamente ser esplicados demostrativamente.

Y de facto: si la atraccion fuese universal en la materia, ¿por qué el movimiento de ésta puede sustraerla de la ley general? ¿Seria necesario dar al movimiento un orígen incongruente con la atraccion misma, y por consiguiente contradictorio?

Ahora voy á ocuparme de un aparato con el cual han creido los físicos probar la atraccion de la materia de un modo indisputable, y con el cual se han creido autorizados para creer que pueden pesar desde su gabinete todos los astros del sistema planetario. El lector comprenderá desde luego que le voy á hablar del aparato de Cavendish, con el cual se ha creido que la densidad media de la tierra es cinco y media veces el peso específico del agua, y de este modo por medio de un sistema proporcional, han supuesto conocer el peso específico del sol y de todos sus planetas.

No puedo menos aquí de llamar la atencion acerca de la falibilidad humana que hace del hombre un sér susceptible de errar, aun cuando tome todas las precauciones para evitar el error.

En efecto, muchos filósofos han creido encontrar como única clave de la verdad el raciocinio especulativo, y han venido las verdades físicas á contradecir las conclusiones que aquellos habian deducido.

Otros filósofos (y esta es la tendencia de la ciencia moderna) han creido que el hombre no puede conquistar verdad ninguna sino por medio de los esperimentos materiales y del cálculo, y no obstante los esperimentos pueden ser imperfectos, pueden no ser comprendidos, y pueden ocultar causas indescubribles á primera vista.

Del mismo modo el cálculo, como la simple espresion de la teoría y de los hechos, puede, á pesar de la esactitud matemática, conducirnos al error si está basado en una teoría errónea ó en hechos mal comprendidos ú observados.

En mi concepto, para marchar sólidamente se necesita atender á la universalidad de la teoría á la par que á los cálculos que la espresan, así como los hechos y esperimentos que la comprueban, y sin embargo, si se logra encontrar la verdad en general, no puede asegurarse la carencia de error en algunos detalles.

El aparato de Cavendish, como todos saben, consta de una cámara en que se ha procurado librar al aire que contiene de toda influencia del viento esterior, á términos de que las partes necesarias se alumbran por medio del reflector de una lámpara, y se observa con un pequeño anteojo penetrando al interior por los únicos agujeros practicados en la cámara misma.

Dentro de ésta hay una especie de balanza de donde están suspendidas dos esferas de plomo del peso cada una de 158 kilógramos. Hay ademas otra especie de balanza suspendida por un hilo, en cuyas dos estremidades hay dos pequeñas balas pendientes de dos hilos muy flexibles, como constituyendo dos péndulos.

Estas dos balanzas se colocan en cruz, y se tiene cuidado de que todo esté en perfecta quietud, en cuyo estado, por medio de un cordon esterior se da á la balanza de las dos esferas un movimiento circular de cerca de 90° hasta acercar éstas á las pequeñas balas, las cuales comienzan á hacer oscilaciones que se observan con el anteojo, y que se atribuyen como infaliblemente debidas á la atraccion ejercida por las grandes esferas sobre los pequeños péndulos.

En mi concepto se ha omitido una consideracion importante, y es la influencia del aire interior de la cámara puesto en movimiento por las mismas esferas; pero aun cuando este inconveniente se salve por medio de otras precauciones, queda en pié la verdadera causa de la oscilacion de los péndulos, sin que sea necesario atribuir á las esferas ningun poder atractivo. Dicha causa es el armonio, del cual es imposible aislar cuerpo ninguno, pues los penetra todos sin escepcion. Cuando este fluido ejecuta sus corrientes sin disturbio alguno, las pequeñas balas del aparato de Cavendish deben permanecer quietas bajo el imperio de las corrientes normales de la gravedad, pero luego que las grandes esferas se mueven, producen corrientes anormales, á las que deben ser y son los pequeños péndulos tanto mas sensibles, cuanto mayor ha sido el reposo en que estaban.

Voy á ocuparme ahora de otro instrumento relacionado con la gravedad y que justamente ha llamado desde Galileo hasta nuestros dias la atencion de los físicos.

Luego se comprenderá que voy á hablar del péndulo. Este, como todos saben, consiste en una varilla en la cual está asegurada una pesa, á la que por lo comun se le da la forma de una lenteja, para evitar cuanto es posible la resistencia del aire atmosférico. El punto de suspension se construye en general con un pequeño resorte de acero muy flexible.

Luego que el péndulo se lleva hácia uno de sus costados y allí se le abandona, desciende la pesa, pero no se suspende su movimiento en la vertical (como debia suceder si fuese urgido por una fuerza de atraccion existente en la tierra dirigida hácia el centro de ésta), sino que pasada la vertical, asciende al lado opuesto casi á la misma altura de que descendió antes, verificando así multitud de oscilaciones á veces por horas enteras cuando el péndulo está bien construido, ejecutando estas oscilaciones con una regularidad admirable y con igual duracion desde que comienza á oscilar en un ángulo considerable, hasta que termina por reasumir el reposo en oscilaciones casi imperceptibles, á cuya igualdad de movimiento con relacion al peso se ha dado el nombre de isocronismo.

Cualquiera peso suspendido de un hilo obra tambien como un péndulo, y todos saben que Galileo, siendo casi aun niño, quedó sorprendido de la igualdad y regularidad de las oscilaciones que ejecutaba una lámpara suspendida en una bóveda de la catedral de Pisa, lo que despertó el genio de aquel grande hombre, tan sagaz y original en sus descubrimientos científicos.

Aplicado el péndulo á los relojes, ha dado á éstos esa pasmosa regularidad de movimiento que se observa en las construcciones modernas.

El péndulo como aparato físico, está sujeto á tres leyes importantes, y son las siguientes:

1ª La duracion de las oscilaciones es independiente de su amplitud, al menos apreciablemente.

2ª La duracion de las oscilaciones es enteramente independiente de la naturaleza y sustancia de la pesa.

3ª Los tiempos marcados por las oscilaciones son entre sí como las raices cuadradas de la longitud de los péndulos.

La primera ley se verifica haciendo oscilar un péndulo de una longitud dada en arcos de diferentes amplitudes, pues se observa que las oscilaciones muy pequeñas parecen perfectamente isócronas, y solo se comienza á percibir un retardo ligeramente sensible en las oscilaciones mayores de cuatro á cinco grados de amplitud.

La segunda ley está comprobada por la esperiencia, pues los péndulos de igual longitud oscilan igualmente sea cual fuere el peso y la sustancia de la bola, bien sea ésta de marfil, de metal, de piedra ó de cualquiera otra materia.

La tercera ley se reconoce, porque péndulos que tienen sus diversas longitudes entre sí como 1, 4, 9, 16, etc., producen oscilaciones cuya duracion respectiva son como 1, 2, 3, 4, etc.

La esplicacion que dan los físicos á las oscilaciones del péndulo, es la siguiente: dicen que la atraccion de la tierra urge al péndulo en su media oscilacion descendente, hasta que éste obtiene la vertical, pero que por la velocidad adquirida el péndulo ejecuta su media oscilacion ascendente hasta casi la misma altura, repitiéndose la accion alternativa de la atraccion y de la velocidad adquirida en todas las oscilaciones del péndulo.

Añaden mas: que un péndulo simple, es decir, una sola molécula de materia suspendida de un hilo perfectamente flexible, oscilando en el vacío lo haria eternamente, pues nada podria oponerse á que las medias oscilaciones descendentes fuesen iguales á las ascendentes, y á que las que ejecutase dos, tres ó mas, las ejecutara siempre.

En esta teoría de la física moderna, vemos refundidos tres errores que desvían toda la ciencia del camino de la verdad: Primero. La idea de la atraccion sin la demostracion de los medios por los cuales ella resulta, es un ente de razon simplemente. Segundo. La actividad de la fuerza adquirida obrando como resultado de la atraccion y en contra de la atraccion misma, es una contradiccion que no puede sostenerse física ni lógicamente. Tercero. La perpetuidad del movimiento de un péndulo simple oscilando en el vacío, es un lujo de generalizaciones inadmisibles, puesto que no podria construirse jamas un péndulo simple ni obtenerse el vacío perfecto.

El movimiento perpetuo solo existe en la naturaleza, porque ésta no puede contrariar la creacion divina; y Dios, al impulsar el armonio, imprimió á éste el movimiento normal, pero todo movimiento anormal como las oscilaciones del péndulo, tiene necesariamente que estinguirse, por mucho que se prolongue.

He dicho que el segundo error no puede sostenerse ni física ni lógicamente, por ser una contradiccion en sí mismo lo que voy á demostrar.

Se dice que la media oscilacion descendente es debida á la atraccion, y la media ascendente á la velocidad adquirida; y que siendo iguales ambas, se reproducirian perpetuamente en el vacío, donde no habria ni el aire, ni los rosamientos del punto de suspension, ni las resistencias de la materia componente de éste en tratándose de un péndulo simple.

Para que se vea lo débil de este raciocinio, daré por supuesta la existencia de la atraccion y la velocidad adquirida como fuerza. Es evidente que la media oscilacion descendente seria el resultado de la atraccion, y ésta urgiria al péndulo hasta obtener la perpendicular, donde comenzaria á obrar la velocidad adquirida en la media oscilacion ascendente. Pero qué, ¿la atraccion cesa de existir todo el tiempo que dura la media oscilacion ascendente? y si la atraccion es una fuerza constante y universal en la naturaleza, es evidente que se opondria á la media oscilacion ascendente del péndulo, y que la velocidad adquirida por la atraccion en el tiempo de la oscilacion descendente, seria destruida por la atraccion misma en el tiempo que debiera durar la media oscilacion ascendente. Así es que si suponemos á la fuerza de atraccion como constante, es inevitable la conclusion de que el péndulo al reasumir la vertical, reasumiria el reposo; y si por el contrario suponemos que la atraccion es alternativa con la velocidad adquirida en las oscilaciones del péndulo, caemos en una contradiccion, que para salvarse no habria ni en lógica ni en física razon ninguna plausible, pero siendo incóncusas como hechos incuestionables las repetidas oscilaciones del péndulo, es necesario buscar su verdadera causa.

Esta es sumamente obvia bajo el conocimiento de la existencia y modo de obrar del armonio. Este, en la primera media oscilacion descendente forma una corriente anormal al péndulo, bajo el imperio de las corrientes normales, cuya corriente anormal lo conduce en la media oscilacion ascendente, pero el péndulo no puede ascender á la misma altura de que habia descendido, porque la corriente anormal se halla contrariada por las normales, que al fin, despues de numerosas oscilaciones, la vencen y disuelven en el fluido universal, y el péndulo reasume el reposo.

¿Tenemos un recurso perceptible á los sentidos para comprender la totalidad de este fenómeno? Sí lo tenemos, y existe en todos los gabinetes de física, sin que hasta ahora se hubiese comprendido su significativa importancia.

Se suspende un número impar de pequeñas bolas de billar, como 9 ú 11 por ejemplo, de otros tantos hilos paralelos, pendientes de una varilla, de modo que todas las bolas se toquen entre sí. En esta disposicion supongamos que existen nueve bolas, y que se llevan á un lado cinco y que á cierta altura se les abandona como á un péndulo colectivo. Las cinco bolas descienden, y al ascender de nuevo se llevan las cuatro restantes en la primera oscilacion; en la segunda ya no tienen fuerza para elevar las cinco sino solo cuatro, en la tercera solo elevan tres, en la cuarta dos, y en la quinta una sola, reasumiendo todas el reposo en la sesta oscilacion.

Esto que sucede en la naturaleza con masas relativamente considerables como las bolas de billar, es indispensable que suceda con las esférides, pues la ley es igual en toda la materia. Cada oscilacion de un péndulo aun el mas perfecto imaginable, produciria una corriente anormal, que seria inférior la unidad de una esféride á la corriente anormal á que debiera, porque siempre las normales se oponen á las anormales, y así de unidad en unidad, es decir, de esféride en esféride, las corrientes anormales vendrian á disolverse en las normales, y el péndulo reasumiria el reposo.

De este modo no se estrañará lo mucho que duran las oscilaciones de un péndulo, pues se comprenderá cuánta debe ser la multitud de unidades ó esférides que hay en la amplitud de las oscilaciones, y éstas podrian servir para conocerse el número de las esférides existentes en una estension dada, si no contribuyesen para suspender las oscilaciones del péndulo, la resistencia del aire, los frotamientos del punto de suspension, y la rigidez de la materia de que éste, por elástico que sea, se compone.

Conocida así la causa de las oscilaciones del péndulo, se satisfacen las condiciones de la primera ley. En cuanto á la segunda, debemos comprender para esplicarla otro punto de vista del mismo fenómeno.

Un cuerpo grave desciende sobre la tierra en el primer segundo de tiempo 16 piés perpendiculares, por lo que esta cantidad es enorme en comparacion de una pulgada perpendicular que cuando mas tiene la sagita del arco que describen las oscilaciones de un péndulo, por lo que aun en este caso dicha pulgada representa $\frac{1}{99}$ de un segundo de tiempo, cnya fraccion, disminuida en todas las oscilaciones que el péndulo ejecuta, resulta un retardo verdaderamente inapreciable en la diminucion gradual de las oscilaciones, y aunque esta diminucion necesaria queda sujeta al cálculo, es inapreciable á los sentidos, y éstos solo perciben en ellas el isocronismo. De este modo, la diminucion progresiva de cada oscilacion es como la caida de un grave en igual tiempo dividida por la sagita del arco que el péndulo describe, y por el número de oscilaciones que ejecuta.

La tercera ley es asimismo conforme con las que obedece en general el armonio. Este, conforme disminuye el ámbito de sus corrientes, tiene que acelerar su velocidad segun el cuadrado de las distancias, lo que trae necesariamente el que conforme se retardan las oscilaciones del péndulo se alargue segun el cuadrado de éstas el punto de suspension, porque si para acelerar el movimiento afluyen las corrientes del armonio segun el cuadrado de las distancias, para retardar las oscilaciones es indispensable que se alejen tambien segun el cuadrado de éstas del punto de suspension.

Queda por tomarse en cuenta una consideracion importante, y es que la corriente anormal producida en cada media oscilacion descendente del péndulo, es contrariada por las corrientes normales del compresor en la media oscilacion ascendente, por lo que rápidamente reasumiria el péndulo la quietud si no fuera protegida la media oscilacion ascendente por las corrientes irradiantes del dilator. De este modo las oscilaciones del péndulo se hallan protegidas al descender por el compresor y al ascender por el dilator, prolongándose así la corriente anormal que producen la cual solo cede á la fuerza inicial ó de prioridad del compresor; y como ésta predomina de unidad en unidad de las esférides del armonio, las oscilaciones de un péndulo perfecto deberian disminuir de amplitud de unidad en unidad de las mismas esférides hasta reasumir el reposo.

Se ha establecido por los físicos una teoría que yo tambien creo que es una verdad incuestionable. En virtud de ella se dice que el péndulo puede servir para valuar la intensidad de la gravedad en los diversos puntos de la tierra, pues como las oscilaciones dependen de la intensidad de la gravedad misma, las oscilaciones deben ser mas rápidas cuando ésta es mas intensa, y por el contrario deben ser mas lentas á medida que la fuerza de gravedad disminuye.

De aquí se ha pretendido establecer un método para comprobar el aplastamiento de la forma de la tierra hácia los polos y su prominencia hácia el ecuador, porque la longitud del péndulo batiendo segundos en distintos lugares, debia ser mayor hácia los polos que hácia el ecuador, pero aunque la esperiencia ha dado este resultado en general, las irregularidades de esta regla han sido tantas, que no queda ésperanza de poder obtener resultados concluyentes en todos sus detalles, y se ha establecido que las localidades del terreno, la naturaleza de éste, su contigüidad con los mares ó con las altas montañas, y sobre todo, la alteracion de la longitud del péndulo y la de las medidas ó medios de conocer ésta, á causa de la temperatura, hacen sumamente complicado el fenómeno, y por lo tanto inadecuado para establecer una regla universal y sencilla.

Sin embargo, despues de los esperimentos hechos en diversos lugares del mundo, parece que un péndulo batiendo segundos en Paris es 0,003 mas largo que á la isla de Rawak casi bajo el ecuador, y 0,0002 mas corto que en las islas Moluinas á los 51°; 31', 44" latitud Sur.

Mas aun cuando se tuvieran resultados mas concluyentes en cuanto á la duracion de las oscilaciones del péndulo, estó no argüiria en favor de la atraccion ni en la determinacion de la forma de la tierra, si se quiere precisamente que ésta tenga un aplastamiento hácia los polos.

Porque de facto: las corrientes del armonio son tanto mas activas, cuanto mas se prolongan, pues aumentando la velocidad de la caida de la caida de los cuerpos, segun el cuadrado de la fuerza inicial ó sea de los tiempos, es evidente que la intensidad de la gravedad debe ser mayor en el ecuador, si tiene un radio menor que en los polos, si tienen un radio mayor en el elipsoide terrestre.

De este modo es como todas las circunstancias que concurren para la calificacion de la forma de la tierra, me obligan á mí á creer que su parto mas protuberante se dirige hácia el polo Norte, aunque nada se opone á que por el contrario, fuese un elipsoide aplastado hácia los polos, pues esto nada podria en contra del principio, y solo podria mirarse como una cuestion puramente de hecho.

Para dejar este punto suficientemente depurado, será útil recordar lo que he dicho arriba sobre el movimiento centrífugo, y que éste tiene efectos diferentes en un cuerpo que carece de corrientes armónicas y el que las posee, pues estas corrientes pueden conservar la esferidad de los líquidos, como los mares, y aun deprimirlos en el ecuador de revolucion segun las circunstancias peculiares de las mismas corrientes, y solo así puede concebirse la esferidad reconocida del sol, á pesar de estar circundado de su fotósfera gaseosa, la que indudablemente deberia deprimirse hácia los polos, si el movimiento centrífugo tuviese efectos semejantes á los de un haro flexible, ó de una honda, ó cualquier otro esperimento de los que se practican en los gabinetes de física, sin tener en cuenta el medio imponderable del armonio, y aun el ponderable de la atmósfera en los cuales nos hallamos. En cuanto á la variedad del número de oscilaciones hechas por un péndulo de igual longitud en diferentes localidades, satisface asimismo para su esplicacion el conocimiento de las corrientes del armonio terrestre. Estas se reflejan con mas energía en la superficie sólida de la tierra que en la líquida de los mares. De la misma manera es mas activa la refleccion de las corrientes en los terrenos muy sólidos y reflectantes, que en terrenos mas ligeros, porosos y refringentes. En los primeros la irradiacion del armonio es casi completa, al paso que en los segundos una parte considerable de dicho fluido penetra en la tierra y contribuye á formar la temperatura propia del planeta.

Al lado de las altas montañas no es estraño tampoco el que el péndulo presente tambien algunas irregularidades, y aun que la plomada tenga desvíos perceptibles de la direccion general de la gravedad. Las corrientes del armonio sufren reflecciones notables en los planos inclinados que presentan los montes, á la par que en éstos la irradiacion del dilator es tanto mas rápida cuanto mas se elevan, y por lo mismo, cuanto menores son las presiones atmosféricas que sobre ellos pesan. De aquí nace la disminucion de la fuerza de gravedad al ascender las altas montañas, y la disminucion rápida de la temperatura en ellas hasta encontrarse en algunas elevadas cumbres la nieve perpetua.

El varómetro es un instrumento que sin duda indica la disminucion de la presion atmosférica al ascenderse sobre el nivel de los mares, porque conforme la presion de la atmósfera es menor, debe descender necesariamente del tubo una parte del mercurio sostenido por el equilibrio esterior, pero yo creo ademas que este es un fenómeno complicado, en el cual debe tenerse en cuenta asimismo la disminucion de la gravedad conforme se asciende del nivel de los mares, por ser en las altas montañas algo menor la intensidad y velocidad de las corrientes del armonio.

## DEL ARMONIO CON RELACION A FENOMENOS TERRESTRES.

Ya se ha visto cuán importante es el conocimiento de este fluido, á cuya universalidad se deben la existencia, la armonía y los maravillosos movimientos de los astros, pero hasta ahora solo lo habia yo presentado bajo un punto de vista hipotético, esperando dar las pruebas de su existencia cuando me ocupase con especialidad de los fenómenos concernientes al planeta que habitamos, y habiendo llegado á este punto de mi obra, voy á procurar cumplir aquel propósito.

El hombre no percibe de la misma manera todos los fenómenos y cuerpos que le rodean, y por eso ha tenido que dividir éstos en su mas sencilla clasificacion, en sólidos, líquidos, gaseosos é imponderables.

Los cuerpos sólidos presentan masas mas ó menos resistentes, pesadas, opacas ó trasparentes, pero su tecstura fija y compacta solo deja estas cualidades cuando pasa por medio de los agentes físicos al estado líquido ó gaseoso.

Así es que los cuerpos sólidos, presentando mayor resistencia á los agentes que sobre ellos obran, son los que con mas facilidad se insinúan en el conocimiento de nuestros sentidos.

Los cuerpos líquidos presentan menor resistencia á ser penetrados que los sólidos, y tienen una movilidad molecular de que éstos carecen. Entre los líquidos hay muchos opacos, y que como los sólidos, presentan variedad de colores. Tambien exhiben en sí diferencias considerables de peso específico, y de resistencia relativa para ser penetrados.

Pero el líquido por escelencia ó tipo general de esta clase de cuerpos, es el agua, y por lo tanto aquel sobre cuya constitucion física me veo precisado á dar una rápida ojeada.

El agua como trasparente y sin color alguno, presenta menos medios de conocer su existencia á los sentidos de los séres vivientes. Nosotros la vemos, sin embargo, por el efecto que su superficie produce reflejando la luz y los objetos que ésta ilumina, pero es casi evidente que los peces que existen en el agua como en un constante medio, no deben tener de ella un conocimiento aislado de sus cualidades.

El agua no produce efecto alguno á nuestro olfato, pues cuando es pura, es perfectamente inodora; mas ella se revela al resto de nuestros sentidos fácilmente. El oido percibe el ruido que produce cuando chocan sus moléculas entre sí ó contra de los cuerpos sólidos por medio de sus corrientes. El tacto percibe su peso y los cambios de su temperatura, y el gusto disfruta las delicias de este líquido refrigerante y necesario para mantener la economía viviente.

Los gases son mucho menos perceptibles á nuestros sentidos que los sólidos y los líquidos, porque aquellos son casi siempre trasparentes y sin color, pues aunque el cloro tiene un color naranjado y otros presentan diversas tintas, es problablemente solo cuando se hallan en el estado vesicular de vapores gruesos, que son visibles, como sucede tambien con el agua, que en semejante estado constituye las nubes, cuyo color y opacidad son tan remarcables. Tambien son así visibles los vapores de todos los cuerpos líquidos y aun de los sólidos que son susceptibles de evaporacion á una alta temperatura. Pero cuando los vapores se disuelven en la atmósfera y se hacen sus vesículas suficientemente tenues, ellos son tambien invisibles y toman la verdadera constitucion de los gases.

Algunos de éstos son no solo perceptibles por el resto de nuestros sentidos, sino que hieren éstos con una actividad estraordinaria y á veces deletérea, pero no siendo mi intento ocuparme aquí de las peculiaridades de los gases, solo hablaré del aire, que es el tipo general de éstos, así como el agua lo es de los líquidos.

El aire, aunque es un compuesto gaseoso, no percibimos en él esta cualidad de complicacion en nuestra economía, y solo sentimos su existencia por sus efectos vivificantes, pues siendo diáfano, incoloro, inodoro é insípido, no se revela, cuando está puro, á nuestra vista, ni á nuestro olfato ó gusto, y aun el tacto no nos da un aviso de la existencia del aire, sino cuando éste se mueve ó cambia de la temperatura media en que nuestro cuerpo encuentra un modo de estar, en que no es afectado por el frio ó por el calor de la atmósfera.

La falta del aire se hace, sin embargo, sentir inmediatamente en nuestra economía fisiológica, pues como él es el alimento de que ésta se nutre en la respiracion, luego que falta aire á cualquiera de los animales que lo respiran, sobrevienen en él ansias mortales, y sin remedio sucumbe si no logra de nuevo aspirar este agente indispensable de su vida.

Pero el hombre por la química, conoce ya que no es el aire propiamente hablando el necesario para la nutricion respiratoria, sino uno de los gases que la componen, es decir, el oxígeno.

Tambien sabe el hombre hoy, que el aire es un cuerpo pesado y que oprime los demas cuerpos que están bajo la accion de la atmósfera con una presion de quince libras sobre cada pulgada cuadrada de superficie, cuya presion es tan grande, que un hombre de estatura mediana está comprimido por mas de doscientos quintales de peso atmosférico, y sin embargo, él no solo no se apercibe de ésto, sino que cuando asciende á las grandes montañas, ó á alturas mayores por medio de los globos aereostáticos, la disminucion del peso atmosférico sobre su cuerpo le debilita estraordinariamente, sufre terribles ansias, y aun comienza á saltar por medio de los poros de su cuerpo la sangre, porque deja ésta de estar contenida ó equilibrada por la presion atmosférica á que han estado acostumbrados sus vasos.

Desde antes de Aristóteles se sospechaba la pesadez del aire, pero ésta no ha venido á comprobarse sino cuando se han inventado instrumentos esactos como el barómetro, que la demuestran.

Así es que el hombre, viviendo en medio de la atmósfera, suele estar en ésta en momentos de calma, en que ninguno de sus sentidos le advierte de la existencia del aire, y por lo mismo el conocimiento físico de este elemento ha sido y es menos perceptible que el de los líquidos y los sólidos.

Pero si bien es difícil el reconocimiento de las cualidades del aire por la simple inspeccion de los sentidos, y que aun muchas de ellas se escapan de la comprension del que no está iniciado en las ciencias, es mucho mas difícil el conocimiento de los imponderables generalmente hablando, pues aunque la luz y el calor afectan tan vivamente los sentidos con que los percibimos, está muy lejos el hombre que no conoce la física y la química, de conocer todas las cualidades bajo las cuales se aprecian en éstos aquellos imponderables.

En cuanto al magnetismo y la electricidad, por muchos siglos no conocieron, aun los sabios, otra cosa, que la piedra iman. Hablando del primero, atrae las partículas del fierro; y hablando de la electricidad, que el súccino frotado atrae los pequeños fragmentos de papel, ú otras sustancias ligeras.

Pero ninguna idea se tenia hasta principios del siglo actual del electro–magnetismo, cuya ciencia va siendo tan fecunda en grandes resultados teóricos y prácticos, y aun hoy mismo muy poco se sabe en las escuelas de esos agentes cuyo trabajo continuo y silencioso, cuya existencia no se revela sino cuando se perturba artificialmente ó cuando sus perturbaciones naturales dan orígen á las tempestades, á veces terribles, con que se revelan á nuestros sentidos.

Así se ve que los sólidos afectan mas fácilmente nuestros sentidos que los líquidos, éstos que los gases, y éstos que los imponderables, por lo que han sido necesarias las sagaces investigaciones de la humanidad para venir á reconocer en los cuerpos multitud de cualidades importantes que eran desapercibidas en los tiempos primitivos, y algunas de las cuales solo las juzgaba el hombre con las erróneas consecuencias de un terror supersticioso.

Pero si esta clase de cuerpos ha pasado desapercibida por tantos siglos por la dificultad que encuentra el hombre para apreciar sus cualidades, mayor sin duda alguna es la que se encuentra para reconocer el medio imponderable armonio en que todo existe, y que es, físicamente hablando, el orígen y el término de todos los cuerpos sólidos, líquidos, gaseosos é imponderables.

Cuando conocemos que el aire es un conjunto de gases elásticos y limitada la atmósfera, y que sin embargo pesa doscientos quintales sobre la superficie de un hombre, el cual no obstante se mueve en ella con tanta facilidad; cuando sabemos que el agua es casi incompresible y que un pescado que tenga el area superficial de un hombre, soporta á la profundidad de cinco qilómetros perpendiculares, una presion de dos mil toneladas sobre su cuerpo, y que asimismo se mueve en los mares con igual facilidad, comprendemos la importancia del equilibrio general de los cuerpos sumergidos en un fluido, y que por la misma naturaleza movible líquida ó gaseosa de éste, permite los movimientos de los séres vivientes que en él existen, estamos cercanos á conocer la manera de existir de los cuerpos.

Un fluido universal, inelástico, incompresible é inalterable en sus partículas como lo es el armonio, cuya existencia voy á procurar demostrar por medio de observaciones directas, debiéndose tener presente: que como el armonio no solo es eminentemente móvil, sino que él mismo con su movimiento perpetuo y universal origina los movimientos de todos los cuerpos inorgánicos; que como es en sí mismo la fuerza elemental, da orígen á las fuerzas partículares de todos los séres organizados, y que como llena el espacio llena asimismo los intersticios que la materia ponderable tiene entre sus partículas, no hay inconveniente ninguno para reconocer sus cualidades, pues en vez de oponerse éstas á las funciones vitales, son ellas mismas la causa, el vehículo, y las sostenedoras de la vida de todos los séres que plugo al Criador ordenar viviesen.

Pero para reconocer la existencia del armonio, debemos partir del principio de que ninguno de nuestros sentidos nos da una idea aislada de ella, y que es necesario emplear la sagacidad y los datos científicos para su comprobacion, pero una vez puestos en la vía esperimental, se reconocerá que todos los fenómenos del universo en su conjunto y detalles nos avisan de la existencia de ese fluido, á quien ya inmediata ó ya mediatamente, deben su orígen.

EL ARMONIO ES LA CAUSA UNICA DE LA GRAVEDAD.

Para demostrar esta proposicion tenemos hoy un instrumento precioso inventado hace pocos años por Mr. Foucault. Este dió á dicho instrumento el nombre de giróscopo; mas á pesar de los fenómenos estraordinarios que presenta, ha permanecido incógnita hasta el dia la causa de ellos.

No falta en ninguno de los gabinetes de física el giróscopo, el cual se construye hoy de diversas maneras en sus detalles, pero el principio en que se funda su accion es el mismo. El que voy á describir es uno de los mas sencillos, y está representado en la fig. 12, lám. 3ª A B, es pié derecho, de fierro, terminando en la punta A; C D, es un armamento del mismo metal en el cual está asegurado el pequeño volante E, por medio del árbol a b; F es una varilla en la cual se introduce el contrapeso G. En la parte central C hay por debajo una pequeña cavidad cónica adonde se introduce el pié derecho A, y como el peso del volante E se halla equilibrado por el contrapeso G, el cuerpo del instrumento queda horizontalmente en equilibrio como una balanza. En este estado se enreda una cuerda larga al árbol b, tirando despues la punta de la misma cuerda con prontitud, lo que imprime al volante un movimiento rapidísimo que conserva por algun tiempo, produciendo los fenómenos siguientes: si se deja el contrapeso en la varilla, el todo del instrumento comienza á girar lentamente en rededor de la punta A, como si el volante hiciese el efecto de apoyarse como una rueda sobre un fluido, que poco á poco va venciendo, deslizándose sobre de él. Pero si se quita el contrapeso G, el volante, á pesar de su peso, que suele ser de muchas libras, no cae, y sigue girando sobre la punta A, aunque con mucha mas rapidez como si se apoyase con mas fuerza, cual una rueda, sobre el mismo fluido, que entonces soporta la totalidad del peso del instrumento.

Así es como se percibe en el acto, y se reconoció desde su invencion, que el giróscopo en movimiento se sustrae de la accion de la gravedad.

Esta conclusion inevitable é innegable, da un golpe mortal á la teoría de la atraccion, porque si esta es la ley de la materia, debe serlo del mismo modo, bien esté ésta en reposo ó bien en movimiento, y esa ley deberia obrar del mismo en la materia sólida, en la líquida y en la fluida; pero el giróscopo con la inflexible demostracion de los hechos, manifiesta: *que no hay atraccion en la materia*, porque si en el estado de reposo se quita al aparato el contrapeso G, el volante cae inmediatamente al suelo por su solo peso, como evidentemente debia suceder; pero si el contrapeso se quita cuando el volante está en movimiento, el volante permanece horizontal todo el tiempo que conserva su misma velocidad, y solo conforme va disminuyendo ésta, va perdiendo aquella direccion, hasta que cesando de girar sobre su eje, cae al suelo.

La esplicacion natural del fenómeno es consecuente con la teoría general de esta obra. El armonio causa la gravedad en el estado normal de sus corrientes, arrastrando hácia la tierra, como he dicho, todos los cuerpos privados de corrientes propias, y conduciéndolos con una velocidad creciente segun los números impares. El giróscopo en reposo, está en el caso de la generalidad de los cuerpos pesados, y sin su contrapeso de equilibrio, cae hácia la tierra como todo grave, pero en el acto que está en un rápido movimiento, perturba las corrientes normales del armonio, y esta perturbacion lo dota temporalmente de corrientes propias, y por consecuencia éstas lo sustraen de corrientes normales, porque el armonio como inalterable no puede ser actuado por él mismo, y solo van cediendo las corrientes anormales á las normales, conforme van éstas venciendo con su movimiento general el movimiento que imprimió á aquella la causa perturbadora.

En cuanto al movimiento circular en torno de la punta de suspension del instrumento, es naturalmente el resultado del frotamiento de las corrientes anormales del giróscopo, sobre las normales del armonio. Movimiento que es lento cuando el peso del instrumento está equilibrado y el frotamiento es débil, pero que se hace rápido cuando falta el contrapeso, y toda la pesadez del volante carga sobre el armonio normal, por lo cual el frotamiento se hace mas fuerte.

Este mismo frotamiento de las corrientes anormales sobre las normales, hace que las esférides de aquellas vayan reuniéndose á éstas, abandonando poco á poco al cuerpo en movimiento, hasta dejarlo en reposo entregado á su propia inercia.

Así, pues, las corrientes normales obran sobre las anormales como si las disolviesen, sirviendo de regla que una corriente mas fuerte y estensa, vence siempre á otra corriente mas débil y reducida, y seré bastante comprendido cuando diga que una corriente ha disuelto á la otra, pues aunque no hay una verdadera disolucion porque ésta solo puede referirse á la materia ponderable, puede sin embargo aplicarse la frase, simplemente, como figurada al tratarse de las corrientes normales y anormales del fluido universal. Por ejemplo, las corrientes normales como primitivas de nuestro sistema planetario, son aquellas que pertenecen al sol, y las anormales ó secundarias son las pertenecientes á los planetas; es evidente por tanto que las corrientes solares van disolviendo lentísimamente á las planetarias, por lo que disminuyendo éstas que sostienen á los planetas en sus respectivas distancias del sol, van disminuyendo asimismo las lejanías de los planetas respecto de éste, hasta que con el anonadamiento de las corrientes anormales de aquellos vengan á reunirse sus núcleos con el núcleo central.

El giróscopo de Mr. Foucault tiene ademas del que representa el diagrama otro semicírculo ó armamento en la direccion de E H, careciendo entonces del pié derecho A y de la varilla y contrapeso C G. Dicho semicírculo queda sujeto por dos tornillos verticales colocados en un pié á propósito. Al lado del giróscopo hay un pequeño anteojo por medio del cual se mira al volante dar, ademas de las rápidas vueltas verticales que le imprime el giro dado por la cuerda, otra vuelta horizontal tan lenta, que corresponde al movimiento terrestre segun el seno de latitud, por lo que adoptando la espresion de los físicos, parece que se está mirando al través del anteojo el movimiento del giróscopo, como se miran en el campo de un telescopio atravesar las estrellas. Mas adelante al tratar del péndulo giratorio manifestaré la causa de su rotacion horizontal, así como la del giróscopo, cuya causa permanece hasta ahora incógnita.

El giróscopo da la idea mas sencilla de la vida, la que en él está constituida por sus movimientos. Debidos éstos á la causa motora que lo han dotado de una corriente anormal del armonio, su vida subsiste hasta que deja de existir dicha corriente anormal, y entonces con el reposo sobreviene el anonadamiento, ó sea la muerte del movimiento.

Ella puede acaecer por cualquiera fuerza ó accidente que suspenda el movimiento mas ó menos bruscamente, ó puede en fin sobrevenir por la necesaria disolucion de las corrientes propias ó anormales del giróscopo, en las corrientes normales del armonio terrestre.

Así sucede, aunque con muchísima más complicacion en la vida vegetal y animal; por ejemplo, en la del hombre, cada partícula de materia orgánica tiene sus corrientes propias, y cada organismo de su complicada estructura tiene las suyas. Finalmente, el conjunto de todo esto ó sea el hombre mismo, tiene sus corrientes armónicas que constituyen su vida. Esta puede dejar de existir por cualquiera causa, ya sea lenta ó repentina, que anonade dichas corrientes, ó bien por la necesaria disolucion de éstas en el armonio normal terrestre. De todos modos, destruido el movimiento de su armonioso conjunto cesa la vida del hombre en la plenitud de sus facultades, permaneciendo á veces, por poco tiempo, algunos de sus órganos. Destruida ésta por la cesacion de sus movimientos peculiares, sobrevive á veces por largo tiempo la materia orgánica de que se componen, la cual puede morir á su vez, pasando á los elementos químicos ó á los imponderables.

Así es como las corrientes anormales del armonio, producidas por causas ó fuerzas de su género, ocasionan la vida sostenida por aquel fluido, en tanto que permanece la accion de las causas ó fuerzas que la promovieron por las corrientes anormales á que dieron orígen; pero luego que éstas se disuelven en las corrientes normales, la vida deja de existir sin dejar por eso de verificarse fenómenos físicos y fisiológicos, como á su tiempo espondré.

### EL ARMONIO ES UN FLUIDO INCOMPRESIBLE.

Esta proposicion se demuestra por medio de un esperimento muy conocido en física, pero al cual no se le habia dado hasta ahora una esplicacion convincente.

Se sabe que para sostener la combustion de los grandes hornos, y principalmente en los de fundicion de fierro, se colocan ventiladores que envian al combustible corrientes ó soplos de aire con mucha fuerza, siendo ésta á veces sostenida por máquinas de vapor de la potencia de muchos caballos, y por consecuencia empujan violentamente, con el viento, cuanto se opone á la salida de éste Sin embargo, cuando se presenta al soplo un disco de madera ó de metal y se vence la primera resistencia del soplo mismo, despues puede abandonarse, y se abandona en efecto el disco sin que éste se aleje sino una pequeña cantidad determinada de la boca del soplo, por manera que entre ella y el disco corre el aire en todas direcciones como una ráfaga, produciendo mucho ruido y violencia, sin que el disco caiga al suelo ni se desvíe de su posicion.

No puede ser causa de este fenómeno el aire atmosférico, pues siendo éste compresible y elástico, deberia ceder indudablemente á la presion ejercida sobre de él por el soplo, obrando directamente en el disco. Ademas, la presion atmosférica, aun cuando obra sobre el vacío pneumático, solo es de quince libras á la pulgada cuadrada de superficie, pero el impulso de ventiladores cual el que llevo descrito, es muchísimo mayor en una área dada, por lo que es inadmisible esplicacion ninguna de dicho fenómeno en que se tenga por causa sostenedora del disco á el aire atmosférico.

Tampoco lo es el viento del ventilador mismo, porque se percibe por el ruido que produce y la corriente de viento que se siente, la violencia y fuerza con que el soplo trata de espulsar en vez de detener el disco que se le opone. Por lo tanto, ¿cuál puede ser la causa que sostiene al disco cuando no hay ninguna perceptible?

Esta no puede ser otra que el fluido armonio, en el cual existen todos los cuerpos, y que como inelástico, incompresible é inalterables sus partículas, solo es susceptible de obedecer al movimiento universal y perpetuo que ejecuta como normal, así como á todos los movimientos anormales que le imprime cualquiera fuerza dada. Véase en el caso que nos ocupa cómo obra la fuerza para producir el fenómeno descrito.

La máquina de vapor debe su fuerza á la combustion, y por consecuencia, como á su tiempo demostraré, á las corrientes anormales que ella misma determina del armonio. El compresor de este fluido se dirige al combustible en ignicion, químicamente, arrastrando consigo el aire que oxida el carbon, convirtiendo el gas que produce la combustion misma en ácido carbónico, y por lo tanto el compresor que ha ejecutado esta operacion definitiva, se convierte en el acto en dilator para ejecutar á su vez las corrientes de reaccion, convirtiéndose así en calórico. Este se irradia de la combustion para equilibrar al compresor que se dirige hácia ella, pero principalmente el dilator, llevando consigo la llama, se dirige hácia la vertical ascendente, compensando al compresor que llega á la combustion por la vertical descendente.

El calórico ó dilator, desarrollado así en la combustion, afecta y dilata los cuerpos que toca, pero principalmente aquellos que son mas fácilmente dilatables, y por lo tanto, en una máquina de vapor, el mismo armonio, ejecutando la evolucion química de la combustion, la física de la evaporacion y la mecánica de los movimientos de la máquina, ha sido causa de la fuerza anormal del ventilador.

Si esta fuerza se deja desarrollar sin oposicion alguna, el soplo sigue su direccion natural; pero si se le opone el disco que he descrito, y se vence la primera resistencia del soplo, el armonio esterior se pone en equilibrio en su resistencia normal con las corrientes anormales del soplo, éstas se dirigen en torno del disco, al cual sustraen de la accion de la gravedad, y éste queda inmóvil comprimido y sujeto por las corrientes normales y anormales del armonio mismo.

Esta sencilla teoría es susceptible de gran desarrollo matemático, que por ahora no me propongo dilucidar, pues con lo dicho me parece queda apoyada la proposicion.

## EL ENTORPECIMIENTO DE LAS CORRIENTES NORMALES DEL ARMONIO INFLUYE EN LA INTENSIDAD DE LA GRAVEDAD.

Para demostrar esta proposicion, hay tambien medios directamente esperimentales.

Al aire libre y al descubierto, las corrientes normales, ya comprimentes y ya dilatantes del armonio se compensan óbviamente, y los cuerpos graves descienden como se ha dicho segun los números impares. Pero al tocar la superficie de la tierra, el compresor retorna hácia el espacio convirtiéndose en dilator, escepto una pequeñísima parte de sus partículas, que penetra en la tierra misma.

Pero esta fácil permuta de ambos fluidos en el aire libre, se va dificultando en las profundidades de las minas, principalmente eu las prolongadas galerías subterráneas, ya horizontales ó ya en planos inclinados á grandes profundidades, como sucede, entre otras, en la mina de Rayas en Guanajuato, la que por lo tanto propongo por ejemplo.

En ella hay muchos trabajadores que acarrean el mineral de las labores hácia los tiros para su estraccion fuera de la mina. El camino que tienen que hacer aquellos trabajadores es siempre por pendientes molestas guarnecidas de imperfectos escalones resbalosos con el agua y tierra mojada que los cubre, siendo raro el tránsito que no presenta por sí solo inconvenientes al hombre no acostumbrado á su travesía.

Sin embargo, se verifica allí un fenómeno sorprendente y que llama la atencion de todos los que descienden á dicha mina, y que hasta ahora no han podido esplicarlo satisfactoriamente.

Este fenómeno es, que los mismos hombres que al aire libre fuera de la mina solo pueden cargar siete ú ocho arrobas de mineral, dentro de ella cargan veintiocho ó treinta arrobas fácilmente, á pesar de los inconvenientes del piso y de lo fatigoso de las pendientes subterráneas que tienen que ascender cargados.

Este fenómeno solo puede tener por causa el aumento de la fuerza nerviosa del hombre, ó la disminucion de la fuerza de gravedad. La primera hipótesis es inadmisible, porque el aumento de la fuerza nerviosa, traeria consigo una condicion fisiológica que permaneceria mas ó menos tiempo entre las cualidades del individuo. Pero esto no sucede así, pues en el acto que aquel sale al aire libre, solo puede cargar la cuarta parte del peso que carga en las labores de la mina, variando tambien su capacidad para cargar en las distintas profundidades y localidades de ésta.

Por otra parte, si dentro de las minas aumentase la fuerza nerviosa, ésta robustecería estraordinariamente á los trabajadores y modificaria notablemente su condicion patológica, lo que no sucede así. Por consecuencia, es indispensable atribuir el fenómeno á la disminucion (dentro de las grandes profundidades en las galerías subterráneas) de la intensidad de la gravedad, lo que es ocasionado muy sencillamente por la difícil permuta de las corrientes normales del armonio, produciéndose en dichas galerías por las mismas circunstancias de su profundidad y construccion, corrientes anormales cuya influencia, como se ha visto en otros párrafos, es tan notable con respecto á la gravedad, que suelen, no solo disminuir ésta con relacion á los graves, sino tambien sustraer á éstos absolutamente de su influjo.

Y de facto, no puede decirse que las corrientes radiantes é irradiantes del armonio se permuten con la misma facilidad al aire libre en la superficie de la tierra, que en las profundidades de las minas, donde la direccion de las labores, los obstáculos é irregularidades de ellas, y los diferentes ascensos y descensos de sus galerías, deben impedir la fácil permuta de las corrientes comprimentes y dilatantes del armonio, y por consecuencia disminuir la fuerza inicial de la gravedad, lo cual no puede conocerse sino por la comparacion de una fuerza independiente de ésta, como lo es la fuerza nerviosa del hombre en el ejemplo que aquí se ha espuesto.

## EL ARMONIO OFRECE LA CAUSA MAS SENCILLA DE LA PALANCA.

Todo el mundo conoce que una varilla de madera ó metal se suspende fácilmente con los dedos en una posicion vertical aun cuando se tenga solo por uno de sus estremos, pero si en esta posicion se quiere voltear hasta colocarla horizontalmente sostenida solo por un estremo, la varilla parece muchísimo mas pesada, á términos, de que en ciertas circunstancias se hace imposible sostenerla, aun cuando esto se consiga fácilmente en la posicion vertical.

La romana, como modificacion de la balanza, presenta este fenómeno bajo reglas constantes y prácticamente útiles para pesar en el comercio.

Si la fuerza de atraccion existiese en la materia como la definen los físicos, es decir, atrayendo la materia segun las masas y en razon inversa del cuadrado de las distancias, el fenómeno de la romana no tendria lugar, y una varilla tomada por los dedos de un estremo, pesaria menos colocándola horizontalmente que colgándola, porque en esta última posicion, se hallaria mas cercana á la tierra que en la primera.

La verdadera causa del fenómeno es la siguiente: cuando la varilla se encuentra en la posicion vertical, solo opone á las corrientes compresivas del armonio la superficie de uno de sus estremos, al paso que en la posicion horizontal opone á las mismas corrientes la superficie de toda su longitud. Así es que en la romana, pesan las corrientes compresivas con igualdad en toda su longitud, y se determinan la diferencial entre el brazo del peso y el del contrapeso, por lo mas ó menos que el punto de suspension ó apoyo se acerque al primero, pues el contrapeso cabrá en el peso, tantas veces cuantas el brazo pequeño de la romana cabe en el brazo mayor.

Del mismo modo, las corrientes verticales ó comprimentes del armonio, impulsaran al brazo mayor de una palanca de primera clase, con tanta mas energía cuanto mayor sea la longitud del brazo mas lejana del punto de apoyo, es decir, el mayor, en que obran como potencia que las que obran en el brazo menor como resistencia. Mas adelante procuraré demostrar la conexion que tiene este fenómeno con las fuerzas y resistencias que se desarrollan en todos los órganos mecánicos, mas por ahora solo aplicaré el principio á la manera de obrar el armonio en las turbinas, cuyas máquinas se hallan descritas en todas las obras de mecánica.

La caida del agua es originada por la presion que ejercen las corrientes vertica-